East
and
West
동양과 서양

동양과 서양

지은이 노스코트 파킨슨
옮긴이 안정효
1판 1쇄 인쇄 2011. 12. 6
1판 1쇄 발행 2011. 12. 16

발행처_ 김영사 • 발행인_ 박은주 • 등록번호_ 제406-2003-036호 • 등록일자_ 1979. 5. 17 • 경기도 파주시 교하읍 문발리 출판단지 515-1 우편번호 413-756 • 마케팅부 031)955-3100, 편집부 031)955-3250, 팩시밀리 031)955-3111 • 이 책의 한국어판 저작권은 KCC를 통해 저작권자와 독점 계약한 김영사에 있습니다. 저작권법에 의해 한국 내에서 보호를 받는 저작물이므로 무단전재와 무단복제를 금합니다.

값은 뒤표지에 있습니다. ISBN 978-89-349-5465-1 03900 978-89-349-5063-6(세트) • 독자의견 전화_ 031)955-3200 • 홈페이지_ http://www.gimmyoung.com • 이메일_ bestbook@gimmyoung.com • 좋은 독자가 좋은 책을 만듭니다 • 김영사는 독자 여러분의 의견에 항상 귀 기울이고 있습니다.

20세기 영국을 대표하는 해양 사학자이자 경제학자로, 평생 인류 문명사를 연구하며 줄리언 콜벳상을 수상한 노스코트 파킨슨의 학문적 업적이 집약된 역사서의 고전이다. 고대 동양과 로마제국에서 현대에 이르기까지, 인간의 역사와 문명의 발자취를 흥미진진하게 풀어냈을 뿐만 아니라 동서양 문명의 역학관계를 독창적인 시선으로 재해석하며 5000년 인류의 문명사를 읽는 새로운 프레임을 제시한 이 책은 출간과 동시에 역사학계에 폭발적인 반향을 불러일으켰다.

〈동양과 서양〉이 전 세계 역사학자와 독자들의 주목을 받은 가장 주요한 이유는 바로 파킨슨만의 독창적이 역사 인식에 있다. 그는 동서양의 폭넓은 문명에 대한 치밀한 연구와 탁월한 통찰을 통해 동양과 서양이 경쟁하고 투쟁하며 세계사의 패권을 교대로 주고받았다는 창의적인 역사관올 냉철하면서도 간결한 문체로 전개해나간다. 이렇듯 반복되는 인류 역사의 큰 흐름을 제대로 인식할 때 비로소 미래에 서로 다른 문명들 사이의 충돌이 초래할 파괴적인 힘을 완화시킬 수 있으리라는 것이 바로 파킨슨의 역사 인식이다. 이를 입증이라도 하듯 그는 이미 50여 년 전에 아시아에서 일본과 중국의 역할이 뒤바뀔 것과 유럽 연합의 실현까지도 예측해내며 역사란 과거의 복습이 아니라 미래의 예언임을 증명해 보여줬다. 그런 의미에서 시대와 문명을 넘나드는 날카로운 역사 인식과 깊이 있는 성찰로 인류 문명의 흥망성쇠를 논리 정연하게 풀어낸 이 책은 인류 문명사의 완결판이라 하기에 부족함이 없다. 특히 이 시대 최고의 번역가이자 작가인 안정효는 원전에 대한 정확한 이해를 바탕으로 행간에 숨겨져 있는 위대한 역사가 파킨슨의 재능, 안목, 학식까지 완벽하게 우리말로 풀어내며 생동감 넘치는 역사의 세계로 독자들을 초대하고 있다.

모던&클래식은
시대와 분야를 초월해 인류 지성사를 빛낸 위대한 저서를 엄선하여
출간하는 김영사의 명품 교양 시리즈입니다.

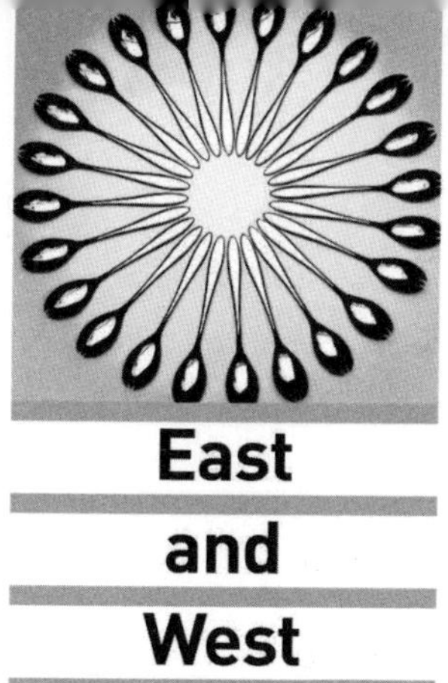

동양과 서양

노스코트 파킨슨 지음 | 강성호 해제 | 안정효 옮김

김영사

차례

교류와 비교로 다시 본 파킨슨의 세계사

강성호(국립 순천대학교 사학과 교수)

유럽과 아시아의 경계를 넘나 든 파킨슨

파킨슨Cyril Northcote Parkinson, 1909-1993은 군인, 교수, 전문 저술가로 다양한 분야에서 활동했지만, 원래 영국 해양사를 연구했던 역사가이다. 영국 케임브리지 대학교에서 학사, 석사과정을 마치고, 런던 대학교 킹스 칼리지에서 19세기 해양사를 주제로 역사학 박사학위를 받은 파킨슨은 박사학위를 마치기 직전인 1934년부터 장교로 임관되어 군 생활을 시작했고, 1945년 소령으로 제대할 때까지 케임브리지 대학교 연구원과 왕립해군대학 강사로 연구 활동을 해나갔다. 그리고 1945년 제대 후 1949년까지 리버풀 대학교 사학과 강사로 근무했다.

1949년부터 파킨슨은 싱가포르에 새로 설립된 말라야 대학교 University of Malaya(오늘날 싱가포르 대학교) 사학과 교수로 부임하면서

만년의 집필중인 파킨슨

유럽과 아시아를 넘나드는 삶을 살았다. 그곳에서 그의 저술활동
은 주로 말라야의 역사와 해양사에 집중되어 진행되었다. 아시아
에서 10년 넘게 살았던 그의 체험은 동서양의 역사와 문화에 대해
균형 있는 시각을 키우는 데 크게 기여했다. 1958년에 싱가포르에
서 그는 관료제를 비판하는 《파킨슨의 법칙: 진보를 추구하며
Parkinson's Law, or The Pursuit of Progress》(1957)[1]를 출판했다. 관료들이
자신들의 이익을 위해 일자리를 만들어 부하 직원의 수를 늘리지
만, 늘어난 인원만큼 조직의 효율성이 증대되는 것은 아니라는 점
을 비판한 이 책이 세계적인 베스트셀러가 되면서 파킨슨은 일반
인들에게까지 널리 알려지게 되었다.

---

1 노스코트 파킨슨, 《파킨슨의 법칙》, 김광웅 역, 21세기북스, 2010.

그 후 파킨슨은 1958년에서 1960년 사이에 미국 하버드 대학교, 일리노이 대학교, 캘리포니아 버클리 대학교 등에서 방문 교수로 머물기도 했다. 그리고 말라야 대학교 교수직을 그만두고 영국과 프랑스 사이에 있는 채널 아일랜드Channel Islands에서 말년의 보내다가 1993년 83세 나이로 사망했다. 말년에 그는 전문 저술가로 활동하며 역사학을 비롯한 다양한 분야에서 60여 권에 달하는 방대한 저작을 남겼다.

그가 남긴 수많은 저작 중에서 이번에 새롭게 출간되는 파킨슨의 《동양과 서양》은 유럽과 아시아를 모두 포괄하는 세계사를 본격적으로 다루고 있다는 점에서 역사가로서의 파킨슨의 진면목을 잘 보여주는 작품이다. 이미 반세기 전에 출간된 이 책이 오늘날 다시 의미를 갖는 이유는 최근 세계사의 새로운 중심으로 떠오르고 있는 한국, 일본, 중국 등 동아시아의 재부흥을 50여 년 전에 이미 예견하고 있다는 점에 있다. 이뿐만 아니라 이 책은 구소련의 몰락 이후 세계의 흐름이 주요 문명들 사이의 충돌로 나아가고 있는 현 상황에서 문명들 사이의 평화와 공존의 필요성을 설득력 있게 잘 제시하고 있다.

《동양과 서양》이 오늘날 어떠한 위치를 차지하고 어떤 의미를 지니고 있는가를 알기 위해서 잠시 최근에 진행되고 있는 세계사의 연구동향을 살펴볼 필요가 있다.

다시 보는 유럽중심주의 세계사

19세기 후반, 제국주의 시대 이후 세계는 급속도로 상호연관이 심화되어 왔다. 교통과 통신의 발달뿐만 아니라 자본주의적 생산 체계의 세계적 연관이 확산, 심화되면서 지구화는 되돌리기 어려운 커다란 흐름이 되어왔다. 더욱이 산업의 고도화로 지구 생태계의 위기가 가속화되면서 이에 대해 지구적 차원에서 공동으로 대처해야 할 필요성이 대두되고 있다. 이런 상황은 역사학 분야에도 세계 역사 전체를 제대로 담아낼 새로운 세계사에 대한 요청으로 이어지고 있다.

지구화 시대에 기존의 유럽중심주의 세계사는 많은 비판을 받고 있다. 유럽중심주의 세계사는 근대뿐만 아니라 고대와 중세 등 전 시대에 걸친 유럽과 세계의 역사를 유럽의 입장에서 무리하게 재구성했다.[2] 이러한 유럽 중심의 세계사는 현실적 세계사의 진행과 일치하지 않는다는 점에 근본적인 한계를 지닌다. 때문에 유럽중심의 단일한 세계사에서 탈피하여 다양한 문명의 관점에서 세계사를 재해석하려는 시도들이 전 세계적으로 활발하게 진행되고 있다. 호지슨G. S. Hodgson은 이슬람 문명의 관점에서 세계사를 재해석하고자 했다.[3] 미국의 A. G. 프랑크, R. 빈 윙, 케네쓰 포머란츠

---

2 강성호, 〈《유럽중심주의 세계사를 넘어 세계사들로》를 말한다〉, 《유럽중심주의 세계사를 넘어 세계사들로》, 푸른역사, 2009, p. 17.

3 마셜 호지슨, 《마셜 호지슨의 세계사론: 유럽, 이슬람, 세계사 다시보기》, 이은경 역, 사계절, 2006.

Kenneth Pomeranz 등으로 구성된 '캘리포니아 학파California school'는 세계사 속에서 동아시아의 위치를 복권시키고자 했다.[4] 패트릭 매닝Patrick Manning은 서아프리카West Africa를 강조했고, 데이비드 루덴David Ludden은 남아시아South Asia를 강조하면서 다중심multi-polar 세계체제론을 제기했다.[5]

국내에서도 유럽중심주의 세계사에 대한 비판이 다양하게 소개되고 활발하게 논의되고 있다.[6] 그동안 여러 학술대회를 통해 유럽중심주의 역사를 비판적으로 검토되었다.[7] 하지만 동시에 이러한

______

4 강성호, 〈자본주의 세계체제는 유럽에서 시작되었나?〉, 《서양사론》 90 (2006. 9), pp. 44-45.

5 Patrick Manning, "Asia and Europe in the World Economy: Introduction," *American Historical Review*, vol. 107, no. 2(April 2002); David Ludden, "Modern Inequality and Early Modernity: A Comment for the AHR on Articles by R. Bin Wong and Kenneth Pomeranz," *American Historical Review*, vol. 107, no. 2 (April 2002).

6 강성호, 〈《유럽중심주의 세계사를 넘어 세계사들로》를 말한다〉, pp. 17-19; 조지형. 강선주 외, 《지구화시대의 새로운 세계사》, (혜안, 2008).

7 유럽중심주의 세계사 문제를 한국적 관점에서 집단적으로, 비판적으로 검토하게 되는 전환점은 한국서양사학회 전국학술대회 《우리에게 서양이란 무엇인가: 유럽중심주의 서양사를 넘어》(2006년 4월)였다. 이 대회의 성과는 다음 책으로 출판되었다. 한국서양사학회 편, 《유럽중심주의 세계사를 넘어 세계사들》, 푸른역사, 2009. 또한 동아시아 관점에서 유럽중심주의 세계사를 보려는 노력이 이어졌다. 한·중·일 국제학술대회 《동아시아에서의 서양사 연구, 근대성의 인식과 유럽중심주의의 극복》(2007년 7월)(한국서양사학회 창립 50주년 기념 국제학술회의, 《동아시아에서의 서양사연구, 근대성의 인식과 유럽중심주의의 극복》, 서울대학교, 2007. 7. 5~6.)와 오사카대학에서 개최된 세계사학회 아시아지회 창립대회(2009년 5월) 등이 그것이다.

윌리엄 H. 맥닐의 《전염병의 세계사》(왼쪽), 파멜라 킬 크로슬리의 《글로벌 히스토리란 무엇인가》(가운데), 데이비드 크리스천의 《시간의 지도》(오른쪽)

소개와 연구가 유럽중심주의 세계사에서 벗어나지 못한 채 유럽중심주의를 새로운 차원에서 강화시켜주고 있거나[8] 아니면 유럽중심주의 대신에 새로운 지역 특수주의를 양산하고 있는 것이 아니냐는 비판들도 제기되고 있다.[9]

이와 더불어 민족사나 특정 지역을 중심으로 역사를 보려는 시각에서 벗어나 세계 각 지역간의 교류와 비교를 통해서 세계사를

---

8 임지현, 《새로운 세대를 위한 세계사편지》, 휴머니스트, 2010, pp. 40-41.

9 윤종희, 〈자본주의 이행논쟁의 새로운 지평: 세계체제의 연속과 단절의 쟁점〉, *Transtoria* 3 (2003); Sungho Kang, "Reorienting Reorient: East Asia and 15th-19th century Korea," *Andre Gunder Frank's Legacy of Critical Social Science*, University of Pittsburg, David Lawrence Conference Center, April 11-13, 2007.

10 윌리엄 맥닐, 《전쟁의 세계사》, 이산, 2005; 윌리엄 맥닐, 《전염병의 세계사》, 이산, 2005; 윌리엄 맥닐, 《세계의 역사》1, 2, 이산, 2007; 윌리엄 맥닐, 《휴먼 웹: 세계화의 세계사》, 이산, 2007; 파멜라 카일 크로슬리, 《글로벌 히스토리란 무엇인가》, 휴머니스트, 2010.

전체적으로 바라보려는 연구들도 활발하게 진행되고 있다.[10] 맥닐의 세계사와 글로벌 히스토리 등이 그 대표적인 예라 할 수 있다. 맥닐은 전쟁의 역사, 전염병의 역사, 세계화의 역사 등에 관한 연구에서 교류를 통해 세계사가 긴밀한 상호작용 속에서 발전하는 과정을 잘 보여주었다.

그리고 민족국가의 범위를 넘어선 교류를 강조하는 '글로벌 히스토리global history'가 새롭게 출현했다. '글로벌 히스토리'라는 용어를 새롭게 사용하는 데는 몇 가지 이유가 있다.[11] 첫째, '글로벌'이라는 용어가 '국제적international'이나 '초국가적transnational'이라는 용어와 다르게 역사 탐구 단위로서 민족국가를 필요조건으로 전제하지 않기 때문이다. 둘째, 글로벌이라는 용어가 세계 각 지역들 사이의 교류와 상호작용 같은 역동성을 상징적으로 대변하고 있기 때문이다. 셋째, 유럽중심주의적인 기존의 세계사와 다르게 글로벌은 세계 전체를 대변한다는 인상을 주기 때문이다.

최근에는 지구적 차원을 뛰어넘어 우주적 관점에서 세계사들 다시 조망하려는 '빅 히스토리Big History'가 등장하여 큰 주목을 받고 있다.[12] '빅 히스토리'라는 용어는 1991년 데이비드 크리스천David Christian이 처음으로 사용하기 시작한 것으로,[13] 기존의 세계사에서 더 나아가 모든 역사 중에서 가장 큰 우주의 과거까지 다루려고 한

---

11 김원수, 〈세계화시대의 글로벌 히스토리〉, 《유럽중심주의 세계사를 넘어 세계사들로》, 푸른역사, 2009, pp. 68~69.
12 데이비드 크리스천, 《세계사의 새로운 대안 거대사》, 서해문집, 2009; 신시아 브라운, 《빅히스토리》, 프레시안북, 2009.

다. 또한 빅 히스트리는 인간의 역사를 지구적 관점뿐만 아니라 우주적 관점까지 포함해서 보려는 새로운 시도이기도 하다.[14] 다시 말해, 빅 히스토리는 우주, 지구, 생명, 인류의 역사를 통합적이고 학제적인 방식이라고 할 수 있다.[15] 이와 같은 방식을 통해 빅 히스토리는 인간 주변에 우주를 세우는 대신에 인간이 방대한 우주 팽창에 어떻게 적응해왔는지를 더 사실적으로 이해할 수 있다고 주장하고 있다.

교류와 비교로 다시 본 세계사

파킨슨의 《동양과 서양》은 앞에서 소개한 교류와 비교를 통해 세계사를 다시 보려는 두 번째 범주에 속한다. 파킨슨의 세계사는 각 지역 사이의 교류와 비교를 강조한다는 점에서는 맥닐과 글로

---

13 David Christian. "A Single Reckoning of Past Events: The Evolution of Big History,"《서양사론》106호, 2010. 9, 304쪽; 국내에서 'Big History'는 '거대사'나 '빅 히스토리'로 번역되고 있다. 여기서는 빅 히스토리라는 용어로 사용하고자 한다. 그 이유는 크게 두 가지이다. 거대사로 할 경우 기존의 '거시사(Macro History)'와 혼동될 우려가 있고, 빅 히스토리 자체가 계속 발전하고 있는 분야이기 때문에 시간을 두고 개념을 정리할 필요가 있기 때문이다.

14 David Christian, "The Case for 'Big History'," *The Journal of World History*, vol. 2, no. 2(Fall 1991), pp. 223~238.

15 Barry Rodrigue and Daniel Stasko, "A Big History Directory, 2010: An Introduction," *World History Connected*, (http://usm.maine.edu/lac/global/bigghisoty).

벌 히스토리와 공통점을 지닌다. 그러나 맥닐이나 글로벌 히스토리가 유라시아 대륙뿐만 아니라 아프리카, 라틴아메리카, 오스트레일리아 등 세계의 모든 지역을 포괄하고 있는 것과 다르게 파킨슨은 아시아, 유럽, 북아프리카 지역, 현대의 남북아메리카만을 교류와 비교의 대상으로 삼고 있다는 점에서 차이를 보인다. 그는 북아프리카를 제외한 대다수 아프리카나 현대 이전의 아메리카 대륙은 문명을 지니지 못하고 있다는 편견에서 벗어나지 못했기 때문이다.[16]

《동양과 서양》은 서론과 20개의 장으로 구성되어 있다. 전체 책의 구성은 동서양 문명이 교대로 상승하는 과정을 담고 있다. 고대에 동양이 우세를 점하다가 알렉산드로스의 헬레니즘 제국과 로마 제국 시기에 서양이 우세를 점하고, 중세 시기에 다시 이슬람, 인도, 중국 등이 우세를 점하다가, 근대 초 이후 서양이 우세를 되찾았고, 19세기 중반 이후 아시아가 부흥하게 되었다는 것이다. 기존의 유럽중심주의 세계사와 다르게 유럽과 아시아를 모두 다루며 아시아 사회의 우수성을 최대한 인정하려 했다는 점이 책의 구성에서 잘 드러난다.

그렇다면 '동양'과 '서양'이 상호 교차되어가는 세계사 발전 과정을 서술함으로써 파킨슨이 얻고자 했던 것은 무엇인가? 파킨슨은 주요 문명들 사이의 순환적인 대립 과정과 투쟁에 대한 지식이 미래에 벌어질 충돌의 파괴적 여파를 줄이는 데 사용될 수 있기를

---

16 이 책 32쪽 참조.

원했다.[17] 이 점은 1990년 초 구소련이 붕괴된 이후 세계 주요 문명 사이의 대립과 충돌이 강화되는 현 시점에서 문명 사이의 평화적 공존관계를 형성하는 데 도움이 될 수 있다.

파킨슨에게 있어 서양은 그리스 문명과 로마 문명에 기반한 문명 단위이고, 동양은 유럽을 제외한 아프리카, 아라비아 반도, 서남아시아, 중앙아시아, 동남아시아, 동아시아 모두를 포괄하는 문명 단위이다. 유럽과 아시아를 분리하는 경계선으로 우랄 산맥, 우랄 강, 카스피 해, 카프카스, 흑해 그리고 다르다넬스 해협 등이 상정된다. 그는 동양 문명과 서양 문명이 일부 유사점을 지니고 있지만 차이점이 많다고 생각했다. 주요한 차이점으로 세 가지가 언급되는데,[18] 아시아가 유럽보다 면적이 4배이고 인구가 2배라는 점, 유럽은 대부분 북위 40도 위에 위치하지만, 아시아는 대부분 그 남쪽에 위치한다는 점, 그리고 유럽에서는 흑해, 지중해, 발트 해 같은 물이 경계를 이루지만 아시아에서는 산이나 사막이 경계 역할을 한다는 점 등이 그것이다.

파킨슨이 상정한 동양은 오늘날 우리가 인정하는 동양에 북아프리카와 아랍을 더 추가한 것이다. 그는 동양은 내부가 다양함에도 불구하고 공통적인 속성을 지닌 단위로 묶을 수 있다고 보았다. 동아시아 문명, 인도 문명, 메소포타미아와 이집트 문명, 이슬람 문명은 서양의 동쪽에 위치해 있다는 지리적 공통점 외에 다른 내부

---

17 이 책 27쪽 참조.
18 이 책 33쪽 참조.

적 공통점을 찾기는 어렵다고 본다. 파킨슨의 이러한 동서양 구분은 유럽과 비유럽으로 세계사를 양분해서 보려는 유럽중심주의적 세계사 관점의 영향을 받은 것으로 보인다. 그는 유럽의 경계를 넘어 세계사를 보려했지만 여전히 유럽중심주의에서 완전히 벗어나지는 못했던 것이다.

파킨슨은 동양과 서양의 구분에서는 유럽중심주의에 갇혀 있었지만 페르시아 문명, 인도 문명, 중국 문명, 이슬람 문명이 지니는 우수성을 충분히 인정하려 했다. 이것이 가능했던 것은 그가 인도, 이슬람, 중국 등의 입장에서 쓴 이븐 할둔의 《아랍의 역사철학》, J. 네루의 《세계사 편력》 같은 책들을 열린 입장에서 참고했기 때문이다.[19] 동시에 그는 이슬람, 중국, 인도의 과학적 성과를 높이 평가하는 조셉 니담의 《중국 과학과 문명》 같은 과학사의 성과들을 적극적으로 이용했다.[20]

파킨슨의 세계사에서 동양과 유럽은 교대로 상승했다. 동양과 서양은 돌아가면 패권을 장악해서 한쪽이 부패하면 다른 쪽이 발전하여 영광을 누렸다. 성장하는 문명이 외부로 '과잉 발산' 하면서 쇠약해진 문명을 흡수한다는 기존의 생각과 다르게, 파킨슨은 한

---

19 Ibn Khaldun, *An Arab Philosophy of History*, trans. by Charles Issawi London, 1955, p. 57; Jawaharlal Nehru, *Glimpses of World History*, London, 1942.

20 Joseph Needham, *Science and Civilization in China*, Cambridge, 1954,

21 이 책 33쪽 참조. 파킨슨은 고대 마케도니아의 상승에 대해서도 부패와 팽창이라는 논리로 설명하고 있다.

문명의 쇠퇴로 생긴 공백을 새롭게 성장하는 문명이 차지하면서 문명간의 교대 상승이 일어난다고 보았다.[21] 두 문명을 연결하는 교역로들이 빨아들이는 수도관 역할을 하기 때문이라는 것이다. 파킨슨은 이러한 관점에서 문명의 교대 상승에 대해 다음처럼 이야기하고 있다.

> 한번 발동이 걸리면 이 거대하고 미련한 발동기는, 교대로 상승하는 동양과 서양의 힘은, 계속 밀고 나가야만 하는 듯싶다. 부패 속에서 모든 문명은 저마다 문화적 공백을 낳고 공백은 상승하는 경쟁자의 힘을 빨아들여서 문명은 흐름의 추세를 계속한다. 이 수혈작용이 저항을 낳으며, 회복할 때가 되면 새로운 활력은 스스로 부패하여 다른 곳에 새로운 공백이 생겨난다.[22]

파킨슨에 따르면, 동서양 문명의 교대 상승은 명확하게 규정하기는 어렵지만 세 가지 단계를 거치면서 진행된다고 보았다.[23] 첫 단계는 압력을 받는 문명권에서 불만과 저항이 나타나는 시기이고, 두 번째 단계는 상승하던 문명이 대대적인 영향력을 발휘하기를 중단하는 시기, 세 번째 단계는 반작용이 시작되는 시기이다.

파킨슨은 세계 문명 변천사에서 군사적 팽창이나 정복보다 문화적, 기술적, 사회적 교류와 확산이 더 중요한 의미를 지닌다고 보

---

22 이 책 41쪽 참조.
23 이 책 195쪽 참조.
24 이 책 38쪽 참조.

왔다.[24] 군사적 이동이란 "이미 구축된 다른 우월성의 징후"이기 때문이라는 것이다. 한 문명이 부패해서 공백이 생기면, 교역로를 따라서 온갖 유행, 발명, 언어, 사상 등이 들어오게 된다. 군사적 침략에 뒤이어 세금 징수원, 행정관, 측량사, 언어학자, 건축가, 공학자, 예술평론가 등이 따라 들어오기 때문이다.

파킨슨의 세계사에서는 또한 동서 문명 사이의 교류가 강조된다. 아시아와 유럽 사이의 교역은 고대에서부터 시작되어 현대까지 지속적으로 확대, 발전되었다. 유럽에서 멀리 떨어진 중국과 유럽 사이에 벌써 기원전 115년 경부터 사신 교환이 이루어졌다. 유럽의 미트리다테스 2세가 중국 황제가 보낸 사신을 맞았고, 이런 과정을 통해 형성된 국제 통상로를 통해 높은 수준의 중국 문물이 유럽으로 전래되기 시작했다.[25] 중국의 비단은 고대 이집트의 클레오파타트라에 의해 고대 이집트에서 널리 유행하였고, 이외에도 면화, 향료, 복석, 정제된 철기, 향수, 사상 등이 고대 로마에 전래되었다.[26] 이 당시 중국 난징과 지중해, 시리아 해안 사이를 왕복하는데 243일이 걸렸다고 한다. 인도는 중국에 불교를 전파했고,[27] 유럽에는 수학을 비롯한 높은 수준의 과학 문명을 전해주었다.[28] 또한 7세기 이후 아라비아에서 출현한 이슬람 문명은 유럽을 거의 침몰시킬 정도의 강한 영향력을 미쳤다고 파킨슨은 평가한다.[29] 또

---

25 이 책 173~175쪽 참조.
26 이 책 189~190쪽 참조.
27 이 책 208쪽 참조.
28 이 책 202~203쪽 참조.

한 그는 근대에 들어 유럽이 다시 아시아를 추월하면서부터 높은
수준의 유럽 문명이 인도를 비롯한 아시아로 역수출되기 시작했다
고 본다.[30]

교류의 입장에서 세계사를 보면 각 주요 문명들이 다른 문명들
의 영향을 받아 발전했음을 알게 된다. 이 책을 보면 곳곳에서 그
러한 사례들을 쉽게 찾아볼 수 있다. 예를 들어 고대 페르시아의
높은 문명은 당시 페르시아를 중심으로 형성된 교통체제를 통해
유입된 다양한 지역의 문화의 영향을 받아 형성되었다.[31] 법의 개
념은 함무라비의 고대 법전에서, 철과 화폐 주조는 히타이트에서,
글은 페니키아에서, 예금 대부, 이자율 같은 금융제도는 고대 메소
포타미아에서 비롯되었기 때문이다.

또한 서양 고유의 종교라고 생각하기 쉬운 크리스트교가 페르시
아, 조로아스터교, 힌두교, 불교 등의 영향을 받았다는 사실도 파
킨슨은 지적하고 있다. 크리스트교가 발생한 아라비아 지역이 일
찍부터 페르시아와 인도의 영향을 받아왔기 때문이다. 파킨슨은
다음처럼 크리스트교가 영향을 받은 주요 측면을 구체적으로 밝히
고 있다.

이것이 사실임은 페르시아에서 온 마기(Magi, 그리스도를 찾아온 세 명
의 '동방박사'는 조로아스터교의 사제 계급이었음), 씨를 뿌리는 사람에

29　이 책 204쪽 참조.

30　이 책 339쪽 참조.

31　이 책 69쪽 참조.

대한 우화(불교), 예수의 유혹(조로아스터), 그리고 그의 가족을 버린다
는 (힌두), 기독교 전설의 많은 양상에서 분명해진다. 윤리적인 가르침
은 세례 요한을 거쳐서 세네파(B.C. 2세기경부터 팔레스티나에 있었던 유
대인의 비밀교단으로 금욕, 독신, 유대 법전의 준수가 특징임-옮긴이)로부
터 부분적으로 연유하는데, 그들은 더 거슬러 올라가 불교의 사상을 어
느 정도 차용했다. 지옥의 불은 조로아스터와 배화교 교리의 일부이고,
예수의 죽음은 미트라에서 이미 선보인다. 나중에 정착된 기독교의 수
도생활도 역시 불교에서 연유한다.[32]

이처럼 교류의 입장에서 세계를 보면 각 문명과 지역 사이의 공
통점과 차이점을 비교해서 파악하는 데 큰 도움이 된다. 문명 사이
의 교류가 이루어진다고 해서 각 지역 문명이 지니는 고유한 특성
이 사라지는 것은 아니기 때문이다. 이 책을 보면 오히려 비교를
통해 각 지역의 특성을 보다 객관적으로 명확하게 파악할 수 있음
을 알 수 있다. 소규모 사회에 근거해서 출발했던 그리스 문명이
개인주의를 강조하는 데 비해, 대규모 인구와 넓은 인구에 기반했
던 이집트, 페르시아, 인도, 중국 등은 개인보다 전체를 중요시했
다. 아라비아와 유럽에서는 많은 문자를 사용해야하는 상형문자를
버리고 소수 표음문자를 조합해서 글을 표기하는 방식으로 전환했

---

32 이 책 192~193쪽 참조. 파킨스는 크리스트교에 영향을 미친 요소들을 다음처럼
   들고 있다. 예배하는 방식은 메소포타미아와 페르시아에서, 규칙적인 수련방식은
   불교에서, 법의는 비잔티움에서, 교회의 종은 중국 불교에서, 교회의 고딕건축은
   십자군 전쟁 때 이슬람에서 비롯되었다는 것이다.

던 데에 비해 중국에서는 현재까지도 상형문자인 한자를 사용하고 있다. 고대 그리스와 로마사회가 인간의 육체를 드러내는 데 주저하지 않았던 데에 비해 인도, 동아시아, 이슬람 지역은 인간의 육체를 옷이나 장식으로 가리려 했다.

유럽과 아시아를 넘어 세계사로

파킨슨의 《동양과 서양》은 교류와 비교를 통해 동서양 전체 역사 흐름을 총체적으로 파악하려 했다는 점에서 큰 의의가 있다. 또한 1963년 당시 대부분의 세계사 책들과 다르게 중국, 인도, 이슬람 문명들의 우수성을 객관적으로 인정하려 했다는 점도 높이 평가할 만하다. 19세기 중반 이후 서양이 쇠퇴하고 동양이 다시 부흥할 것이라는 예측도 오늘의 현실에 비추어 보았을 때 탁월하다. 세계 주요 문명들이 서로 대립하지 말고 평화롭게 공존해나가야 한다는 제안도 9.11 무역센터 테러 이후 문명 사이의 대립이 심해지고 있는 현 상황을 타개해나가는 데 큰 도움이 될 것이다.

이러한 많은 장점에도 불구하고 《동양과 서양》은 몇 가지 한계를 지니고 있다. 첫 번째로 지적할 수 있는 것은 여전히 유럽중심주의적 역사관에 갇혀 있다는 점이다. 그는 세계사를 유럽사와 비유럽사라는 이분법적 도식으로 봄으로써 비유럽 지역 문명의 다양성을 제대로 보지 못했다. 《동양과 서양》의 전체 20장 중에서 5장만 동양 부분에 할당했고, 나머지 15장은 유럽과 유럽 인근 지역의 역사를 다룸으로써 실제 역사 서술에서도 유럽 중심의 편향을 드러냈다. 더 나아가 파킨슨은 동양의 문명을 높이 평가하면서도 동시에 동양의 문명을 비하하는 표현을 사용하는 양면적인 모순을 숨기지 못했다.

두 번째, 동서 문명 교대 상승의 원동력에 대한 파킨슨의 분석이 피상적이고 표피적이라는 점을 들 수 있다. 한 문명은 부패하면 쇠퇴하고, 그 쇠퇴로 인한 공백을 상승하는 다른 문명이 흡수하면서 발전한다는 분석은 '한 문명이 부패하는 내적, 구조적 원인'에 대해 구체적으로 설명해주지 않기 때문에 피상적일 수밖에 없다. 그 문명이 쇠퇴할 수밖에 없는 내적, 구조적, 사회경제적, 계급적 분석들이 적절하게 제공되어야 문명들의 교대 상승과정을 제대로 파악할 수 있을 것이다.

세 번째로 파킨슨의 역사 서술이 지니는 전문성이 한계가 있다는 점이다. 파킨슨은 해양사 분야에서 전문적인 훈련을 받은 역사가이기는 하지만, 역사 이외의 다양한 분야를 많이 다루면서 역사 분야 연구에 지속적으로 몰두하기 어려웠다. 그러다 보니 1960년대이기는 하지만 당시 수준에서 참고할 수 있는 관련 연구 성과들을 제대로 반영하지 못했다. 그 결과 중국이나 일본 같은 동아시아 지역과 이슬람 사회가 발전하고 쇠퇴하는 시기와 관련 사실들에 대한 부적절한 표현들이 나타나기도 한다. 중국이 15세기부터 쇠퇴하기 시작했다는 주장은 중국이 17세기부터 18세기에 이르는 청나라 시대에도 지속적으로 발전했다는 실제 역사적 사실과 상당한 차이점을 보인다.

　이러한 한계도 있지만《동양과 서양》은 50여년에 출판된 책이라
는 점을 고려해보면 긍정적인 측면을 더 많이 가지고 있다. 파킨슨
이 지니고 있는 한계들은 앞에서 서술했던 것처럼 지난 몇 십년 동
안 해결되어 왔다. 유럽과 아시아를 중심으로 한 협소한 세계사는
세계 곳곳을 모두 포괄하는 '진정한' 세계사로 발전되었다. 그러나
여전히 비유럽지역 역사의 많은 부분들이 제대로 연구되거나 널리
소개되지 못하고 있다. 따라서 앞으로 이슬람 사회, 중앙아시아,
서남아시아, 동남아시아, 동아시아, 오스트레일리아, 남북 아메리
카 등에 대한 구체적이고 포괄적인 연구를 앞으로 지속해나갈 필
요가 있다.

　유럽중심주의 세계사를 극복해나가는 과정에서 우리는 한국의
관점에서 유럽중심주의의 세계사를 비판하면서 대안적 세계사상
을 모색해나갈 필요가 있다.[33] 그 이유는 크게 두 가지이다. 첫 번
째, 한국이 아프로유라시아 대륙(아프리카, 아시아, 유럽 대륙을 아울러
일컫는 말)이 태평양 지역과 만나는 매우 중요한 지정학적 위치를
차지하고 있기 때문이다. 한국에서 본 세계사는 유럽이나 중국이
나 일본의 관점에서 본 세계사와 다른 새로운 세계사의 모습을 드
러내 보일 수 있기 때문이다. 두 번째, 우리 입장을 가지고 세계사

---

33 강성호, 〈한국사는 세계사에서 왜 중요한가?−15~19세기 세계체제 속의 동아시
　　아와 한국을 중심으로〉, 《UC Berkeley Commitee for Korean Studies
　　Symposium 2006》, UC Berkeley Morrison Library (2006. 4. 12); 강성호,
　　〈조선과 15세기−18세기 동아시아 국제질서〉, California San Jose KTN TV 문
　　화홀 (2006. 3. 11)에서 열린 〈San Francisco 민주 평통 역사특강〉.

를 보아야 세계사 속 한국 역사의 위치를 제대로 파악할 수 있기 때문이다. 우리가 스스로 우리 역사를 세계사라는 무대에 제대로 자리매김하지 않는다면 누가 해주겠는가? 따라서 한국이 적극적으로 나서서 세계사 속의 한국사가 차지해야 할 정당한 몫을 빠른 시간 안에 되찾아 올 수 있도록 노력해야 할 것이다.

동양과 서양은 항상 널리 쓰이며 의미하는 바가 깊은 어휘들이면서도 정의를 내리기에는 막연한 개념이다. 우리는 개인이나 단체를 일컬어 '동양적'이거나 '서양적'인 품성을 지녔다고 말한다. 우리는 아시아의 관점이 서양에서는 용납되지 않거나, 서양의 식민주의가 동양에서 반발을 일으킨다는 얘기를 자주 듣는다. 동양은 동양이어서 서양과는 하나가 될 수 없다는 표현도 자주 접했다. "그러나 동양과 서양은 만나야 한다"고 이상주의자들은 주장하고 그래서 논쟁은 계속된다. 그러나 그들의 논쟁이 의미하는 바가 정확히 무엇일까? 동양은 무엇이고 어디에서 시작되는가? 서양은 어디에 위치하며 어느 지점에서 끝나는가? 그들의 개념은 뚜렷하지만 정확하지는 못하다. 우리는 막연히 느끼기는 해도 우리가 주장하는 바를 확실히 파악하지는 못한다. 이런 혼란과 애매함을 느낀 필자는 모호함을 걷어낸 다음, 막연한 개념들 뒤에 숨겨진 뜻을 전달하려고 노력했다. 그 결과로 얻어진 것이 이 책이다.

나는 만담가가 아닌 사학자의 입장에서 이 글을 썼으며 내 관점을 연대기적으로 전개했다. 나는 '동양'과 '서양'이 지역으로서, 방향만 나타내는 의미로 지녔던 초기로 돌아가려고 노력했다. 그 후

여러 세기에 걸쳐 어떠한 대조와 대립이 이루어졌는지를 보여주려고 시도했다. 나는 지역적인 차이점들을 제시하려고 했다. 내가 하고 싶은 얘기는 20개의 단원으로 정리했다. 그렇게 구성된 기둥 줄거리는 서문에서 밝힌 역사 이론에 바탕을 둔다. 그 이론을 터득한 사람은 그와 같은 이론을 서술 부분에 그대로 적용해도 되겠다. 서술부에서는 사실이 이론을 뒷받침하고 있음을 독자는 쉽게 깨달을 것이다. 제시된 관점을 받아들이려는 독자도 역사 이론이 하나의 관점에 지나지 않는다는 점을 납득해야 한다. 그 이론 자체가 옳고 정치인들에게까지 받아들여지더라도 다른 관점을 배제하지는 못한다. 같은 나무를 묘사하거나 그릴 때 관찰자의 관점은 저마다 다르다. 따라서 서로 부합되지 않는 여러 가지 묘사가 모두 정확할 수도 있다. 단 하나의 특수한 각도와 높이와 거리에서 얻은 한 가지 관점에 집착해서 다른 묘사가 모두 틀리고 그릇되고 옳지 않다고 하는 사람은 경험이 부족한 역사가다. "과거나 현재의 모든 사회의 역사는 계급투쟁의 역사였다"고 말한 칼 마르크스가 바로 그런 사람이다. 그 말은 전적으로 틀린 진술은 아니다. 그가 집필 당시까지 거의 연구해보지 못했던 경제사나 역사에 대해서 비교적 조금밖에 이해하지 못했다는 점은 사실이지만, 그는 적어도 진리의 한 부분만은 터득했다. 관심의 대상이 계급투쟁뿐인 사람에게는 역사가 그 관점으로만 집중된다. 그의 서술이 꼭 틀린 것만은 아니다. 다른 관점의 서술도 보는 입장에 따라서 정당하다는 가능성을 우리는 이해해야 한다. 도로와 교량에 관심이 많은 사람에게는 모든 인간 사회의 역사가 교통의 역사다. 따라서 상업, 치과 의

술, 위생, 음악, 연극, 항해, 그리고 미술의 역사는 하나같이 나름대로의 진리를 지닌다. 정신 이상이라고 할 만큼 유아독존인 사람만이 마르크스의 경우처럼 다른 모든 관점을 무시하고 자기의 생각만을 고집한다. 나는 그런 실수만큼은 범하지 않았다. 내 역사관은 여러 가능성 가운데 하나이며, 남들의 견해보다 특별히 옳다고는 주장하지 않겠다. 나는 다만 나의 해석이 우리가 살아가는 시대와 특별히 연관된다는 점만을 주장하고 싶다.

여기까지 독자가 수긍을 해준다면 한 가지 더 경고해둘 것이 있다. 어느 사건들을 하나의 경향으로 연관을 지어 얘기할 때, 나는 그 연관성이 불가피했었다는 주장을 하려는 생각은 없다. 나는 인류가 운명의 수레바퀴에 묶여 있다고는 믿지 않는다. 자기가 관찰한 변천 성향에 따른 불가피한 결과를 예언으로 제시한 사람도 역시 칼 마르크스였다. 그는 자신의 이론이 가져올 영향을 미리 내다보지 못했기 때문에 그의 예언은 부분적으로 오류를 범한 셈이다. 그를 반대하는 사람들은 그의 추종자들이 나름대로의 이유 때문에 자주 거부했던 그의 책을 분석했다. 그들은 마르크스가 사람들의 관심을 끌었던 주제들을 피해가면서 숙명론자의 그릇됨을 다시 한 번 증명했다. 내 나름대로의 견해로는 반복되는 사건의 추이를 우리가 피하기는 어려운 일이 아니다. 대립되는 문명들의 날카로운 투쟁도 제거할 수가 있다. 그런 반면에, 인간적인 차이를 제거한다면 문화적인 침체를 가져올지도 모르며, 그것은 아마도 투쟁에서 오는 결과보다 훨씬 나쁠 가능성도 없지 않다. 그러나 투쟁이 계속된다면 우리는 한 문명이 다른 문명에 초래할 미래의 충격을 길들여서 대립을 감소시키고, 가능하다면 감정을 지식으로 대치시킬 수도 있다.

미래에 벌어질 충돌의 파괴적인 힘을 조절하는 데 이 책은 그나마 조그마한 공헌을 할지도 모른다. 인류의 역사를 뒤흔들어 놓는 흐름을 제대로 인식한다면 후회를 막아줄지도 모르기 때문이다. 나는 언젠가 트리니다드의 햇빛 밝은 바닷가에서 조가비가 하얗게 깔린 모래밭으로 검푸른 파도가 거품을 일으키며 기어오르는 곳에서 수영을 즐겼던 적이 있다. 언어와 피부가 다른 여러 민족의 사람들이 모인 가운데, 유럽 사람들과 인도 사람들과 흑인들과 중국인들이 함께 파도를 타고 헤엄을 쳤다. 오직 남아프리카 사람들만이 난처한 표정으로 바닷가에 남아 있었다. 물살이 그렇게 거센 곳에서 사람들이 서로 부딪치는 것은 당연했다. 그런 상황이 생기면 수영을 잘하는 사람은 다시 물 위로 떠올라 웃어버린다. 그러나 뭍에서는 사람들이 부딪치면 그것은 누군가 잘못했기 때문이고 그래서 반목이 생겨나기도 한다. 뭍에서는 누구나 자기가 가고 싶은 곳으로 가면 그만이니까, 난처한 일이 벌어지면 그것이 누구의 잘못인지 탓을 가리게 된다. 그와는 달리 같은 힘에 의해 모든 사람이 휩쓸리는 파도 속에서는 개인의 힘은 보잘것없어진다. 모두가 속수무책인지라 그들은 서로 탓할 핑계가 없다. 아이는 울고, 바보라면 화를 내겠지만, 그렇다고 해도 사과를 받을 만한 대상이 없다. 이런 유쾌한 분위기는 근본적으로 앎에서 얻어진 것이다. 수영하는 사람들은 그것이 다 파도의 힘 때문임을 알기 때문에 그들의 분노는 즐거움으로 바뀐다.

그와 마찬가지로, 나는 여기서 인간사에도 파도가 있음을 설명
하려고 한다. 인간의 힘이 아닌 그 힘과, 또 그 힘의 목적을 아는
것이 우리의 반목을 제거하는 데 도움이 된다. 그 지식은 아무 힘
도 발휘하지 못하거나, 어쨌든 분명히 충격을 감소시키지는 못할
지도 모른다. 하지만 이 부문에 관해서라면 나는 무엇인가 할 말이
있다. 구체적으로 얘기하자면, 사람들이 섭취하는 음식물과 정력
의 관계를 언급하고 싶다. 인간이 환경에 어떤 반응을 보이느냐 하
는 것은 우리가 생각하는 것보다 훨씬, 인간이 무엇을 먹느냐 하는
사실에 따라서 크게 좌우된다.

검소하고 평범하며 조리하지 않은 음식처럼 먹을거리의 개선을
주장하는 사람들이 추천한, 훨씬 적절한 음식을 섭취했기 때문에 아
마도 나는 도서관들을 뒤지고 돌아다닐 힘을 얻었는지도 모르겠다.
나에게는 이 저서의 원고를 내 손으로 직접 타자를 칠 기운도 있었
을 것이다. 그러는 대신에 나는 남독의 결과에 의존하기 위해서 걸
핏하면 다른 사람들에게 도움을 청했다. 동양학에 관해서는 부족한
면이 많다는 사실을 인식했기 때문에 나는 잘 알려진 다른 권위자들
의 저서를 많이 인용했다. 내 의견이 별로 비중을 차지하지 못하는
분야에서는 독자들이 권위를 인정하는 사람들의 지식을 차용하기도
했다.

내 원고를 타자로 정리한 발렌타인 부인과 비다무어 양, 그리고
내가 일하는 방에서 반갑기는 해도 방해가 되던 침입자들을 막아
준 낸시 로빈 양에게 고마움을 느낀다. 그녀의 격려가 없었다면 이
책은 시작되지도 않았고 끝도 맺지 못했을 것이며 또한 그녀가 없

었다면 이 일의 보람도 없었을 것이기에, 그리고 내가 말로서는 차마 감사한 마음을 다 전할 수가 없기에 이 책을 앤에게 바친다.

C. 노스코트 파킨슨

게른 시에서

1963년 1월 12일

■ 서론

이 책은 전체적인 하나의 세계가 아니라 문명세계들을 다룬다. 여기에서는 문명을 누려 보지 못한 아프리카나 앞으로 발전을 계속할 오스트레일리아 같은 나라들은 언급하지 않겠다. 현대와는 연결이 별로 이루어지지 않은 남아프리카의 고대문명도 무시했다. 여기에서 서술하는 내용은 유라시아 대륙을 중심으로 해서, 거기에 지리적으로 연결된 북아프리카 그리고 역사적으로 연결된 현대 남북 아메리카를 다룬다. 우리가 관심을 둘 문명들은 거의 인접한 지역에서 발생했지만, 아시아와 유럽을 구별하는 명칭인 동양과 서양이라는 개념을 잉태할 만큼 충분히 분리가 되었다.

먼저 지적해야 할 분명한 사항은 유럽과 아시아가 단순히 같은 대륙의 양쪽 끝에 위치한다는 사실이다. 그들을 분리하는 경계선은 우랄 산맥과 우랄 강, 카스피해, 카프카스, 흑해, 그리고 다르다넬스 해협이다. 두 대륙이 소아시아를 경계로 분리된다는 주장도 없지 않지만, 정치적인 관점이 아니라 문화적인 개념으로서의 경계선은 확고하다. 이 거대한 경계의 동쪽과 서쪽은 서로 이질적이지만도 않아서 양쪽 다 북쪽은 평원이고 남쪽에는 산이 가로막으며, 더욱 남쪽으로 가면 이탈리아나 말라야 같은 반도에 이른다.

그러나 유사점은 그 정도에서 그치며 훨씬 두드러진 다른 차이점들이 드러난다. 우선 아시아는 무척 넓어서 유럽보다 면적이 4배에 달하며 인구는 2배다. 둘째로 유럽은 대부분 북위 40도 위에 위치하지만 아시아 인구의 대부분은 그 남쪽에 위치한다. 셋째로 유럽의 육지는 흑해, 지중해, 발트해처럼 물이 경계를 이루지만 아시아는 좀 더 효과적으로 산이나 사막으로 서로 분리되었다.

이런 세 가지 차이, 그리고 다른 몇 가지 차이점들은 영구한 결과를 초래했다. 동양과 서양 사이에는 소수에 대한 다수의 관계가 전통적으로 유지되어 왔는데, 그 관계는 아메리카의 발전에 따라 감소되기는 했어도, 정치적 단위의 규모에서 차이가 잘 나타난다. 서양에서 그리스, 포르투갈, 스웨덴이 차지했던 역사적인 중요성과 대등한 위치를 동양에서는, 비록 규모는 같지 않더라도 인도나 중국이 누렸다. 기후적인 면에서도 춥거나 더운 지역은 서로 다른 정치적인 반응을 나타낸다. 이 문제에 대해서 커존 경은 이렇게 말했다.

……더위가 심하면 저항 능력이 감소된다. 그리고 인도에서처럼 남성적인 종족은 모두 북위 24도 이북에 살아서 북부 지방의 중국, 한국, 일본 민족들과 남쪽의 미얀마, 샴, 말레이시아, 안남은 서로 크게 달랐다…….[1]

이 말의 의미를 지나치게 깊이 해석하려는 사람들도 있겠지만, 먹을거리를 쉽게 구하고 추위가 없는 곳에서는 인간이 살기가 덜 고생스럽다는 얘기다.

　마지막으로, 육지 한가운데 강이나 내해內海가 위치한 유럽에서는 동양보다 훨씬 넓은 지역에 걸쳐 교류가 쉽게 이루어졌다. 유럽의 해양 진출이 이루어진 중요한 원인이 그것이었다. 그리고 또한 같은 이유로 해서 유럽에서는 아시아보다 훨씬 고차원적인 문화적 기반을 이루었다. 유럽의 정치적 단위가 비교적 소규모였어도 그들은 역사적으로 거의 모든 기간에 걸쳐 단 하나의 문명권이라는 틀 안에서 오랫동안 함께 존속했다. 그러나 문화적인 모태로 삼았던 문명이, 규모는 훨씬 더 거대할지 모르겠지만 그 모태로부터 파생한 왕국들과 같은 시공간에서 공존했던 인도, 중국, 페르시아는 사정이 달랐다. 동양과 서양을 비교하는 경우에 우리는 서로 관련이 있으면서도 저마다 독특한 세 문명을 다루는 한편, 동일한 하나의 문명권으로 간주해야 하는 우랄 지역에서 대서양에 이르기까지, 그리고 거기에서부터 다시 아메리카의 태평양 연안에 걸친 문명의 공간 또한 염두에 두어야 한다.

　아시아의 문명들이 워낙 독특해서 그것을 하나로 묶어서 다루려는 이론의 타당성을 부정하려는 동양 학자들도 없지는 않다. 그들은 한국인과 아랍인과 페르시아인 사이에 무슨 공통점이 있느냐고 따질 것이다. 그들은 공통점이 없다고 주장할 것이며 어떤 면에서는 그 말이 옳다. 그러나 다른 관점에서 볼 때 그들은 옳지 않을 수도 있다. 그러나 그들은 손목시계를 찼고 영어를 피상적으로만 알고 흑인을 멸시하고 노동을 부끄러워한다는 점에서는 모두 같다. 서양에 대한 그들의 자세도 비슷할지 모른다. 지리적인 요인 못지

않게 역사가 사람들의 사고방식을 발전시킨다. 동양의 여러 문명이 저마다 서로 다르더라도 동양 사람들은 모두 공통되는 역사를 살았다. 서양에서도 여러 나라를 잇는 공통점이 존재하듯이, 동양의 여러 나라 사이에도 적개심 같은 공통된 감정이 저변에 깔려 있다.

유사 이래 동양과 서양 사이에는 경쟁과 투쟁이 계속되어 왔다. 이 책의 주제인 그들의 경쟁에 관심을 가진 역사가는 많지 않았다. 그들은 자신이 속한 문명과 시대를 넘어 시야를 넓히기가 어려울 만큼 지나치게 전문화했기 때문이다. 따라서 동양과 서양의 관계는 분석의 대상으로 삼기에 너무나 광범위하고 관심을 끌기에는 너무 부담스러운 분야로 여겨져서 학구적인 면에서 배척되어 왔다. 그러나 최근의 현실적인 문제들이 우리들로 하여금 지금까지 상대적으로 무시하던 그 분야를 연구해야만 하도록 만들었다. 동양과 서양의 투쟁에 대한 이해가 필수적인 요소가 되었기 때문이다. 뿐만 아니라 날이 갈수록 그것은 더욱 시급하고 중요한 문제가 되었다. 감정 대신에 지식이 필요하며 이 지식의 힘으로 우리는 판단을 해야 한다.

동양과 서양의 관계에 입각한 역사를 연구함으로써 우리는 유라시아 대륙의 양쪽에 위치한 동양과 서양이 교대로 상승했음을 알게 된다. 한 문명이 크게 번영했던 기간은 대략 1,000년이나 2,000년쯤 계속되었고 학자들은 그 기간을 발생, 성장, 절정, 패망의 시기로 분류한다. 그리고 그 기간이 얼마나 길었으며 영광의 정도가 어떠했더라도 모든 문명은 쇠퇴로 끝났다. 왜 그랬을까? 그에 대한 해답 하나만으로도 책 한 권을 엮을 수 있다. 생물학적인 변이를 거치기 때문인가? 남성이 지배하는 세계에서 남녀의 불평등이 지속되는 가운데, 정력의 쇠퇴가 도래해서인가? 오랫동안 계속되는 전쟁 기간 동안에 열생학적인 결과가 빚어졌는가? 무엇이 왜 잘못되었는가? 패망은 과중한 세금과 관련이 있음을 우리는 알아냈는데 그것은 징후인가, 아니면 결과인가? 과중한 세금은 비천한 자들과 또한 관료들에게 짐이 되어 왔는데 이것도 생물학적인 현상인가? 우리는 어떤 특정한 기간을 분리해서 고찰하는 경우 같은 기간 내에 한 나라가 다른 나라보다 먼저 패망하는 사례를 발견한다. 그렇다면 그 차이를 측정하는 척도는 무엇인가?

이러한 불확실한 사실들 가운데 우리는 한 민족의 부패가 개인적인 정력의 상실과 동반된다는 사실만큼은 확실히 안다. 기력은 영양섭취에서 비롯한다. 연구 결과를 보면 사람들은 셰익스피어가 "그들이 성장한 풀밭의 혈기the mettle of their pastures"라고 표현한, 출신지의 토질土質에서 원기를 얻는다. 보다 복합적인 문명은 사람들로 하여금 가장 좋은 음식으로부터 멀어지고 수입을 하거나 저장하거나 상한 음식에 의존하도록 유도하지 않을까 우리는 적어도 의구심은 가져야 한다. 그런 결과로 사람들의 이가 상하고 결과적으로 소화에 장애를 일으킨다는 부작용을 우리는 쉽게 짐작할 수가 있다. 역사를 살펴보면 안정된 삶을 살아가는 부유한 민족이 흔히 자연과 가까이 살고 비옥한 토지를 소유한 유목민들에게 정복되는 상황이 반복해서 나타난다. 이런 여러 사실에서 우리는 시골로부터 점점 멀어지는 세대들의 기력이 그만큼 더 감소된다는 결론을 얻게 된다. 야외 생활의 장점에 대해 신념을 가졌던 과거의 사상가들은 이것을 사실이라고 믿었다. 이븐 할둔처럼 명석한 인물들까지도 기름진 음식을 피해야 인간의 정력이 살아난다고 이렇게 고찰했다. "버터를 생산하지 못해서 수수를 주식으로 삼는 에스파냐 사람들은 머리가 비상하고 알려는 욕망이 강하고 몸매가 두드러지게 우아하다." 우리는 그들의 후손이 가지지 못한 그 무엇을 에스파냐 정복자들이 지녔을 것이라고 믿어도 좋다. 그것은 영원히 사라진 힘일까 아니면 무엇으로 대치가 가능한 어떤 원동력이었을까?

그 질문에 대한 우리의 답이 무엇이건 간에, 또는 이 문제에 대해서 우리가 얼마나 철저히 무지하건 간에, 우리에게는 아직 부패라는 문제가 남는다. 원동력은 사라지고 예술은 황폐하고 정책은 위축되고 전초 기지는 포기하게 된다. 부패가 마련하는 바로 이런 공백이 보다 힘찬 문명의 간섭을 끌어들이게 된다. 동양과 서양이 그랬듯이 여러 나라가 고조된 문명을 동시에 누리지는 않았다. 그들은 돌아가며 패권을 장악해서 한쪽이 부패하면 다른 쪽은 최고의 영광을 누렸다. 이렇게 교차되는 팽창의 시기는 군사적인 양상을 갖추고 진행되었으며 그래서 처음에 사람들은 이러한 광대한 인류의 변천을 원동력의 과잉 발산과 기존의 국경으로는 안에 가둬두기가 불가능할 정도의 역동적인 치적에 입각하여 관찰하는 경향을 보였다. 물론 그런 과잉 발산이 추진력이 되기는 했어도 좀 더 깊이 연구해 보면 과잉보다는 공백이 더 큰 힘을 발휘한다는 쪽으로 우리의 판단이 기운다. 두 문명을 연결하는 교역로들이 침략을 빨아들이는 수도관 노릇을 했기 때문이다. 수도관에서 한쪽이 통하지 않으면 다른 쪽에서 기술자들이 찾아가게 마련이다. 인간이 간섭을 하게 되는 가장 큰 동기들 가운데 하나는 남의 미련함을 참지 못한다는 성향이다. "저런, 내가 대신 해주지!"하고 우리는 소리친다. 태풍에 부서진 지붕은 바람에 밀렸다기보다는 건물의 통풍 시설에 결함이 생겼기 때문에 빚어진 결과다. 그래서 공격이 시작되고 힘이 빠질 때까지 공격은 계속된다.

공격의 본질을 사람들은 잘못 파악하기가 쉽다. 우선 군사적인 이동은 이미 구축된 다른 우월성의 한 징후이며, 다른 분야와 연관이 되어 있다고 파악하기보다는, 하나의 독립된 사건으로 관찰하려는 성향이 자연스러운 현상이다. 점진적인 부패로 인해서 마련된 흡인력은 사상과 유행과 발명과 언어의 흐름을 끌어들인다. 선교사들과 여행자들, 장사꾼, 선생, 상업적이거나 비밀 임무를 띤 첩자들, 문화 사절단, 군사 고문단, 영향력이 있는 외교관들이 빨려 들어온다. 언제나 그렇듯이 실질적인 침략은 세금 징수원과 행정관, 측량사, 언어학자, 건축가, 공학자, 예술 평론가, 그리고 불량배들을 앞세우고 뒤에서 따라 들어온다. 평화적인 억압이 별로 저항을 받지 않는 곳이라면 실질적인 침략이 필요하지 않을지도 모른다. 뿐만 아니라 침략이 실패한 다음에도 압력은 계속될지도 모른다. 공격이 어쩌면 부수적으로만 군사적인 성격을 수반하기 때문인지는 몰라도, 전투는 보다 극적이기는 하지만 다른 영향력보다 꼭 효과적이지는 않다. 이런 사실을 우리는 흔히 너무나 쉽게 간과해버리고 만다. 군사적인 정복을 우리는 간단히 무기의 기술적인 우수성 때문이라고 역시 쉽게 판단하기도 하지만 그러한 우수성은 전반적인 다른 분야의 업적들과 연관이 있음을 우리는 곧 알게 된다. 이 결론을 뒷받침할 근거가 분명히 있기는 해도 때때로 사실은 이론과 어긋나기도 한다. 기술적인 우월성은 업적 달성의 원인이기도 하지만 결과이기도 하다. 콜럼부스의 항해는 기존에 이루어진 발전에만 의존해서 성공하지는 않았고 오히려 해양천문학의 발전에 크게 기여하는 결과를 가져왔다. 독일이 1940년 프랑스를 정복한 것은 공수부대와 기계화된 병력만으로는 어려운 일이었다. 침략군의 대부분 병력은 말을 수송수단으로 삼았던 보병이었으며, 나중에 영국과 미국의 군대가 그런 계획을 확고히 세웠기 때문이 아니라 이탈리아가 붕괴되었기 때문에 이탈리아로 빨려 들어갔듯이, 프랑스의 쇠망 때문에 독일도 프랑스로 빨려 들어갔다고 할 수 있다. 우선 첫 승리를 거두고 난 다음에야 기술적인 발전이 뒤따르는 경향이 뚜렷하다. 동남아를 지극히 평범한 방법으로 정복했던 일본은 기술적인 발전과는 거리가 멀었다. 전쟁이 시작되기도 전에 빚어진 패배는 전투에서 중요한 의미를 지니게 된다. 그리고 한쪽의 패배주의는 다른 쪽의 자신감보다 훨씬 중요하다.

　동양과 서양 사이에서 벌어졌던 것과 같은 첫 공격의 성격에 대해서는 따로 설명이 필요할지 모르겠지만 그에 부수된 사건들은 그렇지 않다. 그런 행동은 하나같이 비록 시기가 이르거나 늦을 따름이지 결국은 저항을 불러일으키기 때문이다. 어떤 인종차별이나 경제적인 압력을 제쳐놓더라도 어느 한 문명의 상승은 결국 원한을 사게 된다. 폭군적인 지도자에 대한 원한의 분위기도 그런 정도까지 달하지는 않는다. 아무리 인자하게 대해주더라도 열등한 대접을 받으면 증오가 일어난다. 그것은 먼저 스스로 열등함을 의식했고 그래서 자신을 혐오했던 집단들 사이에서 가장 빨리 비등점에 달한다. 정복이나 압력을 경험하지 않았고 외국 문물을 항상 기꺼이 받아들이기만 하던 나라에서는, 이른바 제국주의적 통치에 시달리던 나라에서보다 반발이 훨씬 더 폭발적일 가능성도 크다. 자초지종이야 어떠하든 결국은 반항의 움직임이 일게 된다. 주인을 보고 배움으로써 다스림을 받는 자들은 기술적인 간격을 좁힌다. 제국주의적 문화를 부분적으로 부정함으로써 그들은 도덕적 저항의 기틀을 마련한다. 그들이 실제로 누렸거나 그랬다고 상상하는 과거의 영광과 정복의 추억을 되새기며 그들은 동등한 지위를 요구한다. 그래서 한 민족이 다른 민족의 위에 서는, 이른바 '식민주의'에 대한 반란이 시작된다.

  미국이나 러시아에서 혁명의 전통을 이어받으며 성장한 사람들은 제국주의의 사악함과 대비시키면서 반란의 도덕성을 신봉한다. 하지만 그런 대비는 존재했던 적이 없다는 진실을 우리는 깨달아야 한다. 제국주의가 결국 반란으로 이어지면 반란은 다시 새로운 제국주의로 이어진다. "이 사람도 저 사람만큼 훌륭하다"고 외치며 반란을 일으킨 사람들은 성공을 거두면 당장 "이 사람이 더 훌륭하다!"고 말을 바꿔 덧붙이고 그렇게 함으로써 다른 자들보다 자기가 우월함을 주장한다. 에스파냐에 저항한 영국의 반란자들은 곧 에이레에 대한 통치를 강화했다. 영국에 항거한 미국의 반란자들은 멕시코의 헛소리를 용납하지 않았다. 자바는 네덜란드로부터 독립이 되자마자 수마트라를 억압하고 동쪽으로 진출하는 정복의 길에 나섰다. 그럴 수밖에 없지 않은가? 감정적이거나 심리적, 군사적, 경제적인 저항의 군대는 성공을 거두면 그들에게 맞설 자가 없어진다. 그들은 자신의 힘이 존재해야 할 정당성을 증명하기 위해서 새로운 상대를 본능적으로 찾는다. 기세가 오른 젊은 아들들은, 헨리 5세의 자손들이 그랬듯이, 일단 뽑은 칼을 다시 칼집에 집어넣지 않아도 되는 이유를 항상 찾아낸다. 그들은 언제나 싸울 이유를 만들어낸다. 상승은 반항을 낳고 반항은 새로운 상승을 이룬다.

한번 발동이 걸리면 이 거대하고 미련한 발동기는, 교대로 상승하는 동양과 서양의 힘은, 계속 밀고 나가야만 하는 듯싶다. 부패 속에서 모든 문명은 저마다 문화적 공백을 낳고 공백은 상승하는 경쟁자의 힘을 빨아들여서 문명은 흐름의 추세를 계속한다. 이 수혈 작용이 저항을 낳으며, 회복할 때가 되면 새로운 활력은 스스로 부패하여 다른 곳에 새로운 공백이 생겨난다. 그래서 피스톤은 제자리로 돌아가지만 그러려면 마찰을 일으키고 불꽃을 튀기고 소음이 발생하는 부작용을 수반한다. 이것은 서투른 솜씨로 비능률적으로 아무렇게나 해치운 땜질과 비슷한 경우다. 이 서술이 정확하다고 동의하는 이상주의자에게는 그 발동기가 단순히 조잡한 정도가 아니라 무척 위험스럽게 여겨질 것이다. 운동량과 속도를 제대로 갖춘다면 이 피스톤은 우리를 모두 파멸시킬 힘을 얻는다. 과학의 응용이 보여준 최근의 사례들을 고려한다면, 이 발동기를 멈추고 인류가 평화롭게 살아가도록 해야 한다고 걱정하는 이상주의자의 요구는 정당하다고 여겨진다. 그는 동화同化의 가능성에서 희망을 찾는지도 모르겠다. 다른 사람들이 이미 그랬듯이 그는 모든 사회가 섞이고 동화되어, 대칭되는 문명이 하나로 뭉쳐야 한다고 주장할 것이다.

　현실성이 있건 없건 이 동화의 개념은 영향력이 있는 견해를 가진 많은 사람들의 관심거리였다. 그러나 그 이상은 필자로서는 받아들이기가 어렵다. 그 까닭은 과거에 이루어진 인류의 발전이 거의 모두가 평화를 사랑하는 이상주의자들이 무너뜨리려는 마찰의 결과로 이루어졌기 때문이다. 온갖 뛰어난 발명이 문명의 충격 그리고 대칭되는 사상들의 틈바구니에서 이루어졌다. 그러한 마찰을 오랫동안 피한 곳에서는 정신적인 침체가 찾아왔고 이런 침체는 해당 사회를 고립시켰다. 가장 원시적인 생활방식을 갖춘 안정된 사회가 매혹적이라고 여겨질지도 모른다. 고도로 발달한 문명의 현 상황에서 본다면, 성장의 부재 자체가 부패의 첫 증상이므로 그런 가상은 불가능하다. 발전하지 못하면 생존하지 못한다.

　충돌이 계속되어야 하고 그것이 어떤 필요성을 창출한다고 인정하더라도, 미래의 충격을 조금이나마 감소시키는 노력이 바람직하다는 배려만큼은 여전히 필요하다. 투쟁이 벌어질 지역을 제한하는 방법은 없는가? 갈등의 분야를 지성과 문화의 범주 내로 제한할 방법이 없을까? 그것이 조금은 가능할지도 모른다. 충격의 성격을 널리 알림으로써 그것을 억제하는 길은 있다. 부패의 과정을 늦추고 조정하면 파괴력을 조절할 수도 있다. 그러려면 우리는 부패가 무엇인지를 파악할 능력을 갖춰야 한다. 모든 문명이 부패하게 마련이고, 우리의 문명도 예외가 아니라는 사실을 일단 인정한다면 우리에게는 정확한 문제점을 진단하는 길이 보인다. 어느 사회가, 우리 사회 또는 다른 사회가 부패했는지 여부를 우리는 어떻게 판단할 수 있을까? 역사의 연구가 유기화학의 연구만큼이나 중요하다는 것을 인식하는 사람은 많지 않다. 그러나 그것은 사실이며 문명의 부패를 분석한다는 노력은 전자 분력의 지속력을 측정하려는 것만큼이나 귀중한 결과를 가져다줄지도 모른다. 하찮은 일에 많은 역사가들이 시간을 낭비한다는 얘기도 사실인지 모르겠지만 과학자들도 시간을 낭비하기는 마찬가지다. 그리고 역사 지식의 발전이 다른 분야의 발전만큼이나 중요하다는 사실도 여전히 변함이 없다. 그리고 20세기와 관련이 있는 새로운 발견, 그 자체가 흥미로운 발견을 할 기회는 아직도 남아 있다.

앞으로 이 책을 공부할 때 독자는 여기에서 핵심이 되는 주제를 잊지 않아야 한다. 그러나 동양과 서양을 비교할 때 독자는 서로 용서하지 않으려는 상대적인 실수를 피하려고 노력해야 한다. 편협하고 관용이 모자라는 사람들은 동양인이나 서양인이 인간도 아니고 '되놈'이나 '외국 악마'(제2차 세계대전 당시 일본이 국민을 세뇌하면서 미국을 지칭했던 표현)라는 결론을 내릴 만큼 차이점을 왜곡한다. 박애주의자들은 개인적인 차이점을 무시하고 "우리는 모두 인간이며 모든 사람은 같다"고 얘기한다. 두 견해가 다 별 도움이 되지 않으며 이렇게 상반되는 견해를 가진 사람들은 모두 잘못이어서, 서로 같은 오류를 범하는 셈이다. 그들은 실제로 거의 아무것도 알지 못하는 사람들에 대해서 선입견을 가졌기 때문이다. 차이점은 존재하며 차이점은 존재할 가치가 당연히 있다. 우리는 그것을 측정하고 분석하고 비교해야 한다. 차이점들의 과장은 잘못이며 그것을 무시한다면 더욱 심한 잘못이다.

　동양과 서양의 역학적인 관계를 이해하려면 우리들 모두가 저마다 소속되어 살아가는 보다 작은 규모의 민족 사회에서 유례를 추적하는 방법도 도움이 되겠다. 그런 사회도 같은 양상을 지니고 비슷한 목적을 성취하지만 서로 다른 근원에서 원동력을 이끌어내는 조직이기 때문이다. 여기에서는 원동력이 폭포와 같은 방법으로 생산되어서, 물의 무게와 높이의 차이에 따라 잠재력이 만들어지고, 물이 아래로 흘러내려 가도록 마련해놓은 수로들의 크기와 숫자에 따라 직접적인 동력을 얻는다. 이 비유에서는 높고 헐벗은 언덕은 어려움과 가난과 결핍에 노출된 사회의 수준을 뜻한다. 비옥하고 안락한 평원으로 이어지는 계곡들은 개인이나 가족의 야망을 통과시키는 길이다. 물은 거주하는 사람들 특히 그들 중에서도 보다 나은 환경을 추구하는 사람들이다. 떨어지면서 그것은 지성의 발전기를 돌리고 그런 다음에는 덩어리를 이루는 차원을 확보한다. 한 사회의 잠재력은 따라서 가장 많은 특권을 누리는 자와 그렇지 못한 자가 차지하는 지위의 차이에서 얻어진다. 잠재한 힘의 적절한 응용은 야망을 유도하는 통로의 숫자와 본질에 따라 좌우된다. 잠재력이 부재한 사회는 댐이 사나운 혁명으로 무너질 때까지 침체한다. 힘이 적으면 댐은 오래 가지만 그래도 결국은 무너진다. 수로 정비가 잘된 곳에서는 상대적으로 안정을 유지하는 체제로부터 최대한의 동력을 일으킨다. 그러나 개울이 너무 많아서 여러 갈래로 흩어지면 모든 사람에게 기회가 주어지기는 하지만 물은 실개천이 되어 발전기의 옆을 지나쳐 쓸모없이 언덕 밑으로 흘러내리고 사회는 역동성을 잃는다. 가장 큰 노력을 기울인 사람이 가장 훌륭한 지위를 보상받는 수직적인 사회에서 가장 큰 힘이 일어난다. 모든 사람이 같은 곳에서 시작하고 같은 수준에 머무르는 사회에서는 힘이 일어나지 않는다.

침체한 사회와 비교해서 보면 격동적인 사회의 역학적 양상은 이러하다. 힘은 운동에서 발생한다. 동양과 서양의 관계에서도 마찬가지다. 부패와 팽창으로 인해서 발생한 운동이 발전의 구조를 보다 광범위한 규모로 추진시켰을 따름이다. 그러나 여기에서도 이상적인 부피와 속도를 따져야 한다. 운동이 적으면 사상이 침체한다. 운동이 지나치게 과격하면 기계의 능률을 내는 두 실린더 가운데 하나를 파손시킬지도 모른다. 그리고 운동이 더욱 과격해지면 공장 전체가 무너진다. 그래서 전 세계를 대상으로 삼아 동양과 서양의 관계에서 이루어지는 역학을 연구할 필요가 있다는 결론적인 근거를 얻게 된다. 얄팍한 한 권의 책으로 이런 연구의 끝을 보기는 불가능하다. 지금으로서는 겨우 시작이나마 했다는 말로 위안을 받아 본다.

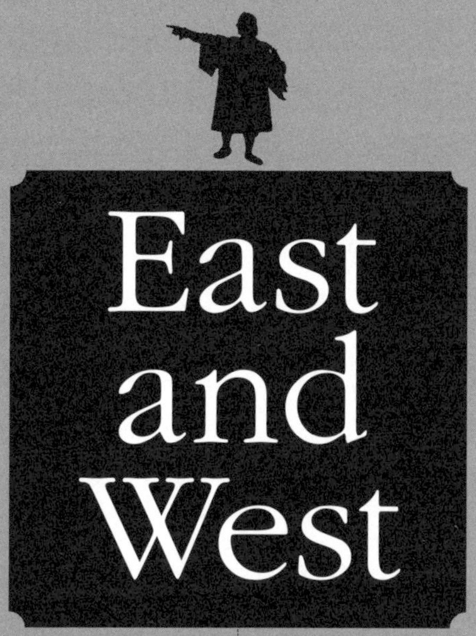

East and West

고대 동양古代 東洋

모든 역사는 흔히 《일리아드》의 첫머리처럼 시작되었다.

오, 여신이여, 분노를 노래하라, 1만 명의 아카이아 사람들에게 슬픔을 가져오고 영웅들의 착한 영혼을 하데스로 보냈으며 그들 스스로 개와 새의 밥이 되게 한 펠레우스의 아들 아킬레우스의 슬픈 분노를 노래하라. 그리고 인간들의 왕인 아트레이데스와 아킬레우스가 처음으로 싸우고 갈라선 그날부터 제우스의 예언이 이루어졌도다. 어느 신이 그들 둘로 하여금 싸우게 했더냐?

이것은 가장 위대한 작품들 가운데 하나인 《일리아드》에 알맞은 멋진 서두이다. 그렇다면 그 얘기는 무엇을 뜻하는가? 이것은 아가멤논과 아킬레우스의 싸움에 관한 얘기인데, 아폴로의 간섭으로 시작해서 헥토르의 장례식으로 끝난다. 그리하여 호메로스는 후세의 많은 작가들로 하여금 한 전쟁의 전체적인 면모보다는 같은 편

에서 벌어지는 갈등이 더욱 흥미롭게 글을 쓰도록 본보기를 제시
했다. 그러나《일리아드》는 이미 문명이 발달한 세계에서 살아가는
사람들을 다루면서도 그보다 앞선 과거 시대를 그려낸다. 그래서
우리는 어디서 문명이 정말로 시작되었는지를 우선 묻게 된다. 그
리고 메소포타미아와 이집트가 상반되는 주장을 내세우기는 하지
만 그들 두 곳 중 하나가 최초의 문명 발상지라는 데는 의견을 같
이한다. 학자들은 어느 정도 유보하는 입장을 취하면서도 바빌론
의 첫 왕조가 세워진 시기를 기원전 2169년이라고 못 박는다. 고대
이집트 왕국의 역사가 기원전 3000년으로 거슬러 올라가는 반면
에, 이집트와 바빌론의 모체인 수메르와 아카드에는 그보다 오래
된 문명이 존재했었다. 만일 세계 문명이 어느 한 곳에서 시작되었
다고 한다면, 그 위치는 바빌론과 멤피스 사이의 어디쯤이 아닐까
싶다. 지금까지 알려진 바로는, 혹시 어디선가 파생된 문명인지 여
부를 구태여 따지지 않는다면, 인도와 중국의 문명은 그보다 시대
가 상당히 뒤진다. 인더스 계곡에는 기원전 3000년부터 하라파와
모헨조다로라는 도시들이 있었고, 중국에서는 기록상으로 기원전
1450년경에 상商왕조가 오래전부터 문명을 발달시켜온 민족들을
통치했다. 지금까지 확보된 모든 근거로는 문명이 중동에서 시작
했고 곧 인도와 중국에서도 일어났음이 분명하다.

그러면 우리가 문명이라고 말할 때 그것은 무엇을 의미하는가?
문명civilization은 글자 그대로 풀이한다면 도시에서 살아가는 기술
(라틴어로 civitas는 시민들의 공동체 즉 '도시'나 '국가'를 뜻하는 명사이고, 동
사를 만드는 접미사 -ize는 '~을 만든다'는 뜻이며 명사를 만드는 접미사 -

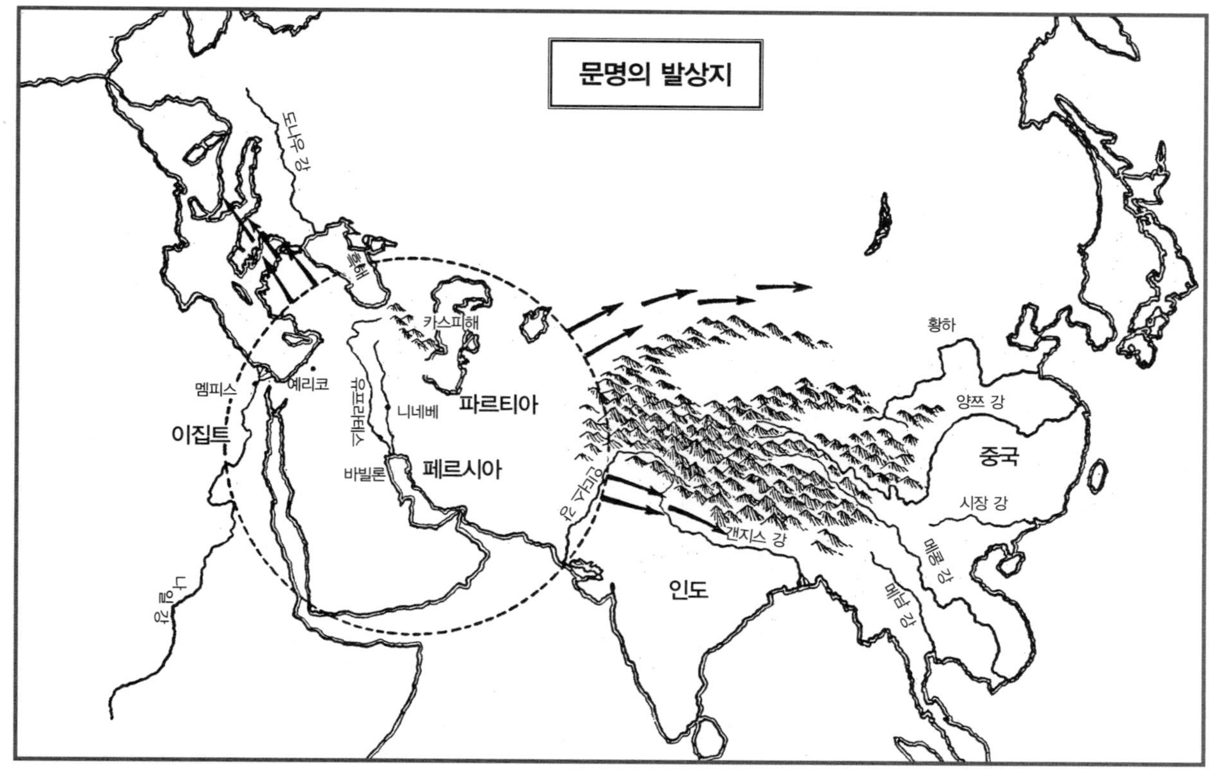

문명의 발상지
도나우 강
흑해
카스피해
황하
멤피스
예리코
유프라테스
니네베
파르티아
양쯔 강
이집트
바빌론
페르시아
중국
인더스 강
시장 강
갠지스 강
메콩 강
인도
메남 강
나일 강

ation은 '~을 하는 행위'를 의미한다-옮긴이)이다. 역사적으로 이것은 과거의 전원 경제체제의 유형을 벗어나는 농업의 향상을 의미한다. 쟁기와 정착된 경작이 없이는 도시가 존재하지 못하고 따라서 문명도 이루어지지 않는다. 보리 농사가 이집트나 메소포타미아에서 또는 시리아나 모아브 그 어느 곳에서 시작되었던지 간에 농경 기술의 발달이 삶의 양상을 바꿔놓았음은 분명하다. 농사에 필수적인 마을은 소도시로 발전했고 소도시는 도시가 되었다. 농사와 함께 곡식을 영글게 하는 신을 숭배하는 관습이 시작되었으며 신으로부터 내려 받은 왕권의 다스림 아래 모든 계곡이 통일되었다. 이들 고대 군주들의 지배하에 관개, 건축, 금속 기술이 상당히 발전했다. 수메르 사람들은 문자와 60이라는 단위에 바탕을 둔 수학을 발전시켰다. 원을 이루는 360도와 한 시간을 이루는 60분의 기원을 우리는 여기서 찾는다. 그들은 일찍부터 사용된 바퀴(인류의 가장 위대한 발명으로 꼽힘)와 전차도 만들었을지 모른다. 이집트 사람들은 1년이 365일로 된 비교적 정확한 달력을 기원전 3500년에 만들었다. 그들은 바다를 건너는 돛배를 기원전 2500년에, 해시계를 기원전 1500년에 사용했다. 피라미드의 건축에서 그들은 수학과 공학의 놀라운 지식을 보여주었다. 이 모든 것은 유럽에서 문명이라고 할 만한 무엇이 이루어지기 훨씬 오래전의 일이었다. 발전의 개척자들은 거의 모두가 동양인(한국인들이 흔히 생각하는 '동양'과 '서양'의 개념은 단순히 방향을 나타내는 east와 west의 틀을 벗어나지 못하는 경우가 많다. 하지만 동양학자뿐 아니라 '서양'의 대부분 지식층은 유럽의 문명 세계를 벗어난 나머지 문명권을 Orient라고 했으며, 그래서 유럽의 '남쪽'에 위치한 아프리카의 이집트도 당연히 '동양'에 속한다 – 옮긴이)이었고, 그들의 문명은 중앙집권적 왕조에 의하여 이루어졌다. 종교, 안전, 질서, 그리고 정의는 모두 신격화한 왕의 소관이었다.

바빌론이 일어선 것은 기원전 2000년경 아모리인들이 우르를 정복했을 때라고 전해진다. 바빌론은 법, 건축, 금속학, 직물로 유명해졌는데 6대 왕인 함무라비가 가장 위대한 왕이었다. 철의 이용은 소아시아의 히타이트인들이 시작했음이 분명한데 그들은 원광을 아르메니아에서 구했다. 바빌론인들이 말을 훈련시키고 전차를 만드는 기술을 습득한 것도 히타이트인들에게서였다. 히타이트 문헌 가운데 지금까지 알려진 가장 유명한 자료는 기원전 1360년에 기록한 기마술에 관한 것이다. 인도의 영향이 드러나는 이 글을 쓴 사람은 6개월에 걸친 훈련을 서술하고 있다. 그는 빠른 말을 선택하는 방법으로 시작해서 키우는 방법과 말의 걸음걸이와 다른 일상 과정을 자세히 적었다. 말은 카시트인들이 미타니에서 직접 가져왔을지도 모른다. 함무라비 시대에는 별로 존재조차 알려지지 않았던 말은 기원전 1750년에는 숫자가 급격히 늘어서 이집트로 수출까지 했다. 그때에도 말의 가치는 대단해서 왕들 사이에 선물로 주고받을 정도였다. 말은 의식을 거행하거나 전쟁을 수행할 때 전차를 끄는 데만 쓰였다. 철의 사용과 말이 끄는 전차는 바빌론에서 인접 지역인 이집트와 에게로 전해졌다. 전차의 쓰임새는《일리아드》에 충분히 설명되어 있으며 이집트, 인도, 티베트, 중국, 유럽에서도 그 용도는 거의 비슷했다.

트로이가 그리스인들에게 함락된 시기는 카시트 통치자들 밑에서 쇠망하던 바빌론과 람세스 3세가 통치하던 이집트가 문명의 두 중심지였을 때였다. 그 시기는 기원전 1250년경이었다고 여겨지는데, 흔히 그랬듯이 헤로도토스의 이론이 옳았다고 현대의 고고학자들은 결론을 내리고 있다. 기원전 850년경에 씌어진《일리아드》와《오디세이아》는 현대적인 서술이기보다는 구전문학의 성격을 지닌다. 그러나 그리스의 소아시아 침입은 실감나게 묘사가 되어 있으며 그 침입은 실제 사건이기도 했다. 스파르타의 메넬라오스와 아가멤논이 이끄는 아카이아인들은 헬레스폰토스 입구에서 전투를 벌였다. 트로이의 함락은 포카에아와 밀레토스에 걸친 해안 지역의 전체적인 정복을 위한 첫발이었다. 이오니아의 침략 이전에 그리스의 아시아 지역에는 이오니아의 도시들이 있었지만 주민들은 쫓겨났거나 흡수되었다. 그들은 기원전 776년경에 그리스 사람들에게 정복된 것으로 보인다. 이곳 해안 정착지에 인접한 내륙 지방에는 기원전 700년부터 막강한 위세를 자랑했던 사르데이스의 리디아 군주국이 있었으며, 그들은 전에 서쪽에서 이주해왔으리라고 믿어진다. 할리스 강 서쪽의 모든 민족은 어떤 혈연관계가 있었던 것 같으며, 그 강 건너에는 히타이트의 경우를 제외하고는 모두가 아시아에 기원을 두었고 셈족의 특성을 띤 종족들이 살았다. 유럽 부족들의 이동은 흑해까지 뻗어나갔으며, 아르고의 전설은 그 너머까지 이른다. 할리스 서부의 영토들은 결국 크로이소스 왕이 다스리던 리디아 왕국에 흡수되고 만다.

　동양과 서양 사이에서 이루어진 이동의 역사에서 아카이아인의 소아시아 침략은 초기에 해당된다. 그러면 그것이 처음이었을까?

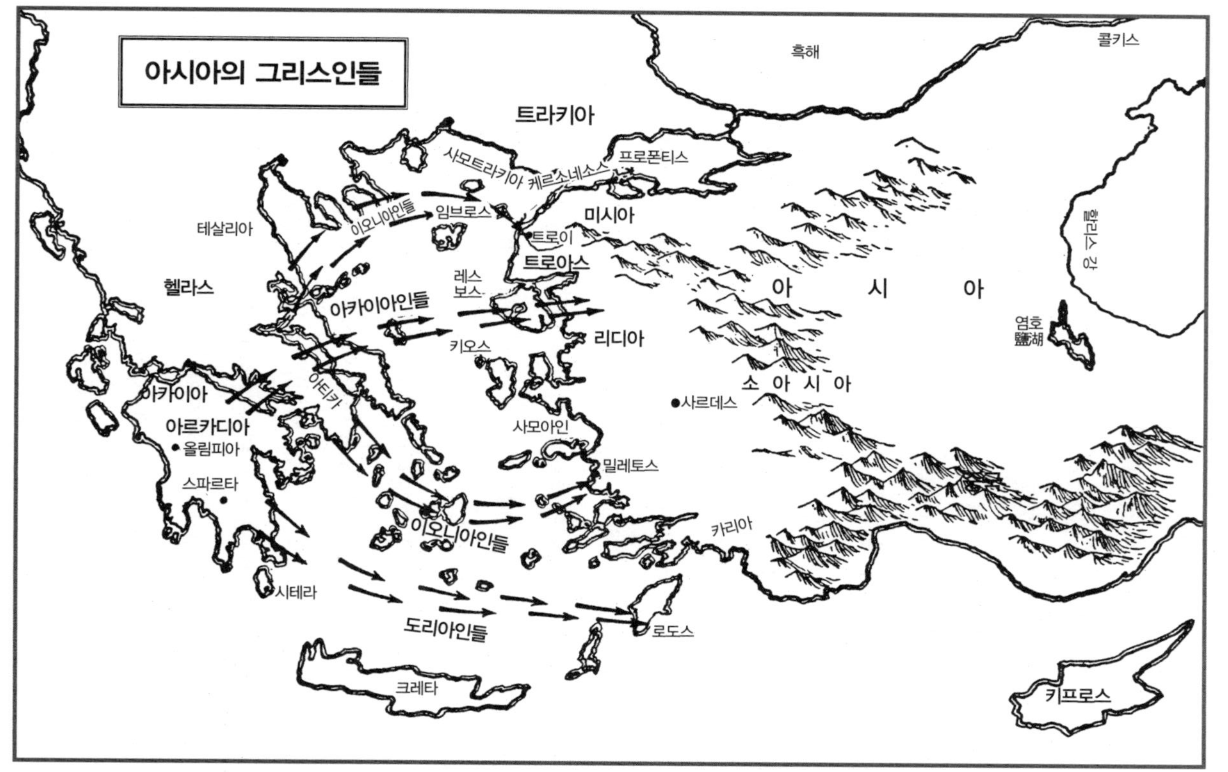

아시아의 그리스인들
흑해
콜키스
트라키아
사모트라키아 케르소네소스
프로폰티스
테살리아
이오니아인들
임브로스
미시아
트로이
트로아스
헬라스
레스보스
아카이아인들
아 시 아
리디아
키오스
염호 鹽湖
할리스 강
소 아 시 아
사르데스
아카이아
사모아인
아르카디아
올림피아
밀레토스
스파르타
이오니아인들
카리아
시테라
도리아인들
로도스
크레타
키프로스
아티카

아니면 에게해 지역으로 문명의 기술을 처음 전래시킨 운동, 즉 과거의 침략에 대한 아카이아인의 반격이었을까? 그랬을 가능성도 있지만 이를 뒷받침할 근거는 수집하기가 어렵다. 기원전 1250년경에 추가 움직이기 시작했고 동양과 서양을 오가는 기관차에 발동이 걸렸다는 사실만큼은 확실하다. 그것은 처음부터 양쪽의 우열을 가리려는 투쟁이 얽힌 복합적인 과정이었다. 소아시아는 이 투쟁의 주요 무대였으며 그 뒤로 몇 세기 동안 줄곧 그랬다. 오늘날까지도 동양과 서양의 대조가 건축양식에서 가장 두드러진 곳이 바로 이 지역이다. 그리스의 기둥이 여기 있는가 하면 터키 성곽이 저기 있고, 성당과 모스크가 나란히 섰으며 페르시아, 마케도니아, 로마, 이슬람의 특징이 뚜렷한 유적도 병존한다. 아시아의 침략은 크로이소스의 시대에 기세를 잃었는데 그가 남긴 전설과 그가 이룩한 화폐의 혁신은 안락함 속에서 모험을 대신할 무엇을 찾은 문명세계, 즉 '풍요한 사회'의 성격을 잘 드러낸다. 리디아의 반대편에서는 아시아가 힘을 축적하고 있었다. 그리고 가장 중요한 문제는 언제나 그랬듯이 지도력이었다. 수많은 종족 가운데 누가 지휘를 할 것인가? 유럽의 공략에 대한 아시아의 반격에서 누가 선두에 나설 것인가? 한동안 경쟁을 거치면서 힘의 대결을 치른 다음에 동양의 지도적인 민족으로 나선 것은 메디아와 페르시아였다. 따라서 아가멤논과 아킬레우스 얘기의 뒤를 잇는 것은 키루스와 다리우스의 얘기다. 그들이 어떻게 지휘권을 획득했으며 동양에서 서양으로의 거대한 움직임에서 그들이 어떠한 서곡의 역할을 했는지는 앞으로 서술을 다시 해야 한다.

기원전 1200년경에 청동기 시대가 끝났고 그와 함께 바빌론의 고대 제국도 무너졌다. 인도와 유럽의 침략자들은 기원전 1600년에 바빌론을 진압해서 히타이트 제국의 중심지로 만들었다. 철로 무장을 했어도 히타이트인들은 이집트에 패배했으며 아시리아와 그들의 전차에 정복을 당했다. 그들은 니네베에 새 도읍을 세우고 기원전 668년에서 기원전 625년 사이에 이집트를 정복했다. 니네베는 새로운 집단 칼디아인들에게 기원전 612년에 함락되어서 바빌론의 부활로 이어졌다. 결국 칼디아인들은 키루스 대왕이 다스리던 메디아와 페르시아에 기원전 550년에서 기원전 530년 사이에 괴멸했다. 키루스는 기원전 549년에 메디아인들에게 그의 영도력을 인정받은 페르시아인이었으며 그의 말을 빌면 "싸움 한 번 벌이지 않고" 바빌론을 함락시켰다. 기원전 539년 함락의 순간은 선지자 다니엘이 예언했듯이 바빌론의 왕 벨샤자르가 1,000명의 군주와 아내와 첩들에게 잔치를 베풀 때 이루어졌다. 그리고는 성벽에 신비한 글이 나타났고 다니엘은 그것을 이렇게 풀이했다.

메네MENE : 신은 그대의 왕국이 수명을 다 했다고 헤아려 끝냈도다.
테켈TEKEL : 그대는 저울에 달아보니 모자라더라.
페레스PERES : 그대의 왕국은 메디아인과 페르시아인이 나누어 가지
　도다…….

그날 밤에 칼디아인들의 왕 벨샤자르는 죽음을 맞았다. 그리고 나이가 62세인 메디아인 다리우스가 왕국을 이어받았다. 사실은

바빌론을 그토록 손쉽게 정복한 인물은 키루스였는데, 벨샤자르가 몰락한 것은 신하들의 음모 때문이라고 여겨지며, 그 음모에는 다니엘이 관련되었다고 생각된다. 그러나 실제로 키루스는 쫓겨난 왕을 정성껏 보살폈고 기원전 538년에 죄인으로서 그가 죽자 조의를 표했다. 이미 리디아를 정복하고 크로이소스 왕에게서 사르데이스를 빼앗고 소아시아를 모두 점령한 키루스는 동쪽 접경을 중앙아시아의 유목민들로부터 지키려고 힘을 기울였다. 그가 전투에서 죽자 아들 캄비세스가 기원전 530년에 뒤를 이었다. 키루스가 계획했던 이집트 정벌은 캄비세스의 지휘 아래 진행되었다. 이집트인들은 패배해서 멤피스가 함락되었고 캄비세스는 새 파라오가 되었다. 그는 얼마 후에 사망했고 내란이 얼마쯤 계속된 다음에 파르티아의 부왕인 히스타스페스의 아들 다리우스가 왕위를 물려받았다. 페르시아인들이 당시까지 알려진 전 세계를 손쉽게 흡수할 능력을 갖춘 제국을 세워 2세기 동안 영위하게 된 까닭은 다리우스의 힘 때문이었다. 동양과 서양의 관계에서는 페르시아가 결정적인 역할을 했다. 동양의 4대 문명인 메소포타미아, 이집트, 인도, 중국에서 페르시아인들은 세 개를 그들의 정치조직으로 흡수했다. 그들의 업적만도 헤아리기조차 힘들며 페르시아에 대한 지식이 없이는 앞으로 계속될 나머지 얘기를 이해하기가 어렵다.

비록 페르시아 역사에서 다리우스가 위대한 왕으로 꼽히기는 해도 그를 위해서 길을 닦아 놓은 사람은 키루스였다. 그리고 키루스가 이룩한 업적은 해안의 이오니아 도시국가와 리디아를 정복해서 소아시아를 장악했다는 사실이다. 일찍이 테살리아에서 콜키스까지 야손이 항해한 얘기에서 나타난 서양으로부터의 침략은 아마도 기원전 700년경에 더욱 광범위해졌을 것이다. 그러나 그것은 동쪽으로의 이동이 기동력을 잃은 다음에 반대 방향으로의 이동을 자극했다. 키루스 시대에 이르러서는 그 흐름이 역류했다. 기르슈만이 지적[1]했듯이 키루스는 무자비한 정복자가 아니었고 "그토록 고귀한 명성을 남긴 왕은 드물었다"고 알려졌으며, 그는 동양과 서양의 교역이 이루어짐으로써 그의 왕국이 누릴 혜택을 잘 이해한 인물이었다. 그리고 그가 얻은 결론을 조직적으로 실천에 옮긴 사람은 다리우스였다. 그는 고대 동양의 모든 업적을 수집하여 집대성했다. 그리고 문명세계 거의 모두를 단 하나의 중앙집권적 정부 아래 규합한 것도 그였다. 우리들이 곧 살펴보겠지만 세계사에서 다리우스는 대단히 중요한 역할을 했다.

다리우스 왕

다리우스 왕이 말했도다. 아후라마즈다의 힘을 얻어 나는 페르시아 밖의 나라들을 손에 넣었고, 그들을 나는 다스렸고, 그들은 나에게 공물을 바쳤고, 내가 이르는 말을 그들이 따랐고, 내 법이 그들을 굳게 속박했으니 그들은 메디아, 엘람, 파르티아, 아시아, 박트리아, 소그디오나, 코라스미아, 드랑기니아, 아른코시아, 사타기디아, 간다라, 신드, 아미르기아의 스키타이인, 뾰족한 모자를 쓴 스키타이인, 바빌로니아, 아시리아, 아른비즈, 이집트, 아르메니아, 카파도시아, 사르디스, 이오니아, 바다 건너의 스키타이인, 스쿠디아, 페타소스(옛 그리스나 로마 사람들이 쓰던 모자)를 쓴 이오니아인, 리비아인, 에티오피아인, 마카 사람들, 카리아인들이었느니라.

다리우스 왕이 말했도다. 잘못된 것을 나는 많이 바로잡았느니라. 여러 지역에 소요가 많았고 사람들은 서로 해쳤도다. 아후라마즈다의 힘을 얻어 나는 그들이 서로 해치지 못하게 했으며, 모두 제자리를 찾게

했노라. 모든 사람이 두려워했던 나의 법은 힘센 자가 약한 자를 해치거나 파멸시키지 못하게 하였노라.[1]

수사에서 발견된 명판에 아직 그대로 남아 있는 이 글은 페르시아 제국의 영역을 정확하게 밝혀준다. 다리우스는 정말로 트라키아에서 인더스까지, 카프카스에서 인도양까지를 지배했다. 그냥 유지하기에도 힘들었을 영토를 얻느라고 그는 여러 해를 보냈으며, 통치를 제대로 할 수 있었던 것이 그의 법 때문이었다는 얘기는 어느 정도 사실이라고 믿어진다. 제국의 대부분은 그가 정복을 통해서 차지했지만, 그는 키루스의 본보기를 따라 박애로 다스렸다. 그는 통일과 획일성을 혼동하지는 않았다. 모든 영토는 저마다 본디 언어와 종교를 그대로 지켰으며, 수사의 왕인 자와 같은 자리에 있는 사람을 이집트에서는 파라오라고 불렀다. 모든 통치자 가운데 가장 자비로웠던 키루스(B.C.559년~B.C.530년)의 통치하에서는 권력의 분산이 지나쳐서 후계자들은 처음부터 다시 정복을 시작해야 했다. 거기에서 교훈을 얻어 다리우스(B.C.522년~B.C.486년)는 보다 강력한 조직을 구성했다. 그는 제국을 20개의 지역으로 나누었고 각 지역은 페르시아 귀족 가운데서 선발한 부왕들이 통치하게 했다. 모든 부왕은 왕으로부터 직접 명령을 받는 군사령관, 행정관, 세무장의 보좌를 받았다. 더욱 견실한 감시를 위해서 그는 불시에 감독관을 파견하여 재정상태를 감사했다. 막대한 재정을 거두어들여서 다리우스는 그것으로 궁정과 행정기구를 유지했고, '불사의 1만 명'이라고 불리던 호위병과 건축 계획과 지역 수비대를 지탱해나갔다. 그의 통치는 대단히 능률적이었다고 믿어진다.

페르시아 제국의 신기한 점은 지리적인 응집력이 부족했다는 사실이다. 페르시아가 물려받은 문화들은 저마다 다른 강줄기를 따라 나일, 유프라테스, 티그리스, 인더스에서 일어났다. 황하, 양자, 메남, 메콩 강변에서는 서로 유사하면서도 상관된 문명들이 시작되었다. 문화의 정교한 발전은 강의 길이와 밀접한 관계가 있었다.[2]

물 이외에도 사람과 물품과 사상을 바다로 실어 나르던 강들은 저지대에서 결집하고 경쟁할 힘을 넉넉히 마련하려면 규모가 커야만 했다. 아무리 제대로 발전하지 못한 문화라 하더라도 소수 사람들의 힘으로는 이룩하지 못하며, (수천이나 수백만에 이르는) 비교적 대규모의 집단만이 창조할 수 있을 만큼 복합적이다. 달성해야 할 업적의 거대함을 추산하기 위해서는 단 한 가지 요소, 즉 다수의, 익명의, 무의식적인 집단의식이 발효를 거쳐 완성시킨 유일한 요소인 언어에서 나타나는 상상할 수 없을 정도의 복합성을 살피면 된다.[3]

문화가 덜 발달된 곳에는 강의 길이가 짧았다. 다리우스가 시도했던 계획은 제국 안의 티그리스, 유프라테스, 나일, 인더스 강가의 계곡을 모두 연결시키고 나아가서는 갠지스, 도나우, 드네프르 강까지 확대시키려는 것이었다. 그에게 우선 필요했던 것은 강들 사이의 교통망이었다. 그것을 이룩하려면 도로를 닦거나 배를 만들어야 했다. 실질적으로는 빠른 말이 달리는 도로와 충분한 선박이 다 필요했다. 그러나 명령서를 전달할 전령이나 변경으로 지원 부

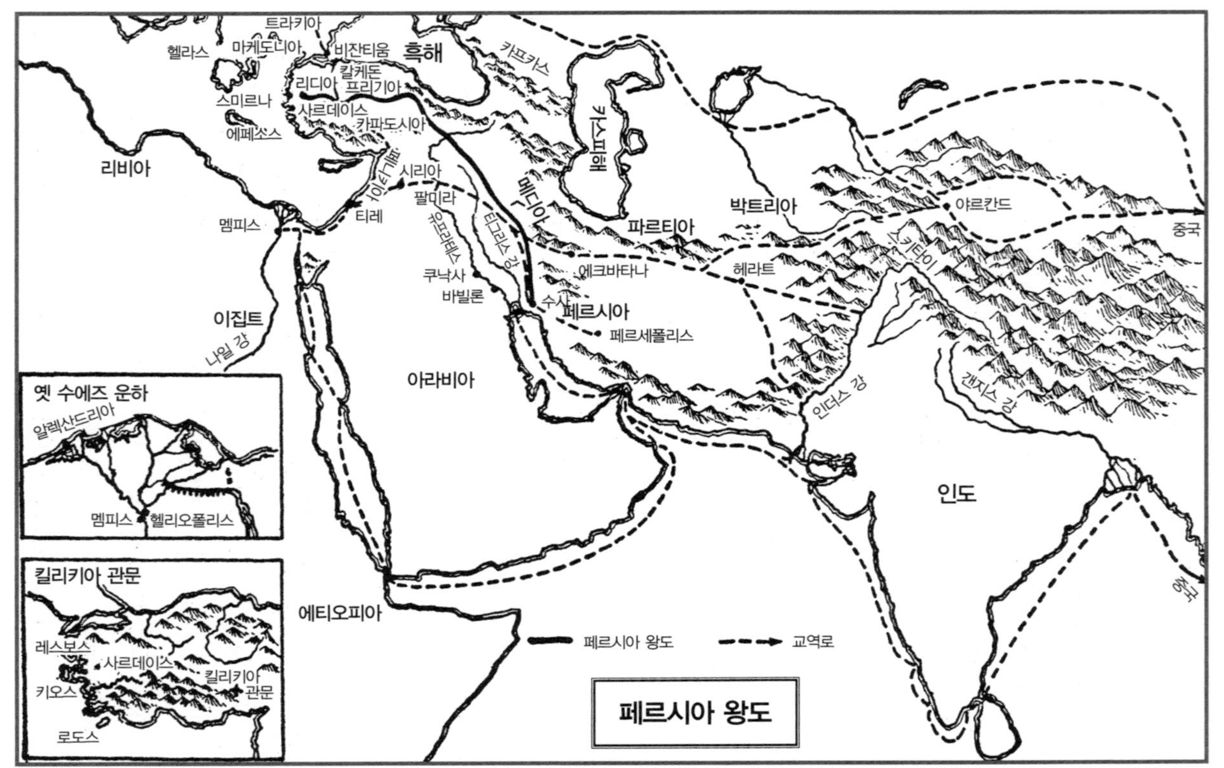
트라키아
헬라스
마케도니아
비잔티움
흑해
카프카스
리디아
칼케돈
프리기아
스미르나
사르데이스
카파도시아
에페소스
리비아
시리아
유프라테스 강
메디아
카스피해
박트리아
야르칸드
멤피스
티레
팔미라
티그리스 강
파르티아
중국
에크바타나
헤라트
스키타이
쿠낙사
수사
바빌론
페르시아
이집트
페르세폴리스
인더스 강
갠지스 강
나일 강
아라비아
옛 수에즈 운하
알렉산드리아
멤피스
헬리오폴리스
인도
킬리키아 관문
레스보스
사르데이스
키오스
킬리키아 관문
에티오피아
중국
로도스
페르시아 왕도
교역로
페르시아 왕도

대를 파견하는 따위의 공무를 위해 닦은 길을 상인들도 사용했다. 그럴 수밖에 없었던 까닭은 군대는 그들의 노획물을 보내고 나서 소모품을 상인들에게서 사야만 했기 때문이다. 전함을 위해 마련한 항구도 상인들의 보금자리가 되었다. 역시 그 이유는 제독이 목재와 밧줄을 구한 것이 상인으로부터였기 때문이었다. 다리우스 이전의 시대에도 교역이 이루어지기는 했지만, 법으로 통일된 그의 통치하에서 최초로 대규모의 세계 교역로가 마련되었다. 헤로도토스는 그것을 '고대왕도古代王道'라고 이름 지었다. 그는 또한 왕도가 수사에서 유프라테스를 가로질러 킬리키아 관문으로 그리고 소아시아를 거쳐 사르데이스와 에페소스로 뻗어나갔다고 서술했다. 북쪽에는 다른 길이 있었는데, 거대한 염호인 타이 켈라의 다른 쪽에 위치한 이 길은 흑해의 남쪽으로 돌아 할리스 강의 유역을 가로질러 보스포로스와 스미르나로 나아갔다. 반대쪽에는 에크바타나, 헤라트, 인도로 가는 길이 있었으며 헤라트에서 갈라진 길은 박트리아, 야르칸드, 중국과 연결되었다.

길을 따라 전 구간에 걸쳐 곳곳에 훌륭한 숙박시설을 갖춘 역참이 생겨났고, 길은 사람이 사는 곳들을 서로 연결해서 여행하기에 안전했다. 94.5파라장(약 500킬로미터)에 달하는 리디아와 프리기아 사이에는 역이 스무 곳이나 되었다. 프리기아의 다른 쪽에는 할리스 강이 위치했으며 강을 건너기 전에 성문을 몇 개 지나가야 했다. 초소는 경비가 철저했다. 일단 강을 건너 카파도시아에 들어서서 28개의 역을 지나 104파라장을 가면 킬리키아 변경에 이르고 그곳으로부터 초소가 설치된 두 성문으로 길이 뻗어나갔다…….

　헤로도토스는 이어서 해안으로부터 멤논의 궁전까지 석 달 동안 여행을 하며, 사르데이스와 수사 사이의 111개 역과 초소, 부두와 성문을 묘사하고 있다. 상인들이 90일 걸려서 다니던 길을 왕의 전령들은 말을 바꿔 타면서 1주일 안에 갔다. 그 길은 허술한 통로도 아니었다. 잘 다지고 포장까지 한 도로는 지금도 곳곳에 그대로 남아 있다. 길은 측량과 설계에 따라 건설했고 관리와 보수가 계속되었으며 보호를 했으니, 그만하면 복잡하고 힘겨운 조직적 운영을 했다는 사실이 증명된다. 다리우스는 바다, 운하, 강, 부두, 항구의 교통로도 게을리 하지 않았다. 그뿐 아니라 그는 이집트의 파라오 네코가 시작했다가 12만 명의 인명을 잃고 나서 끝마치지 않고 중단했던 나일 강과 홍해 사이의 운하를 완성했다. 인더스로부터 이집트에 이르기까지의 해안 탐험에 대한 설명을 하면서 헤로도토스는 이렇게 기록했다. "더 광범위한 아시아 지역을 다리우스가 발견했다. 항해를 끝낸 다리우스는 인도를 진압하고 정기적으로 남쪽 바다를 이용했다."

　하지만 왜 그는 인도인들을 '진압'했을까? 그들과 평화적으로 타협할 길이 없었을까? 제국의 팽창에 대한 얘기 가운데 이 문제가 되풀이해서 제기되지만, 그에 대한 대답은 흔히 과대망상증에 대한 설명으로 끝난다. 그러나 참된 설명은 교역로의 성격 자체에서 드러난다. 방파제나 수로, 또는 암거나 관리에 들였던 막대한 경비를 소요하고 난 다음에 통치자가 먼 곳의 요충지를 다른 권력의 손아귀에 내버려둘 까닭이 없었다. 그렇게 한다면 모든 일이 무의미해진다. 조금도 노력을 들이지 않은 엉뚱한 사람들이 교역의 혜택을 왜 그냥 얻어야 하는가? 한 일도 없는 그들이 어째서 통행세를 받아도 좋다는 말인가? 그리고 그런 여건들은 젖혀두더라도, 안전을 보장받지 못하는 교역로를 상인들이 과연 사용할 것인가? 단순히 기술적인 문제만 따져보더라도 같은 결론에 다다르게 된다. 그 까닭은 다른 쪽 끝에서 보급을 제대로 받지 못한다면 돌아오기가 불가능하기 때문이다. 그리고 창고 문제는 어떤가? 이상적으로는 배나 대상隊商이 가지고 돌아와야 할 상품들은 감시인이 참관한 가운데 미리 수집해야 한다. 거래할 물품은 상주하는 대리인이 한가할 때 틈나는 대로 사 모으고 상선이 떠난 다음에도 틈나는 대로 팔 여유가 있어야 한다. 신용거래와 보험업자들이 필요하다는 사실은 교역법의 기존체제가 존재했음을 뜻한다. 이런 다양한 요건은 정치적인 관리를 도모하는 대책을 필요로 한다. 인도를 장악한 다리우스는 교역로를 정기적으로 그리고 능률적으로 운영했다. 그리고 이오니아의 도시들을 장악해서 다른 쪽도 안전하게 만들었다. 페르시아의 격언대로 '다리우스는 장사꾼'이었다.

　　교역로가 완전히 가동되자 다리우스는 그의 제국을 통치하는 지식을 가꾸는 데 열중했다. 스스로 "아케메니드인이요, 페르시아인의 아들인 페르시아인이요, 아리안 혈통을 이어받은 아리아인"[4]임을 자처한 그는 우선 자신이 속하는 종족의 전통을 흡수했다. 스트라보(Gaius Fannius Strabo, 로마의 군인이며 역사가)의 기록에 의

하면 그의 비석에는 이렇게 적혀 있다. "나는 내 친구들의 친구였고, 말타기와 활쏘기는 나를 따를 자가 없었으며, 사냥에서는 내가 으뜸이었으니, 나는 만능이었노라."[5] 그 말은 모두 진실이었으며 모든 점에서 그는 뛰어난 자질을 지닌 인물이었다. 우선 그는 귀족이나 지휘관들의 편이었으며, 군대를 보살폈고, 동맹자들을 보호했다. 그리고 그는 타인들과 친분을 유지할 수 없을 만큼 자신을 높은 자리에 올려놓지는 않았다. 그는 세속적인 신이거나 멋진 옷을 걸친 우상이 아니었으며, 자기보다 계급이 낮은 자들에게 복종을 요구한 적극적인 군인일 따름이었다. 그리고 그는 자신의 권위를 무엇보다도 군인으로서의 명성 위에 세우려고 했다. 말과 활을 다루는 솜씨에서 그는 누구보다도 뛰어났음을 스스로 증명했다. 어떻게 그랬을까? '불사의 1만 명'이라고 불리던 친위대의 지휘권을 장악함으로써 그는 왕좌를 차지하기 전에 이미 자리를 굳혔다. 말타기로 말하자면, 그가 왕좌를 얻은 수단이 바로 그 재능이었다. 정권을 뒤엎은 일곱 모반자들 가운데에서, 다음 날 아침 해 뜰 녘에 처음 우는 말의 주인을 왕으로 추대하기로 되어 있었다. 말지기의 도움을 얻어 자신의 성공을 확실히 했던 다리우스는 나중에 말의 모습을 담고 말지기의 이름을 새긴 기념탑을 세웠다. 페가수스를 제외한다면 그의 말이 역사상 가장 이름난 말 가운데 하나이며, 이 말은 굴레를 씌우지 않고 사람이 탔기 때문에 더욱 유명하다. 그 경쟁은 전차를 탄 사람들이 아니라 말을 탄 사람들 사이에서 이루어졌다. 다리우스 시대에는 사실 신분이 높은 페르시아 사람이라면 절대로 걷는 일이 없었다.

말타기는 페르시아 왕들이 이어받는 미덕 가운데 하나였지만 기마술의 전통은 제국의 다른 여러 지역에서 연유했다. 말을 처음 훈련시킨 곳은 카스피해 서쪽의 대초원 지대에서였다. 《일리아드》에서 확인이 가능하듯이 기원전 2000년경부터 말은 전차를 끄는 데 처음 쓰였다. "기마 궁수를 기원전 800년경에 세나케립이 아시리아 군대에 편성한 것이 기마병의 시초였으며 견마를 잡는 사람은 걸었다."[6] 아시리아인에게서 말타기 관습을 익힌 페르시아인들은 말의 가치를 높이 평가했으며, 키루스의 묘에 제물로 바치던 백마를 특히 귀하게 여겼다. 그러나 리디아인들도 말을 탔으며 그들의 기술이 그리스인보다 훨씬 뛰어났다. 이 사실은 크로이소스 왕이 배를 만들려던 계획에 대한 얘기에서 헤로도토스가 지적했는데, 크로이소스는 그의 적인 그리스인들이 말을 타고 맞서면 불리하듯이, 바다에서 전투에 임하면 그의 백성이 불리해지리라는 충고를 받아들여 선박을 축조하려던 계획을 포기했다. 말타기에 대한 이런 언급은 전차가 사라졌음을 뜻하지는 않는다. 그와는 반대로 다리우스는 그의 유명한 원통 옥새에서 전차를 타고 훌륭한 솜씨로 사자를 쏘는 모습을 보여주고 있다. 이것은 사람이 타고 다닐 만한 크기의 말을 그들이 길렀음을 증명한다. 그 사실은 페르시아가 치른 전투에서뿐 아니라 제국을 하나로 묶어준 교통체제에서도 괄목할 만한 역할을 했다.

다른 기술들이 다른 여러 곳에서 유래했다. 무게를 달고 길이를 재고 장사를 하는 기술이 고대 바빌론에서 전래되었다. 법에 대한 개념은 함무라비의 고대 법전에서 유래한다. 공용어로 쓰인 언어 아랍 말은 다마스쿠스 지역에서 왔다. 채석술은 사르데이스를 통해 이오니아에서, 벽돌 만들기는 바빌론에서, 양각 기술은 아시리아에서 전래되었다. 히타이트인들에게서는 주화를 만드는 기술과 철의 이용법을 배웠다. 리디아에서는 크로이소스가 창안한 복본위제 화폐를 받아들여 통상의 눈부신 발전을 보았다. 고대 메소포타미아에서는 예금, 대부, 이자율 따위의 금융제도가 전래됐다. 이집트로부터는 파피루스에 글을 적는 기술과 천문학상의 발견과 해시계의 사용 따위 등 여러 가지가 들어왔다. 페니키아에서는 글자가 전래되었다. 그리고 페르시아인으로 하여금 인도인들과 접촉을 하게끔 했던 교역 통상은 간접적으로 갠지스 계곡이나 중국까지 세력을 확장할 기회를 마련했다. "나는 만능이니라"고 했던 다리우스의 말은 거의 맞는다고 하겠다. 앞으로 몇 세기 동안 그만한 업적을 달성할 사람은 다시는 없을 것이다. 기술을 연구하는 현대 역사가들이 지적했듯이 그리스나 로마 사람들의 기술은 페르시아의 기술보다 우월하지 못했기 때문이다. "기술상의 숙달을 나타내는 곡선은 고전 문화가 도래하면서 위가 아니라 아래를 가리키는 경향을 나타냈다."[7] 페르시아는 현대사가 시작되기 전까지 이룩된 기술을 거의 모두 물려받았다. 거의 예외 없이 이들 기술은 모두 동양에서 전래되었다.

세계의 주요 통상로를 장악하고 나서 다리우스는 당연한 일이었지만, 그의 힘을 양쪽으로 확대시키고 싶었다. 인도에서 그의 손길은 페샤와르 지역까지 뻗친 것으로 믿어지며 그의 군대가 인더스까지 이르렀음이 확실하다. 서쪽으로는 그의 관심을 우선 지금의 남부 러시아에 해당하는 스키타이로 돌렸다. 그리스를 노린 그의 첫 행동이 여기에서 시작되었지만 그의 시도는 부분적으로만 성공했다. 그는 여기에서 트라키아와 마케도니아를 수중에 넣었으며 그래서 더욱 전진할 발판을 마련한 셈이다. 스키타이 본토에서 그는 거의 아무런 성공을 거두지 못했는데, 그들을 정복하거나 싸움에 끌어들일 방법이 없었기 때문이었다. 그들은 영토가 광활해서 절실하게 방어해야 할 필요성을 느꼈던 도시가 없었다. 때문에 저항조차 하지 않고 후퇴만 계속했고, 그렇다고 항복도 하지 않았다. 다리우스는 훗날 나폴레옹이나 히틀러가 느끼게 된 그런 좌절감을 겪어야 했다. 이 전쟁에서 그리스인들은 헬레스폰토스를 공략하여 교통을 차단하고 다리우스가 페르시아로 되돌아가는 길을 막는 기회를 잡았다. 그러나 그리스인들은 적절한 단결력이 모자랐다. 일부 이오니아인들은 적극적으로 다리우스에게 협조를 했으며 히피아스가 이끄는 아테네 민주정치론자들은 유화정책으로 기울었다. 다리우스가 탈출할 때까지도 그들은 아무런 행동을 취하지 못했다. 그런 다음에야 비로소 이오니아의 도시들은 그들에게 기회가 왔음을 뒤늦게 깨달았다. 그들은 페르시아에 대한 반란을 일으킬 적절한 계기가 이때라고 판단했다. 그들은 바다 건너 그리스인들로부터 도움을 받았지만 별로 효과가 없었다. 반란은 진압이 되었고 '이오니아 동맹'은 쉽게 무너졌다. 비잔티움과 칼케돈은 파괴되었고 밀레토스의 주민들은 페르시아로 쫓겨 갔다. 키오스와 레스보스도 함락되었고 그리스 본토를 칠 준비가 뒤따랐다. 그리스인들에게서 다리우스는 그의 계획에 대한 반발을 감지했다. 그리스인을 싫어한 페르시아의 왕이 다리우스가 처음은 아니었다. 헤로도토스의 말을 빌면 키루스가 이런 말을 한 적이 있다. "도시 한가운데 광장을 따로 마련하여 그곳에 모여서 서로 욕하고 거짓말이나 늘어놓는 그런 사람들을 나는 두려워한 적이 없다." 그의 입장은 옳았는지 모르겠지만, 우리는 여기서 과연 그들이 어떤 사람이었는지를 따져볼 필요가 있다.

트로이 이야기

회전하는 성좌가 없었던 때를 생각해보고, 신성한 다나오스 종족을 찾으려고 아무리 둘러봐도 달이 생겨나기도 전부터 도토리만 먹으며 산속에서 살았다던 아피다니아의 아르카디아인들 말고는 아무도 눈에 띄지 않았던 때를 생각해보라. 이 시절에는 데우칼리온의 귀족 후손들이 펠라스고이의 땅을 다스렸으며 그보다 앞선 종족의 어머니였던 이집트는 곡식이 풍부한 새벽 나라라고 일컬었도다……[1]

로도스의 아폴로니오스가 적은 이 글은 현대의 독자들이 적지 않게 당황하도록 만든다. 그가 의미하는 시대가 언제인지를 정확히 알아내기가 대단히 힘들기 때문이다. 오히려 헤시오드나 호메로스의 글에서 연대를 알아내기가 훨씬 쉬우며, 고전상의 역사를 우리에게 처음 제공하는 사람은 바로 호메로스다. 《일리아드》에서 그는 그리스인들이 연안 지방을 확보하느라고 소아시아에서 전개했던 초기 시대의 전쟁 가운데 일부를 서술한다. 그들의 적인 트로이인들은 종족으로 따지자면 배경이 사뭇 비슷하면서도 문화적으로는 헬라스인과 다른, 프리기아의 부족이라고 믿어진다. 양쪽 군대 사이에서 차이점이 보이기는 하지만, 침략군의 동맹국 사이에서도 역시 상대적인 차이가 나타난다. "신성한 다나오스 종족"이 없었던 "때를 생각해 보라"고 아폴로니오스는 기록했다. 그렇다면 호메로스의 시대가 그런 시절이었을까? 아카이아인들 사이에는 친족 의식이 강했던가?

아카이아인이라고 알려진 사람들은 티린스, 미케네, 오르코메노스 같은 도시들을 세웠다고 믿어지며, 그들이 기원전 1400년경에 타도한 ……미노아 해상제국을 물려받은 사람들이었다. 미케네 시대(B.C.1400년~B.C.1200년)에 그들은 서로 전쟁을 벌이고 침입자들과 싸우며 에게해의 해안지역을 지배했다. 헬레스폰토스의 옛 지역을 장악한 트로이가 그들의 가장 큰 적이었다. 트로이인들은 히타이트의 세력이 약화되기 시작했을 때 소아시아로 침투한 프리기아 민족의 일부였으며, 기원전 1500년경에 헬레스폰토스 입구 지역까지 그들이 점령했던 것이 확실하다. …… 도자기 무역에서 트로이와 경쟁하느라고 심한 어려움을 겪던 미케네의 지휘하에 아키이아인들은 이 거점을 공략하는 데 힘을 모으기로 했다. 호메로스의 얘기처럼 그들이 속임수로 승리를 거두었는지 아니면 그 도시를 기습적으로 공격했는지는 확실하지 않지만, 아무튼 그들은 트로이를 점령해서 성벽을 부수고 성을 불태웠다. 트로이의 전쟁이 일어난 시기는 기원전 1194년에서 기원전 1184년이었다는 데 의견이 흔히 일치한다.[2]

헬레네의 납치라는 불멸의 이야기로부터 도자기 장사의 경쟁으로의 격하는 너무 갑작스러운 이야기여서, 구름을 뚫고 치솟은 일리움(고대 트로이의 라틴어 이름-옮긴이)이 스토크 강변의 트렌트(영국 도자기 공업의 중심지로, 인구 26만 정도의 도시-옮긴이)로 추락하는 것이나 마찬가지다. 그러나 무역 경쟁 이외에 별다른 이유가 있었는지는 의심스럽다. 《일리아드》에는 헬라스 사람들 얘기가 거의 없으며 그들의 적을 '외국인'이라고 하지도 않았기 때문이다. 크리세가 "고귀한 분들이여, 아카이아의 무사들이여"라는 말로 애원을 시작한 것은 사실이지만 나중에 아르고스 사람들, 로크리아 사람들, 뮈르미돈 사람들, 그리고 돌로페 사람들도 많이 등장한다. 호메로스의 말을 빌면 트로이의 동맹국들은 기원이 더욱 서로 달라서 공통으로 통하는 언어가 없었으며 "울고 소리치는 소리가 저마다 달랐다."[3]

그리스인들은 그 나라에 여기저기 산재한 섬들과 산의 계곡에서 모인 여러 부족으로 이루어졌다. 그들이 어느 만큼이나 단결이 되었었는지는 짐작하기가 어렵다. 그러나 그들의 생활과 밀접한 관계가 있는 기본적인 지리적 여건을 따지자면, 그들의 문화에서 기초를 이룰 만한 하나의 강줄기가 갖추어지지를 않았다. 고대 동양의 문명은 저마다 하나의 강을 따라 이룩되었다. 많은 어려움을 겪어가며 흡수한 다른 문명들을 페르시아 제국은 도로와 바다를 이용하여 통합했다. 헬라스인들에게는 식량을 조달할 만큼 넓고 경작이 가능한 평원이나 긴 강이 없었다. 그들의 통합은 그럴 수밖에 없었듯이 바다에 의존했으며 새로 생겨난 도시들은 내륙지방과의 교역에 점점 더 의존하게 되었다. 식량이나 원자재가 부족했던 그

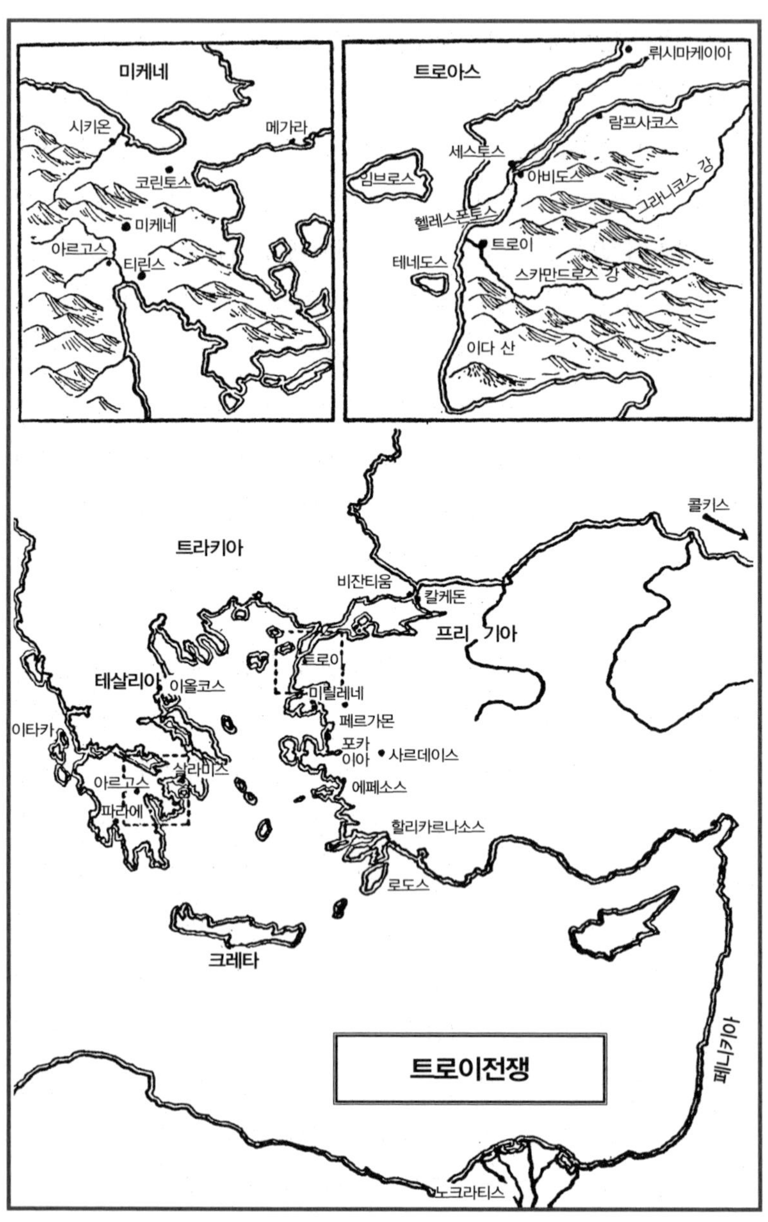

미케네
시키온
메가라
코린토스
미케네
아르고스
티린스
트로아스
뤼시마케이아
람프사코스
세스토스
아비도스
임브로스
그라니코스 강
헬레스폰토스
트로이
테네도스
스카만드로스 강
이다 산
트라키아
콜키스
비잔티움
칼케돈
프리기아
트로이
테살리아
이올코스
미틸레네
이타카
페르가몬
포카이아
사르데이스
살라미스
에페소스
아르고스
파라에
할리카르나소스
로도스
크레타
파르네
노크라티스
트로이전쟁

들은 수출할 물품이 없어서 처음부터 공업과 교역에 의존해야 했다. 그들에게는 곡식과 말린 물고기의 주요 원산지인 헬레스폰토스와 에욱시네(Euxine, 흑해의 라틴어 명칭. Axine라고도 함- 옮긴이)와 교역을 하는 것이 필수적이었다. 이 교역을 유지하기 위해서는 또한 배를 만드는 데 필요한 목재를 에욱시네에서, 그리고 무기를 만드는 데 필요한 철을 같은 방향에서 또는 소아시아에서 조달해야 했다. 생계유지와 더불어 이윤을 얻기 위해서는 나아가서 사치 품목의 교역도 필요했는데 이것은 사실상 동양과의 교역을 의미했다. 따라서 다리우스에게 필수적이었던 교역로는 적어도 서쪽 끝에서는 그리스인에게도 필수적인 돌파구였다. 동양과 서양의 교역이 페르시아인들에게는 제국의 통일을 위한 방편이었지만, 그리스인들에게는 그것이 전적으로 생존의 길이었다. 교역이 이루어지기 위해서는 항구들을 견실히 장악해야 했다. 그래서 그들은 먼저 당연히 헬레스폰토스와 보스포로스로 손을 뻗었다. 트로이 지역에 계속해서 아홉 개의 도시가 줄지어 생겨났다는 사실은 우연이 아니다. 해협의 장악을 둘러싼 분쟁은 일찍부터 시작되었다. 유사 이전에 동쪽이나 서쪽으로 어떤 이동이 이루어졌었는지를 가려내기는 결코 쉬운 일이 아니겠지만, 미케네의 왕 아르테우스의 아들 아가멤논이 포위한 도시로서는 첫 번째가 아니라 일곱 번째였다. 우리가 앞에서 살펴보았듯이 아카이아인들은 소아시아 연안 지방을 거의 다 휩쓸었으며 다리우스가 등장했을 때는 그들의 후손이 아직도 그곳에서 살았다. 몇 세기 전에 있었던 침략에 대한 그의 반격은 이미 때늦은 것이었으며 과거의 어떤 이동에 대해서 다른 방향으로 이루어진 연쇄

작용이었다고 하겠다. 다리우스 시대(B.C.522년~B.C.486년)에 이미 추는 흔들리기 시작했다. 헬라스 사람들은 본디 그들의 땅이었던 곳에 외국인 침략자로서 돌아왔으며, 우리는 그들이 어째서 외국인이었느냐 하는 점을 밝혀야 한다.

다시 《일리아드》로 돌아가서 살펴보자면, 우리는 아카이아인과 트로이인의 대조적인 면을 조금쯤은 확인하게 되는데. 그것은 그리스의 한두 가지 특성을 보여준다. 그들은 우선 말보다는 배에 관심이 많았다. 호메로스는 자주 '청동 갑옷을 입은 아카이아인'과 대조시켜 '말을 길들이는 트로이인'에 대해 언급한다. 이것은 아카이아인들이 말과 전차에 관심이 없었다는 얘기가 아니다. 왜냐하면 그것은 사실이 아니기 때문이다. 그러나 관심의 정도는 서로 달랐으며, 트로이 편에 훌륭한 말이 더 많았음은 누구나 다 인정해야 한다. 그 까닭은 아마도 몸집이 컸고 청동 갑옷을 입었던 아키아인들은 겨우 허리밖에 오지 않는 작은 암갈색 말을 타려 하지 않았기 때문이었을지도 모른다. 그런 면에서 중요한 의미를 갖는 대목은 돌론, 오디세우스, 디오메데스에 얽힌 일화다.[4] 트로이인들은 아카이아 진영을 정찰하라고 돌론을 내보낸다. 그는 곧 오디세우스에게 잡혀 심문을 당한다. 트로이의 전투태세에 대한 정보를 모두 털어놓은 다음에 돌론은 새로 도착한 트라키아의 왕 레소스가 여태까지 볼 수 없었던 훌륭한 백마들과 함께 맨 끝에 진을 치고 있다는 사실을 알려준다. 그런 결과로 오디세우스와 디오메데스는 기습을 끝낸 다음 열네 명의 시체를 트라키아 진영에 남기고는 '말을 타고' 돌아온다. 네스토르는 오디세우스를 "말을 탄 아카이아 무사의 꽃"이라고 칭송하며, "이토록 훌륭한 말은 보지도 못하고 상상하지도 못했다"는 설명을 덧붙인다. 디오메데스가 파트로클로스를 추모하는 장례식 경기의 전차 시합에서 이기는 것은 그들이 타고 온 한 쌍의 말 덕택이었으며, 그 말들이 트라키아에서 왔다는 점은 주목해야 할 사실이다.

아카이아인들의 지리적 여건은 말을 사육하기에는 좋지 않았다. 그들에게는 목초지가 별로 없었고 숲도 적었으며 지형도 말을 키우기에 알맞지가 않았다. 이런 면에서 그들은 적의 우월성에 때로는 열등감에 시달렸을 것이다. 그러한 심리 상태가 목마 이야기 밑에 깔려 있을지도 모른다. 그런 거대한 상징물이 말을 사랑하는 트로이인들에게 각별한 관심거리가 되었을까? 그리고 살아 있거나 양각으로 표현한 말에 대해서 페르시아인들이 느꼈던 관심이 그런 방법으로 표현되었을까? 다리우스는 무엇보다도 자기가 '말 타기와 활쏘기'에 누구보다도 뛰어났다고 자처했다. 페르시아의 귀한 집 아들들은 말타기와 활쏘기를 익히고 진실을 말하도록 배우며 자랐다.[5] 아카이아의 청소년 교육에서는 그런 점이 강조되지 않았다. 그들은 말타기를 익히지 않았고, 활을 쓰기는 했어도 영웅은 활로 싸우지 않았다. 그들에게도 궁수는 있었지만 오만이 지적한 바와 같이 "말이나 창이나 방패나 방어용 갑옷이 없는 경장비 군사들이었고 …… 전투에서는 주변에서 배회하기만 하는 자들이었다."[6]

그리고 오디세우스가 페넬로페에게 구혼하던 자들을 활로 쏘아 죽이기는 했어도, 그는 방패나 갑옷을 몸에 지니지 않았었음을 기억해야 한다. 페르시아인들이 헬라스인들을 정확성에서 그들보다 열등하다고 생각했던 어느 정도의 근거가 정말로 있었다. 그만한 사실쯤은 확실히 알았음직한 헤로도토스가 이렇게 말했기 때문이다. "일반적으로 그리스인들은 사실에 근거를 두지 않은 얘기를 지어내는 데에는 솜씨가 없었다."[7] 따라서 그들에게는 페르시아인들이 귀하게 여기게끔 교육을 받았던 자질이 결여되었다고 말해도 되겠다. 그런 반면에 호메로스의 기록을 따르자면, 호메로스 시대의 그리스인들에게는 다른 사람들에게서는 찾아볼 수 없었던 특성들이 있었다. 그 가운데 세 가지를 지금 언급해야만 할 것 같다. 그들은 체육에 대해 특별한 관심을 쏟았다. 그들은 처음으로 해학의 감각을 보였다. 그들은 항해술을 무척 중요하게 여겼다.

먼저 체육에 대한 그들의 관심에 대해서 생각해보자. 《일리아드》를 읽다 보면, 양쪽 상대편의 차이점이 별로 두드러지게 느껴지지 않는다. 그들은 서로 비슷한 사람들인 듯싶으며 아마 사실 그랬을지도 모른다. 그들 사이의 두드러진 차이점이라면 장례식에서 찾아볼 수가 있다. 헥토르가 전사하자 그의 시체를 화장하고 뼈는 흙더미 밑에 묻었고 조객들은 향연에 참석한다. 《일리아드》에서는 장례식 대목이 이런 말로 끝났다. "말을 잘 길들이던 헥토르의 장례식은 그러했도다." 그러나 파트로클로스의 장례식은 체육대회를 중심으로 해서 진행된다. 그것은 내기에 열중한 분위기를 곁들여서 엎치락뒤치락 소란스럽게 홍청거리는 가운데 전차 경기로 시작되며 결국은 누가 2등 상을 타야 하느냐는 논쟁으로 이어진다. 그리고 턱을 때려야 이기는 권투 시합도 열린다. 전력을 다한 씨름 경기도 벌어지지만 무승부로 끝나고 맨발 경주에서는 오디세우스가 이긴다. 그리고 칼쓰기 시합과 들기 시합과 궁술 경기가 벌어진다. 마지막으로 벌어질 투창 시합은 시간이 모자라서 연기하고, 병사들은 저녁을 먹으러 흩어진다. 이 장례식들은 적과의 휴전이 이루어진 상태에서 벌어졌다는 점을 기억해야 한다. 트로이인들은 만일 그들의 관습이 그러했다면 무술 시합을 열었을 것이다. 그런가 하면 아카이아인들은 그것이 예식의 필수적인 부분이었다면 잔치를 열었을 것이다. 그러나 그들은 서로 믿는 바가 달랐고, 헬라스인들의 관습은 특별히 관심을 끌게 하는 성질의 것이다.

운동 시합이 호메로스가 서술한 그대로 실제로 벌어졌는지에 대해서 어떤 사람들은 의심할 만도 하다. 반박하려는 사람들이라면 호메로스가 트로이의 함락보다 450년 이후에, 그러니까 기원전 700년경에 글을 썼다는 사실을 지적할지도 모른다. 말로만 전해 내려오던 얘기에서 그가 얼마나 정확하게 사실 여부를 가려냈을까? 그는 어떤 사실들은 확인할 수 있었겠지만 대부분의 서술은 아가멤논이나 아이네아스의 시대보다는 호메로스의 시대에 어울리는 내용이었다. 그것이 사실이라고 하더라도 그는 꽤 틀이 잘 잡힌 체육 대회에 관한 서술을 하고 있다. 첫 올림픽 대회는 기원전 776년에 개최되었다고 믿어지는데, 그때에도 이미 그것은 별로 대수로운 일이 아니었는지도 모른다. 호메로스의 서술을 보면 모든 내용을 포괄적으로 전한다. 네스토르는 안틸로코스에게 선수의 운동 정신에 대해 설명한다. 상품을 나누어주는 아킬레우스는 자기가 경기에 참가했다면 주요 종목에서 승리했으리라고 밝힌다. 용감했던 패자에게는 장려상을 주었다. 네스토르는 젊었을 적에 자신의 솜씨가 뛰어났고 모든 종목에서 승리를 거두었다고 자랑한다. 물론 두 몰리오네인이 전차 경기에서 부정한 방법으로 앞질렀을 때만 예외였노라는 덧말도 붙인다. 중량급 권투 선수는 자신의 승리를 예언한다. 관중은 원반던지기 선수에게 박수를 보내고 모든 사람은 궁술 선수 권자에게 열광한다. 상은 (시합을 하기 전에) 행사를 주관하는 대표에게 수여하고, 다시 그것은 선수들과 성적을 발표하는 사람의 손으로 넘어간다. 본질적으로 그런 시합은 지금도 실제로 개최되며, 차이점이라면 다만 그것이 장례식에서 거행되었다는 사실이다.

여기에서 우리는 헬라스인들이 아주 옛날부터 특별히 운동에 능했음을 알 수 있다. 그러면 그들이 참여한 경기를 그들 스스로 창안해내었을까? 그렇지 않았던 것 같다. 운동선수의 존재는 이집트까지, 시대적으로는 기원전 1468년의 메기도 전투 이후의 시대까지 거슬러 올라간다. 투트모세 3세는 활쏘기에 뛰어났었으며 아멘호테프는 솜씨가 더욱 빼어났음이 확실하다. "뜀뛰기에서는 그를 따라잡을 자가 없었다. 그는 팔의 힘이 세어서 노를 저을 때 지칠 줄을 몰랐다."[8] 그러나 운동에 대한 이집트인들의 관심도는 파라오의 기분에 따라 크게 좌우되었다. 체력이 별로 대단치 않았던 왕들의 치하에서는 체육이 자취를 감추었다. 그리스인들 사이에서는 운동에 대한 열의가 대단했고 지속적이었다.

그리스인과 크게 대조를 이루는 사람들은 중국인이었다. 그들의 입장은 "군자는 절대로 경쟁을 하지 않는다"는 공자의 말로 요약된

다. 실제로는 중국인들도 궁술시합을 열기는 했지만 그들의 경쟁
은 겸손한 성질의 것이었다. 그리스인들은 운동에 열중했으며 승
리에 도취했었는데, 이런 특성에서 비롯된 어떤 현상들은 주목할
만하다. 우선 그들의 통치자들은 경쟁을 해야 했다. 파트로클로스
의 장례식에 참석한 운동선수들 가운데에는 스파르타의 왕 메넬라
오스, 이타카의 왕 오디세우스, 살라미스의 왕 아이아스, 그리고
아르고스의 왕 디오메데스도 끼어 있었다. 미케네의 왕이었고 좀
의미가 막연하기는 해도 아카이아 전체의 대군주였던 아가멤논은
만일 시합이 취소만 되지 않았더라면, 아킬레우스가 그에게 그렇
게 되리라고 납득을 시켰듯이, 투창 경기에서 승리했을 것이다. 비
록 이 '왕'들이 비교적 적은 영토의 통치자이고 작은 대륙의 지도
자들이기는 했어도, 아카이아의 왕족들이라고는 그들뿐이었음도
사실이다. 아가멤논은 직권에 의해서 마땅히 상을 탈 만큼 다른 사
람들의 선배격이었으나 다른 사람들은 가끔 그에게 무례하게 굴기
도 했고 아킬레우스는 그를 주정뱅이, 겁쟁이, 그리고 못된 인간이
라고 하며 그의 명령을 받아들이지 않는다.《일리아드》 전체를 통
해서 볼 때 왕들은 가장 뛰어난 군인들이었고 운동선수였으며, 적
어도 우리는 그런 인상을 받게 된다. 그들의 권위는 신이 내려준
선물이 아니었고, 왕좌에 올라앉은 그들은 접촉이 불가능할 만큼
동떨어진 신비한 인물도 아니었다. 아가멤논은 스스로 전투를 지
휘할 능력도 없어서 아킬레우스에게 시시한 한 명의 참모에 지나
지 않는다는 소리까지 듣는다. 이들 족장들은 저마다의 실력을 증
명해야 했고 빼어난 솜씨를 보여줘야 했다. 그리고 필로스의 왕 네

스토르가 나이와 경험을 앞세워 그의 권위를 조금쯤 과시하기는
해도, 다른 사람들이 현재의 명성을 발판 삼아 과시하는 권위에 비
하면 미미할 따름이다. 지위가 가장 높은 사람들은 하나같이 한창
시절의 나이다. 늙은 이집트의 사제가 솔론에게 한 말 그대로다.
"그대들은 항상 어린아이 그대로여서, 그리스에는 늙은 사람이 없
습니다."[9] 이것이 전적으로 사실은 아니더라도, 그리스에서는 나이
가 존경의 대상이 되지 못했었다는 결론은 내려도 좋다. 존경을 가
장 많이 받는 사람들은 운동선수와 용모가 잘 생긴 사람과 용감한
사람들이었다.

  헬라스인들의 운동에 대한 취향과 연관해서 언급해야 할 또 한
가지 사실은 운동선수들이 거의 또는 완전히 나체로 경기에 임했
다는 점이다. 시합이 끝나고 나면 아카이아 족장들에 대한 신비
감이란 조금도 남지 않았다. 지위를 나타내는 옷을 나중에 걸치
더라도 본디 모습은 그대로 남았다. 사실상 패배를 한 자가 승리
를 한 듯 꾸며 보이기는 불가능한 노릇이었다. 실제로 갖추지 못
한 힘과 젊음과 용맹성을 꾸며댈 수는 없었다. 한 인간의 실체 그
대로를 모두 직접 두 눈으로 보았기 때문이었다. 신과 같은 존재
라고 뽐낼 수야 있겠지만 그런 자격을 남에게서 그냥 물려받았다
고 하면 납득이 될 리가 없었다. 아카이아의 제신들은 인간과 사
뭇 비슷해서, 싸움을 하려면 그들도 옷을 벗어던지기 일쑤였다.
신과 유대를 지녔다고 주장하는 자들은 그러한 신적인 자질을 싸
움터나 운동 경기에서 알몸으로 증명해야만 되었다. 인간의 몸을
사실적으로, 이상적으로 재현함이 그리스 미술의 중요한 특징이

었다. 이것은 무척 독특한 특징이어서 나체가 거의 알려지지 않은 중국 미술과는 좋은 대조를 이루었다. 그리스 사람들은 공개적인 나체라는 관습에서 평등이라는 관념에 대한 근거를 마련했다. 보통 병사들의 열등한 점들은 상당히 명백했으며 지도자들의 우월성은 인간적인 면모에 바탕을 두었다. 민주적인 정치가의 표본이라고 일컬을 만한 테르시테스를 오디세우스가 공박한다. "우리 모두가 왕일 수는 없다. 군중이 다스린다는 것은 나쁜 일이다"라고 그는 병사들을 가리킨다. 그러나 호메로스는 주인공의 높은 지위에 따로 큰 의미를 부여하지는 않는다. 그는 체격이 크고 힘이 세고 경험이 많고 교활하며 미남이고 재빠른 사람이다. 그의 지도력은 그가 지녔다고 여겨지던 자질에서 우러나며, 추측컨대 다른 사람들은 그것을 흉내 내려고 했을 것이다. 신의 후손이라고 하는 아카이아의 족장들은 대단히 정력적이고 예쁜 여자들을 보는 눈이 발달했다. 그래서 세월이 흐르면서 그들의 신격 혈통은 수많은 후손들에게 널리 퍼진다. 그들의 제신들처럼 그들의 아이들은 그들을 닮을 것이다.

인간적인 신이거나 신적인 인간이거나 간에 호메로스의 주인공들에게서 해학의 감각이 처음 등장하는 면모들이 엿보인다. 대단치는 않지만 그것은 그냥 넘겨버려서는 안 되는 요소다. 여기에서 사람들은 첫인상을 잘못 받을 가능성도 있다. 웃음을 자아내는 경우가 거의 없는 듯 여겨지기 때문이다. 헤파이스토스가 수선을 떨며 집안에서 오락가락하는 꼴을 보고 제신들이 요란하게 웃어대지만, 우리는 왜 그들이 웃는지 설명을 듣지 못한다. 테르시테스가 오디세우스에게 매를 맞을 때도 모두들 웃어 댄다. 아버지의 투구에 달린 깃털을 보고 어린 아들이 겁을 내자 아버지 헥토르와 그의 아내 안드로마케는 웃지 않을 수가 없다. 트로이의 진영을 기습하고 나서 오디세우스는 웃으며 돌아온다.[10] 여기에서는 호메로스가 해학의 감각이 풍부했다고 할 만한 면은 별로 발견되지 않는다. 그의 주인공들은 10년 동안의 전쟁을 치르고 난 후여서 사물의 희극적인 측면을 보지 못한다고 해도 허물이 되지는 않는다. 그러나 그와는 대조적으로 인간이 등장하지 않고 신들 사이에서만 벌어지는 장면에서는 분위기가 심각하지만은 않다. 희극이라고까지 하기는 어려울지 몰라도 구약성서의 엄숙함과는 거리가 멀다. 그리고 호메로스가 디오메데스의 전차에 아테나를 함께 태우고 "너도밤나무 차축이 무게에 눌려 요란히 신음을 했다"고 했을 때,[11] 호메로스는 농담을 하고 싶은 생각에서 그런 표현을 썼는지도 모른다. 호메로스의 작품에서는 인간들 사이에 만연한 혹독함을 누그러뜨리는 웃음은 많이 담지 못했더라도 신들을 덜 무서워하게 할 만큼의 웃음은 충분하다. 그리고 다른 민족들과 비교해볼 때 헬라스 사람들은 별로 종교적이지는 못했다.

이제 그렇다면 왜 그리스 사람들은 이런 면에서 다른 민족들과 달랐느냐 하는 문제를 따져봐야 한다. 그들의 주위환경이 아마 큰 작용을 했을지도 모른다. 산과 언덕과 곶과 섬에 둘러싸인 평탄한 땅에서 살았기 때문에 그들의 관심은 하늘에 쏠렸다. 그렇다면 숲과 야생화와 연관이 깊은 정신적 습성은 음울한 광활함과 연관이 깊은 정신적 습성하고는 대조를 이룬다. 문제는 그리스 사람들이 다른 신들을 더 좋아해서 그들의 제신들을 등졌다는 뜻이 아니라, 그들은 신들이 실감난다기보다는 재미있는 존재라는 생각을 점차로 갖게 되었다는 것이다. 이 현상은 그들이 수적으로 적었기 때문에 더욱 쉽게 이루어졌다. 그들은 군중 심리의 제물이 될 만큼 수적으로 많았던 때가 거의 없었다. 트로이 앞에 모였던 군대는 연설을 하는 한 사람의 주위로 모두 모여들 만큼 소수였으며 질병이 한 차례 그들의 숫자를 줄이고 난 다음에는 더욱 적어졌다. 비교적 수가 적었고 또한 수적인 증가에는 관심이 없었던 그리스인들은 언제나 개인주의적이었다. 그들은 한없이 헤아려야 할 만큼 모래알처럼 그들의 숫자가 많았던 적이 없다. 그들의 해학적인 감각 밑바닥에는 개인주의 의식이 깔려 있다. 그들의 세계에서는 인간이 신을 닮기도 했고 신들은 더욱 인간을 닮았다.

그리스 해학의 또 한 가지 요소는 포도주였다. 헬라스 영토에서는 포도와 올리브가 자랐고, 어떤 곳에서는 그것들이 유일한 산물이었다. 포도주는 그들의 삶에서 항상 중요한 역할을 담당했으며, 당시 수준으로는 사모스 지방은 예외였지만 그들이 생산한 술은 질이 떨어지기는 했어도 그들의 글에는 자주 등장했다. 포도주가 사고력을 증진시키는 데 도움이 되느냐 하는 문제는 따져보아야 할 일이겠지만, 술을 마시면 처음에는 비극적으로 보이던 세상이 그저 우습게만 여겨지게 하는 얼근한 분위기를 자아낸다는 사실만큼은 확실하다. 사람들이 내뱉는 간단한 농담들은 약점을 소재로 삼아 찌르는 경우가 많은데, 술에 취한 상태가 바로 그런 약점의 하나이다. 술의 효과라면 술을 마시는 사람이 사물의 흥겨운 면을 보고, 더 마시게 되면 마시는 사람이 스스로 다른 사람을 즐겁게 하는 원천이 된다. 다른 몇몇 나라에서는 농담은 신분이 낮은 사람들에 관한 내용이어서 거지나 고기잡이나 나무꾼에 대한 얘기가 대부분이었으며 신과 가까운 관련이 있는 통치자들이나 귀족들은 워낙 고상한 존재들이어서 기쁨을 제공하는 역할이 미미했다. 술을 마시게 되면 같은 사람이 한 순간에는 엄숙했다가도 다음 순간에는 지극히 긴장이 풀어진 상태로 돌변하게 만들기도 한다. 가장 고귀한 대상을 인간적인 지위까지 끌어내리는 것은 우유나 물을 마시는 민족보다는 술을 마시는 민족들의 농담에서 찾아보기가 훨씬 쉽다. 제우스에게 잔을 가져다 바치던 가뉘메데스는 한가한 시간이 없었으며, 헤파이스토스를 보고 웃던 신들도 말짱한 정신은 아니었다. 제우스와 헤라 사이에 언쟁이 벌어지게 되자 헤파이스토스는 재빨리 여신에게 술을 대접하는데, 글의 내용을 읽어 보면 포도주 병이 어느새 옆 사람에게 넘어갔음이 분명해진다. 처음부터 술과 웃음은 함께 다녔다.

《일리아드》와 《오디세이아》에 묘사된 아카이아인들의 마지막 특성은 그들이 항해술을 중요하게 여겼다는 점이다. 메소포타미아, 이집트, 인도, 중국의 고대 문명은 강을 끼고서 일어났다. 따라서 그들에게는 배가 교통의 중요한 수단이었다. 그들의 관심은 강어귀에서 점차로 바다로, 해안으로, 그리고는 용이하게 장악할 수 있는 섬으로 뻗어나갔다. 그들은 어느덧 배와 뱃사람을, 그리고 항구와 관세 수입을 갖추어 나갔다. 그러나 바다는 그들의 삶과 그리 긴밀한 관계를 가지지는 못했다. 뱃사람과 고기잡이는 그들에게 없어서는 안 될 사람들이었지만 사회적인 신분은 낮았다. 왕이 바다를 보았다면 그것은 희귀한 일이었다. 뱃사람이 왕의 자리에 오른다는 것은 누구도 상상할 수 없는 일이었다. 그러나 그리스의 왕들은 우선 뱃사람이어야 했다. 그들의 오랜 전설 가운데에는 테살리아 이올코스 왕의 아들인 야손이 이끌고 항해하던 배인 아르고에 대한 얘기가 있다. 야손과 함께 항해한 사람들 가운데에는 페라이의 왕 아드메토스, 넬레우스 왕의 아들 페리클뤼메노스, 트라키아의 오르페우스, 그리고 위대한 헤라클레스도 끼어 있었다. 콜키스로 가는 항해에 대한 얘기의 내용이 얼마나 실제인지는 몰라도, 같은 배에 그토록 많은 왕족이 타고 갔다고 하더라도 그리스 사람들은 이상하게 생각하지 않았다. 《일리아드》로 말할 것 같으면 육지와 바다의 얘기가 함께 들어 있다. 《오디세이아》는 오디세우스가 이타카의 고향으로 어떻게 항해를 했느냐 하는 이야기가 전부다.

그리스인의 성격을 확실히 규정짓는 또 한 가지 요소는 에게의 바다 풍경이다. 노를 저어 가는 배 안에서는 어느 누구도 다른 사람에게 비밀을 조금이라도 감추기가 어렵다. 뱃사람으로서의 능력은 거의 한눈에 평가가 가능하다. 한 사람의 능력은 그가 해야 할 일을 할 수 있느냐 없느냐 하는 데서 결정된다. 배 안의 지도자는 사막의 유목민 사이에서 그렇듯이 가장 뛰어난 사람이어야 한다. 그러나 배의 동료들에게서 그가 얻게 되는 존경심은 남에게 양도될 수가 없다. 그는 어느 대군주나 사제의 능률적인 지배력도 벗어날 수가 있었다. 그는 쉽사리 법이나 세금의 속박에 얽매이지 않았다. 사막 언저리의 유목민처럼 그의 뒤에는 언제라도 몸을 감출 광대한 공간이, 호메로스가 "친구와 같은 바다"라고 불렀던 광활함이 있었다. 거기에서 그는 무엇인가를 추구하려는 욕망을 곁들인 독립심을 키웠다. 그를 위협으로 다스리기는 불가능했고 대가를 지불해야만 그를 뜻대로 움직일 수가 있었으며, 그의 독립정신은 그의 윗사람들뿐 아니라 동료들에게도 똑같이 적용되었다. 트로이와 싸울 때 처음으로 그랬듯이 그리스인들이 함께 행동을 취하도록 설득할 수 있었던 인물은 전설적인 영웅들뿐이었으며, 평범한 인간은 그렇게 할 수가 없었다. 상상력이 풍부하며 진실하지 못하고 자유를 사랑하지만 미덥지 못하고 싸움을 좋아하며 모험심이 강하고 아름다움에 매료되고 뇌물에 약한 그리스인은 이미 뚜렷한 개성을 지니고 있었다.

그러한 특성을 지녔던 그리스인들로서는 스스로 문화를 일으킬 능력은 없었을는지도 모른다. 대신에 그들은 고대 동양과 바빌론과 그리고 나아가서는 크레타를 경유해서 이집트로부터 문명을 흡수했다. 그들이 먼저 이집트로 눈을 돌렸다는 것은 당연했다. 강을 따라 발달한 문화들 가운데 지중해로 연결된 지역은 그곳뿐이었기 때문이다. 그리스인들은 이 문제에 대해서 별로 복잡하게 생각하지 않는다. 그들은 페르시아에 대한 의존도를 최대한 줄이기 위해서 오히려 이집트의 영향을 과장하는 경향이 있었다. 그들은 건축, 조각, 의학에 대한 지식의 대부분을 이집트에서 받아들였다. 그러나 사실 그들은 바빌론과 아시리아에서 리디아를 거쳐 문화, 교역술, 언어를 흡수했다. 그들은 종교를 대부분 프리기아인들에게서, 글자는 교역술과 마찬가지로 기원전 10세기경에 페니키아에서 받아들였다. 그리스의 영토 확장 시대(B.C.11세기~B.C.7세기)에 이오니아 이주민들이 소아시아의 일부를 식민지로 만드는 사이에 다른 이주민들은 이탈리아와 시칠리아로 진출했다. 그러나 이집트와의 접촉은 계속했고, 혹시 그러지 않았더라도 7세기 후반에 그 접촉을 재개했음이 확실하다. 스스로 키레네 여자와 결혼한 이집트의 왕 아마시스가 그 접촉을 실현한 사람이었다. 그가 어느 만큼이나 그리스의 영향을 받았는지는 지금까지 알려진 그의 업적과 취향과 습관에서 추측이 가능하다. 헤로도토스는 그에 관해서 이렇게 서술했다.

그는 하루의 일과를 규칙적인 원칙에 따라 계획했다. 새벽부터 장터가 붐비게 될 아침나절까지 그는 자기가 처리해야 할 일에 열중했고, 그러고 나서는 나머지 시간을 하찮은 놀이와 술과 친구들과의 잡담으로 소일했다 …… (그의 신하들이 그에게 진언을 하면) …… 아마시스는 이런 대답을 했다.…… "활에 항상 줄을 매어 두었다가는 저절로 부러져서, 정말로 써야 할 때가 되면 쓸모가 없어지느니라. 사람도 마찬가지다. 언제나 심각하고 적당히 쉬거나 즐길 줄을 모른다면 사람은 머리가 잘못되거나 발작을 일으킨다……."[12]

이 심오한 진리를 아마시스는 그의 그리스 친구들에게서 배웠을지도 모른다. 그가 그리스 사람들을 상당히 자주 접촉했음은 확실하다. 그의 승낙을 받아 그리스인들은 기원전 615년에서 기원전 610년 사이에 나일 강 삼각주에 그리스 도시 나우크라티스를 세웠다. 아마시스는 이오니아인과 카리아인 용병들을 그의 호위병으로 썼는데, 그리스인들은 투구에 장식을 달거나, 방패에 손잡이와 색칠을 한 기구를 부착하는 기술을 카리아인들에게서 배웠다. 그리스와 이집트의 접촉은 기원전 525년에 캄비세스가 그 땅을 빼앗아 페르시아의 영토로 만들었을 때 단절되었다. 그때부터 그리스인들은 거의 소외되다시피 했다.

페니키아 사람들

—

지중해를 항해한 사람들이 그리스인들뿐이었다면 페르시아와 그리스 사이의 경쟁은 교착상태에 봉착했을지도 모른다. 다리우스는 교역로를 서쪽으로 연장하기를 원했고, 그리스인들은 교역망을 에욱시네 곳과 그 너머 힘닿는 곳까지 뻗으려고 했다. 그리고 비록 페르시아 왕국의 세력이 대단히 강했어도 그리스인들을 억누르기는 힘들었다. 페르시아의 입장에서 보면 다행히도 다리우스가 관심을 돌릴 다른 경쟁자가 있었다. 페니키아인들에게서 그는 바다를 항해하는 동맹을 구할 수 있었으며, 그들의 항구가 그의 제국 안에 위치했었기 때문에 더욱 편리했다. 그리고 그리스인들이 영토 확장에 나서기 전에는 페니키아인들의 독무대였다. 투텡은 이렇게 지적했다.

전에는 그리스인들이나 다른 지중해의 민족들에게는 그들이 생산할 수 없는 공업제품을 공급하는 유일한 매개인이 페니키아인들이었다.

동양의 예술과 공업제품들을 에게해와 이오니아 연안까지 수송한 사
람들도 그들이었다. 그들이 바다와 시장에서 그리스인들에게 쫓겨나
게 되자, 그 지역은 대신 헬라스 산업에 고객과 돌파구를 제공했는데
…… 교역은 공업의 뒷받침을 받아야 했고, 공업은 교역에 힘입어 번
창했다.[1]

페니키아의 도시들은 레반트 해안을 따라 형성되었다. 그들 가
운데 손꼽을 만한 곳은 아라도스, 비블로스, 시돈, 그리고 티레였
다. 이들 도시의 뒤에는 그들이 배를 만드는 원자재를 공급하는 레
바논의 숲이 있었다. 좁다란 그들의 영토는 다른 생산품을 거의 내
지 못했어도, 메소포타미아와 이집트를 연결하는 통로 노릇을 했
다. 그들은 불안한 변경에서, 분쟁과 사상의 틈바구니에서 살았으
며, 그들의 문화는 이집트보다 바빌론에서 더 많은 영향을 받았다.
그들의 활동은 곧 키프로스와 크레타로 뻗어나갔고 지중해를 건너
다녔다. 유대인과 가까운 셈족의 하나로서 그들은 티레의 히람이 솔
로몬에게 예루살렘의 사원을 지을 자재를 제공했던 기원전 970년에
서 기원전 940년경에 유대인과 가장 가까운 동맹관계를 유지했다.
페니키아인들이 교역 활동을 서쪽으로 넓혀나가기 시작한 것은 그
시대 이후였다. 기원전 8세기까지 그들은 카르타고(B.C.814년), 우
티카, 모티카, 말타, 그리고 더 멀리는 사르디니아와 서쪽 멀리 가
데스까지 교역소를 세우고 정착지를 마련해서 지중해의 중심지를
장악하게 되었다. 다른 방향에서는 그들의 배가 메소포타미아와
인도를 향해 홍해를 내려갔고, 사막을 건넌 대상들도 그들이었다.

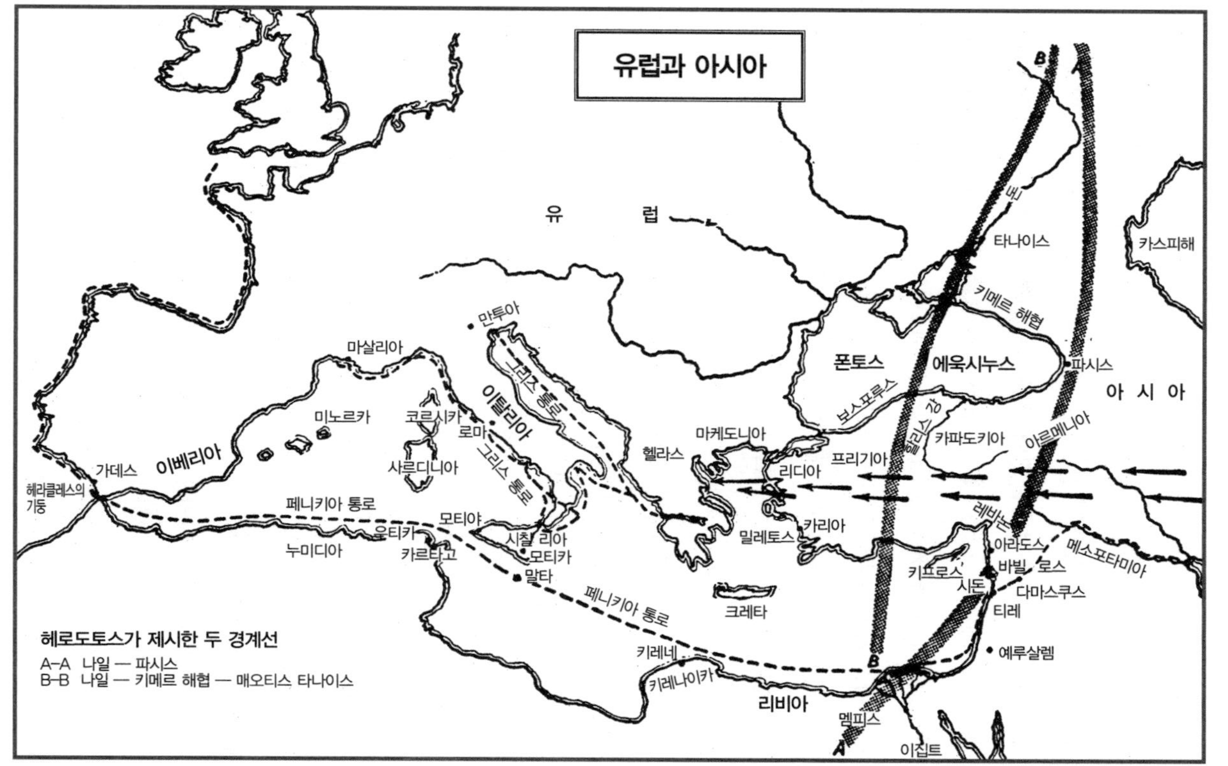

유럽과 아시아
유 럽
아 시 아
카스피해
타나이스
키메르 해협
파시스
폰토스
에욱시누스
보스포루스
마케도니아
카파도키아
아르메니아
리디아
프리기아
레반트
밀레토스
카리아
메소포타미아
아라도스
바빌로스
다마스쿠스
티레
키프로스
시돈
예루살렘
헬라스
만투아
마살리아
코르시카
이탈리아
그리스 통로
로마
그리스 통로
미노르카
사르디니아
이베리아
가데스
헤라클레스의 기둥
페니키아 통로
우티카
모티야
모티카
시칠리아
누미디아
카르타고
말타
페니키아 통로
크레타
키레네
키레나이카
리비아
멤피스
이집트
헤로도토스가 제시한 두 경계선
A-A 나일 — 파시스
B-B 나일 — 키메르 해협 — 매오티스 타나이스

거의 500년 동안 교역에서 그들의 위치는 굳어갔고 그리스인들이 비교적 잠잠할 때는 더욱 그러했다. 기원전 1400년경부터 기원전 1100년까지에는 미케네인들이 소아시아로 밀고 들어갔지만, 그들의 노력은 점차 수그러들었다. 기원전 1100년경부터는 페니키아인들의 활약이 더 커졌으며, 그들은 서쪽으로 정착지를 넓혀나가 레바다, 수사, 우티카, 그리고 기원전 814년에는 카르타고까지 뻗어나갔다. 그리스인들도 역시 서쪽으로 진출하여 이탈리아, 시칠리아, 그리고 기원전 600년에 프랑스 남쪽의 마살리아에 이르렀다. 아프리카 해안에 그들이 확보한 가장 중요한 영토는 키레네였으며 기원전 500년경에는 어떤 협정에 따라 아프리카의 나머지 해안지방을 그리스인들이 다른 경쟁자들에게 양보하기도 했다. 지중해의 중앙 해협 너머와 말타와 모티카 너머의 지역에서는 페니키아의 영향력이 지배적이었다. 따라서 에스파냐 그리고 분명히 미노르카에서도 그리스와의 경쟁이라는 문제는 없었으며, '헤라클레스의 기둥(지브롤터)'을 마음대로 통과했던 사람들은 페니키아인뿐이었다. 티레가 기원전 574년에 멸망하고 난 다음에는 페니키아의 통치권이 카르타고로 넘어갔다. 티레와 시돈은 기원전 539년에 페르시아 제국의 일부가 되었으며, 시리아와 키프로스와 더불어 그 광대한 조직의 한 부분을 이루었다.

그리스인과 페르시아인 사이에 뚜렷한 차이점이 있었다면, 그리스인과 페니키아인 사이에는 더욱 커다란 차이가 있었고, 자연히 그들 사이에는 악감정이 충일했으며, 결과적으로 그리스인과 유대인 사이에도 같은 감정이 존재했었다. 물론 그들 사이에는 교역상의 경쟁이 이루어졌지만 거기에서 그치지를 않았다. 사르톤이 지적했듯이 그들의 대립 감정은 무척 깊었다.

12세기경에 크레타인들이 바다를 지배할 힘을 잃게 되자 페니키아인들은 그 뒤를 이어받을 준비에 착수했고, 곧 그렇게 되었다.……그들은 그리스인들 말고는 경쟁자가 없어 지중해 교역의 주인 노릇을 했다. ……거의 어디에서나 그들은 그리스인들과 경쟁을 벌였는데, 그들의 경쟁은 상업뿐 아니라 바다의 지배력에서도 심했다. 그리스인들은 그들이 탐욕스럽고 공정하지 못하다고 비난했으며, 비난과 증오는 상호 마찬가지였다. 그리스와 페니키아의 경쟁은 ……그 형태야 어떠했던지 간에 고대 역사의 중요한 한 가지 주제를 이룬다 ……[2]

페니키아인에 대한 그리스인의 첫 언급이라고 할 만한 자료가 《오디세이아》의 14권과 15권에 나타난다. 변장을 한 오디세우스가 돼지몰이 에우매오스에게 자기의 과거를 거짓말로 꾸며대는 장면에서 그는 이집트에 갔을 때의 얘기를 이렇게 한다.

나는 그 나라에서 7년을 보내면서 나하고는 터놓고 지내는 사이인 이집트 사람들로부터 큰 재산을 모았다네. 그러나 8년째 되던 해에 나는 벌써 못된 짓을 실컷 했던 몹쓸 도둑놈 같은 악당 페니키아 사람을 알게 되었지. 나는 겉만 그럴싸한 그놈의 꾐에 빠져 그의 집과 재산이 있다는 페니키아로 함께 항해를 해서, 그와 함께 꼬박 열두 달을 지냈지. 그러나 날과 달이 차고 둘째 해가 다시 새 계절을 시작하게 되자, 그는 자기의 화물을 운송하는 데 내가 도와줘야 한다면서 나를 리비아로 가는 배에 태웠는데, 사실은 그곳에 도착하면 돈을 잔뜩 받고 나를 팔아넘길 속셈이었지……. [3]

그런데 알고 보니 돼지치기는 시리아 왕의 아들로서, 페니키아인 유모의 묵인하에 고향에서 납치되어 라에르테스에게 결국은 노예로 팔려온 신세였다.

어느 날 흑선黑船에 값싼 장식품을 잔뜩 싣고 탐욕스런 악한들이며, 악명 높은 페니키아 뱃사람들이 한 떼로 몰려 섬을 찾아왔습니다. 그런데 우리 아버지의 집에는 그들과 같은 종족인 여자가 있었는데 착하고 건장한 그녀는 손재주도 뛰어났습니다. 그러나 안팎이 다른 페니키아 사람들이 곧 여자의 생각을 뒤바꿔 놓았습니다. 그들 가운데 한 사람이 그녀가 빨래를 하는 동안 접근을 해서는 뱃전에서 꾀었는데, 여자가 아무리 정직하더라도 길을 잃게 하기에는 사랑처럼 편리한 것도 없답니다……. [4]

다른 페니키아인에 대한 서술 부분들에서도 그보다 좋은 얘기는 나타나지 않는다. 되풀이해서 동원한 어휘들을 보면, 그리스의 경쟁자들이 티레나 시돈 사람들에 대해 어떤 관념을 가지고 있었는지 명확하게 알 수가 있다. 그들은 탐욕스럽고 도둑질을 일삼고 속과 겉이 달랐다. 무엇보다도 그들은 믿지 못할 사람들이어서, 모든 일화는 겉으로 친한 체하면서 배반을 했다는 내용을 담고 있다. 카르타고의 작품들이 많이 남아 있다면 우리는 그들이 남긴 작품을 연구해서 아마 항상 말이 많고 미덥지가 않고 해적질이나 하는 거짓말쟁이로 그리스인을 묘사한 서사시를 읽을 수 있었을지도 모른다. 그랬다면 적어도 우리는 한쪽이 정직하지 못하다고 해서 다른 쪽은 꼭 정직하다는 것을 증명하지 못한다는 교훈을 다시 한 번 되새길 기회를 가졌을지도 모르겠다. 어쨌든 호메로스가 언급하지는 않았지만 그리스인들에게도 단점이 있고 페니키아인들에게도 미덕이 있었음을 인정한다면 여기에 인용한 글귀들이 무작정 비난을 하기 위한 것이 아니었다는 사실을 흥미롭게 받아들여도 되겠다. 호메로스는 페니키아인들이 게으르거나 겁쟁이거나 더럽거나 잔인하다고는 비난하지 않는다. 그는 주로 그들의 변절을 꼬집고 있는데, 그의 말이 옳았다는 결론을 내릴 훌륭한 근거가 있다.

페니키아의 역사에서 학자들은 기원전 539년 페르시아 정복 이후의 페니키아를 무시하는 경향이 많다. 그 무렵부터는 티레의 식민지인 카르타고가 그 종족을 지배했다. 카르타고인들은 시칠리아, 사르디니아, 코르시카로 그들의 기세를 뻗어나갔는데 이것은 나중에 벌어질 로마와의 투쟁을 위한 서곡이었다. 그러나 페르시아 제국에 흡수된 페니키아 상인들은 자주성을 상실했어도 계속해서 번영을 누렸다. 그들은 페르시아로부터 보호를 받았고 교역의 혜택도 상당히 얻었다. 페르시아의 왕궁은 시돈에 있었지만 티레는 아직도 중요한 도시였다. 다리우스가 함대를 편성하고 뱃사람을 확보한 것은 페니키아로부터였다. 당시 손에 넣을 수 있었던 선박들 가운데 그들의 배가 가장 훌륭했다는 사실도 의심할 여지가 없다. 뱃사람들로 말할 것 같으면, 그들은 교역에서 그들의 주요 경쟁자들인 자들을 파멸시키는 데 주저하지 않았다. 그들의 관점에서는 그것이 페니키아인과 그리스인의 교역 전쟁이었고, 페르시아는 그들에게 필요한 동맹이었다. 그리스인들도 대부분 같은 관점에서 전쟁을 이해했다. 민족 감정의 생성과정에서 그들이 그들 자신과 페르시아 사이에서 인식한 차이점은 아마도 처음에는 티레와 시돈 사람들의 차이보다 덜하다고 느꼈던 듯싶다. 그 차이점이 무엇이었던지 간에 그것은 전쟁이 계속되면서 더욱 깊어졌다. 그들은 그들의 적을 점점 더 멀게 느꼈다. 그러나 비록 많은 그리스인들이 그런 생각을 지녔다고 해도, 다른 사람들은 페니키아인들이 남긴 본보기와 소아시아의 많은 그리스 주민들의 태도에서 다른 영향을 받았다. 그들은 페르시아와 대항하기 위한 통합을 이루지 못했다. 어떤 사람들은 다리우스를 같은 편이라고 여겼다.

이런 관점의 분열을 이해하기 위해서 우리는 다시 교역로 얘기로 되돌아가야 한다. 다리우스 시대에 이르러서는 동양으로부터의 통상이 북쪽의 밀레토스와 남쪽의 시돈을 포함한 지중해 지역의 여러 곳까지 이르렀다. 북쪽 교역로는 그리스 식민지들을 따라 뻗어나갔으며 지금의 마르세유인 마살리아에서 끝났다. 남쪽 교역로는 페니키아의 식민지들을 따라 이어졌으며 지금의 카디즈인 가데스에서 끝났다. 그들은 저마다 교역로를 모두 독점하기를 원했으며 저마다 그들이 이미 차지한 땅을 지키기 위해 싸울 각오가 확고했다. 그러나 그리스인들은 페르시아와 갈등을 일으켜서 얻게 될 무역상의 혜택이 아무것도 없었다. 경제적인 전망에 입각해서 보자면, 비록 그들이 페니키아인들을 포기하는 한이 있더라도 페르시아 제국의 일부가 되는 편이 더 많은 특혜를 누리는 길이었다. 비록 자주성을 좀 잃더라도 그리스 상인들은 누구나 다리우스와 사이좋게 지내기를 바랐다. 그리고 또한 잘 알려진 바이지만 소아시아의 그리스 도시들은 과거에 자유를 퍽 많이 누렸다. 페르시아의 통치는 자비로웠다. 그런데다가 수사의 그리스인들은 상당한 영향력을 행사하던 처지였다. 그들의 교역은 페르시아의 보호와 후원을 받아 성장했고 수공업자들은 페르세폴리스에서 지반을 형성했다. 그들로서는 가장 유리한 조건을 구축하고 페르시아 왕에게는 형식적인 복종만 하는 것이 현명한 처사였다. 누가 뭐라고 해도 다리우스는 경쟁자가 없이 백성들만을 거느린 문명 세계의 통치자였으니 그것이 오히려 당연했다.

그래서 많은 그리스인들은 페르시아의 통치를 받아들이자고 주장했다. 그러나 다른 사람들은 죽을 때까지 대항하자고 맞섰다. 왜 그랬을까? 그리고 어째서 저항을 하자는 정책이 받아들여졌을까? 이러한 질문에 대해서 처음으로 대답을 구해보려고 했던 역사가는 헤로도토스였는데, 그는 그 목적이 두 가지라고 밝혔다.

자신이 스스로 이룩했거나 아시아의 민족들이 이룩한 놀라운 업적을 기록함으로써 과거의 추억을 보존하고, 둘째로는 좀 더 구체적으로 어떻게 두 종족이 투쟁을 벌이게 되나 하는 것을 밝히기 위해서였다. 페르시아의 역사가들은 그 싸움의 탓을 페니키아인들에게 돌렸다……[5]

그래서 그들은 어떻게 했던가? 그들은 아르고스 왕인 이나코스의 딸 이오를 납치했다. 나중에 어떤 그리스인들은 그들이 크레타 사람들이었는지도 모르지만 티레에서 왕의 딸인 에우로파를 납치했다. 이어서 아르고의 항해와 콜키스로부터 메데아를 납치하는 사건이 뒤따랐다. 40년이나 50년쯤 뒤에 프리암 왕의 아들인 파리스는 스파르타의 메넬라오스 왕의 아내인 헬레네를 잡아갔다.

이때까지만 해도 양쪽이 서로 여자를 훔치는 정도였지만 다음에 일어난 사건은 그리스인의 잘못이 컸다고 말한다. 그리스인들이 군사적인 의미에서 침략자로 행동했기 때문이었다. 그들의 생각으로는 젊은 여자를 납치해가는 짓은 조금도 온당한 일은 아니었지만, 그렇다고 해서 그런 흔한 일을 가지고 수선을 부린다면 그것은 어리석은 짓이라고 여겼다. 잡혀가고 싶은 마음이 없는 여자였다면 납치되어 갈 리도 없을 터이니, 젊은 여자의 납치쯤은 모르는 체 넘겨버리는 편이 상책이었다. 페르시아인들의 관점에서는 여자 납치 정도라면 아시아 사람들로서는 가볍게 넘겨버리기가 예사였는데 그리스인들은 그렇지 않았다. 스파르타의 여자 한 사람 때문에 그리스인들은 군대를 일으켜 아시아를 침략해서 프리암의 제국을 멸망시켰다. 이 사건이 뿌리가 되어 그리스인들의 세계에서는 그들에 대한 영원한 적의가 굳어졌으며 그들은 페르시아에 종속된 여러 언어를 쓰는 아시아의 온갖 민족들을 미워했고 유럽과 그리스의 국가들은 그들과 무척 다르고 차이가 많다고 믿었다.[6]

일반적으로 알려진 바로는 헤로도토스가 기원전 484년부터 기원전 425년까지 살았으며, 《역사》는 말년에 집필했다고 한다. 만일 《역사》가 기원전 440년부터 그가 죽을 때까지 저술되었다고 하면, 그는 그가 살았던 시대에서 무척 가까운 과거의 사건들을 기록했다고 하겠다. 그러니까 그는 유럽과 아시아의 지리적인 경계선을 의식했을 뿐 아니라 유럽적인 것과 아시아적인 것을 명확히 구분하려던 그의 세대를 대표하는 인물 가운데 하나였다고 여겨진다. 당시의 주요 관심거리는, 실제로 그랬는지 어떠했는지는 몰라도, 몇 세기에 걸친 반목이었을 것이다. 그러나 헤로도토스가 집필을 하던 시기에는 전쟁의 기운이 역력했으며, 그래서 그는 그것을 서술하게 된 첫 사람이었는지도 모른다. 그러나 거기에서 그치지 않고 그는 아시아의 압력에 대한 유럽의 반작용에 관해서 서술했다. 그는 동양과 서양 사이의 피스톤 운동을 의식했으며, 그가 생존했던 시기에는 동양의 기세가 상승하고 있었음이 확실하다. 아시아는 다른 세계였고, 그리스인들은 그들 스스로를 방어함으로써 유럽을 지키기 위해 아시아와 싸워야 했다. 그러면 '유럽'이라는 말이 헤로도토스에게는 무엇을 의미했을까? 다행히도 그는 이 문제에 대해서 명백한 설명을 내놓았다.

……동쪽 일부를 제외한 모든 아시아는 바다에 둘러싸였다고 밝혀졌으며 전반적으로 볼 때 지리적으로는 리비아와 비슷하다.

그러나 유럽은 입장이 다르다. 동쪽이나 북쪽에 바다가 있는지를 밝혀 낸 사람이 없고 우리가 알아낸 사실이라고는 길이가 아시아와 리비아를 합친 것과 같다는 정도이다. 그리고 또 한 가지 이해가 가지 않는 점은, 사실은 하나뿐인 땅덩이에다 이곳저곳 갈라서 왜 이런 이름들을 (그것도 하필이면 여자의 이름을) 붙여놓느냐 하는 것이며 또 한 나일이나 파시스가 (아니면 어떤 사람들이 주장하듯이) 매오티스 타나이스나 키메르 해협이 어째서 경계선으로 고정이 되었느냐 하는 것이다. 누가 처음으로 그러한 경계를 긋기 시작했고, 그 이름들을 어디에서 따왔는지 나는 여태껏 납득하지 못했다…….[7]

헤로도토스는 '리비아'라는 말을 아프리카라는 뜻으로 썼으며 아시아는 프로메테우스의 아내 이름을 딴 것이고, 유럽은 티레에서 납치된 왕의 딸 에우로파에서 유래한다고 설명했다. 그는 아시아와 유럽의 경계가 나일 강과 에욱시네의 동쪽 끝인 리온 강이라고 해서 소아시아 전체를 유럽에 포함시켰다. 헤로도토스는 다른 사람들이 돈 강과 보스포로스를 경계선이라고 간주한다는 사실도 인정했다. 그러한 견해의 차이가 생길 만한 여지는 있었지만 갈등이 생겨난 원인은 그것이 아니었다. 페르시아가 승리를 거두었다면 유럽은 아시아에 소속되었을 것이다. 지리적으로는 그것이 불가능하지는 않았다. 이상한 점이 있다면 오히려 헤로도토스가 말했듯이 같은 대륙의 양쪽 끝에 다른 이름을 붙였다는 것이다. 그리고 그런 결과로 문화적인 경계선이 점점 굳어지게 되었다.

하지만 경계선의 존재를 인정하더라도 우리는 그것의 의미를 지나치게 과장하지 않도록 조심해야 한다. 사르톤이 지적했듯이 상황이 복잡하기 때문이다.

아시아와 유럽 사이의 분쟁이 지니는 중요성은 우리가 상상하기 어려울 정도여서 세계 역사상 가장 규모가 크고 의미심장한 분쟁의 하나였고, 그리스인들의 궁극적인 승리는 미래를 결정지었으므로……그것을 아시아와 유럽의 투쟁이나, 동양과 서양의 갈등이라고 규정짓는다면 피상적으로는 아무리 그 말이 참되어 보여도 의미를 잘못 전하기 쉽다. 많은 그리스인들이 몇 세대에 걸쳐서 아시아와 이집트에서 살았고, 그런 반면에 페르시아의 해상 동맹국이었던 페니키아 사람들은 지중해 지역 각처에 흩어져서, 그리스인들에게는 서쪽으로부터의 위협이 되기도 했다. 대부분의 아리안계 그리스인들 못지않게 페르시아인들도 아리안족이었으므로 그것은 아리안족과 셈족 사이의 투쟁도 아니었다.[8]

이것은 다 맞는 얘기다. 그것이 꼭 유럽에 대한 아시아의 투쟁은 아니었더라도 유럽의 존재 여부를 결정짓는 역할은 했던 셈이다. 서로 맞선 적들의 차이점을 이해하는데 도움이 되지 않는 분야에 대해서라면 우리는 이 싸움의 자세한 내용에는 관심을 가질 필요가 없다. 다리우스가 밀레토스에 침공을 위한 근거를 마련하고, 곧 첫 공격을 했다는 정도만 알면 충분하다. 마르도니우스는 군대를 이끌고 배로 헬레스폰토스를 건너 아테네를 공격 목표의 하나로 삼고 육지를 횡단하여 진군했다. 마케도니아는 정복을 당했지만 아토스 산 갑에서 마르도니우스 휘하의 함대가 파선을 당했다. 그래서 그는 소아시아로 후퇴했고 다티스와 아르타페르네스 두 장군에게 자리를 내주었다. 그들은 기원전 490년에 더 규모가 큰 함대를 조직해서 병력을 싣고는 에게해를 향해 곧장 항해했다. 에리트레아를 포위한 다음에 페르시아인들은 아티카를 향해서, 아테네에서 별로 멀지 않은 마라톤에 상륙했다. 그들은 군대의 일부만 상륙을 시켰다가 커다란 손실을 겪고 아테네 군에게 패배를 당했다. 다리우스는 새로운 전투를 위한 준비에 당장 착수했는데, 마라톤 소식을 듣고 이때 이집트에서 일어난 반란은 다리우스가 죽을 때까지 계속되었다. 그의 후계자인 아들 크세르크세스는 먼저 이집트인들을 진압한 다음에 그리스인들과의 전투를 계속했다. 헤로도토스의 말을 믿는다면 크세르크세스는 이렇게 말했다고 했다. "나는 헬레스폰토스에 다리를 놓아 군대를 이끌고 유럽을 가로질러 그리스로 진군해 들어가리라." 그리고 그는 그 후의 목표에 대해서 이렇게 설명했다.

　　……우리는 페르시아 제국의 경계선이 신의 하늘과 맞닿을 때까지 나라를 확장하리라. 그대들의 도움을 받아서 나는 유럽의 한쪽 끝에서 다른 쪽 끝을 꿰뚫어 한 나라로 만들어서, 태양으로 하여금 우리의 영토가 아닌 땅은 내려다보지 못하도록 하겠노라. 내가 들은 얘기가 정말이라면 이제 아테네와 스파르타가 길을 가로막지 못하는 지금, 세상에는 우리와 맞설 도시나 나라는 없다.[9]

통상체제를 완벽하게 갖추기를 바랐던 페르시아의 통치자들은 이제 더 나아가서 새로운 계획을 수립했다. 그리스 정복은 당연히 그들에게 국위의 명예가 걸린 문제가 되었다. 만일 크세르크세스가 패배를 받아들였다고 알려진다면, 제국이 어찌 모두 하나로 단합될 수가 있었으랴? "우리 페르시아 사람들에게는 우리 나름대로 살아가는 길이 따로 있다"고 왕은 말했는데, 그것은 유화라는 가능성이 전혀 포함되지 않는 길이었다. 기원전 480년에 그는 막강한 군대를 조직해서 직접 이끌고 헬레스폰토스에 배로 다리를 놓는 (두 번째) 시도를 했고, 트라키아와 마케도니아를 지나 내륙으로 진입했다. 심한 고초를 겪으며 크세르크세스는 테르모필레 통로를 돌파해서 적이 포기한 도시 아테네를 점령했다. 그러나 그의 함대는 살라미스에서 패배를 겪었고 페르시아의 왕은 아시아로 돌아갔다. 다음 해(B.C.479년)에 페르시아인들은 플라타이아이에서 결정적인 패배를 당했다. 그들은 기원전 467년에야 겨우 다시 에게해를 공격했지만 해군은 또 한 번 패배를 당했다. 그때부터 페르시아의 위협은 무척 감소되었다. 이제 주도권은 그리스인들의 손아귀로 들어갔다.

아시아와 유럽 사이의 관계라는 관점에서 볼 때, 이 싸움의 가장 중요한 사실은 페르시아 군대의 구성에서 찾아볼 수 있다. 그 군대는 페르시아나 메디아, 그리고 그들의 가까운 동맹들 이외에도 시리아, 박트리아, 인도, 파르티아, 아라비아, 에티오피아, 리비아, 프리기아, 리디아, 그리고 트라키아의 부대로 편성되었다. 그것은 아시아 전체를 남김없이 동원한 군대였고, 크세르크세스가 진격하여 점령한 영토에서도 병력이 차출되었다. 그들의 주력은 기마병이었는데, 그들을 활용하기에 적절한 나라가 없었다. 그리고 그들의 취약점은 페르시아, 메디아, 리디아 부대 말고는 지상군이 투구를 쓰지 않았다는 점이다. 그리스 지상군과 싸우기에는 궁수와 창기병들의 무장이 미비했고 장비도 미미했다. "인도인들은 무명을 걸쳤고 활은 수숫대로 만들었으며 화살도 수숫대 끝에 쇳조각을 단 정도였다." 무장이 잘 된 병사들 가운데 일부는 충성심이 부족한 집단이었던 것 같다. 테미스토클레스는 페르시아의 패배를 "신을 믿지 않는 한 인간이 아시아뿐 아니라 유럽까지 다스리는 왕이 되리라는 데 대해 질투를 느낀" 신들에게로 탓을 돌렸다. 헤로도토스는 플라타이아이의 페르시아인들에 대해서 보다 간단하게 설명했다. "그들이 불운을 겪은 중요한 이유는 미비한 장비 때문이었다. 그들은 제대로 무장이 되지 않았으면서도 중무장한 지상군을 맞아서 싸워야 했다." 바다에서의 싸움에 대해서도 헤로도토스는 정당한 평가를 했다. "페르시아인들은 해전에 대한 전략에 미숙했고 병력의 적절한 배치도 없이 닥치는 대로 전투를 벌였기 때문에 당연히 최악의 결과를 맞을 운명이었다." 페니키아인들은 그들에 대한 페르시아인들의 관점 때문에 사기가 많이 저하되었는지도 모른다. 그들은 훌륭한 뱃사람들이었고 그리스인들에 대해서는 반감이 대단했다. "바다에서 싸운 사람들 가운데……가장 진지한 각오가 섰던 집단은 페니키아인들이었다"[10]고 헤로도토스는 기록했다. 그러나 그리스인들이 그들을 깔보던 것 이상으로 페르시아인들은 그들을 훨씬 더 대단치 않게 생각했다.

전해 내려오는 얘기를 따르자면, 플라타이아이 전투가 끝나자 크세르크세스의 천막이 그리스군의 수중에 떨어졌다. 그리스 연합군 총사령관인 파우사니아스는 포로로 잡힌 종들에게 페르시아의 총사령관에게 어울리는 음식을 장만하라고 시켰다. 그들은 휘황찬란한 금과 은 식기를 늘어놓았다. 그러자 파우사니아스는 장난삼아 자기 하인들에게 평범한 스파르타식 식사를 준비하라고 시켰다.

두 식탁의 차이는 정말로 대단했는데, 모든 준비가 끝나자 파우사니아스는 웃으면서 그리스 지휘관들을 데려오라고 사람을 보냈다. 그들이 도착하자 그는 두 식탁을 구경하라고 하면서 이렇게 말했다. "여러분, 나는 여러분들에게, 이런 식으로 살면서 우리의 가난을 훔치러 온 페르시아인들의 허영심을 보여주려고 여러분을 오라고 했습니다."[11]

헬라스 사람들

페르시아인들과 그리스인들과의 전쟁에서는 살라미스가 아니라 테르모필레가 전환점이었음이 확실하다. 페르시아 군 전체의 진군을 막으려고 레오니다스[1]가 시도를 한 것은 그곳에서였다. 그가 거느린 1,000명의 스파르타와 테스피아이 군은 거의 한 명도 남지 않고 전멸을 당할 때까지 싸워서 적에게 큰 충격을 주었고 전설도 남겼다.

글을 아는 자여, 스파르타 사람들에게 가서 전하라.
우리들은 그들의 명령을 따랐고 죽었노라고.

인명 손실이 워낙 심해서 아시아 군대의 사기는 무척 저하되어 다시는 회복하지 못했다. 페르시아의 군사들은 죽을 때까지 싸우겠다는 각오를 했으며, 그들이 판단하기에 무장도 더 잘 된 군대와 맞서리라는 전망을 기대하기가 어려웠다. 그러나 중대한 차이점은 전투의 질이 아니라 단순히 숫자에서 드러났다. 헤로도토스의 말을 따르자면, 아시아의 군사력은 지상과 해상의 264만 1,610명 병력에다가, 그에 못지않은 규모의 비전투원을 합쳐 모두 528만 3,320명에 이르렀다. 이 숫자의 정확성에 대하여 어떻게 생각하던지 간에 크세르크세스의 병력이 대단했던 것만은 확실하다. 그 숫자를 10으로 나누더라도 소수 병력이었던 그리스 전투부대들이 맞선 병력은 50만에 이른다. 우리가 그리스의 특성을 이해하는 데 기초를 이루는 사항이 이런 비교적 적은 숫자들이다. 그들은 개인적인 특성을 한껏 드러낼 만큼 숫자가 적었다. 그들은 또한 그들 자신끼리, 그리고 적들과의 사이에 존재하는 차이를 강조할 이유가 얼마든지 많았다. 그들은 페니키아인이나 페르시아인, 내륙 지방의 민족들, 일반적으로 얘기할 때 아시아인들, 그리고 동양인들과 큰 차이점을 보였다.

그러나 그 차이점의 내용은 무엇이었나? 다 같이 지리적인 환경에 뿌리를 박은 세 가지 기본적인 성격이 분명하게 드러나는데, 그들은 비교적 소수였고 번식을 꺼렸으며, 비교적 가난하게 살았고 천박한 부유함을 우습게 여겼으며, 그들은 내세에 대하여 별로 관심이 없었고 그들이 살아가는 현세를 훨씬 중요하게 여겼다. 숫자에 관한 문제를 먼저 살펴보자. 섬이나 산의 계곡에 살던 그들은 제한된 면적 때문에 어느 정도 이상의 인구는 원하지 않았다. 그래서 그들은 바라지 않는 아기들, 특히 여자나 건강하지 못하거나 불구인 아기들을 ‘처분’함으로써 산아제한을 실행하여 숫자를 다스렸다. 그들은 또한 인구가 적절한 숫자를 넘으면 이주를 시키는 방법도 동원했다. 이상적인 도시를 묘사하면서 플라톤은 시민의 수를 더도 아니고 덜도 아닌 5,040명이라고 못 박았다. 플라톤과 그리스의 다른 사상가들은 사막의 고적함 못지않게 평원에서 우글거리는 수백만의 집단도 거부했다. 그들은 사회적으로 바람직한 규모이면서, 가족이나 부족으로부터 떨어져 개인이 누릴 장소가 넉넉한 안정된 정착 공동체를 더 좋아했다. 유대인 이사야는 개인을 신의 관점에서 볼 때 아무것도 아닌 존재로 축소시켰다. 고다마는 개인을 신과 융합시키기를 원했다. 공자는 개인을 가족의 일부로 생각했다. 그리스 사람들은 '개인'의 완벽함을 목적으로 삼았고, 그들이 섬겼던 제신들은 완전한 인간보다 별로 나을 바가 없었다. 숫자에 대한 그들의 입장을 보면, 대가족의 미덕이나 아이가 없다는 죄나 결혼을 하지 않는다는 괴팍성을 그들은 인정하지 않았다. 때때로 푸대접을 받기도 하는 아내를 그들은 한 사람만 맞았으며, 그들은 성생활보다는 아름다움을 더 소중하게 여겼던 듯싶다. 숫자가 적었기 때문에 그들은 수준이 높은 체력과 지성과 교육을 도모하는 통치의 여러 형태를 실험할 수가 있었다. 교육에서 그들은 대가족에서는 불가능할 정도의 열성을 개인에게 기울일 여유가 있었다.

상대적으로 숫자가 적었던 그들은 또한 상대적으로 가난하기도 했다. 노예는 부유함의 척도였고 여가를 마련해주는 수단이었지만, 그래도 그들은 토질이 별로 좋지 않은 땅에서 비교적 빈궁한 삶을 영위하기를 좋아했다. 물리치기가 어려운 경우라면 곤경을 차라리 자랑으로 삼는 것이 인간의 천성이어서, 그리스 사람들은 스코틀랜드 사람들처럼 검소한 생활을 미덕으로 섬겼다. 그들은 술을 살 돈이 없는 사람이 금주를 자랑으로 삼듯이, 단순성을 신앙으로 삼았다. 그들 사이에는 부유함이 흔하지도 않았고 무척 탐낼 바도 못 되었다. 그리하여 헬라스는 가난해서가 아니라 자의에 따라서 검소하게 먹고 검소하게 살고 검소하게 입는 사람들의 본보기를 남겼다. 그러나 그들의 검소함은 금욕주의가 아니었다. 우리들은 재산을 버리고 거지가 되는 인도의 브라만처럼 행동한 그리스 사람에 대한 얘기는 거의 들을 수가 없다. 우리들은 그리스 사람들의 단식이나 명상에 대한 얘기도 듣지 못하고, 과음 과식으로 그리스인이 병에 걸렸다는 얘기도 듣지 못한다. 고전시대의 그리스 사람들은 대신에 '스파르타식'이라는 또 다른 말을 우리에게 남겨주었다. 그 어휘가 의미하는 바는 빈약한 음식, 딱딱한 잠자리, 강인한 체격, 피로나 불편함이나 고통에 대한 극기이며, 그것들은 모두가 필요성이나 종교적인 헌신에서가 아니라 오직 자존심에서 우러났다.

마지막으로, 종교에 대한 그리스 사람들의 자세는 어떠했던가? 그들이 가장 심혈을 기울인 건축물이 신전인 점으로 미루어보아 어느 정도 그들이 종교적이었음은 분명하다. 그들은 무덤이나 비석이나 장례 풍습에 대해서는 신경을 덜 썼고, 이집트의 웅장한 석조 건축물과 비길 만한 유적도 남기지 않았다. 소규모의 국가에는 거리감을 느끼거나 신격을 부여받은 통치자들이 없고, 따라서 국가의 지원을 받은 숭배주의에 의한 터무니없는 강박관념도 없다. 헬라스의 사제 신분은, 배움이나 시나 음악이나 미술을 독점하지 못한 까닭에서인지, 그 권한이 제한되었다. 그들 사이에 존속되던 왕권을 약화시킨 요인은 종교에 대한 그리스인들의 미적지근한 태도였다. 그들은 왕에게서 사소한 부분 말고는 모든 종교적인 의무를 박탈하려고 했다. 그리하여 그들에게는 그 앞에서 설설 기어야 하는 신격을 지닌 군주가 없었고, 신들이나 영웅들의 후손이라고 인정을 받았어도 귀족층은 막연한 특권밖에 누리지 못했다. 그런 결과로 그들에게는 까다로운 의식이나 예절이 없었고, 서로 평범하고 직접적인 관계를 유지했다. 아테네 사람들은 범절이 개방적이었고, 스파르타 사람들은 최대한으로 말을 아꼈기 때문에, 그들이 선호했던 대화는 '무뚝뚝' 한 것이었다. 그리고 파우사니아스에 대한 얘기[2]에서 확인했듯이 그들은 그들의 특성을 강조하고 그들의 '유럽적'이거나 '헬라스적'인 품성을 강조할 동기가 많이 있었다. 헤로도토스가 이집트 사람들에 대해서 "그들은 극도로 종교적이어서 세계의 어느 민족과도 비교가 되지 않는다"[3]라거나 또는 바빌로니아 사람들에 대해서 "그들은 머리를 길게 기르고 터번을 쓰고 온몸에 향수를 뿌린다"[4]라는 식으로 언급하면서 헬라스 사람들과 다른 민족들의 차이점을 지적했다. 그리스 사람들은 그들 스스로 서로 다르면서도, 다른 민족들과는 더욱 다르다.

만일 그리스 사람들이 숫자에서 절제하고 부유함에서 절제하고 그리고 종교에서도 절제했다면 우리들은 그들의 특성이 절제에 기본을 두었다고 말해도 되리라. 그러나 더 적절한 말은 '균형'이다. 금욕주의나 사치에서처럼 극단을 거부하면서 그들은 중용을 택했다. 길이의 어떤 불균등한 분할이 부분들 사이에서 어느 비율을 이룬다는 공식, 그러니까 황금의 평균인 $\sqrt{5}-1:2$라는 비율을 그리스 사람들이 발견했다. 그들에게는 균형이 아름다움과 행동과 배움의 비결이었다. 그들은 다른 민족들과는 달리 인체의 균형에서 아름다움을 찾았으며, 거인처럼 지나치게 크지도 않고 난장이처럼 지나치게 작지도 않고 흔히 부처의 모습에서 나타나듯이 지나치게 뚱뚱하지도 않고 힌두 고행자의 야윈 몸처럼 지나치게 마르지도 않고 현대 '힘센 사람'의 이두박근처럼 지나치게 근육이 많지도 않고 한때 중국 여자들 사이에서 존경받았던 편족처럼 지나치게 약하지도 않아야 했다. 그들은 젊음, 건강, 그리고 적절함을 연상시키는 균형 잡힌 몸매를 찬양했다. 그들은 자연히 동성애적인 경향을 나타냈으며 분명히 다른 민족들은 그들의 남색 습성을 흉내 내었다. 그들은 여자를 제외하지 않은 운동선수들의 나체에 높은 명예를 부여했고 그들이 가장 찬양하던 대상들을 조각으로 남겨 기념했다. 벌거벗은 인간의 몸을 재현함이 그들에게는 최고의 예술 형태였다.

균형에 대한 똑같은 개념이 건축에도 적용되었다. 흔하게 구할 수 있었던 돌이나 대리석으로 신전을 지으면서 그들은 단순한 도면에 충실했고, 복잡함을 피했으며, 각 부분간의 엄격한 균형에서 효과를 찾아냈다. 그들은 엠파이어스테이트 빌딩처럼 지나치게 높은 건물은 원하지 않았다. 그들은 미 국방성처럼 광활한 터전은 필요 없었다. 그들은 균형만을 추구했으며 가장 정확히 산출된 방법으로 그것을 달성했다. 그들의 예의범절에서도 같은 종류의 조형이 발견된다. 예의 바름politeness이라는 말의 어원이 그리스 단어인 사실을 보면 그들은 당연히 예의가 발랐다. 하지만 아시아의 기준만큼 스스로 낮추지는 않았으며, 말투는 투박하게 짧고 무례했다. 그들은 로마의 어휘를 빌면 공손civil했지만, 꾸밈은 없었다. 그들은 또한 배움에 대한 개념에서도 다른 민족들과 달랐다. 그들의 지식은 고대 언어 속에 묻혀버리지도 않았고 어느 특수 지식층의 독점물도 아니었다. 그것은 중국에서처럼 습득하기가 너무 힘들지도 않았다. 시건 연극이건 음악이건 간에 배움은 모든 사람이 습득하도록 개방되었으며, 배운 사람이라고 해서 특별하지도 않았다. 학자는 상인이나 군인이나 운동선수나 시인과 조금도 다를 바가 없었다. 그리고 그리스 사람들이 일반적으로 신비주의를 반대했으므로, 여기에서도 그들은 다시 균형 의식의 영향을 받는다. 그리스의 철학자나 수학자는 누구든지 듣겠다는 사람이 나타나면 그들의 지식을 언제라도 공개했다. 숨죽인 속삭임이나 비밀 언약은 없었다. 배움에 대한 존경심은 현실적이었지만, 그것을 신비로 여길 만큼 집착하지는 않았다.

그리스 사람들의 균형 감각과 더불어 그리스의 해학 감각이 함께 발달했다. 해학의 기초적인 단계를 우리는 이미 《일리아드》에서 찾아보았는데 페리클레스의 시대에 이르러서는 상당한 발전을 보았다. 기원전 448년경에 태어나 기원전 388년 이후에 사망한 아리스토파네스에 이르자 그것은 정치적, 사회적, 문학적 풍자가 배합된 해학의 절정에 달했다. 동양의 해학과 달랐던 점은 그것이 당시의 조직과 인물들 그리고 사건들과 밀접한 관계를 지녔다는 사실이다. 세계의 농담은 기본적으로 종류가 적어서 다음과 같은 분류가 가능하다. 장님이거나 만취했거나 비겁함처럼 신체적이거나 정신적인 결함에 관한 농담이 하나요, 기대와 현실 사이의 차이점에 관한 농담, 성생활에 관한 농담, 그리고 단순한 말장난인 농담이 있다. 그러나 더 깊은 의미에서 보면 이들 네 가지 기본적인 농담은 맥이 하나뿐이다. 그들은 모두 이상과 현실의 차이라는 주제를 변형한 형태들이다. 그런 까닭에 균형에 대한 뛰어난 감각을 지닌 그리스 사람들은 해학의 지도자가 되었다. 그뿐 아니라 그것은 그들의 실질적인 행동에도 영향을 주었다. 파우사니아스가 크세르크세스의 천막과 가구와 부하들을 장악했을 때, 그의 행동은 여러 가지로 나타날 가능성이 있었다. 그는 하인들을 죽여도 그만이었다. 그는 노획품 명단을 만들 수도 있었다. 그는 사치스러움의 나쁜 점에 대해서 일장 연설을 할 수도 있었다. 그는 "나약한 국가는 나약한 남자들을 낳는다"고 했던 키루스의 말을 인용할 수도 있었다. 그는 진부한 얘기를 얼마든지 할 수가 있었다. 그러나 그는 농담거리를 깨닫고는 그의 부하들과 그것을 나누고 싶었다. "여기 이 친구들은 부유하고 배가 터질 만큼 과식을 하면서도 헬라스를 침략했는데, 뭣 하러 그랬을까? 우리들의 먹을거리를 빼앗아 가려고 그랬지!" 파우사니아스가 세상만사를 모조리 농담거리로 생각하지는 않았음을 우리는 잘 안다. 그는 별로 충성스러운 그리스 사람도 못 되었다. 그러나 그리스 사람이 아니었다면 그가 이런 농담거리를 조금이라도 인식했을지는 의심할 만하다.

차이점들의 성격을 요약한다면, 페리클레스 시대의 그리스 사람들은 어떤 특별한 면에서, 그러니까 그들끼리는 몇 가지 관점에서 서로 닮았으면서도 그리스 사람과 다르다는 면에서 페니키아인,

인도인, 페르시아인을 이질적인 민족이라고 여겼다는 결론을 내려도 되겠다. 외적인 모습을 보면 아시아 사람들의 의복과 장신구가 지나치게 정교하다고 그들은 판단했을지도 모른다. 그리스인들은 아시아의 도시란 사람이 지나치게 많아서 아늑하지가 못하고, 개인은 군중 속에서 상실된다고 생각했다. 아시아에서는 돈 많은 자는 너무 뚱뚱하고 그의 가난한 이웃은 너무 야위었다. 아시아의 여자들은 실제로 보여주는 부분이 별로 없이 몸매를 모두 감추었는데, 필시 탄력이 없어서일 거라고 그들은 느꼈다. 그들은 아시아인들이 불결함에 대한 두려움에서 그리스 사람과의 식사를 단호히 거절할 거라고 판단했을지도 모른다. 아시아 사람이 학자였다면 그는 어투가 허식적이고 그가 특별히 잘 아는 분야의 지식을 쉽게 드러내지 않음을 당장 느꼈을 것이다. 아시아의 사찰들은 규모가 크고 인상적이지만 대부분은 취향이 워낙 비율이 맞지 않고 장식도 너무 심했다. 그러면 아시아 사람은 그리스 사람을 어떻게 생각했을까? 그는 그리스 사람이 잘 먹지도 못하고 옷차림도 형편없고 무척이나 가난해 보이고 신앙심이나 존경심도 없고 본질적으로 너무나 무식하다고 생각했을 것이다. 그는 그리스의 예의범절이 한심하다고 생각했을 것이다. 상당히 격이 낮은 페르시아 사람은 계급이 더 높은 사람 앞에서 그나마 꿇어 엎드리기라도 하지 않던가. 그리스 사람들은 그저 "어이, 에우티프로!"라거나 "야, 글라우콘!" 하면서 누구에게도 존경심을 나타내지 않고 얘기를 했다. 더욱 기가 막히는 일은, 그리스 사람은 항상 자기하고는 관계가 없는 일에 대해서 이것저것 묻고 자신의 하찮은 지식을 자랑하며, 이미 정착된 관습이나 신념에 대해서 의혹을 품었다. 결국 아시아 사람은 그리스 사람이 피상적이고 수다스러운 데다가, 인생의 우아함이나 신비에 대한 존경심이 전혀 없는 사람이라고 결론을 내렸을지도 모른다.

페르시아아인과 그리스인의 차이점을 지적하면서 헤로도토스는 페르시아 사람에 대해서 이렇게 말했다. "그들은 모든 면에서 자신들이 세계에서 가장 우수하다고 여겼으며, 자신들의 훌륭한 점을 거리에 따라 점점 감소시키면서 다른 사람들에게 부여했으니, 그들의 관점에서는 가장 먼 곳에 사는 사람들이 가장 나빴다."[5] 그러나 그는 "페르시아 사람들처럼 외국의 생활 방식을 서슴지 않고 받아들인 종족도 또 없다"고 덧붙였다. 플라타이아이 이후로 그들의 우월감은 수그러들기 시작했고 외국 문물에 대한 그들의 취향은 더욱 적극적으로 변했다. 크세르크세스는 기원전 465년에 암살을 당했고 그의 아들 아르타크세르크세스 1세는 이오니아의 그리스 도시들에 대한 통솔력을 잃었다. 이 도시들은 아테네와 스파르타의 반목을 잘 이용했던 다리우스 2세의 손아귀에 다시 떨어졌다. 그러나 아르타크세르크세스 2세의 즉위 이후에, 그리스 용병 1만 명을 끌어들인 그의 동생 키루스가 이끄는 반란이 일어났다. 키루스는 바빌로니아의 쿠낙사 전투(B.C.401년)에서 목숨을 잃었고, 그리스 사람들은 무척 낯선 땅에서 오도 가도 못하게 되었다. 그들은 크세노폰의 지휘를 받으며 싸워서 탈출했다. 이 얘기에서 무엇보다도 중요한 점은 보병에서 그리스가 보여준 우월성이다. 키루스는 그들을 끌어들여서 정예 부대로 생각하고 그들에게 의존했다. 키루스가 죽은 다음에 그들은 페르시아의 장군 티사페르네스에게 추적을 당했지만, 그들은 별다른 타격을 받지 않았다. 그들은 명예로운 철수를 했는데, 가장 큰 어려움은 기마병이 없다는 것이었다. 그리스 군대의 사기를 북돋우기 위해서 크세노폰은 과거에 페르시아 군대들을 어떻게 무찔렀었나 하는 얘기를 상기시켰다.

그러니까……그들이 수적으로 몇 곱절 많더라도, 그들이 너희들과 맞서려고 하지 않으려는 사실을 경험에 의해서 너희들은 잘 알 텐데, 이제 더 이상 그들을 두려워할 이유가 무엇이라는 말인가? 우리들과 함께 싸워주던 원주민 병사들이 우리들에게서 떠났기 때문에 우리 형편이 나빠졌다는 상상은 하지 말라. 그들은 우리들이 적으로서 물리친 원주민들보다도 더욱 비겁한 자들이니, 그들이 우리를 버리고 적에게로 넘어감으로써 그 사실이 더욱 분명해졌다. 가장 먼저 도망을 치려는 자들이 우리 편이 아니라 적들과 함께 있으니 더욱 좋다.

적들에게는 기마병이 엄청나게 많은데 우리 편에는 하나도 없다고 기가 죽은 자가 있다면, 그는 1만 명의 기마병이 1만 명의 병사에 지나지 않음을 기억하라. 말에게 물리거나 발길에 채여서 죽은 사람은 아무도 없으며 전투에서는 모든 싸움을 병사들이 한다. 그리고 또한 말의 잔등에 올라 공중에 떠 있으면서 우리들과 싸워야 할 뿐 아니라 말에서 떨어지는 것까지 걱정을 해야 하는 기마병들보다는, 우리들이 더 견실한 지반 위에 서 있으니, 땅을 발로 디딘 우리들은 우리를 공격하려는 자들을 더 힘차게 칠 수 있으며, 겨냥한 목표를 맞추기도 더 쉽다. 기마병이 우리보다 유리한 점은 다만 한 가지뿐이니, 그것은 그

들이 우리보다 안전하게 도망칠 수 있다는 사실이다.[6]

이것은 상식에 호소하는 그리스의 전형적인 성향을 보여준다. 같은 상황에 맞부딪쳤을 때 유대인들은 다른 반응을 나타냈다. "그대가 그대의 적과 싸우러 나가서 말과 전차와 숫자가 더 많은 적병을 만나게 되면 그들을 두려워하지 말지어다." 다음과 같은 임무가 성직자에게 부과된다고 규정하는 유대인 야전 복무 규칙[7]은 이렇게 시작된다. "하느님께서 그대와 함께 갈 터이고, 그대를 위하여 적들과 싸울 터이고, 그대를 구원할 것"이라면서 군사들을 안심시키는 일이 성직자의 의무였다. 인도에서는 비슷한 역할이 브라만에게 부여되었다. 그러나 '1만 명'은 한편으로 그들의 적이 약하다는 얘기를 들었다. 그것이 전부가 사실은 아니었으니, 크세노폰은 결국 기마병 부대를 즉석에서 조직해야만 했으며, 그들은 맡은 바 역할을 훌륭하게 수행했다. 무엇이 진실이었는지를 굳이 따지자면, 페르시아 사람들은 그리스 방진方陣에 맞설 방법이 없었고, 말을 탄 궁수들에 지나지 않는 그들의 기마병은 적에게 겁을 주는 정도가 고작이었다. 더구나 페르시아 사람들은 야간 공격을 두려워해서 그리스 부대에서 적어도 10킬로미터쯤 떨어진 곳에 진을 쳤고, 그래서 그들의 기마병들은 쓸모가 없어졌다. 《아나바시스 *Anabasis*》[8]는 온통 그리스 사람들의 우세한 사기를 그리고 있다. 그들은 페르시아 영토에서 작전을 펼쳤다. 그들은 전투가 벌어질 때마다 우세함을 보였다. 그리고 그들은 마지막까지 대열을 그대로 유지하면서 질서정연하게 결국 퇴각에 성공했다. 사실상 페르시아 제국은 쇠퇴했고 그와 함께 동양의 모든 힘이 기울었다.

그리스와 유럽의 팽창이 시작된 때는 기원전 400년 이후인 이 시기였다. 인간의 역사에서 늘 반복되는 현상이지만, 그리스 사람들은 방어에서 공격으로 입장을 바꾸었다. 어느 기간 동안 그들의 힘은 국가를 방어하는 데 집중되었다. 그들의 단결을 도모한 원동력은 페르시아에 대한 공통된 증오와 동양인에 대한 공통된 적개심이었다. 호가트가 지적했듯이.

……후퇴를 하는 과정에서 페르시아는, 만일 그들이 유럽으로 진격해 들어가지 않았더라면 앞으로 몇 세기 동안 그리스인들이 보지도 못했을 세계로 추적자들을 이끌어 들였다.

더구나 그런 변화가 전적으로 그들의 불찰 때문에만 이루어지지는 않았겠지만 승리를 거둔 적에 대한 태도의 변화가 페르시아 쪽에서 뒤따랐는데, 페르시아는 그리스 사람들에게 더욱 심한 자만심을 심어주고, 그래서 그리스인들로 하여금 페르시아인들의 약점을 더욱 잘 이해하게끔 만들었다. 다른 종족들보다 뛰어난 지능과 다양한 재능을 항상 과시했던 페르시아 사람들은 그리스 사람들에 대한 오만한 경멸 대신에 극단적인 존경으로 그들의 입장을 무척 빨리 바꾸었다. 그들은 앞뒤를 살피지도 않고 재빠르게 헬라스 정치가들과 학자들을 그들의 사회로 끌어들였으며, 헬라스 병사들과 뱃사람들을 쓰게 되었다. 이름난 그리스인들을 따뜻하게 맞아주고 그리스의 정치적 또는 종교적 재산을 받아들이고 싶어서, 이오니아의 도시들과 우호적인 관계를 마련하려고 노력하는 서방의 태수太守들을 우리들은

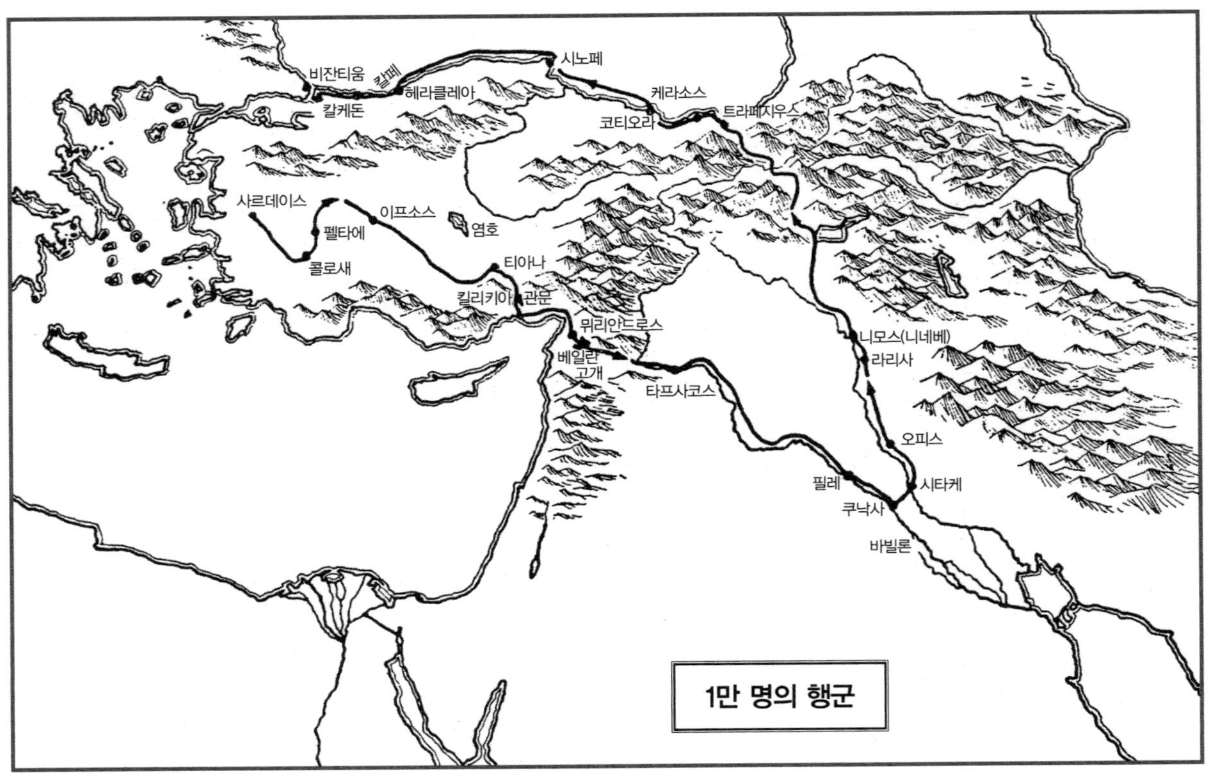

비잔티움
칼페
시노페
헤라클레아
케라소스
칼케돈
코티오라
트라페지우스
사르데이스
이프소스
염호
펠타에
티아나
콜로새
킬리키아 관문
뮈리안드로스
니모스(니네베)
라리사
베일란 고개
타프사코스
오피스
시타케
필레
쿠낙사
바빌론
1만 명의 행군

곧 보게 된다. 그들은 미련하게도 그런 식으로 재앙을 마련해가면서 그들이 뜻하던 바를 어느 정도 달성했는데……그리스에 대한 그런 태도는 자살이나 마찬가지였다. 그것은 유럽의 정신을 앙양시키는 반면에 아시아의 자립심을 고갈시키고 용기를 위축시켰다.[9]

이 모두가 사실이기는 하지만 정책의 잘못을 특정한 개인들의 탓으로 돌려서는 안 된다. 팽창을 위한 서양의 전체적인 움직임은 그보다 훨씬 규모가 컸다. 페르시아의 후퇴와 더불어 그리스가 느끼던 압력이 제거되었고 그래서 그들은 힘과 야망을 발산시켰다. 동시에 그것은 그리스 사람들을 끌어들이는 힘의 공백을 만들었다. 그리고 유럽에 대한 아시아의 공격이 촉발한 아시아에 대한 유럽의 공략은 단순히 군사적인 공격만으로 이루어지지 않았다. 물론 군사적인 측면이 있었음은 사실이다. 기원전 380년에 그리스 용병들을 써서 이집트를 되찾으려고 하던 아르타크세르크세스는 더 많은 그리스 용병들이 적군 쪽에서도 싸우고 있음을 알게 되었다. 스파르타의 아게실라오스는 기원전 397년과 기원전 394년에 소아시아를 침공함으로써 수사로의 진격도 고려할 만하다는 가능성을 보여주었다. 사실상 그리스 사람들은 초청을 받거나 무력에 의존해서 아시아로 침투를 계속했다. 그러나 그들의 사상은 그들의 칼보다 더 빨리, 더 멀리 뻗어나갔다. 예를 들면 페니키아에서는 그리스 미술이 5세기와 4세기에 충격을 일으켜서 토착적인 형태가 실질적으로 말살되기에 이르렀다. 비슷한 영향력이 페르시아에도 미쳐서, 그곳의 조각은 그리스의 영향을 보여준다. 에우리피

데스의 말처럼 "아시아는 유럽의 노예 노릇을 했다." 이렇게 계속
되던 상승을 실질적인 정복의 관점에서 풀이하자면 두 가지 요소
가 필요하니, 민주주의의 대두와 말馬의 개량이 그것이다. 지도력
이나 기마병이 없이는 어떤 결정적인 성공도 거두기가 어려웠다.
여기에서 주어진 과제는 그리스의 방진과 페르시아의 기마병을 합
쳐서 모든 무력의 균형 잡힌 힘을 확보하는 방법이었다. 이 과제를
달성할 여건을 갖추었던 곳은 마케도니아뿐이었다. 문화의 측면에
서는 보수적으로나마 그리스적이었고, 말을 먹일 목초지와 훈련을
할 평야가 충분했고, 한때 페르시아의 한 지방으로 통치를 받다가
그 이후로 왕국이 된 마케도니아가 그래서 유럽의 지휘권을 잡게
되었다.

　이 시대 이전의 동양과 서양의 역동적인 관계에 대해서는 역사
적으로 회의를 느낄 여지도 없지는 않겠지만, 마케도니아의 상승
이 어떤 운동의 시초를 마련했다고 입증할 자료는 상당히 완전하
다. 이 시기를 계기로 삼아서 발전의 거대한 동력이 전개하는 면
모, 즉 동양과 서양의 교차되는 상승, 그리고 부패와 팽창이라는
동력으로 움직이는 피스톤의 운동이 보다 분명하고 자세하게 나타
난다. 그리고 서양의 팽창에서 마케도니아가 앞장을 선 새로운 시
대는 이 책의 주제를 잘 보여준다. 이미 이루어진 그리스의 팽창에
대한 반작용으로, 그리고 그리스가 추진력을 잃고 결과적으로 부
패했기 때문에, 헬라스에 대한 페르시아의 압력이 뒤따른다. 헬라
스 사람들은 페르시아의 위협에 즉시 반발하기 위해 페르시아 전
통의 일부를 흡수해가면서 그들의 생활방식에서 독특한 면을 강조

하기 시작했다. 그들은 호메로스의 작품에 대해서도 특별한 경의를 표했다. 왜 그랬을까? 호메로스가 아시아에 대한 유럽의 상승이 끝나가는 말기에 대해서, 트로이가 아카이아인들에게 함락된 시기에 대해서, 동양과 서양의 교역로의 대부분을 그리스가 장악하던 시절에 대해서 노래를 했기 때문이었다. 헬레니즘 시대의 그리스인들은 나중에 유럽인들이 로마의 얘기에 대해서 보여준 태도를 호메로스에 대해서 나타냈다. 그러나 아시아의 생활방식에 대한 단순한 반발은 지도자들이 페르시아 전통의 어떤 요소들을 각별한 자세로 흡수하지 않았더라면 실패했을 것이다. 그보다 먼저 그들은 어떤 그리스적 관념들은 제거해야 했다. 우선 제거해야 할 개념들 가운데 하나가 민주주의 사상이었다. 아테네 사람들은 쇠퇴기에 그들 나름대로의 민주주의 체제를 발전시켰다. 민주주의 사상은 그리스 사람들로 하여금 자유라는 이념을 지키기 위해서 페르시아 사람들에 대항하도록 자극했다. 지극히 방어적인 목적을 위해서는 아테네의 정치적인 이론들이 어느 정도까지는 충분했다. 뒤를 따라올 유럽 상승기에는 민주주의를 제거해야 할 필요성이 분명해졌다. 장교들을 스스로 선출한 그리스 사람들은 쇠망하는 페르시아 제국에서 싸우면서 스스로 벗어날 수가 있었다. 그러나 싸우면서 다시 쳐들어가기 위해서는 그들은 상당히 다른 노선에 따라 재정비를 할 필요가 있었다. 페르시아의 기마술에 그들은 페르시아의 군주국 전통까지 가미해야 했다.

그러나 마케도니아 사람들은 그리스와 페르시아의 전통에서 효과적인 요소들을 모두 한데 융합하는 데서 그치지 않았다. 그들은 말을 탄 궁수가 아닌 참된 기마병이라는 새로운 요소를 첨가했다.

> ……필리포스 2세(B.C.359년~B.C.336년) 이전의 시대에는 마케도니아의 군사력이 테살리아처럼 나라의 주축을 이루는 사람들과 수많은 과녁수들로 구성되었고, 무장과 훈련이 뛰어난 기마부대의 형태를 취했던 것 같다. 그러나 에파미논다스(테베의 장군이며 정치가)가 수립한 테베의 체제를 본보기로 삼아서 필리포스가 그의 유명한 방진을 구성할 때까지는 마케도니아의 보병이란 양치기와 농사꾼 오합지졸에 지나지 않았다. 필리포스는 이들을 길이가 7미터에 이르는 창 사리사sarissa로 무장시키고, 세계에서 여태껏 볼 수 없었던 최고의 보병으로 훈련시켰을 뿐 아니라, 기마병에도 똑같은 관심을 썼다. 그래서 그가 그리스의 자치 국가들이나 일리리아나 트라키아에 대해서 우세함을 견지하는 데는 이 군대의 힘이 매우 컸다. 필리포스가 왕위에 오르자 그는 말이나 경마에 관한 모든 일에 깊은 관심을 보여주기로 약속했다. 그는 전차와 승마용 말을 올림피아의 경기에 내보냈다.[10]

발전이 이루어진 여러 과정은 상당히 분명하게 드러난다. 타펜[11]에서 파생한 아시아와 유럽의 자류마紫騮馬와 백마는 너무 작아서 사람이 탈 수가 없었다. 그들은 고대 세계의 문학작품 속에서 묘사되었듯이 전차를 끄는 데 쓰였다. 그들은 북아프리카의 훨씬 우수하고 빠른 말들을 가져왔지만, 다리나 이마가 흰빛인 리비아의 적갈색 말은 몸집이 작은 사람만이 가볍게 무장을 하고 탈 수가 있었다. 시간이 한참 걸린 다음에야 자류마와 적갈색 말을 교배시키면 때때로 무장한 사람을 태울 만큼 힘세고 빠른 말을 얻을 수 있음이 밝혀졌다. 승마 종목이 올림픽 경기에 포함된 시기는 기원전 648년 이었다. 얼마 후인 기원전 632년에 리비아 말을 조달하게 될 아프리카의 키레네가 그리스의 식민지로 편입되었다. 그러나 제대로 말을 키우는 데 알맞은 목초지는 트라키아와 마케도니아에만 있었다. 그들은 그곳에서, 그리고 물론 페르시아에서 진짜 기마병의 군마를 키웠다. 크세노폰 자신이 쿠르디스탄으로 진군할 때 말을 탔다고 보다 정확히 서술한 《아나바시스》(3권)에서 우리들은 그 후일담을 알 수 있다.

크세노폰은 그들을 계속 재촉하면서 말을 타고 행렬을 따라갔다. ……시키온 출신인 소테리다스가 말했다. "우리들은 처지가 다릅니다, 크세노폰. 당신은 말을 타고 가지만, 나는 방패를 들고 가느라고 기운이 빠졌어요." 이 말을 듣고 크세노폰은 말에서 뛰어내려, 소테리다스를 행렬에서 밀어내고 그에게서 방패를 빼앗은 다음에, 그 방패를 들고 있는 힘을 다해서 길을 걸었다. 그는 당시에 기마병 갑옷도 입고 있어서 걷기에 무척 무거웠다. ……그러나 다른 병사들은 소테리다스를 때리고 그에게 돌을 던지고 욕설을 퍼부었으며, 결국 그는 방패를 돌려받고 행군을 계속했다.[12]

이런 사건은 페르시아 편에서라면 있을 수 없는 일이었다. 그러나 페르시아 사람들은, 아직 활을 무기로 쓰면서도, 말을 탈 때는 이미 갑옷을 입었다. 전투에서 말에게 죽음을 당한 자는 없다고 크세노폰이 말했었다. 그 주장이 이제는 진실이 아닐 때가 다가오고 있었다.

알렉산드로스를 말하다

마케도니아의 알렉산드로스가 세계의 지도자들 가운데 아직까지도 필적할 경쟁자가 없을 듯싶은 이유는 충분히 있다. 그의 위대성은 우리가 측정할 수조차 없다. 그는 "우리들은 그의 거대한 업적의 그늘 밑에 초라한 천막을 치는" 인간들이라고 오든W. H. Auden이 말했음직한 사람이다. 그는 훌륭한 집안 출신이어서, 필리포스와 올림피아스의 아들이었고, 무시무시한 폴리클레아의 조카였으며, "군사적인 지식으로 유명하고" 실제로 야전사령관이었던 키나네와 형제간이었다. 꼭 그리스 사람이라고 하기는 어렵겠지만 그래도 올림픽 경기에 출전할 만큼은 그리스인으로서의 자격이 충분했던 그는 3년 동안 아리스토텔레스를 스승으로 삼았다. S. C. 이스튼은 이렇게 피력했다.

이성과 균형을 존중하는 알렉산드로스의 관심, 육체를 정신으로 다스린다는 그의 믿음, 그리고 사물을 파고드는 기질은 그의 스승이 그

에게 심어주었으리라.[1]

그랬을 가능성도 크다. 그리고 알렉산드로스는 아리스토텔레스의 가르침을 많이 받아들였다. 그러나 현실적인 문제들에 대해서는 젊은 사람인 알렉산드로스가 더 많이 알았고, 그는 순수한 상상력에서도 훨씬 자유로웠다. 알렉산드로스가 천재였던 까닭은 뛰어난 능력과 통찰력의 조화 때문이었다.

여기에서는 그의 생애나 군사적인 업적을 장황하게 분석할 만한 상황이 아니다. 그의 유명한 군마 부케팔로스를 타고, 그의 '동지들(중기병 황실 대대)'의 앞장에 서서, 3,000의 기마병과 1만 8,000의 보병을 지휘하며, 그는 밀레토스와 사르데이스의 점령으로 시작해서 티레 공략의 첫 단계가 끝날 때까지, 소아시아와 페니키아를 휩쓸었다. 그 당시부터 앞으로 마케도니아와 아시아의 연락망에 위협을 줄 함대를 위한 지중해의 기지가 페르시아 사람들에게는 없었다. 다음 해의 제2 단계는 이집트 점령이 포함되었는데, 그곳에서 그는 해방자로 환영을 받으며 시와에서 멤피스까지 진군했다. 그런 다음에 그는 알렉산드리아라는 새 도시를 세우고, 티레 땅을 치러 갈 계획을 세웠다. 그는 키레네에서만도 300필의 말을 구했고, 리비아에서 갈아 탈 말도 이 시기에 마련했다. 지난해에 그라니코스와 잇소스에서 패주했던 다리우스는 이제 페르시아를 방어할 대군을 다시 모았다. 알렉산드로스는 제국의 심장부를 침공해서(B.C.331년) 세 번째로 그리고 마지막으로 다리우스를 니네베 근처에서 패배시키고 그곳에서부터 바빌론, 수사, 페르세폴리스를

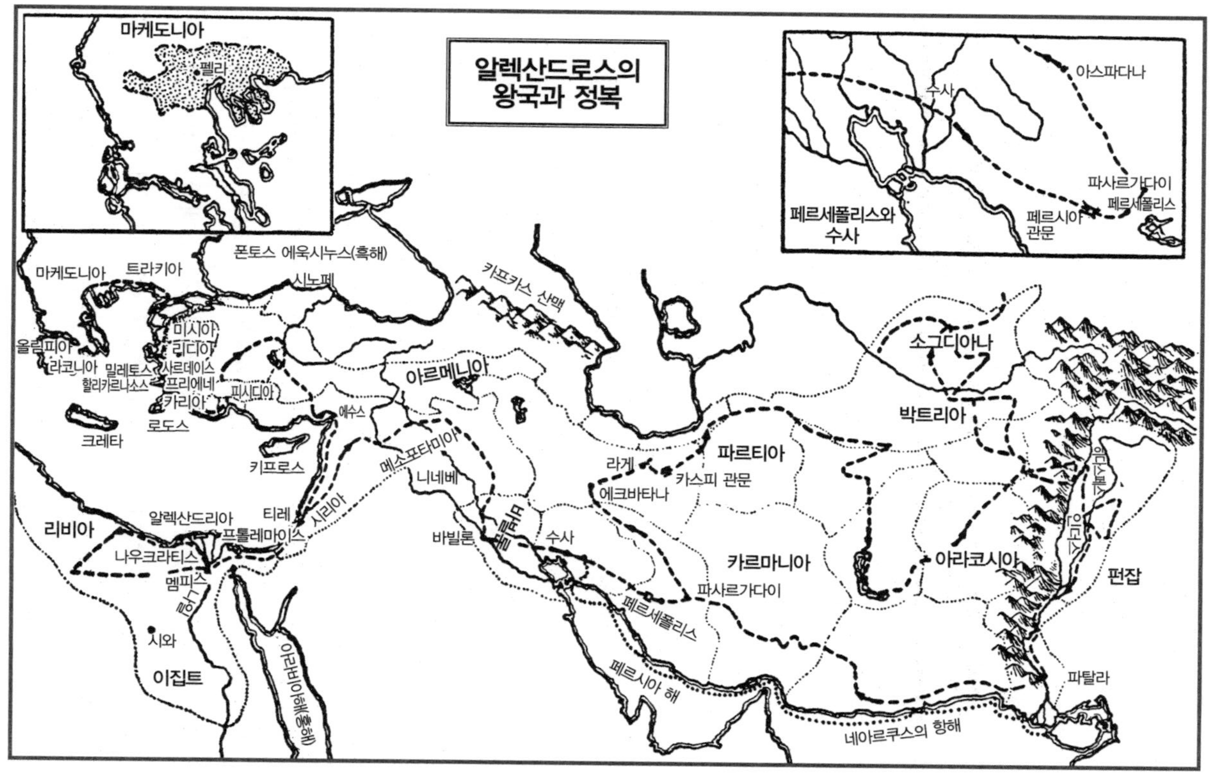

알렉산드로스의 왕국과 정복
마케도니아
펠라
페르세폴리스와 수사
수사
아스파다나
파사르가다이
페르세폴리스
페르시아 관문
마케도니아
트라키아
폰토스 에욱시누스(흑해)
신노페
카프카스 산맥
올림피아
라코니아
밀레토스
할리카르나소스
사르데이스
프리에네
카리아
로도스
크레타
미시아
리디아
피시디아
에수스
키프로스
시리아
티레
메소포타미아
니네베
아르메니아
소그디아나
박트리아
라게
에크바타나
파르티아
카스피 관문
리비아
나우크라티스
알렉산드리아
프톨레마이스
멤피스
시와
이집트
아라비아해(홍해)
바빌론
수사
페르세폴리스
티그리스
카르마니아
파사르가다이
아라코시아
페르시아 해
네아르쿠스의 항해
파탈라
펀잡

공략하러 나아갔다. 놀랄 만큼 빠른 속도로 제국 전체가 무너졌다. 자신의 부하들에게 다리우스가 죽음을 당하고 난 다음에 알렉산드로스는 '대왕大王'이라는 명칭을 얻었고, 나머지 지역들로 그의 지배력을 뻗으려고 서둘렀다.

마지막 단계는 인도 침공이었다. 페르세폴리스로부터 그는 북쪽으로 엑바타나로 행군했고, 거기서부터는 교역로를 따라 박트리아로 들어가 전진하면서 새 도시들을 세우고, 어느 도시는 그의 말 이름을 따서 지었으며 인더스 강을 따라서 파탈라로 내려갔다. 가는 길에 그는 히다스페스 전투를 싸워 이겨서(B.C.327년) 편잡 지역에서의 권위를 세웠다. 거리는 짧지만 훨씬 힘들었던 발루치스탄 사막을 횡단하는 행진 끝에 그의 군대는 수사로 돌아갔다. 그는 얼마 안 있다가 바빌론으로 가서 그곳에서 습지 열병으로 서른셋이라는 나이에(B.C.323년) 죽었다. 그의 놀라운 생애가 끝났다.

알렉산드로스는 그렇다면 무엇을 달성했는가? 그는 페르시아 제국이었던 곳 전역에 걸쳐 '헬레니즘적' 문화를 수립했다. '헬라스적'이라는 말과는 다른 의미인 '헬레니즘적'이란 어휘는 발전이 팽창으로 바뀐, 이 후기 문화의 기간을 일컫는 데 쓰인다. 마케도니아의 문화는 다른 곳에서 일어난 문명을 이어받은 아메리카 문명과 비교할 수 있다. 다른 말로 표현한다면, 그리스 사람들은 발견자가 아니라 스승이 되었다. 사실 헬레니즘 세계의 문화적 유산은 대단했지만, 예술적인 표현력의 정상은 이미 과거에 이르렀다. 긴급한 과제는 이 유산을 세상에 나누어주는 일이었는데, 아시아 세계는 그것을 받아들일 준비가 되어 있었다. 우리들이 살펴본 바와 같이 그리스의 사상은 알렉산드로스의 진군이 시작되기 전부터 교역로를 따라 뻗어나갔다. 프레야 스타크가 지적했듯이, 알렉산드로스가 소아시아에서 정복한 부족들은 이미 반쯤 헬라스화되어 있었다. 이 발견이 더 많은 가능성을 그에게 납득시켰다. 다시 프레야 스타크를 인용하자면 "그 이전이나 이후의 어느 제국보다도 훨씬 설득력이 있었으며, 종교를 제외한다면 아시아 세계에 대한 그의 헬라스화보다 완전하고 광범위했던 개혁은 없었다."[2] 학자들은 그가 이룩한 개혁의 깊이가 어느 정도였는지, 또는 어느 만큼이나 피상적이었는지 논쟁을 벌이기도 했다. 그러나 그것은 지금 우리가 따질 문제가 아니다. 이 책에서는 오히려 정확히 무엇을 알렉산드로스가 가지고 갔느냐가 문제이다. 왜냐하면 그것이 핵심이기 때문이다. '헬라스의 얼'이란 말을 하기는 쉽겠지만, 그 말은 막연하고 사실이 아닐지도 모른다.

'헬레니즘' 사상을 말로 설명해야 한다면 '인본주의'라는 말을 쓰지 않을 수가 없다. 그 까닭은 '인간'을 발견한 것이 그리스인들이었기 때문이다.

랄프 터너의 말을 빌면 다음과 같다.

미술에서는 인간의 몸매가 으뜸가는 아름다움의 형태였다. 종교에서는 인간의 영혼이 일차적인 관심의 대상이었다. 철학에서는 인간의 이성이 위대한 도구였다. 과학적인 사고에서 인간은 처음으로 자연의 한 부분으로 간주되었다.[3]

그들은 자연스러움과 균형을 이상으로 여겼으며, 괴이한 사물을
거부했고 인간적인 면모를 더 좋아했다. 시대가 조금 앞선 D. G.
호가트(19세기에 활약했던 고고학자)는 그들의 사고방식에 대해서 이
런 식으로 정의를 내렸다.

헬레니즘이란 정치사회적 신조 말고도 어떤 정신적인 자세를 일컬었
다. 이 시각의 특징적인 양상은 인본주의라고 불렸다. 이것은 인간적
인 요소로 제한이 되었으면서도 그렇게 제한된 범주 내에서는 자유
로운 지적인 관심을 지칭하는 특별한 의미로 쓰였다. 이런 의미에서
보면, 물론 그리스인들이 모두 똑같이 인본주의적이지는 않았다.
……그러나 알렉산드로스가 헬레니즘을 아시아로 가져갔을 때는, 문
명화한 헬라스 대중은 감각을 통해서 이성이 파악하기가 불가능한
사물이란 무엇이나 그들이 흥미를 가져야 할 대상이 아닐 뿐 아니라,
존재도 하지 않는다고 여기는 풍조가 아직 상당히 널리 퍼져 있던 시
기였다. 더 나아가서, 연구하는 자의 이성이 전력을 기울여 추구하거
나 논할 수 없을 정도로 신성한 대상이란 하나도 존재하지 않는다고
생각하는 한편, 이미 파악한 사실들의 논리가 아니고서는 어떤 고찰
도 결론을 유도해내지 못한다고 했다. 논박은 순리에 따라 끝없이 계
속되어야 했고, 거기에서 나온 결과들은 어떤 비지성적인 장벽으로
가려서 숨기지 않고 그대로 직면해야 했다. 인간적인 문제들에 대한
모든 분야에 걸친 완전한 사상의 자유와 완전한 토론의 자유, 그리고
얻어진 결과에 따라 공동생활체가 상처를 받지 않도록 행동을 취하
는 완전한 자유, 이것이 헬라스의 전형적인 이상이었다.[4]

그것은 소크라테스가 목숨을 바쳤고 플라톤이 널리 전파한 이상이었다. 그러나 그것은 가족이나 부족에서 분리된, 개인의 독립에 기본을 두었다. 그런 논쟁은 개인들 사이가 아니라면 불가능하며, 개체성이란 어느 규모를 넘어선 사회에서는 감소하게 된다. 그러나 인본주의가 헬레니즘적인 신조라고 수긍을 한다면, 그것의 실질적인 표현 형태는 당연히 무척 구체적인 성향을 취한다. 알렉산드로스가 아시아로 가져간 것은 장터와 아크로폴리스와 의회와 체육관과 운동장과 극장을 완전히 갖춘 그리스 형식의 도시였다. 이런 도시가 어떤 의미에서 개혁을 뜻했는지 우선 물을 수가 있다. 고대 동양에는 이미 도시들이 존재했었고 멤피스, 헬리오폴리스, 바빌론, 니네베, 그리고 수사 같은 도시에서는 그리스 문명이 파생했다. 이 도시들은 그리스인들이 능가할 수 없었던 기술의 업적을 남긴 요람이었다. 그곳들은 왕과 사절과 태수들의 행정부가 자리를 잡았던 소재지였으며, 견고하게 축성이 되었고, 경제적으로 번영을 누리고 뛰어난 건축술을 자랑했었다. 그들에게 결핍되었던 것은, 그들이 종속된 정부의 성격에서 분명히 드러나듯이, 그들 나름대로의 삶이었다. 헬레니즘 시대 그리스 도시의 특성은 독립된 국가의 본디 구조가 보다 규모가 큰 정치 조직의 뼈대 속에서도 그대로 보존이 되었다는 점이다. 비록 통치자들이 시 의회의 구성원에 지나지 않았더라도 통치 방법은 거의 비슷했다. 그것은 칸베라, 오타와, 또는 워싱턴이 지닌 보다 인위적인 요소들과 대조를 이루는 버밍햄이나 샌프란시스코에서처럼 활력을 발휘했다. 왕이 있거나 없거나 간에, 그것은 스스로 존재했다.

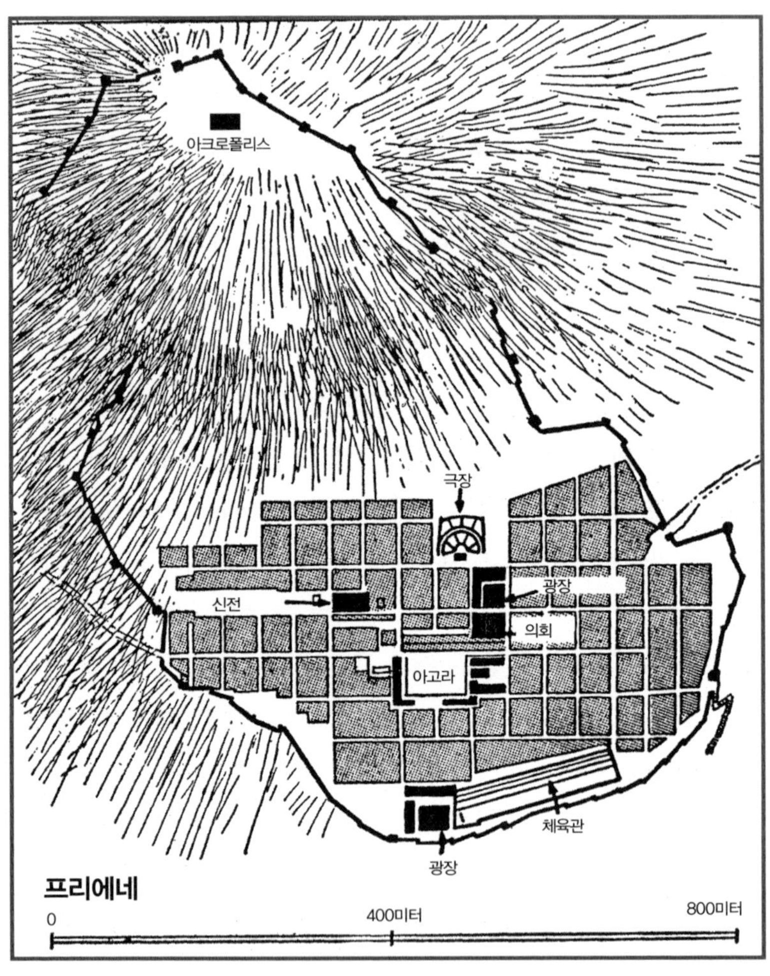

아크로폴리스
극장
광장
신전
의회
아고라
체육관
광장
프리에네
0
400미터
800미터

유럽 생활방식의 본보기로 아시아에 심어놓은 헬라스 형 도시들의 이러한 삶은 그들이 이름을 지은 갖가지 공공장소에 집중되었다. 우선 아시아의 '바자' 대신에 '아고라'라고 불리던 장터를 보자. (bazaar는 페르시아 말이고 agora는 그리스 말임 — 옮긴이) 아시아의 그리스 도시들은 처음부터 장기판처럼 계획이 되어 있었다. 그것은 기원전 479년 페르시아가 패배한 뒤에, 페르시아 사람들이 완전히 파괴했다가 다시 계획하고 재건한 밀레토스에서 처음 모형이 소개된 것이 분명하다. 밀레토스를 설계한 히포다모스는 아테네로 가서 피레우스를 계획했고 로도스, 할리카르나소스, 프리에네, 그리고 다른 곳에서 그 본을 따랐다. 이런 식의 도시 계획은 중국에는 알려지지 않았다. 예를 들면 난징南京에는 북남을 주축으로 하는 격자형 계획이 있었지만, 다른 도시들은 당唐 시대의 편차를 나타내어 11도나 13도의 오차를 보여준다. 그러나 헬레니즘적 도시들은 특별한 공공성을 드러냈다. 그래서 그들은 어느 특정한 곳에 장터를 지정했다. 그곳은 가게들이 꽉꽉 들어찬 골목이 아니라 도시의 사회, 경제, 그리고 정치 생활의 중심지였다. 키루스가 (72쪽 2행에서) 말했듯이 그것은 그리스 사람들이 모여서 욕을 해가며 서로 거짓말을 하던 곳이었다. 날마다 이곳을 찾아가는 것은 새로운 소식을 알아내는 다른 방법이 없었으므로 모든 필수적인 목적들을 위해서 흔히 결정적인 역할을 했다. 어떤 그리스 사람들은 장터의 나태함과 저속성과 헐뜯기에 대해서 비난을 했고, 보다 중요한 일들을 위해서 다른 장소를 마련하자고 촉구했다. 어떤 때에는 그 견해가 받아들여져서 정치나 법적인 목적으로 반원형의 상가인 '스토아stoa'

를 따로 마련하기도 했다. 그러나 장터 가게들이나 따로 마련된 지역은 다 같이 언제나 사람들이 만나는 장소였고, 웅변가에게 기회를 주는 곳이었고, 소식이 돌아가거나 의견이 수립되는 중심지였다. 그리스 사람들 사이에서는 여론이 중요했다.

'아고라'는 그리스 민주주의의 기본이었으나 알렉산드로스 시대에는 이미 없어졌다. 그러나 전국적인 규모에서는 비현실적임이 밝혀졌어도, 그것은 지방 행정부의 한 면모로 남았다. 그리스의 도시는 광활한 영토는 지배할 수가 없었지만, 적어도 스스로 다스릴 능력은 갖추었다. 따라서 그것은 시민들이 자랑스럽게 여기고, 다른 지역 사람들은 두려움을 느끼게 만들려는 어떤 위압적인 면모를 가장 두드러진 핵심으로 삼았다. 이왕이면 눈에 잘 띄는 곳에 신전들을 모아놓은 아크로폴리스가 바로 그 핵심이었다. 나중에 종교가 그들의 삶에서 작은 부분만 차지하게 되자 아크로폴리스는 대부분 없애기는 했지만, 신전들만은 균형과 질서와 아름다움에 대한 그리스적 개념의 기념비로 남았다. 그들이 그토록 정성을 모두 기울인 예는 다른 사례에서는 찾아볼 수가 없다. 그러나 신전들은 매우 인간적인 균형을 지녔으며 신성한 존재들을 인간적인 차원으로 한껏 끌어내렸다. 조상彫像들은 실물보다 큰 경우가 있었지만 거대할 정도의 경우가 드물었으며, 그것들은 차분한 면이나 멋진 몸매에서만 신적이라고 여겨지는 남자나 여자들을 재현시켰다. 신들에 대해서 그들이 표현하고 싶었던, 또는 결국 제신들이 겨우 그만큼밖에는 받을 수 없었던 존경심을 나타내며 적절한 예식을 치르고 난 다음에, 시의 원로들은 토론을 위해서 특별히 설계한 계단식 반원형 시 의회로 회장을 옮겨, 중요한 사무를 그곳에서 의논했다.

민주주의가 그리스 생활 방식에 필수적이 아니었더라도 (사실 그런 적이 없었지만), 토론만은 분명히 그랬다. 우리들은 트로이의 공격을 앞두고, 그리고 또 《아나바시스》에서, 토론을 벌이는 그리스 사람들의 모습을 보았다. 그들의 정부 형태가 어떠했던 간에 그들은 항상 논쟁을 거칠 시간을 가졌다. 이 사실의 근거는 서로 비슷한 평등성의 전통에서 부분적으로 찾아볼 수가 있다. 그들은 명성과 신분이 다를지는 몰라도, 한쪽이 널브러져 엎드리고 다른 쪽이 대대로 물려받은 우월성을 지닐 지경은 아니었으며, 그들이 인정하던 우월성의 근거는 운동이거나 토론이거나 아름다움이거나 전쟁이거나를 가리지 않고 확실하게 증명해 보여야만 했다. 따라서 웅변은 그들이 인정하는 자질 가운데 하나였다. 그들이 비록 페니키아의 문자에 힘입어 깨우침의 수단을 얻기는 했어도, 고전시대의 시와 철학이 아직도 대부분 구전의 형태로 전해오던 터여서, 저술 활동이 어느 정도까지는 웅변의 형태를 취했다. 그러나 그들의 '저술'이 말로 이루어졌으므로, 웅변을 행하는 공공장소가 없는 사람들에게는 실현이 불가능했다. 크세노폰은 소크라테스에게 별로 실력이 없는 입후보자들로 하여금 이런 말로 지지를 호소하도록 제안하라고 권했다.

아테네 사람들이여, 나는 지금까지 어느 누구에게서 아무것도 배우지를 못했고, 어떤 사람이 언변이나 행실에 대해서 지닌 능력을 말로 전해 들어도 그를 만나러 간 일이 없으며, 또한 나는 아는 것이 많은 사람들 가운데서 스승을 찾으려고 애를 쓰지도 않았다. 그와는 반대로 나는 계속해서 어떤 사람에게서 어떤 것을, 심지어는 그 차림까지도 배우기를 꺼려 왔다. 그래도 나는 내 머리에 떠오르는 바를 당신들이 고려해 보도록 하기 위해서 생각나는 그대로 피력하겠다.

여기에서는 좋은 책을 읽지 못했다는 결함이 아니라, 사회적인 여러 기회를 이용하지 못한 정치가의 실책을 전적으로 강조한다. 저술은 그보다 좀 늦게 이루어진 발견이었다.

다음에 살펴볼 그리스의 공공장소는 체육관이다. 그곳은 나체의 장소였고 경쟁자들이 옷을 다 벗어버리는 운동장이었다. 그리스 사람들이 옷을 걸치지 않는 경우가 이때뿐은 아니었다. 잔치에서도 그들은 거의 옷을 입지 않았고, 피리 부는 소년이나 춤을 추는 여자나 곡예사처럼 흥을 돋우는 사람들은 완전히 벌거벗었다. 이러한 이오니아 풍습을 흉내 낸 에트루리아에서 운동을 할 때는 여자들이 알몸으로 등장했고, 술좌석은 난잡한 성행위로 끝났다. 이 점에 대해서 찰스 셀트만이 의견을 피력했다.

이런 모든 현상에 대해서 도덕주의자가 두려움을 느끼게 되는 까닭은 에트루리아 사람들이 그렇다고 해서 조금이라도 더 나빠지지 않았음이 확실하다는 사실이었다. 그들은 아직도 무서운 상대였고, 로마인이나 라틴 민족이나 남부 이탈리아계 그리스 사람들은 다 같이 오랫동안 그들을 두려워했다.……네로의 잔치조차도 에트루리아의

향연에 비하면 점잖은 편이었다······.[5]

체육관이 나중에 단순한 운동 장소 이상의 무엇으로 발전하기는
했지만, 본디 이름을 강조할 필요가 있다. 나체에 대한 그리스의
관점은 아시아의 관습과는 무척 달랐다. 이집트나 페르시아의 조
각에서는 노예들이 옷을 걸치지 않은 모습을 보여주기도 하고, 포
로들이 심지어는 포로가 된 왕들이 당하는 모욕을 강조하기 위해
서 그들을 벗은 모습으로 묘사하기도 했었다. 그러나 통치자들은
적어도 그들의 계급을 나타내는 표식만큼은 몸에 걸쳤다. 페르시
아 사람들은 옷차림이 까다로웠고, 헤로도토스는 기게스(리디아의
왕) 얘기를 하다 말고 이런 설명을 곁들였다. "대부분의 야만적인
종족들이 그랬듯이 리디아인들은 사람이 알몸을 드러내면 무척 불
결하다고 여겼기 때문이었다."[6] 유대인들 같은 경우는 이것을 처음
부터 도덕적인 문제로 따졌다. 그러나 그리스 사람들은 생각이 달
랐고, 훗날 도덕주의자들이 꽤나 중요한 의미를 부여했던 무화과
잎사귀조차도 걸치지 않은 알렉산드로스의 모습을 보여주는 조각
은 그래서 무엇보다도 중요한 의미를 갖는다. 만일 그가 분명히 그
랬겠지만 알렉산드로스가 그리스의 신처럼 보였고 또 그렇게 행동
했다면, 그를 존경하는 자들은 진실을 숨겨야 할 까닭을 알지 못했
다. 그들은 체육관에서 보았던 그의 훌륭한 용모를 기록으로 남기
고 싶어 했다.

체육관으로 구경을 온 사람들은 운동 이외의 얘기도 나누었으
며, 그들의 얘기는 점차로 정식 강연회나 토론회로 바뀌어갔다. 아

테네에서는 아카데미Academe, 리쎄움Lyceum, 퀴노사르게스Cynosarges 세 곳의 체육관들이 일종의 대학 자격을 획득했고, 그런 곳의 숫자는 결국 여덟 개로 늘어났다. 다른 곳에서는 체육관이 학교와 지역 회관의 기능을 합친 역할을 맡았다. 그런 곳들은 유럽에서도 중요한 기능을 지녔지만 아시아에서는 더욱 큰 의미를 가지게 되었다. 타향으로 이주한 그리스인들이 낯선 땅에서 한데 뭉치게 된 것은 체육관 때문이었다. 체육관은 여러 부수적인 단체와 기관들의 중심이 되어서 젊은이들을 헬라스 방식으로 교육하고, 어른들이 '토착화'하는 것을 방지하는 일도 같이 했다. 비록 국가의 후원을 받기는 했어도 체육관은 개인이나 도시가 운영하는 형태였으며, 체육 감독관이나 의상 책임자 같은 선출된 관리들이 회원들의 지성, 체육, 사회생활의 수련을 관장했다.

체육관의 보조적인 역할을 담당했던 경기장stadium은 지금이나 그때나 성격이 비슷했다. 육상 경기장stade은 길이가 200미터 가량 되었으며 그 거리를 달리는 경주가 가장 역사가 오래되었고 그들이 가장 열을 올리던 행사였다. 모든 경기장은 헬라스 전체의 경기가 열리던 올림피아를 모방하여 만들었다. 수천 명의 관객을 수용해야 했고 오늘날까지도 거행되는 대부분의 경기들을 모두 개최할 공간이 필요했으므로, 기본적인 평탄한 육상 경기장은 전체적인 구성에서 가장 적은 부분이었다. 헬레니즘 시대 후기에는 직업 선수들이 등장했으며, 특히 레슬링이나 권투 선수들이 인기가 많았다. 이런 풍조에 뒤따랐을 부작용에도 불구하고 많은 사람들에게는 경기장이 건전한 공공장소로 여겨졌을지도 모른다. 그러나 이것은 알렉산드로스의 시절에 특히 유대인들이 체육 행사를 싫어했던 아시아에서 문제를 일으켰다. S. 데이비스는 이렇게 지적한다.

경기장은 마카베아(시리아의 학정으로부터 유대를 구한 반란군) 시대 이후로 혐오의 상징들 가운데 주된 하나가 되었으며, 유대인들은 그런 시설의 건설을 돕지 못하도록 금지했다. 경기의 참여는 유대의 율법박사들의 눈에는 단순한 우상숭배로 여겨졌으며, 유대인에게는 체육장 palaestra이 신들을 숭배하거나 인정한다는 의미였고, 그래서 남자들이 나체를 드러내는 그리스 도장에서 열리는 훈련 따위의 행사에 참가하기를 꺼렸다.[7]

마지막으로 그리스의 도시계획에는 극장이 포함되었다. 이것은 흔히 언덕을 파서 만들어 산과 바다를 조망하는 곳에 마련한 계단식 노천강당이었다. 노천강당은 관객과 합창대와 연극의 공연을 위한 관람석 theatron과 오케스트라와 무대 proskenion로 구성되었다. 사르디니아의 어느 극장은 효과적인 확성기 시설까지 갖추었다. 연극은 비극에서 희극과 풍자극에 이르기까지 다채로웠다. 위대한 극작가들이 남긴 몇몇 작품은 지금도 공연이 이루어진다. 훨씬 더 많은 작품들이 사라졌다는 것은 확실하다. 그리스의 사회가 영감을 얻고, 여흥과 시를 즐기게 된 데는 극장의 힘이 매우 컸다. 연극에 대한 토론이 많이 벌어져서, 작품에 담긴 의미와 가치를 놓고 논쟁이 심했다. 아무리 많은 사람이 모여서 사는 곳이라고 해도 극장이 없다면 도시로 간주하기가 힘들었다. 그리스 극장에서 특별히 중요하게 생각해야 할 점은 무대장치 설비의 정교함과 영구성이었다. 아시아의 일부에서는 잔치가 끝나고 난 다음에 즉석에서 벌이는 곡예나 요술이나 그림자 연극皮影劇 따위의 연극적 여흥이 있었(거나)다고 믿어진다. 중국에는 극장과 가극이 존재했었지만, 남녀 배우들은 사회적으로 신분이 가장 낮게 여겨졌다. 일본에서는 연극을 보다 중요하게 생각했다. 그러나 극장이 사회생활의 필수적인 일부였거나, 나아가서 그것을 도시계획의 일부에 포함시킨 사람들은 그리스인들 이전에는 없었다. 그들은 그것이 그들의 생활에서 결정적인 역할을 한다고 모두들 믿었다.

아고라와 스토아, 아크로폴리스와 의회, 체육관, 경기장, 그리고 극장, 이 모든 기관을 합치면 그것은 전 세계에 가져다준 헬레니즘의 선물이라고 할 수 있다. 그것들은 모두 하나같이 개인을 가족이나 부족에게서 분리시키고, 특정한 활동을 중심으로 엮어지는 능동적인 사회생활에 참여하게끔 도모하는 공통된 경향을 지닌다. 가족의 테두리나 규방에서 벗어난 개인은 하루의 대부분을 그들과 생각하는 바가 비슷한 개인들, 그러니까 정치나 씨름이나 달리기나 철학이나 음악이나 연극이나 또는 미술에 관심이 많은 사람들과 함께 지냈다. 그러나 무엇보다도 그리스 사람들에게는 균형에 대한 감각이 먼저였다. 가정에서 벗어난다고 해서 그들이 수도원으로 들어간다는 뜻은 아니었다. 사업을 한다고 해서 무기를 다루는 솜씨가 뒤떨어지라는 법은 없었다. 운동에 관심이 많다고 해서 연극을 감상하지 않는다는 뜻은 아니었다. 그리고 한 개인이 더욱 두드러지게 존재를 드러내는 방법은 관심거리의 분야를 최대한 다양화하며 다른 사람들과 유지하는 교류였다. 아시아의 무수한 사람들은 생활이 지극히 단순해서 이러이러한 마을에서 태어나 비슷비슷한 땅에서 농사를 짓고 아이가 무척이나 많은 어느 집안의 여자와 결혼해서는 이런저런 병으로 죽었다. 그러나 비교적 미천한 그리스의 장인匠人도 그것보다는 남길 얘기가 많았다. 코린토스 출신의 어느 집안 태생인 그는 구두장이 기술을 배웠고, 원반던지기에서 3등 상을 탔으며, 이러이러한 작전에 참여하고 이러이러한 전투에서 싸웠는가 하면, 알렉산드리아가 처음 세워졌을 때 그곳으로 이사를 가서 시장 감독관이라는 공직을 맡았다가, 어느 사업에서 활동적으로 일했으며, 조각가의 모델이었던 여자와 결혼했고, 음악에는 취미가 있었지만 비극은 혐오했다. 그리고 이와 똑같은 특정한 경력을 지닌 사람은 이 세상 어디에도 없었다. 우리들이 하류층이라고 부를 만한 사람들은 노예였으므로 이런 개인성은 상류와 중류층에 국한된 것이 사실이겠지만, 고대 동양에는 그런 중간계급이 존재하지 않았다. 사실 그것은 그리스에서 처음 생겨났다.

이런 온갖 기능을 아시아에 소개하고 동양을 헬라스화하려는 계획은 가장 상상력이 풍부한 사람으로서도 감당하기 힘들 만큼 야심만만한 일이었다. 그러나 그것은 알렉산드로스의 장수들이 터득할 능력을 갖춘 그런 개념이었다. 그리고 그들은 그들 스스로 자신을 헬라스화함으로써 빨리 그 개념을 터득했다. 아테네 사람들은 헬라스 사람이 아니면 누구나 다 열등한 야만인이라고 간주했다. 그리스 사람과 야만인 사이의 차이는 인간과 짐승의 차이와 다를 바가 없다고 이소크라테스는 말했다. 마케도니아 사람들은 그보다는 훨씬 너그러워서, 아시아인들이 그리스 세계에 동화될 수 있다고 확신했다. 유럽과 아시아의 생활양식을 융합시킨다는 또 다른 가능성을 예측했던 사람은 알렉산드로스, 오직 알렉산드로스뿐이었다. 그의 통찰력과 그의 장군들이 보여준 상식의 대조는 프레야 스타크가 훌륭히 서술한다.

……알렉산드로스는 나이 스물두 살에 아시아로 왔으며, 세계를 헬라스화하려는 계획은 그의 배경과 그의 젊음과 그의 선생들과 그리고 (무엇보다도) 그의 아버지에게서 얻은 산물이었다. 그는 계획을 변형시켰지만, 핵심은 전부터 형성이 되었던 그대로여서, 그는 자신이 살았던 시대의 추진력을 포착하고 발전시켰다. 플라톤의 법전에서 연유했고, 기원전 335년에 아테네에서 제도화한 청년의 훈련과정은 그리스 세계와 야만의 땅으로 퍼져나갔고, 문학이나 운동 분야에서 알렉산드로스가 아시아에서 실시했던 경기나 시합은 그를 존경하는 뜻에서 몇 세대에 걸쳐 축제로 발전되어 나갔으며, 도시의 극장들은 곧 석조 건물로 세워지기 시작했다. 로마 사람들이 왔을 때, 혈통이 순수한 그리스인은 아니었어도 감정만은 그러했던 사람들의 조직이 지중해에서 인도까지 광범위하게 형성되어 있었고, 로마 세계로까지 이어가며 계속된 헬라스화의 자취는 지금까지도 남아 있다. 독자는 피로스가 꿈을 꾸었더니 알렉산드로스가 그를 찾아와서 도와주겠다고 한 얘기를 기억하고 있을지도 모른다. 그러나 알렉산드로스는 병이 나서 앓는 몸이었고, 피로스는 그에게 무슨 힘으로 그럴 수 있겠느냐고 물었다. 그는 "내 이름으로 그렇게 할 수가 있다"고 했으며,

그의 이름은 지금까지도 힘을 발휘한다.

이 정도만 하더라도 인간으로서 성취한 정복의 기록으로서는 전무 후무하겠다. 그의 계획에서 첫 부분은 당대의 추세에 따라 이루어졌지만, 나중 부분은 그의 스승들이나 동시대인들이 함께 나누지를 못했다. 그것은 오직 그의 것이었고, 그리고 그것은 그를 외롭게 만들었다. 세월이 2,000년이 더 지났어도 세계를 통일한다는 알렉산드로스의 꿈은 아직도 꿈으로 남아 있다.[8]

그것은 어떠한 꿈이었나? 그 본질은 어느 기도 속에서 나타난다.

……알렉산드로스는 "모든 종류의 은총을 위해, 특히 마케도니아와 페르시아 사람들 사이의 조화와 우의를 위해 기도"했으며, "거대한 사랑의 그릇 속에서 사람들의 삶과 그들의 성품과 그들의 결혼과 그들의 습관을 한데 묶고 섞어서, 모든 곳의 모든 사람을 하나로 만들었다. …… 그는 그들 모두에게 사람이 사는 모든 땅이 그들의 조국이고, 그의 주둔지가 그들의 거점이고 보호의 터전이며, 모든 훌륭한 사람은 다 한집안이고 나쁜 자들만을 외국 사람으로 간주하라고 말했다."[9]

알렉산드로스의 상상력이 현대의 독자에게는 놀랍기만 하다. 그는 아시아에 유럽의 교훈을 전했으며, 다른 사람들은 아무도 그러지 못했지만, 아시아가 유럽에 전할 교훈도 있음을 깨달았다. 다리우스의 왕좌에 올라앉은 그는 그리스를 되돌아보고는 키루스가 깨달았던 바를 인식했다. 그가 감탄해야 할 대상이 페르시아에 많았고, 그리스 세계에도 비난을 받아야 할 대상이 많음을 그는 알았다.

알렉산드로스가 느꼈던 공감의 깊이는 다리우스의 죽음에 대한 그의 슬픔과 왕의 어머니에 대한 그의 친절함과 제대로 돌보지 못한 키루스의 무덤에 대하여 그가 느꼈던 비애를 통해서 잘 나타난다. 이집트에서는 파라오가 되어야 하고 수사에서는 대왕이 되어야 한다는 인식에서 출발하여, 그는 동양의 군주제에도, 특히 동양의 민족을 다스리려면, 나름대로 장점이 많다고 깨달았다. 그는 곧 그의 제국 안에서의 상반되는 전통들을 융화시키는 길은 결혼뿐이라고 결론지었다. 그는 현지의 공주이며 다리우스의 친딸인 로샤낙과 결혼을 함으로써 스스로 본보기를 보여주었다. 그는 그의 장수들 90명을 설득해서 페르시아 여인과 결혼시켰으며, 그들의 본을 따른 1만 명의 병사들에게 선물을 주었고, 마케도니아의 군대에 3만 명의 페르시아인을 입대시켰다. 그는 그토록 빨리 그리스의 정복이라는 개념을 문화의 융합에 기반을 둔 세계 제국에 대한 개념으로 바꾸었다. 그리고 또한 그는 그토록 빨리 죽어서 불멸의 전설을 남겼다.

알렉산드로스 시대 이후로 극동을 제외한 아시아는 순수한 아시아가 아니었다. 그의 전설은 그보다 앞서서 나아갔고, 그가 들어 보지도 못하던 곳의 사람들 사이에서도 퍼졌다. 말레이시아 사람들은 그들이 하는 행동의 숨은 뜻을 알지도 못하면서 그들의 아이들이나 심지어는 고양이들에게도 이스칸다르(알렉산드로스의 페르시아 식 발음)라는 이름을 붙인다. 모든 사람이 '위대한 왕'이라고 칭하는 인물에 대한 얘기는 지금까지도 전 세계에서 사람들의 입에 오른다. 참으로 위대했고 용기와 통찰력에서 누구도 따라오지 못할 그는 또한 다시 한 번 프레야 스타크를 인용하자면 문명의 첨병이기도 했다.

……다시는 아무도 흉내를 내지 못할 정도로 극악한 잔혹함과 과오에도 불구하고, 그것이 우리들에게 남긴 가장 하찮은 건물들의 터라든가, 성벽이 무너져 흩어진 돌이라든가, 대리석의 파편들까지도, 우리들이 망각할 위기에 처한 불멸성의 강력한 맥락과 우리들의 유일한 희망과 우리가 태어난 나라를 그 안에 담고 있다.[10]

로마와 카르타고

—

알렉산드로스가 인도에서 돌아온 다음 잠깐 동안의 황홀한 순간에 세계는 하나처럼 여겨졌다. 알려진 다섯 문명 가운데 넷이 얼마쯤은 단 하나의 군주 아래 통합되었다. 히다스페스 전투에서 결국 마케도니아의 기동력은 쇠진했고, 그의 군대는 더 이상 앞으로 나아갈 여력이 없어졌으므로, 통합 상태가 지속된다는 것은 고사하고 실제로 이루어졌느냐 하는 여부도 의심이 갈 지경이었다. 우리들이 앞으로 살펴보겠지만 이런 순간은 모든 팽창의 운동에서 마지막에 다다르게 된다. 역사가들은 군대가 지쳤다는 표현을 씀으로써 기진맥진한 병사들의 모습을 독자들로 하여금 연상하게 유도할 우려가 있다. 그러나 진지에서 일주일을 지내도 풀리지 않는 그런 피로는 없다. 여기에서의 쇠진이란 완전히 뜻이 다르다. 그것은 최고 수준의 병력 중에서 막대한 사상자가 났음을 의미한다. 그것은 보다 재수가 좋은 생존자들이 명예와 승진과 여자 포로들, 노획물을 얻고는 그것을 누리고 싶어 한다는 것을 뜻한다. 그것은 장군들이 나이가 들고 부대의 지휘관들이 중년에 이르렀음을 뜻한다. 그것은 경제체제가 과중한 세금으로 숨통이 막힘을 뜻한다. 그리고 마지막으로 이것은 결국 전체 조직이 가르치는 데 바빠서, 배우기를 그만두었음을 뜻한다.

알렉산드로스의 경우에는 경제적 요인은 적용되지 않는다. 그가 아시아로 진입했을 때는 30일 동안의 보급품만 가지고 갔으며, 현금보다는 빚이 많았고 그의 후기 작전을 위한 자금은 수사, 페르세폴리스, 파사가다이, 그리고 엑바타나의 노획물로 조달했다. 그러나 다른 모든 요인들은 상관이 있었으며, 수사의 결혼 축하연은 앞으로의 다른 정복들과는 연결이 되지 않았다. 장군들이 틀림없이 서로 합의한 사항이겠지만, 다음 단계는 정리를 위한 시기였다. 그때 알렉산드로스가 죽었고 그의 제국은 곧 와해되었다. 이집트는 프톨레마이오스 소테르가 장악한 군주국이 되었고, 페르시아는 셀레우코스의 손에, 그리고 마케도니아는 안티고노스 고나타스에게 떨어졌다. 통일의 꿈은 끝났다. 그렇지만 문화적 추진력은 아직 쇠진하지 않았다. 헬레니즘화의 운동은 이집트와 아시아에서 계속되었으며 그 이후에 사람들이 답습되게 된 형태를 갖춘 식민주의의 첫 면모가 드러났다. 페르시아 제국에서 이집트어나 아람어를 사용하는 지역들에서는 그리스 말을 쓰는 군사적 및 행정적 조직이 우선했다. 이 정부 조직은 어느 정도 강요에 의해서 이루어졌지만, 내적인 요청에서도 힘을 얻었다. 헬레니즘의 영향력은 도시에서 물론 가장 강했지만, 통상이 이루어진 곳이라면 어디에서나 상당히 널리 퍼져서 결국 신약성서의 사건들이 발생할 만한 고전적인 배경이 이루어졌다. 페르시아의 황금 보고寶庫를 사용한 알렉산드로스의 행동이 유발한 경제적인 영향에 대해서 언급하며, 투텡은 그리스 사람들이 남긴 전반적인 충격을 계속해서 서술한다.

그렇지만 공적인 자원의 현명한 사용만으로는, 이제 헬라스와 지중해 세계로 들어온 동양 국가들의 가치를 충분히 뽑아내어 활용했다고 하기에는 부족했다. 그러기 위해서는 또 다른 잠세력潛勢力이 필요했다. 그것은 인간적 잠세력, 그러니까 훌륭하고 현명하고 자발적인 원동력의 산물인 창의성과 요령이었다. 독창적인 정신과 방법을 찾는 감각은 그리스 사람들에 의해서 동양에 전래되었다. 오랜 기간 동안 여행자들과 역사가들과 철학자들이 그런 면에서 드러나는 그리스인들과 동양인들 사이의 차이점을 관찰하고 지적했었다. 두 번째 페르시아 전쟁이 시작될 무렵에 크세르크세스와 데마라토스(스파르타의 왕)가 주고받았다고 하는 대화를 서술하면서, 헤로도토스는 대왕의 신하들이 보여준 타성적이고 비겁한 굴종적인 태도를 그리스 사람들의 자유에 대한 정열적인 사랑, 그리고 그들의 신체적, 지적, 도덕적 힘의 자유로운 발휘와 대비시킨다. 헤로도토스보다 반세기 뒤에 히포크라테스는 동양 사람들의 무기력한 유순함을 풍토의 탓으로 돌리고, 그리스 사람들은 그들 나라의 본질 바로 그것 때문에 열심히 일하고, 변화가 보다 많은 삶을 영위할 운명이라고 선언했다. 아리스토텔레스는 야만족들은 천성이 노예가 될 운명이라고 주장했다.

그리스인과 동양인의 차이점은 페르시아 사람들이 6세기에 걸쳐 동양에 폭정을 자행한 방법에서 두드러진다. 두 세기 동안 동양을 억눌렀던 페르시아의 통치에서 드러난 커다란 특징은 제국의 통일이 순전히 기계적이었다는 점이다. 그들은 순종만을 요구했다.……페르시아의 군사적 족장정치 군주제만큼이나 무능했던 권력은 일찍이 없었다.……동양에 정착한 수많은 그리스 사람들은 원주민들에게서 삭막한 무감각을 벗겨내고, 페르시아다운 행정의 폭군적이고 이기적인 무관심 대신에, 일에 대한 그들의 정열과, 발전을 향한 그들의 욕망과, 모험에 대한 그들의 갈증과, 그들의 개혁정신을 주입시켰다…….[1]

이 내용은 동양과 서양의 차이가 당시 그리스 저술가들의 눈에 어떻게 비쳤으며, 그 후부터 그들의 글을 읽었을 독자가 어떻게 이해했을지를 상당히 잘 보여준다. 이런 관점이 정확하다고 한다면 그것은 승리자와 정복된 자의 차이를 풍토나 종족에 별 관계가 없이 나타낸 시각이라고 하겠다. 헬레니즘 세계의 그리스인이 느꼈던 우월성은 그들이 지배했던 아시아 백성들이 대부분 기꺼이 인정했다. 그러나 테르모필레 이전의 페르시아 사람들이 느꼈던 우월성에 대해서도 대부분의 그리스 사람들은 기꺼이 인정할 각오가 되어 있었다. 동양과 서양의 차이는 보편적으로 인정이 되었지만, 그러나 우리들은 정복자들이 보여준 너그러움을 성장과정에서 얻은 어떤 천성적인 자질이라고 혼동해서는 안 되고, 정복을 당한 자들의 굴종과 속임수도 천성적인 노예근성과 혼동하면 안 된다. 페르시아 사람들에게 통치력이 없었다는 이론은 근거가 없음이 분명하다. 더 이상 깊이 따질 필요도 없겠지만 페르시아의 통신체제가 없었다면 알렉산드로스의 세계 정복은 기술적으로 가능하지도 않았겠고, 만일 현대 역사가들이 키루스나 다리우스에게서 찬양할 바를 찾지 못하더라도, 이 점에 있어서는 그들도 알렉산드로스를 달리 판단했을 것이다. 페르세폴리스의 폐허가 그것을 분명히 보여주는 증거다. 그리고 마케도니아 사람들은 사실상 페르시아의 통치를 받으며 살았던 시기에 페르시아의 기마술을 배웠다. 자유에 대한 그리스 사람들의 깊은 사랑으로 말하자면, 그것은 노예제도에 크게 의존했다. 육체적·지적·도덕적 힘의 자유로운 활동을 누렸던 집단은 오직 노예들이 실질적인 노동을 대신 해주는 사람들뿐이었다.

타고난 우월성은 아무것도 없었지만, 문화를 주도한 자들의 일시적인 상승은 분명히 존재했다. 헬레니즘 도시의 배경은 체육관과 그리스 학교와 회관으로 이루어졌다. 지도층 행정가들은 그런 곳에서, 그리고 또한 경기장과 극장의 상석上席에서 함께 모이고는 했다. 야심이 많은 원주민들은 그들 자신뿐 아니라 자식들을 위해서라도 그런 사회로 진출하기를 원했다. 우리들이 살펴본 바와 같이 그리스 사람들은 베풀어줄 것이 많았다. 그들의 영향력은 얼마나 광범위했던가? 어느 정도나 그들은 배타적이었나? 어느 만큼이나 그들 자신은 동양적으로 변했던가? 지금까지 알려진 바로는 시골에서 종족의 차이점들이 보다 빨리 감소되는 경향을 보였으며, 동화된 쪽은 그리스 사람들이었다. 데이비스가 증명했듯이 도시에서는 인종적 장벽이 어떤 면에서 존재했고, 적어도 이집트에서는 그리스적인 세 도시 나우크라티스, 알렉산드리아, 그리고 프톨레마이스가 그들 나름대로의 특성을 보여주었다.

이곳에서는 보수적인 정책이 뒤따랐는데, 그것은 헬레니즘의 원천을 순수하게 지키자는 것이 목적이었다. 시민 단체의 구성원들은 원주민과의 결혼이 금지되었다. 비록 귀화하는 사례가 좀 발생하기는 했어도, 외국인이 시민권을 얻기는 별로 쉽지 않았다. 도시의 법령들은 혼혈 결혼에 장애가 되었으며, 나우크라티스의 헌장은 시민과 원주민의 결혼을 법적으로 받아들이기를 거부했다. 시민이 낳은 사생아에게는 시민권을 부여하지 않음으로써 종족의 순수성에 커다란 의미를 부여했으며, 로마 시대의 알렉산드리아에서는 이집트 사람과의 혼인이 전혀 없었다. 프톨레마이스에서도 현지의 성을 지닌 자들이 똑같은 입장에 처했던 모양이어서……항상 그들의 헬라스적 특성을 보존했으며……〔도시 밖에서는 그리스 사람들이 그들의 뚜렷한 특성을 상실했다〕 그들은 그리스 말로 읽고 썼지만, 그들의 문법은 점점 더 부정확하게 되었다. 2세기와 1세기에 고위 관리들이 발부한 편지와 법령과 훈령들은 허식적이고 부정확하고 형편없이 혼란스러운 문체로 작성되었다.[2]

공용어 문제에서는 몇 가지 유사한 양상이 현대에서도 나타난다. 그러나 일반적으로 우리들이 파악한 양상은 그리스인들이 고위층 전문직을 모두 차지하고, 그들만의 사회 안에서 서로 결혼하고, 그들의 문화를 보존하고 그들끼리의 모임에 참석했으리라는 점이다. 그들의 주위에는 서양화한 원주민들이 자식들에게 그리스 비극을 읊게 하고, 체육 단체에 가입할 길을 찾았다. 그리고 그들의 주변에는 그리스의 건축과 미술에 퍽 감명을 받은 아시아 사람들이 있었고 또 그 언저리에는 유대인들처럼 냉담한 사람들도 좀 있었다.

최초로 동양의 미신을 받아들여야 했던 그리스인 계층은 미신으로부터 그들의 왕족 혈통을 부여받은 자들이었다. 알렉산드로스는 출생 신분으로 인한 인종적 장벽이라는 개념을 말살시키려고 했지만, 그가 이름을 지은 도시에서조차 실패했다. 그러나 그의 장군들은 그가 이미 알고 있던 사실을 당장 알아내어서, 그들의 자격이 소멸될 것임을 깨달았다. 그들 가운데 한 사람은 그리스 사람들 자신이 인정하지 않았던 남매간의 결혼을 받아들임으로써 파라오의 자리에 올라야만 했다. 또 다른 사람은 다리우스의 후계자가 되고 그것이 당연한 듯 처신해야 했다. 알렉산드로스는 페르시아 사람은 물론이고 마케도니아의 모든 백성이 그의 앞에 꿇어 엎드리기를 요구했고, 이것은 페르시아의 왕좌를 물려받을 모든 후계자들이 뒤따라야 할 필연적인 전통이 되었다. 알렉산드로스는 그의 백성들이 그렇게 되기를 기대했던 종류의 왕이 되기 위해서 신적인 존재가 되었다. 동양화한 통치자 그리고 헬레니즘화하거나 헬라스화한 장수들이 수립한 이런 전통에 의존해서 그리스 제국은 나일에서 인더스에 걸쳐 영위되었으며, 가장 동쪽에 위치한 박트리아에서 가장 공고하게 그 기반이 확립되었다. 팽창은 끝났어도 핵심적인 개념은 굳건히 유지되었다.

이처럼 유럽이 지배하던 시대에는, 마케도니아의 노력에 대한 논리적인 귀착점은 제3의 팽창운동이었어야 한다. 또 다른 서방 민족이 헬레니즘 왕국들을 병합하고, 더욱 동쪽으로 나아가서는 강에 도달하고 중국과 접촉을 했어야 했다. 그러나 역사란 그렇게 말끔하게만 진행되지는 않는다. 아시아를 침공하는 동안에 알렉산드로스의 군대는 유럽에서 아시아 사람들을 쓸어내지 않았었다. 현대 군사 용어로 표현하자면, "후방에 고립된 저항 세력의 잔재"라고 부를 만한 것이 뒤에 남았다. 먼저 이루어진 아시아의 공격에 맞서서 그리스인들이 그토록 세찬 반격을 했던 에게해에서는, 선봉에 섰던 페니키아 사람들이 카르타고에 새로운 기지를 만들었고 그곳에서 더욱 진출하여 에스파냐로 나아갔었다. 기원전 480년, 그리스에 대한 페르시아의 공격이 시작되던 바로 그때, 카르타고 사람들은 시칠리아에서 그리스인들을 쫓아내려고 시도했다가 페르시아가 살라미스에서 참패를 당했던 바로 그날 겔론에서 패배했다. 동쪽으로 진출하면서 알렉산드로스는 티레에 있는 그들의 본디 거점을 점령해서 파괴했지만, 카르타고는 아직도 강력했고 번영을 누렸다. 남부 이탈리아와 시칠리아는 그리스의 손아귀에 들어갔을지 몰라도 북아프리카는 카르타고 사람들이 차지했다. 현재의 엘 아게일라 부근의 아라에 필레노룸에서부터 서쪽은 기원전 500년경에 맺은 협정에 의해서 그들의 소유였고, 이 지역에서는 모든 침입자들을 조직적으로 쫓아냈다. 그 결과로 로마가 주도한 다음 차례 유럽의 확장은 우선 그리고 불가피하게 카르타고를 목표로 삼았다. 로마 사람들이 헬레니즘 왕국을 흡수하러 갔을 때쯤에는 그들도 또한 추진력을 상실한 다음이었다. 그들은 알렉산드로스 이상은 동쪽으로 진출하지를 못했다. 사실은 그만큼도 가지를 못했다. 그들의 문화는 야만적인 부족들의 반발을 별로 받지 않으면서 서쪽으로 뻗어나갔다. 반대로 동양에서는 그들이 그곳에 이르렀을 때 심한 저항에 맞부딪쳤다. 이것은 사실 아시아의 부흥을 보여주는 징조였다.

지난날의 페니키아 사람들처럼 카르타고의 민족은 성품이 아시아적이었고, 그리스인들이 내세우던 이상에 적극적으로 반발했다. 종족상으로는 유대인들과 가까웠던 그들은 확실히 이질적인 민족이었고, 확고하게 달랐다. 불행히도 우리는 그들에 대해서 너무나 조금밖에 알지 못하고, 우리들의 지식은 그나마도 대부분 그들의 적인 그리스나 로마 사람들을 통해 알아낸 것이다. 그들에 대한 비난의 소리는 인간을 제물로 바치고, 그것도 이왕이면 자신의 아기를 제물로 쓰기를 더 좋아하던 관습에 대한 것이었다.

카르타고의 종교가 지닌 전체적인 특징이란 경이적이고 까다로운 제신들의 힘 앞에서 인간이 보이는 나약함과 복종, 그리고 신들의 기분을 맞춰야 할 필요성이었다. 카르타고 사람들의 명명법命名法은 의타심을 반영해서 하스드루발Hasdrubal은 '바알이 내려주실 도움'을, 한니발Hannibal은 '바알의 은혜를 입은'을, 하밀레아르Hamilear는 '멜카르트Mlekart의 종'을 뜻했고, 그들이 쓰던 대부분의 이름에는 비슷한 종교적인 의미가 담겼다……

그들을 항상 낯선 존재로 여겼던 이웃 민족들은 그들을 가혹하게 평했으며, 과거의 어느 저술가를 인용해가며 2세기에 플루타르코스는 이런 냉혹한 어조로 요약했다. "카르타고인은 무정하고 음울한 사람들이며, 통치자에게는 순종하고 백성들에게는 가혹하며, 겁이 날 때는 극단적으로 비겁해지고 화가 나면 한없이 잔인해지며, 일단 어떤 결심을 하면 끝까지 고집을 부리고, 검소해서 인생의 즐거움이나 우아함에는 거의 신경을 쓰지 않는다."[3]

잔인성에 관해서라면 그리스나 로마 사람들도 물론 비난을 받아 마땅한 처지다. 아기를 '유기遺棄'하는 그리스의 관습은 바알에 제물을 바치는 것보다 훨씬 더 비인간적이었다. 그러나 그 동기는 달랐다. 그리스 사람들은 가족의 규모를 제한하고 육체적으로 불구인 아이들을 내다버림으로써 일종의 가족계획을 행했다. 비록 많은 사람들이 잘못 풀이하는 경우가 있기는 해도 그들은 합리적으로 행동했다. 그들은 극성을 부리는 제신들이 그들을 충동질한다고는 생각하지 않았다. 그러나 카르타고 사람들은 그들이 신들의 비위를 맞춰야 하고, 그러기 위해서는 가장 잘난 아기들만이 효과가 있다고 믿었다. 결과는 똑같지가 않았고, 생각하는 바가 완전히 달랐다. 카르타고의 관습은 무엇보다도 바알에 대한 그들의 정신적 신념을 잘 보여준다. 바알은 구약성서의 하느님과 거의 마찬가지로 인기가 있었으며, 그들의 형상을 그대로 본떠서 만들었기 때문에 바알의 품성은 카르타고인과 마찬가지일 수밖에 없었다. 그들은 일신교一神教 적이지는 않았지만, 종교가 무척 중요한 뜻을 지녔던 민족이었음은 분명하다. 그들이 그리스 사람들과 비슷했던 점은 배와 말에 대한 그들의 취향이어서, 심지어는 뱃머리를 말의 머리로 장식할 정도였다. 뛰어난 항해술과 더불어 리비아의 말에 대한 거의 독점적인 접근 가능성이 그들에게는 유리한 여건이었다.

기원전 400년경에 이르자 카르타고는 세계에서 가장 부유하며, 50만 이상의 인구를 자랑하는 도시로 알려졌다. 카르타고의 가장 위대한 성장 시기는 서부 아프리카의 탐험을 처음으로 명령했던 왕인 한노의 통치(B.C.538년~B.C.521년)를 받던 무렵이었다. 카르타고는 나중에 공화정체를 수립했고, 그리스와 다른 헌법을 보유했던 유일한 나라였으며, 그들의 헌법은 일부 그리스인들 사이에서 인기를 얻기도 했다. 그들의 공화국은 상인들과 축산업자들이 이끄는 과두정치처럼 보였을지도 모른다. "카르타고라는 국가를 다스리던 경제적 재벌들 사이에서 만연했던 사회 풍조는 강한 자에 아첨하고, 약한 자에게 교만하고, 노동을 경멸하는 행태였다······."[4]

젊은이들에게서 발전시키려고 그들이 애썼던 자질은, 우선 무엇보다도 멀리 떨어진 곳에서 수행해야 하는 일에 대한 열성과, 협잡이라고까지는 할 수 없겠지만 사업에서의 약삭빠름과 돈을 벌려는 욕심, 재산에 대한 악착같은 욕망, 집요함이 뒷받침하는 다양한 재능, 분명히 불리한 상황에서도 이득을 창출하는 정치적인 총명함이었다.······라틴어로 저술한 사람들이 옛 카르타고 사람들의 정직함 fides Punica에서 약점을 과장했을지는 모르겠지만, 그것은 지어낸 얘기는 아니었다. 카르타고 사람들은 모든 옛 민족에게서 미움을 받았으며 그리스인들은 로마인들과 마찬가지로 그들에 대해서 가혹한

얘기를 많이 했다…….[5]

가장 오래된 카르타고의 동전은 기원전 4세기로 거슬러 올라가며, 말과 야자수의 그림을 담고 있다. 뱃머리를 말의 머리로 장식한 배는 티레에서 처음 나타났지만 결국은 가데스에서 더욱 흔해졌다. 이런 뱃머리 장식품이 기원전 112년경에 동부 아프리카에서 파선된 배에서 발견되었고, 전문가들은 그것이 가데스 배임을 확인했다. '히피Hippi'라고 불리던 이 배들은 아프리카를 한 바퀴 돌아 항해할 수 있었던 것 같다.[6] 따라서 카르타고 사람들은 진취성에서는 모자라는 바가 없었다. 그들의 가장 큰 실패는 분명히 상상력에서였다. 지금까지 전해지는 그들의 미술품은 즐기기보다는 팔기 위해 만든 제품들이어서, 엉터리는 아니었지만 단순히 관심만 겨우 끌 정도였다.[7]

페니키아인들이 그리스인들과 무척 다르기는 했지만, 카르타고와 로마 사람들의 이질성은 훨씬 더 뚜렷했다. 포에니 전쟁에서 동양과 서양의 투쟁은 새로운 국면의 대결을 보여주었다. 그것은 이제 지배가 아니라 생존을 위한 싸움이었다. 어째서 그랬을까? 그것은 아마도 로마인들이 고대의 동양에서 더 동떨어졌었기 때문일지도 모른다. "서쪽 방향에서는 동양 문화의 빛이 그리스 다음에 제일 먼저 닿는 곳이 아펜니노 반도다"라고 V. 고든 차일드는 적었다.[8] 당연히 그랬어야 한다. 그러나 이 경우에는 문화가 간접적으로 전래되었다. 그리스 사람들은 그들의 문명을 이집트와 메소포타미아에서, 그리고 문자는 페니키아에서 받아들였다. 로마 사람들은 다른 유럽 민족인 그리스인들에게서 문명을 받았고, 그래서 동양의 영향권으로부터 더 멀어졌다. 그들은 중부 이탈리아의 야만족들이 모여서 형성되었으며, 시초의 군주정체에서 기원전 509년에 공화정체가 탄생했다. 로마라는 도시는 기원전 760년까지 거슬러 올라가는 시기에 남부 이탈리아에서 그리스가 확보한 식민지들로부터 문화를 이어받았다. 귀족정치의 지도자들 밑에서 로마 사람들은 남부의 그리스 식민지들을 포함한 이탈리아 전체를 단계적으로 정복했는데, 이 과정을 거치면서 로마 자체에 대한 그리스의 영향력이 더욱 강화되었다. 이 도시들은 주로 시칠리아를 장악하기 위한 투쟁이었지만, 카르타고 사람들과의 사이에서 계속되던 반목을 고스란히 로마에 물려주었다.

그렇게 이어진 투쟁에서 지리적인 요인들은 결정적인 역할을 했다. 호그벤에 뒤이어 차일드가 다음과 같이 지적했다.

에게해로부터 이탈리아의 시칠리아까지, 시야에서 육지가 한 번도 사라지지 않는 가운데 해안을 따라 항해를 할 수가 있다. 그곳으로부터 더 서쪽으로 가려면 뱃사람이 방향을 잡는 데 필요한 북극성과 같은 하늘의 안내 표지로부터 아무런 도움도 받지 않고 길이 없는 바다로 나아가야 했다. 시칠리아는 지중해의 북쪽 해안을 따라 이루어지는 정기적인 교류에서 경계선이나 마찬가지였을 듯싶다.[9]

아프리카 해안을 따라 서쪽으로 뻗어나간 페니키아 항로에는 그런 장애물이 없었다. 부분적으로 이런 이유 때문에 카르타고 사람

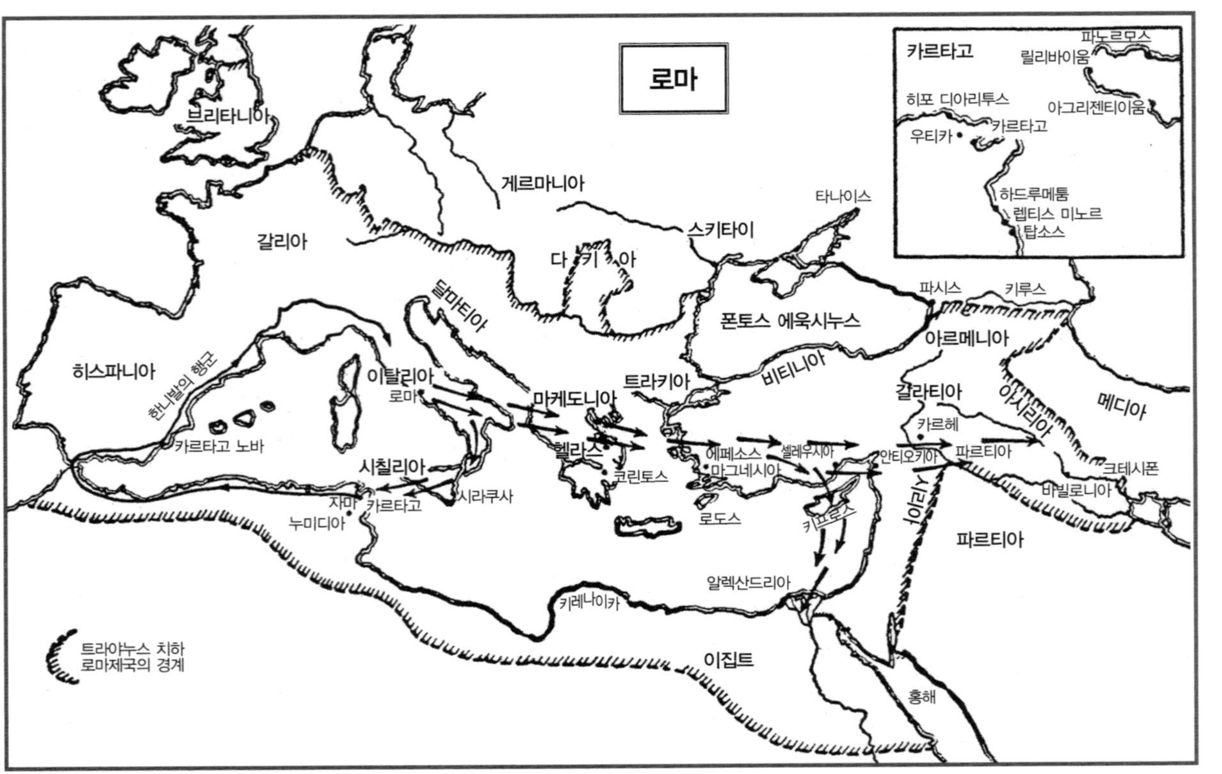
로마
브리타니아
갈리아
게르마니아
다키아
스키타이
타나이스
히스파니아
한니발의 행군
카르타고 노바
이탈리아
로마
달마티아
마케도니아
헬라스
코린토스
트라키아
폰토스 에욱시누스
비티니아
파시스
키루스
아르메니아
메디아
갈라티아
카르헤
아시리아
크테시폰
바빌로니아
파르티아
안티오키아
셀레우시아
시리아
에페소스
마그네시아
로도스
키프로스
시칠리아
시라쿠사
자마 카르타고
누미디아
알렉산드리아
키레나이카
이집트
홍해
트라야누스 치하
로마제국의 경계
카르타고
파노르무스
릴리바이움
히포 디아리투스
아그리젠티이움
우티카
카르타고
하드루메툼
렙티스 미노르
탑소스

들은 더 빨리, 더 멀리 진출해서 그들의 힘을 말타로부터 가데스에 이르기까지, 그리고 그 너머에 산재한 정착지들로 확산시켰다. 그러나 카르타고의 맞은편에는 보다 집중적인 로마의 세력이 버티고 있었으며, 시칠리아는 분명히 발판 노릇을 했다. 첫 번째 포에니 전쟁(B.C.264년~B.C.241년)으로 로마는 많은 어려움을 겪으면서 시칠리아를 합병했다. 제2 단계를 위한 배경은 이루어졌지만, 에스파냐에서 카르타고 군대는 한니발의 지휘를 받으며 무서운 공격을 개시했다. 그의 우수한 병사들 중에는 마하르발이 이끄는 누미디아 기병들이 있었다. 그들 1만 2,000명과 지상군 9만 명을 이끌고 한니발은 육로로 행군을 해서 이탈리아를 북쪽으로부터 침공했다. 싸움은 무려 15년이나 계속되었지만 스키피오가 에스파냐를 그리고 뒤이어 아프리카를 침공하면서 끝났다. 마시니사 휘하의 누미디아 기마병을 거느렸던 스키피오는 결국 그의 막강한 적을 기원전 202년에 자마에서 마침내 물리치고 두 번째 포에니 전쟁을 끝냈다. 카르타고는 이제 그 중요성이 감소했고, 기원전 149년에서 기원전 146년이 되어서야 3차 포에니 전쟁이 시작되었으며, 카르타고는 완전히 파괴되었고, 건물들은 무너졌고, 그 터는 황폐해졌다. 로마는 서쪽 지중해를 지배했고, 시라쿠사에서 서쪽으로 뻗은 교역로를 장악했다. 동쪽 교역로는 코린토스로, 밀레토스를 대신할 에페소스로, 로도스로, 돈 강 입구의 타나이스로, 에욱시네의 동쪽 끝인 디오스쿠리아스와 파시스로, 시리아 안티오키아의 항구인 셀레우키아로, 그리고 무엇보다도 홍해의 관문인 알렉산드리아로 뻗어나갔다. 추진력은 잃었어도 부유함은 완전하게 유지했던 헬레니즘 세계는 아시아에서 정복을 계속하기 위한 도약의 발판으로는 완벽했다. 로마가 할 일은 새로운 세계 제국을 세우고, 알렉산드로스의 제국이었던 지역을 유럽이 다시 지배하고, 그리고 이제는 유럽의 이탈리아, 갈리아, 그리고 에스 파냐에다가 대서양까지 뻗은 북부 아프리카와 그 너머에 있을 모든 지역까지 장악하는 제국을 이룩하는 것이었다.

로마 사람들은 그리스 사람들보다도 훨씬 더 서양의 특성이 짙었다. 그들은 그리스의 기본적인 전통들을 때로는 완전히 이해하지 못하면서도 모두 흡수했으며, 거기다가 그들 나름대로의 공헌도 했다. 그들의 생활방식에서 필수적이었던 것은 본질적으로 귀족적인 체격과 잘 어울리는 의상과 예절의 자유로운 단순성이었다. 그리스인들로부터 그들은 의회나 선거, 투표 따위의 민주주의적인 몇 가지 요소를 받아들였다. 그리고 역시 그리스 사람들로부터 그들은 세속적인 시각과 실재하는 대상을 중요시하는 인식을 받아들였고, 사회의 강력한 지배계급에서 성직자를 제외시켰다. 시민보다 높은 계급은 없었고 영원한 공직도 없었다. 아마도 스파르타에서 그런 생각을 얻게 되었는지도 모를 일이지만 그들은 옷이나 예절이나 음식이나 말투에서 꾸밈이 많거나 가식적인 것을 경멸하는 태도를 보였다. 스키피오 아프리카누스 시절부터 그랬듯이 말끔히 면도를 하고, 머리를 짧게 깎고, 색깔 없는 옷을 걸치고, 부유함을 비웃고, 무자비하며 말이 없고, 부패할 줄 모르는 로마 사람은 서방 세계에 그들의 자취를 뚜렷하게 남겼다. 로마 사람들은 명칭이나 지위를 나타내는 계급도, 황금과 보석과 향수의 허식도, 시나 음악이나 미술과 마찬가지로 단호하게 배척했다. 그들에게 남은 것이라고는 전쟁터와 재판소와 정치적 활동과 의회에서 얻는 명성뿐이었다. 로마 사람들의 전설적인 이상형은 가장 위급한 시기에 로마를 구출하고는 다시 생계를 위해서 밭갈이 생활로 돌아간 킨키나투스의 얘기 속에 잘 살아 있다. 다른 10여 가지 진지한 전설들은 남자의 용기와 진실성과 단순함과 애국심에 대한 얘기를 전해준다. 비록 로마 사람들이 그들 스스로 상상했던 자신의 위상에 맞춰 살지는 못했어도, 그것이 어떤 위상이었는지를 알아두는 것은 중요한 일이다. 나중에 다른 사람들이 모방한 귀감은 실제보다는 전설 쪽에 더 많았다.

로마에 등장한 평등사상은 당시 사람들에게도 충격을 주었다. 《마카비 1서》의 집필자는 8장에서 로마의 원로원을 묘사하면서도 "그들은 아무도 관을 쓰지 않았을 뿐더러, 풍채를 돋보이게 하려고 자줏빛(서양에서는 왕족이나 고위 성직자의 신분을 나타내는 색깔임-옮긴이) 의상을 걸치지도 않았다"고 기록했다. 이것은 전부 사실이었지만 원로원 의원의 긴 겉옷 토가에는 가느다란 자줏빛 테를 둘렀고, 그들은 자신을 돋보이게 하는 다른 방법을 알았다. 역사 깊은 가문 출신이라거나 활동적인 경력을 쌓았거나 집정관으로 일을 한 경력이 있다면 그것이 바로 원로원 의원에게 영향력을 부여하는 자격이었다. 로마의 귀족계급은 이렇듯 견실한 업적과, 비록 제한된 영역이라고 하더라도 철저한 지식과 힘든 훈련과 고생해서 얻은 경험과, 그리고 원로원 의원의 집안들이 서로 부여했거나 아니면 스스로 닦은 수련을 기반으로 삼았다. "나는 내 친구들의 친구였노라"고 다리우스는 말했지만, 로마 사람들의 충성심은 개인에 대한 것이 아니었다. 그들의 의무는 국가에 대한, 원로원과 국민에 대한, 위풍이라는 추상적인 개념에 대한 것이었다. 그리스 사람들과 비교해볼 때, 공화정치 시대의 로마 사람들에게는 모두가 같은 편에 선다는 미덕이 있었다. 그들의 애착과 신념, 그들의 희망과 공포는 모두 궁극적으로 로마에 대한 것이었으며, 어느 한 개인이 아니라 도시에 대한 것이었다.

로마가 유럽에서 정상에 오른 이유는 단결과 기강 때문이었다. 플라미누스 휘하의 로마 군단은 2차 포에니 전쟁이 끝나기도 전에 그리스에 진입했다. 나중에 필연적으로 본격적인 정복이 시작되어서 코린토스는 카르타고와 때를 같이하여 파괴되었고, 그리스가 기원전 146년에 패배하면서 그리스와 마케도니아는 둘 다 합병이 되었다. 도시국가라는 정치체제로 지중해를 모두 다스리려던 시도는 곧 무너졌다. 짧은 임기를 맡기려고 선출했으며 이론적으로는 민중의회의 통제를 받았던 무보수 공직 관리들은 단기간 복무하는 시민 군대의 힘으로 먼 지역의 기강을 잡으려고 했다. 이 제도의 실패는 폰토스의 미티리다테스 6세가 아시아의 모든 로마 사람과 이탈리아 사람을 몰살시키라는 명령을 내렸던 기원전 88년에 분명해졌다. 전해지는 바에 의하면 단 하루 동안에 아시아 사람들이나 무산층 그리스 사람들에 의해서 10만 명이 살해되었다. 이것은 파르티아와 아르메니아와 유대 사람들이 합세하여 로마에 대항하는 동양의 더 많은 반격을 미리 암시했다. 가장 먼저 합리적으로 이루어진 반격은 군대의 재조직이었다. 집정관인 마리우스는 보수를 받는 직업군인 제도로 군대를 바꾸었다. 결국 그의 후임은 다른 장군인 술라가 물려받았는데, 술라는 독재자가 되었다. 뒤이어 계속된 권력 다툼(B.C.66년~B.C.62년)에서 폼페이우스는 폰토스의 미트리다테스를 물리쳤고, 폼페이우스의 경쟁자인 율리우스 카이사르는 에스파냐에서 성공적으로 경력을 쌓아나갔다. 그들의 야망은 서로 성격이 달라서 타협의 가능성은 어느 정도 있었다. 세 번째 장군인 크라수스와 함께 그들은 기원전 60년에 제1회 삼두정치를 이루었고, 이어서 카이사르는 갈리아와 브리튼을 정복했다. 한편으로 크라수스는 시리아 지역을 손에 넣고, 알렉산드로스의 제국이었던 땅을 정복하기 위한 첫 발판을 마련했다.

헬레니즘 제국은 물론 알렉산드로스가 남긴 그대로 존재하지는 않았다. 그것은 세 조각이 났다. 이들 가운데 보다 서쪽에 위치한 마케도니아와 폼페이우스 정벌 이후의 폰토스, 그리고 이집트와 시리아는 이미 로마의 영향권 안으로 들어갔다. 마케도니아의 왕조들 가운데 가장 유능했던 셀레우코스 왕국은 아직 건재했다. 그들이 물려받은 가장 중요한 것은 티그리스 강변의 셀레우키아에서 박트리아와 그 너머 동쪽으로 뻗은 거대한 교역로와 군사 도로였다.

셀레우코스 사람들은 중국과 인도 쪽으로 이란을 가로질러 뻗은 거대한 대륙 횡단 통로들의 주인이었는데, 그들은 그 도로망을 연장하고 발전시켰다. 홍해에서 인도까지 군사 기지들이 그 통로들을 지켰으며, 사막에 물을 보급하는 방법이 마련되었고, 대상들의 숙소도 건축했다. …… 비록 셀레우코스 사람들은 남부 러시아로 뻗은 카스피해 북부의 교역로는 통제하지 못했어도, 카스피해를 건너서 키루스 강과 파시스 강을 따라 진출하여 흑해의 해안에서 끝나는 길을 장악했다.……그들은 페르시아만에 거대한 함대를 유지해서, 동쪽의 인도와 서쪽의 홍해를 잇는 연결 지점들을 확보했다.[10]

그리스의 인구 과잉을 한껏 활용해서 그들은 알렉산드로스의 도시화 정책을 발전시켰고, 교역로와 페르시아만을 따라가면서 도시들을 세웠다. 지금은 테헤란의 교외 지역인 고대 도시 라가이는 뜻 깊게 에우로포스라고 개명했다. 새 귀족과 중류층에서는 그리스 말이 통용어가 되었고 상업과 법률 용어도 마찬가지였다. 그리스의 문화는 헬레니즘에 소극적인 저항을 했던 이란 사람들 전부에게 전파되지는 않았다. 결과적으로 셀레우코스 왕국은 약화되기 시작했다. 그 첫 결과는 박트리아를 독립시킨 반란이었다. 두 번째 결과는 서쪽에 위치한 파르티아의 상실인데, 이 지방은 파르니 부족인 스키타이의 기마병 침략군에게 무너졌다. 이것은 기원전 250년 직후의 일이었고 셀레우코스 2세는 그가 잃은 영토를 되찾을 수가 없었다. 그의 후계자 안티오쿠스 3세는 보다 성공적이었지만, 그는 로마의 악감을 자극했다. 그는 기원전 190년에 마그네시아에서 패배를 당했고 더 많은 지방들이 그에게 등을 돌렸다. 그래서 파르티아의 미트리다테스는 기회를 찾게 되었다. 기원전 160년과 기원전 140년 사이에 미트리다테스는 메디아, 바빌로니아, 그리고 아시리아를 정복했고 데메트리우스 2세를 물리쳤으며, 그의 권위는 유프라테스에서 헤라트까지 굳어졌다. 데메트리우스와 형제간인 안티오쿠스 7세는 마지막으로 파르티아 사람들과 대결해보았지만, 처음에는 성공을 거두었다가 기원전 129년에 불운을 맞는다. 그것이 셀레우코스 왕국의 최후였다. 기르슈만이 말했듯이, "유럽의 경계선은 유프라테스 강으로 물러났다."[11] 파르티아 사람들은 동쪽으로 이주하려는 스키타이 유목민들을 막느라 너무 바빠서 당장 시리아로 진군하지는 않았다. 하지만 미트리다테스 2세는 강력한 왕국의 기반을 닦아서 '왕중의 왕'이라는 호칭을 얻었다.

> 기원전 115년경에 미트리다테스는 중국의 황제가 보낸 사신을 맞았으며, 양국의 지도자는 통과국으로서 이란이 결정적으로 중요한 연결을 이어주는 국제통상 운동을 추진하기로 조약을 맺었다.[12]

그리하여 동양과 서양 사이에서 통상은 계속되었다. 그러나 그 중간 지점은 이제 새로운 세계적인 강대국이 차지했다. 그것은 약화된 마케도니아 제국의 한 부분이 아니라 동쪽으로의 유럽 진출을 막게 될 그런 세력이었다.

시리아의 지방 총독이 되면서 크라수스는 기원전 54년에 이란을 정복하려는 계획을 세웠다. 그의 명성은 당시 이미 상당했는데, 그것은 이탈리아의 노예반란을 진압하는 데 성공해서 얻은 명성이었다. 사실 그는 금융업자와 토지 관리자로서 더 잘 알려졌었다. 이란에서 그는 새로운 약탈의 기회를, 그리고 나아가서 폼페이우스나 카이사르와 맞먹는 군사적인 명성을 얻게 될 기회를 포착했다. 알렉산드로스가 발휘한 기술을 더욱 향상시키는 것과는 거리가 멀게, 로마 사람들은 결국 카르타고를 물리친 전술에 아직도 의존하여, 그리스 방진을 발전시킨 지상군의 공격이라는 수준에 머물렀다. 7개 군단과 4,000명의 기마병(도합 4만 2,000명)을 거느린 크라수스는 카르헤에서 파르티아 군대와 맞섰다. 적군은 마케도니아식 전열을 갖춰 중기병과 기마 궁수와 보병으로 균형 있게 조직한 군대였다. 로마 사람들은 패배라기보다는 살육을 당했다.

전해오는 얘기에 의하면 불운을 당한 크라수스의 머리와 팔은, 아르메니아의 왕과 궁전 사람들과 함께 에우리피데스의 《바쿠스의 여인들》을 관람하던, 오로데스 2세에게 전해졌다고 한다.[13]

이것은 그리스와 이란의 결속이 서양에서 그 예를 찾아볼 수 없을 만큼 견고했음을 보여주는 한 사건이었다. 같은 내용의 놀라운 뒷이야기를 호머 H, 덥스가 전해준다. 반란을 일으킨 족장의 본거지인 소그디아나 탈라스 강의 츠츠라는 곳을 간 옌슌이라는 중국 장군이 기원전 38년에 점령했다. 잡힌 포로들 가운데 145명은 특별한 대우를 받았다. 그들은 '로마'의 중국 명칭인 '리지엔'이라는 이름을 붙여서 변경에 새로 세운 도시에 정착시켰다. 그들이 로마의 군인이었다가 카르헤에서 포로가 되어 후에 파르티아 군대에서 복무를 하던 끝에 츠츠까지 흘러온 사람들이라는 사실은 의심할 여지가 별로 없다. 덥스가 결론을 내리듯이, "고대 중국에 로마인들이 살았다는 사실은 당시에도 세상이 정말로 얼마나 좁았는지를 잘 보여준다."[14] 기원전 2세기와 1세기에 대해서 H. G. 웰스는 이렇게 썼다. "두 위대한 제국이 이제 세계를 지배했으니, 새로운 로마제국과 부흥하는 중국의 제국이었다." 그는 계속해서 그들의 영향력이 미친 범위를 서술하면서 덧붙였다. "같은 시대에 같은 세계에서 서로 상대방에 대해서 거의 아무것도 모르면서 이렇게 두 거대한 체제가 번영한다는 것이 당시에는 가능했다." 그것이 가능하기는 했었지만 한때 사람들이 믿었던 것처럼 그들이 서로 상대방의 존재를 완전히 모르던 상태는 아니었다. 그들은 교역로로 연결이 되었고 미트리다테스가 로마뿐 아니라 중국의 사신들과도 면담을 했다는 사실은 보다 밀접한 접촉이 있었음을 보여준다. 다른 자유로운 로마인들은 그렇지 못했더라도 곡예사들은 중국에 이르렀었고, 파르티아의 사신들은 동쪽과 서쪽으로 다 진출했다. 적어도 간접적으로나마 로마와 중국은 서로 접촉한 셈이었다.

카르헤는 로마가 동쪽으로 팽창하는 운동을 갑자기 끝냈다. 폼페이우스는 파르살루스 전투에서 카이사르에게 제거되었고, 그가 이집트로 도망을 친 간접적인 결과로 이집트는 보다 직접적인 로마의 지배를 받게 되었다. 카이사르는 기원전 44년에 그의 정적들에게 살해되었고, 뒤따른 내란의 결과로 나중에 카이사르 아우구스투스라고 불리게 된 카이사르의 조카가 권력의 정상을 손에 넣었다. 로마 공화정체가 이때 제국으로 바뀌었다. 로마의 동쪽 경계선은 비트니아와 키레나이카가 되었지만, 위성 왕국들은 아르메니아와 시리아와 이집트를 포함했다. 트라야누스 시대까지 로마와 파르티아 사이에는 불안한 평화가 지속되었다. 그 황제의 통치 기간 동안에 로마의 권위를 동양에 인식시키려는 단호한 노력이 이루어졌다. 트라야누스는 파르티아를 침공했고 수도인 크테시폰을 점령하고 티그리스를 따라 진군해 내려가면서 아마도 더 멀리 인도로까지 진출할 계획을 세웠을 것이다. 이 무렵에 키레나이카와 이집트와 키프로스의 유대인들이 반란을 일으켜서 그 운동이 전 셈족 세계에 퍼져나갔다. 트라야누스는 이 새로운 사태를 수습하러 되돌아가던 길에 죽었고 그의 후계자인 하드리아누스는 기꺼이 유프라테스를 국경으로 받아들였다. 이 지역에서는 전투가 더 계속되었고 크테시폰은 165년과 197년에 두 번 더 로마의 손아귀에 들어갔다. 그러나 로마의 추진력은 사라졌고, 이 마지막 노력은 영구적인 성과를 아무것도 남기지 못했다.

황제들의 로마

로마의 위세가 파르티아까지 뻗어나갈 가능성을 마련하는 데는 카르헤 전투가 사실상 결정적인 역할을 했다. 파르티아 자체 내의 내분 때문에 가능해진 다른 전투들이 나중에 이 지역에서 뒤따르기는 했지만, 영구한 어떤 영향도 끼치지는 못했다. 그와는 대조적으로 이미 얼마쯤은 헬라스화했던 영토(페르시아 제국과 그보다 시대가 앞선 아시아 제국들의 수중에 속했던 광대한 영토)가 이제는 로마의 지배하에 들어왔다. 북아프리카, 이집트, 시리아, 그리고 소아시아가 모두 로마의 영향을 받게 되었다. 이것이 사실이기는 하지만 그래도 영향력의 범위는 다른 두 가지 추세 때문에 제한을 받았다. 둘 다 새로운 것은 아니었지만 이때부터 역사가들은 이런 추세를 보다 뚜렷하게 감지했다. 이런 경향은 문화적 범람과 민중의 영향력이라고 불러도 되겠다.

이들 조류를 이해하기 위해서 역사를 연구하는 사람들 사이에서는 문자 같은 아주 훌륭한 발명의 기원을 흔히 한 문화와 다른 문화의 경계선에서, 보다 구체적으로 밝힌다면 동양과 서양의 경계선에서 원천을 찾으려는 경향을 자주 보인다. 어느 특정한 지역이 아시아적 배경을 지닌 민족에게 먼저 정복과 점령을 당하고, 유럽적 배경을 지닌 민족에게 나중에 정복과 점령을 당하고, 그러고 나서는 다시 똑같은 변화에 노출이 된다고 가정하자. 이런 과정은 물이 줄면 비옥함과 곡식을 남겨주는 홍수에 비유할 수가 있다. 싸움이 벌어진 지역의 민족은 서로 다른 사상 체계에 노출되어서 결국은 불가피하게 융화를 이루거나 선택을 해야만 한다. 그들은 이제 생활방식이 꼭 하나뿐이라고는 믿지 않는다. 전투와 살육, 내분과 분쟁, 이런 불행한 경험을 많이 겪고 나면 그들은 살아가는 괴로움을 덜 겪었던 사람들보다는 정신적으로 보다 긴장하고 순발력이 발달한다. 아우구스투스 시대에는 이러한 정신적 순발력이 여러 민족에게서 두드러진 특성으로 드러났다. 예를 들면 아르메니아와 그리스, 시리아, 파르티아 사람들이 그랬다. 우리들이 주목해야 할 두 번째 추세는 승리자들에게 패배자들이 끼친 영향이었다. 정복을 당한 사람들이 미개했던 지역에서는 별로 문제가 없었다. 로마 사람들은 브리톤 족이나 갈리아 사람들에게서는 배울 만한 점이 거의 없었다. 그러나 종속된 종족에게도 그들대로의 문화가 있고, 그것이 점령군의 문화보다 열등하지 않으면 상황이 무척 달라졌다. 동양과의 접촉에서 로마인들은 처음부터 반쯤 서양화한 아시아 사람들과 반쯤 동양화한 그리스 사람들(말하자면 클레오파트라 같은 사람들)과 만나게 되었다. 그들은 또한 적어도 그들 자신만큼은 문화가 발달된 다른 곳의 사람들도 만났다.

이러한 영향력에 대한 연구를 하게 되면 우리들은 당장 '순수한' 유럽적 전통은 어디에도 존재하지 못했었다는 결론에 다다른다. 뿐만 아니라 비록 존재했다고 하더라도 그것에 영향을 주었던 그러한 흐름 또한 처음부터 존재했었다. 셀레우코스의 페르시아 지배를 다루면서 기르슈만은 목화와 레몬, 참외, 올리브, 대추야자, 무화과나무, 오리, 소, 이들 모두가 당시에 아시아에서 이탈리아로 전래했다고 주장한다. "패배한 동양이 유럽을 정복했다."[1] 하지만 만일 순수하게 유럽적인 원천이 존재하지 않았고 존재했던 적이 전혀 없었다고 하더라도, 아시아적인 것은 실재했다. 중국은 세계의 다른 곳들과 접촉했었겠지만, 영향을 받을 정도까지는 아니었다. 앞으로 살펴보겠지만 중국의 영향은 서양에서 느낄 수 있었어도, 유럽의 영향은 극동에 미치지 못해서 이 무렵에는 말라야 너머까지는 이르지 못했다. 그러나 이런 사항들을 모두 참작한다면 로마 시대가 지니는 의미가 상당히 중요해진다. 비교적 짧기는 했지만 초기 단계에서는 로마의 이상이 첫인상을 심어주었고, 2기에는 로마가 무척 혼합된 문화적 배경을 지닌 사람들에게서 영향을 받았으며, 마지막 시기에는 아시아의 직접적인 영향이 뚜렷해졌다. 이때쯤 로마는 방어 상태에 들어갔으며 상승기를 맞은 아시아가 서쪽으로 진출을 시작했다.

초기에 분명했던 한 가지 사실은 아시아인들에 비해서 로마는 기술적으로 유리한 점이 없었다. 로마인들은 군인으로서는 상당히 결단력을 보이며 행동했지만 기술이나 전술에서는 별로 새로운 발견을 거의 이루지 못했다. 예를 들면 전쟁의 기본적 원자재인 철을 살펴보자. 그리스 사람들은 그들이 쓸 철을 스키타이와 폰토스黑海 연안 지방에서 구했다. 헬레니즘 시대에는 최고급 철의 생산지가 칼리베스, 시노페, 리디아, 라코니아였다. 로마 사람들은 이런 물자들을 개량할 능력도 없었다.

로마제국 시대에는 세레스(중국인)나 파르티아 사람들이 생산한 철이 로마제국에서 만든 제품보다 훨씬 우수하다고 생각되어 수입했다는 것은 널리 알려진 사실이다. 그리고 우리는 중국과 인도 두 나라가 모두 고대에 우수한 철을 생산했음을 알고 있다. 유명한 다마스쿠스 철의 진짜 원산지라고 믿어지는 인도가 아마도 최고 수준이었으며…….[2]

무기에 관해서라면, 로마인들은 3중 걸쇠를 갖춘 중국의 노궁弩弓에 당할 만한 것을 만들지 못했다. 중국의 노궁 공격을 받았던 로마 군단은 츠츠에서 당장 패주했다. 정규전에서 그들은 승산이 조금도 없었다.

건축공학 분야에서 로마인들의 우수성을 몇 가지 인정하기가 통레이기는 했지만, 여기에서도 또한 진실은 달랐고, 로마인들은 섣불리 자기들의 우수성을 내세우지도 않았다.

로마의 저술가들에 의하면 새로운 발견이라고는 하나도 없었다. 로마인들은 카르타고인들의 도로 포장기술을 페르시아의 역참제도와 접합시켰다. 본격적인 도로망은 처음 건설한 공덕은 카르타고로

……세비야의 이사도루스에게로 돌려야 하는데…… 이것은 카르타
고인들이 어떻게 도로를 포장하기 시작했고, 처음에는 로마인들이
그리고 모든 문명 세계가 어떻게 포장술을 답습했는지를 설명해주지
만, 그래도 도로 포장의 역사는 그보다 이전으로 거슬러 올라가
니…….[3]

로마의 도로 건설은 대부분 기원전 27년에서 서기 37년 사이에
아우구스투스와 티베리우스에 의해서 이루어졌지만 그것은 기존
의 도로망을 발전시키는 데 지나지 않았다. 동양에서는 페르시아
에 도로 체제가 이미 존재했고 그것은 더욱 훌륭한 중국의 도로망
과 연결되었다. 이에 관해서 랄프 터너가 한 말이다.

농업, 공업, 상업과 마찬가지로 로마 시대의 교통은 새로운 경지에
이르렀다. 그러나 경제활동의 다른 분야에서처럼 업적은 주로 기존
수단의 조직적인 이용에 크게 의존해서 이루어졌다. 가장 멀리 떨어
진 지역에서 수도까지 6주일이면 다다르도록 설계한 로마의 방사선
도로들은 페르시아의 체제를 헬레니즘의 기교로 발달시킨 것이었다.
공문서를 전달하는 전령제도는 페르시아의 방법을 그대로 따랐다.
운송이나 항해술은 헬레니즘 시대와 비슷했다. 로마는 이런 수송 수
단에 치안 보호를 가미했지만 유명무실한 경우가 많았고, 일정한 간
격으로 배치한 역참과 여관, 안내자나 안내서, 도로 표지처럼 여행에
필요한 보조수단도 보완했다. 이정표와 도로 표지는 로마인들이 만
들어냈다.……그러나 로마의 도로망은 경제적인 목적이 아니라 군

사적 목적을 위해서 구축했다.……트라야누스 시대에는 제국 전체
에 7만 5,000킬로미터에 달하는 도로가 마련되었다.……기술적인
우수성에서는 로마의 도로를 능가할 도로가 없었다……[4]

　도로 표면과 하수 시설을 따지지 않는다면, 이정표는 하루의 행
군 계획에 도움을 주도록 하려는 전형적인 로마다운 의도를 드러
냈지만, 수학자들이라면 어떤 다른 목적을 위해서도 쓰지 않을 그
런 숫자로 표시를 해놓았다. 이정표는 체계화하고 통일성을 부여
하려는 욕구를 보여준다. XXXVIII이나 XLIX라는 식으로 표기한
목적은 과학적이라고 주장할 수가 전혀 없다. 그런가 하면 도로 표
지 자체만으로는 공학 기술의 어떤 증거가 되지도 못한다.
　특별히 유럽적이라고 로마인들이 내놓을 만한 것은 무엇이었는
가? 비슷한 질문이지만, 유럽적인 사상이라고 할 만한 어떠한 개념
을 그들은 어느 정도나 정착시켰는가? 그리스 사람들에게서 그들
은 '개인'이라는 개념을 이어받았다. 이를테면 교육에 반대되는 개
념인 '개성'을 강조함으로써 그들은 개인이 더욱 두드러지게 했다.
그들의 조각에 나타나는 특징적인 형태는 인물의 흉상이나 높은
돋을새김으로 부각한 배경이었다. 알몸의 인체는 로마 귀족의 엄격
하고 강인한 표정을 담은 얼굴의 정확한 묘사로 바뀌었다. 미술에서
도 추상적인 업적보다는 지도자의 결단력이 담긴 얼굴에 찬사를
돌렸다. 가장 공식적인 의미에서만 공덕이 조금이나마 신들에게로
돌아갔다. 더 많은 공덕을 개인의 '천재성'이나 개인적인 성품의
연장인 영혼이 차지하게 되었다. 승리한 장군들의 로마 입성(때로는

성문을 통과하지 않고 멀쩡한 성벽을 때려 부수고 승장이 입성하는 경우도 있었다고 함)은 성실함이나, 용기가 꿋꿋함이나, 의무에 대한 헌신 같은 것들이 로마에서 미덕이라고 여겨졌음을 보여주는 증거였다. 정복된 자들에게는 슬픔이 있을지어다! 로마인들은 그들의 적을 같은 편으로 만들기보다는 굴욕을 주는 데 솜씨가 뛰어났다. 카르타고에 대한 그들의 파괴는 철저했다.

우리들이 지금까지 살펴보았듯이 개인의 위에는 추상적인 국가가 존재했고, 국가에 대한 개인의 관계는 법으로 규정되었다. 그리스에서 공공생활의 중심지였던 장터 아고라가 맡았던 역할을 로마에서는 광장이 맡았다. 이곳의 연단에서 웅변가가 외친 호소는 통치자도 아니요 신도 아니었고 항상 법에게 하는 호소였다. 로마의 헌법은 신이 아니라 위원회가 만든 12동표(十二銅表, B.C.451년에 공포했음)에 기본을 두었다. 이것이 기초가 되어 결국은 유스티니아누스 법전의 편찬을 위한 판례법의 주요 체계가 마련되었다. 라틴어는 나름대로 한계가 있기는 했어도 정확하고 명료하고 간결했기 때문에 법적인 토론에는 놀랄 만큼 적합했다. 법을 제정하는 사람들로서 로마인들은 독특한 공헌을 했다. 그런가 하면 수사학이 그들의 정식 교육에서 바탕을 이루어 웅변술 또한 뛰어났었다. 과거의 문명권들과 비교해볼 때 로마에서는 시민의 권리와 의무에 대한 정의定義와 보호와 시행이 세심하게 이루어졌다. 법을 옹호했던 스토아 철학은 개인의 존엄성과 의무감을 강조하며, 신으로부터의 지원이나 보상을 받으리라는 희망을 제시하지 않았다. 법과 공화정체의 미덕을 옹호했던 또 다른 힘으로는 로마인들이 그들의 스승을 능가했다고 간주되는 문학적 한 형태인 풍자를 들 수가 있다. 로마식 이론이 내세우는 엄격한 검소함과 로마인의 실생활에서 드러나는 비열한 탐욕성의 대조를 유베날리스나 마르티알리스 같은 위대한 풍자가들은 한껏 조롱했다.

로마의 이론에 의하면 개인은 국가에 대해서 의무를 지녔으며 그 대가로 개인의 권리가 보장을 받았다. 그의 의무는 신이나 과학이나 예술에 대한 것이 아니었다. 로마인들이 아테네를 대학으로 삼았으며, 그들 나름대로 대학과 동등한 배움터를 따로 발전시키지 않았다는 사실은 의미가 깊다. 학자는 진리에 충실하고 로마인은 로마에 충성해야 했기 때문이다. 과학적인 취향이 남다른 모든 로마인은 반달문과 교량과 수로와 저수지의 용도를 발전시킴으로써 그들의 지식을 국가에 공헌하는 데 응용하도록 종용을 받았다. 과학에 대한 관심이 별로 구체적이지 못한 경우에는 위생이나 위생학에 기여해도 괜찮았다. 예술은 남자답지 못하고 그리스 사람들에게나 적당하다고 생각되어서, 예술 자체로서는 별로 중요하게 여겨지지 못했지만 그것은 공익을 위한 수단으로 활용되었다. 따라서 건축가와 조각가는 협의나 연설, 선언이나 승전을 기념할 때처럼 중요하다고 간주되는 활동들을 도모하도록 돕는 고상한 배경을 제공하는 역할을 맡았다. 로마의 예술에서 가장 두드러진 형태 가운데 하나는 개선문으로서, 인간과 국가의 영광을 기념하기 위해 화려한 코린토스식이거나 혼합적이고, 육중하고, 정교하고, 호화롭게 설계됐다. 전형적인 그리스의 공공장소로 말할 것 같으면 체육관은 공중목욕탕으로 바뀌었고, 경기장은 흔히 북아프리카의

말들이 승리를 거두던 전차 경기장으로 바뀌었다. 그들에게도 극
장이 있기는 했지만, 그것은 경기가 벌어지던 원형극장에 가려 빛
을 보지 못했다. 로마인들에게는 '경기'라고 하면 한 가지 의미밖
에 없었다.

인간이 짐승들과 싸우고, 또는 짐승이 다른 짐승과 싸우거나, 아
니면 인간들끼리 싸움을 벌이던 구경거리에 로마인들이 열을 올렸
던 이유를 납득하려면 설명이 필요하다. 동양에는 이와 같은 경기
가 없었던 듯싶고, 지금도 마찬가지다. 그러나 서양에서는 이 전통
이 에스파냐나 남아메리카에서 지속되었으며, 상상의 차원이기는
하지만 할리우드에서도 줄기차게 이어간다. 로마인의 성격에서 일
관된 잔인성이 일차적인 원인이었으나, 이런 경기들은 그들의 천
성적인 본능을 자극했다. 아이들에게 끼친 영향이 가장 중요했다.
그러나 잔인성을 젖혀 놓는다면, 이 경기들은 예술을 배척하던 로
마인의 기질과 관련이 깊다. 보다 엄격했던 정치인들은 휴식을 즐
길 때, 소수의 사람들이 즐기던 사내답지 못한 취미인 시나 발레나
희극이나 음악에는 관심을 돌리지 않았다. 오늘날 사람들이 오페
라보다는 물불을 가리지 않는 레슬링을 더 좋아하듯이 그들은 자연
히 경마나 검투사, 도박이나 성행위로 기울었다. 그러나 '경기'에서
우리들이 소홀히 해서는 안 될 한 가지 중요한 면모는 그것이 지
닌 대중적인 성격이다. 그것은 로마의 공공생활의 한 부분이었으
며, 그런 곳에 참석하는 것은 '사교적'인 행위였다. 72년에서 80년
사이에 건축한 로마의 콜로세움은 5만 명의 관객을 수용했다. 중
국의 황제라면 그랬겠지만, 베스파시아누스 황제는 그만한 돈으

로 자신을 위한 궁전을 지어도 되었겠지만, 그것은 로마의 전통과 어긋나는 일이었다. 디오클레티아누스 시대 이전의 궁전들과 공공건물의 폐허가 남아 있기는 하지만 어느 하나도 괄목할 만한 규모의 건물은 없었다.

그리고 여기에서도 로마의 전통을 형성한 어떤 요소들이 확인된다. 총체적인 양상을 보면 아름다움이 어느 정도 결여되었다. 그러나 로마의 결단력과 활력은 사라지지 않았다. 산과 계곡을 넘어서 도로는 똑바로 튼튼하고 견고하게 뻗어나갔다. 사막의 언저리에 위치한 외딴 지역에 건축이 되었더라도 광장은 위엄성을 유지했다. 인간이나 자연으로 인한 어떤 장애에도 불구하고 과업은 계획대로 완수되었다. 돈이나 노력, 생명이나 시간에서 불합리한 경제성의 구애를 받지 않으면서 그들은 일을 해내었다. 그리스의 성벽에 대해서 프레야 스타크는 이렇게 고찰한다.

……그들은 경제적인 여건에 제한을 받지 않았고, 경비나 노력의 규모에 개의치 않고 완전성을 이룩했으며, 마치 불멸성의 축이 그들을 꿰뚫기라도 한 듯 어떤 찬란함이 필연적으로 그들의 뒤를 따랐다. 일시적인 기호를 심오함과 대담함으로 이겨내며 평범함을 몰아낸 승리를 이런 모든 업적이 성취했으니 그리스의 성벽, 셀주크의 탑, 제트 전투기의 날개, 그리고 모든 발명품은 생명을 어찌나 깨끗하고 즐겁게 포용하는지, 죽음은 아무런 의미가 없어진다.

그것은 스스로 존재하는 빼어남 그 자체이며, 우리들은 자신이 살아가는 경제적인 상황 때문에 저급한 대용품에 만족함으로써 이런 탁월함의 품격을 떨어뜨린다. 우리들을 안락하게 해주는 평범한 사물들에 둘러싸여 우리는 예술과 어휘들이, 우리가 사랑하는 대상들이 와해되고 우리의 기쁨이 떠나가는 것을 그냥 구경만 할 따름이다. 그러나 영원한 듯 여겨지는 모든 길에서 우리는 이정표의 형태를 취한 기쁨을 발견하며, 그것이 수반하는 온갖 고통을 받아들인다. "발이 은빛으로 빛나는 여신인 나의 어머니 테티스(아킬레우스의 어머니)가 이에 대해서 말하노니, 두 운명이 나를 죽음의 문제로 이끌어 가노라."[5]

로마의 건축물들에 대해서는 별로 그런 얘기를 할 수가 없다. 어떤 마력이 사라졌다. 그러나 완전성이 많이 상실되기는 했어도, 우수성에 대한 정열은 아직 남아 있었다. 그런 잠재력만으로도 그들은 오늘날 우리들이 짓는 어떤 건축물도 훨씬 능가했다.

그러나 우리가 살펴보았듯이 로마의 육중한 위엄은 문화적 범람과 민중의 영향에 따른 필연적인 산물이었다. 그리고 이런 경향은 그것이 시작된 지역에만 국한되지도 않았다. 로마인들은 제국을 건설하려던 당당한 노력의 성격 자체 때문에 전 세계로 퍼져나갔다. 전쟁의 사상자와 경제적인 기회, 그리고 군사적 및 식민지에서의 의무 때문에 본디 로마에서 살던 주민들이 흘러나가고, 그래서 생긴 공백 상태는 출신과 생활 방식이 다른 잡다한 무리들, 즉 노예, 이주민, 상인, 장인, 선생, 승려들 같은 이질적인 사람들을 끌어들여서 메웠다. 흘러들어온 그들이 전래해온 것들 가운데에는 7일로 이루어진 한 주일이라는 단위도 있었다. 그러한 현상은 지금의 런던 그리고 전에는 보스턴과 뉴욕에서도 마찬가지로 반복되었다. 로마에서는 레반트인과 이집트인, 아르메니아인, 유대인, 점성술사들과 정보를 팔아먹는 자들과 게으름뱅이들과 사기꾼들이 인구의 아주 큰 부분을 차지했다.

그보다 더욱 중요한 사항은 로마인들이 외국에서 복무하는 동안에 배운 지식인데, 바로 그런 영향을 받은 사람들이 가장 지위가 높은 사람들이었다. 이집트에서는 로마의 황제가 파라오였으며, 소아시아에서 그는 다리우스와 크세르크세스의 후계자였는데, 이런 직위들을 황제는 로마 공화정체에서 그가 차지하는 위치보다 훨씬 더 좋아했을지도 모른다. 로마에서라면 그는 마지못해서 겨우 신격화한 수석 시민이나 총사령관에 지나지 않았다. 알렉산드로스는 페르시아 왕의 의상을 걸쳤으며 그의 후계자인 로마인들도 그랬다. 더구나 그들은 그 의상이 지신에게 어울린다고 생각했으며, 그것을 입지 않았다가는 난처한 입장만 될 뿐이라는 사실을 알게 되었다. 공화정체가 내세우는 이상을 엉뚱한 사람들에게 적용하는 경우에 야기되는 불편함은 율리아누스에 대한 기본Gibbon의 언급이 잘 보여준다. 그는 이런 말로 시리아의 안티오키아를 묘사했다.

……온화한 풍토는 원주민들로 하여금 평안과 풍요를 한껏 무절제하게 즐기도록 했고, 그리스인들의 방탕함은 시리아인들이 대대로 물려받은 유순함과 뒤섞였다. 법이라고는 관습이 전부였으며, 쾌락만 추구할 뿐이었던 안티오키아 시민들의 권위는 옷과 가구의 찬란함이 대변했다. 그들은 사치의 예술을 받들었고, 진지하거나 남자다운 미

덕은 조롱의 대상이었고, 여성의 겸손함이나 노인에 대한 존경심을 경멸하던 풍조는 동양의 대도시에 보편화한 부패를 말해주었다…….

그는 계속해서 안티오키아의 호사스러운 사회에 끼친 율리아누스의 충격을 서술한다.

……그런 영광을 비웃고 그런 행복에 무감각했던 군주의 촌스러운 처신을 민감한 백성들이 곧 깔보게 되었으며, 여성적인 동양인들은 율리아누스가 항상 유지했고 가끔 뽐내던 심한 검소함을 흉내 내지도 못했고 받들지도 않았다.[6]

폼페이우스와 율리우스 카이사르, 마르쿠스 안토니우스와 클레오파트라 같은 다른 사람들이 처음부터 분명하게 깨달았던 바를 결국 율리아누스도 뒤늦게 깨달았다. 로마의 검소함은 알렉산드리아나 안티오키아에서 그릇된 인상을 심어주었다. 백성들이 기대하는 대중적인 모습을 보여주는 편이 훨씬 쉽고 편했으리라. 로마로 돌아간 다음에 그렇게 바뀐 모습을 떨쳐버리기가 현실적으로는 더욱 어려웠다. 하지만 결국 그럴 필요가 없게 되었으니, 로마 자체가 동양의 영향에 굴복했기 때문이었다. 황제는 이름만 빼고 모든 면에서 동양의 왕처럼 되었다.

로마를 중국과 연결해준 비단의 거래는 로마의 검소함이 쇠퇴했음을 상징적으로 보여주는 현상이었다. 비단 생산은 기원전 2700년경에 중국에서 개발되었다. 그것은 이집트까지 이르렀고 클레오파

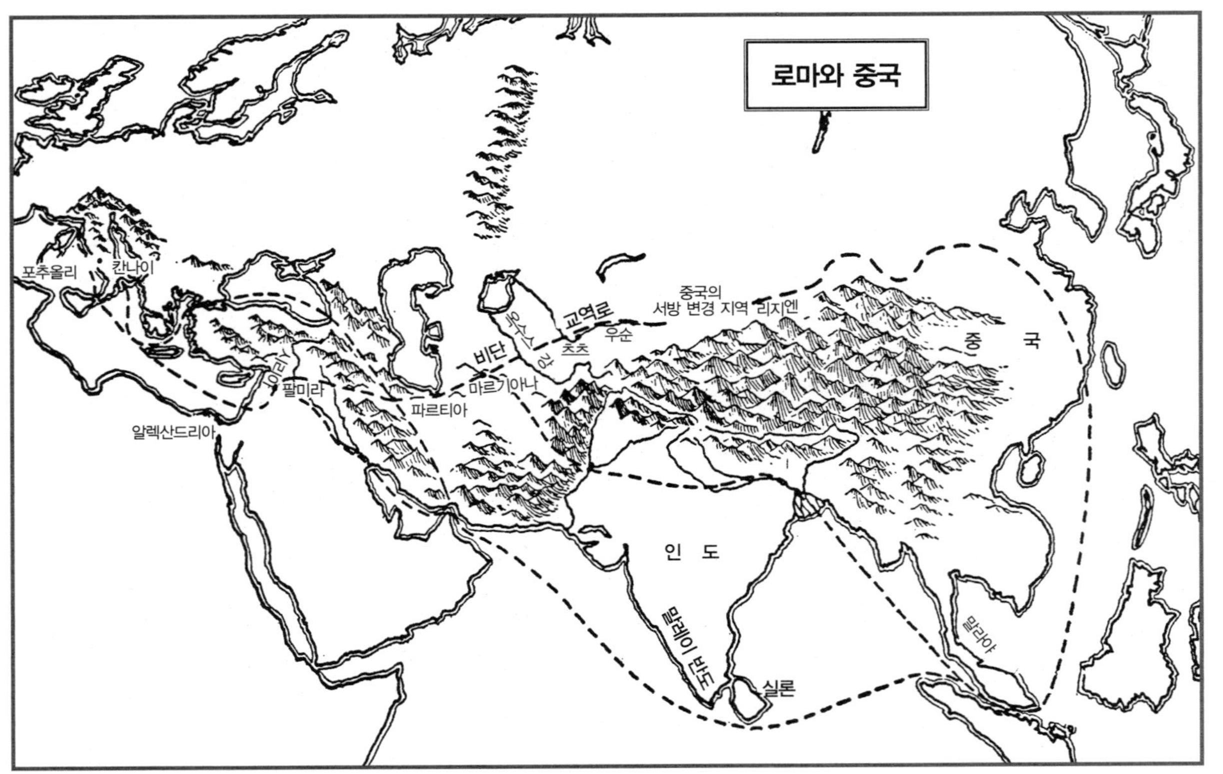

로마와 중국
포추올리
칸나이
중국의 서방 변경 지역 리지엔
중 국
교역로
우순
초초
옥수스 강
비단
마르기아나
파르티아
페르시아
팔미라
알렉산드리아
인 도
말레이 반도
실론
말라야

트라에 의해서 유행이 되었다. 도덕주의자들에게 점잖지 못하고 엄청나게 비싸다고 탄식을 샀던 비단옷은 상상이 가겠지만 로마의 귀부인들에게 필수품이 되었다. 난징에서 수출이 된 견사는 페르시아나 시리아의 안티오키아에서 짠 다음, 분명히 황금으로 지불했을 로마에 천의 형태로 도착했다. 아마도 항저우杭州였겠지만, 로마인들은 그들의 귀에 익은 어느 중국 항구에 카티가라라는 이름을 붙여주었으며, 중국 연대기의 기록에 의하면 166년에 로마의 사신이 그곳에 도착했다고 한다. 이들뿐 아니라 나중에 도착한 다른 사절단은 비공식적으로 찾아갔지만 틀림없이 어떤 계약이 이루어졌을 터이며, 유럽 사람들이 스스로 비단을 짜게 될 때까지는 몇백 년이 걸렸다. 중국 쪽에도 로마 그리고 틀림없이 마르쿠스 안토니우스를 뜻하는 중국식 이름이 있었다. 그러나 난징과 시리아 해안 사이를 여행하는 데는 243일이 걸렸으며, 서기 1세기 중반 무렵에 항로가 마련된 이후부터는 물론 인도와 로마 사이에 훨씬 가까운 관계가 유지되었다. 알렉산드리아를 떠난 로마의 선박들은 말라바르와 실론에 이르렀고, 중국의 선박은 말레이 반도를 우회해서 인도 남부에 도착했다. 메소포타미아에서 출발한 통상로는 시리아의 팔미라를 경과했고 사치품들은 결국 포추올리까지 상륙했다. 비단 이외에 로마인들은 면화, 향료, 보석, 정제된 철기鐵器, 향수, 노예를 수입했다. 같은 통로를 거쳐 그들은 습관과 신앙과 사상도 함께 전래받았다.

자신을 방어하기 위해 로마인들은 인종적 차이를 어느 정도까지 이용했을까? 로마인들과 아시아 집안들 사이의 혼혈 결혼이 용납되었을까? 분명히 그렇지 않았다. 기본은 콘스탄티누스 황제가 아들에게 어떤 종류이건 간에 혼혈 결혼을 하지 않도록 각별히 경고했다고 말한다.

> ……후손의 순수함을 지키려는 적절한 배려는 공적 생활과 사생활의 조화를 보존하는 반면, 외국인과 피가 섞인다는 것은 무질서와 분쟁의 확실한 원인이 된다. 그것은 예로부터 로마 현인들이 믿고 실천하던 바였으며 그들의 법은 시민과 타향인의 결혼을 금지했고, 자유와 미덕을 존중하던 시절에 원로원 의원이 그의 딸을 외국의 왕과 맺어준다고 하면 코웃음을 쳤고, 마르쿠스 안토니우스의 영광은 그의 이집트인 아내 때문에 빛을 잃었고 황제 티투스는 민중의 비난을 못 이겨서 마지못해 베레니케를 내쫓아야만 했다.[7]

클레오파트라는 사실 그리스 여자였고 베레니케는 나이 많은 유대 여인이었는데, 그들의 얘기는 로마인의 관용에서 한계를 돋보여준다. 인종적인 순수함에 신경을 쓰기는 했지만 로마인들은 다른 면에서는 상당히 마음이 너그러웠기 때문이다. 유대인들에 대해서만 그들은 무척 다른 감정을 품었는데, 그 이유를 우리는 알아야 한다. 유럽에서 정상에 오른 그들은 뒤늦게 세계를 정복하려고 노력했다. 그들의 실패는 서양세계의 경계선을 만들어놓았으며, 경계 너머에는 파르티아인들이 있었다. 그러나 유대계 카르타고인들은 알렉산드로스의 제국에서 나머지 땅이 그들의 소유라고 느꼈을지도 모른다. 카르타고는 패망했지만 카르타고의 위성 도시들에는 유대인이 살았다. 팔레스티나로부터 서쪽 지역으로 흩어져 살던 유대인들은 아시아에 뿌리를 두었고, 아시아적인 공감대를 가지고 있어서, 첩자나 반역자가 될지도 모를 일이었고, 로마에 동화하기도 어렵다. 그래서 신뢰하기가 불가능한 집단이었다. 그때부터 유대인은 동양이 후퇴할 때면 참아줄 만해도 반대 방향으로 힘이 움직이면 위험한 존재로 간주되는, 유럽 후방의 첩자 취급을 받았다. 알렉산드리아에서의 반유대주의는 서기 1세기 동안에 형성되었고, 결국은 38년에 유대인 주거 지역을 봉쇄하기에 이르렀다. 항의와 그에 대한 항의가 로마에 전해졌고 황제 가이우스는 이렇게 말했다. "어쨌든 나의 신격神格을 믿지 않는 자들은 사악하기보다 어리석다고 해야 옳겠다." 신격화한 황제에 대한 순종의 시늉은, 나중에 충성의 건배가 그랬듯이, 이 무렵에는 정치적인 시험대로 쓰였다. 유대인들은 원칙적으로 국가가 연주되는 동안 서 있기를 거부한 민족이었고, 그것도 그들이 충성심만 보였다면 역시 양해를 해줄 만한 일이었다. 그러나 그렇게 추정할 근거가 없었다. 파르티아인들은 기원전 40년에 시리아를 침공해서 예루살렘에 원주민 왕을 옹립했는데, 유대인들은 그를 기꺼이 받아들였다. 그러다가 베스파시아누스 통치 시절에 유대인의 반란이 일어났으며, 70년에 티투스는 그것을 진압하고 유대인들을 더 멀리 쫓아버렸다. 마지막으로 키레나이카와 다른 곳에서 반란이 일어나서 트라야누스의 정벌을 중단시켰으며, 파르티아인들이 다시금 힘을 쓰기 시작했다.(174쪽 참조) 유대인들은 파르티아와 유프라테스 강가의 정착지에서 영향력을 가지고 있었다. "팔레스티나의 비석에 묶여 있는 파르티아 군사를 보게 될 때, 메시아의 시간이 가까우리라."
유대인들은 동양에서 구원을 찾으려고 했다. 위기가 닥칠 때마다
그들은 아시아의 진영에서 힘을 발휘하고 서양에 적극적으로 반감
을 나타냈다. 유대인이 사는 지역에서라면 시리아의 어떤 작전 기
지도 안전하다고 할 수가 없었다. 그들은 끈질기게 그리고 영원히
다른 편에 섰다.

동양세계

처음에는 이쪽이 그리고 다시 저쪽이 우위를 차지하며, 동양과 서양이 번갈아 팽창하는 투쟁에 관해서 서술하려고 할 때는, 전진이 후퇴로 변하는 전환점의 순간을 못 박아 말하기가 불가능하다. 전환의 시기를 어떻게 해서든지 고정시키고 싶다면 연속되는 세 단계를 설정하면 된다. 그것은 압력을 받는 문명권에서 불만과 저항이 나타나기 시작하는 시기와, 상승하던 문명이 대규모적인 영향을 발휘하기를 중단하는 시기, 반작용이 시작되는 시기로 분리하면 된다. 뿐만 아니라 현실적으로는 사람들이 밀물과 썰물을 혼동하기가 쉽듯이 주요한 흐름들을 감추는 소용돌이와 물결들 속에서 교체 과정이 혼란스러워지기도 한다. 아마도 흐름이 간조干潮에 이르는 순간은 전혀 없을지도 모를 터이지만, 그래도 편의상 우리는 실제로 정의를 내리기가 어려운 사항들에 대해서 정의를 내리도록 노력해야 한다. 피스톤의 동작을 묘사하려는 시도에서는 후퇴가 끝나고 추진이 다시 시작되는 정확한 순간을 밝히기는 쉽지 않을지도 모른다. 우리들은 그나마 피스톤이 작동한다는 사실만큼은 우선 밝혀도 되겠고, 이 사실은 우리들이 확신해도 될 이유가 충분하다.

헬레니즘에 대한 아시아의 저항은 찬드라굽타 마우리아가 인도 북부를 통일하기 시작한 기원전 324년에 시작된 셈이었다. 이 힌두 영도자는 알렉산드로스를 만났고 그의 궁전을 방문한 그리스인들을 친절하게 대해 주었지만, 서양의 침투가 증가하는 데 대한 쐐기를 박은 것도 그의 왕조였다. 기원전 306년에 알렉산드로스의 인도 영토를 다시 찾으려던 셀레우코스 니카토르는 결정적인 참패를 당했다. 이것은 특히 마우리아의 제국이 붕괴되기 시작한 다음에는 인도에 거주하는 그리스인들의 활동에 영향을 끼치지 않았다. 박트리아 출신의 그리스인들은 아프가니스탄을 통과해서 편잡으로 밀고 나가 그곳에서 시알코트(라고 믿어지는 도시)를 도읍으로 삼아서 왕국을 세웠다. 전설적인 왕 메난드로스 통치하에 그들이 마지막으로 마우리아 수도에 대한 공격을 시도한 것은 기원전 150년경이었다. 그의 시도는 실패했고 메난드로스는 기원전 130년경에 죽었다고 알려졌는데, 인도의 그리스인들은 곧 편잡에서 쫓겨나게 되었다. 찬드라굽타의 왕국은 고난의 시절을 견디어냈으며, 그의 손자 아소카(B.C.273년~B.C.232년)는 주요 종교 가운데 가장 순수하게 아시아적인 불교로 개종했다. 그가 개종한 시기(B.C.257년경)부터 인도의 팽창이 시작되었다. 이집트의 그리스 영향력은 일찍이 기원전 303년부터 감소되었고, 우리들이 살펴보았듯이 로마의 영향력은 그리 대단했던 적이 없었다. 그러니까 동양이 세력을 회복한 기간은 기원전 324년과 기원전 150년 사이였고, 그러니까 기원전 257년을 잘 기억해두면 좋겠다. 로마의 세력은 훨씬 더 늦은 시대까지 보다 가까운 동양에서는 유지되었지만, 인도는 서양에서 겨우 화폐 주조나 불교 미술에 대한 약간의 사상 정도만 받아들였을 뿐 꿋꿋하게 자립을 계속했다. 서기 200년경에는 세계의 지도력이 동양으로 옮겨 가서 1,000년 동안 그곳에서 머물렀다.

서양의 실패를 군사적인 측면에서만 살핀다면 그것은 잘못이다. 긴 안목으로 볼 때, 유럽 특유의 사상들은 동양에서 거의 전체적으로 그리고 서양에서도 또한 크게 배척을 받았다. 그리고 우리는 어째서 그러냐고 묻지 않을 수가 없다. 이 질문에 대답하기에 앞서 우선 고찰해야 할 바는 세계의 기초적인 사상들은 서로 다른 곳에서 저마다 형성되기는 했어도 거의 비슷한 시기에 이루어졌다는 점이다. 중요한 이름들을 꼽는다면 노자(B.C.604년~B.C.532년), 조로아스터(B.C.570년~B.C.500년), 고타마 붓다(B.C.567년~B.C.487년), 공자(B.C.551년~B.C.479년) 그리고 소크라테스(B.C.469년~B.C.399년)가 되겠다. 수많은 사상가들 가운데 동양인들이 연대에서는 앞서지만 정식으로 인정을 받기는 나중이었다. 소크라테스의 사상은 기원전 350년에 그리스인들을 정복한 셈이었다. 조로아스터교는 이란이 로마와 투쟁하던 시기에 국교가 되었으며, "동양의 방어를 위해서 국민의 정신적인 힘"[1]을 국가에 맡기도록 유도했다. 불교는 기원전 257년에 인도의 국교가 되었고 유교는 기원전 179년에서 기원전 104년 사이에 정식으로 중국에서 채택되었다. 우리가 얻는 결론은, 헬레니즘에 해당하는 동양의 사상은 그리스의 사상이 완전히 정착되기 전부터 존재했었지만 나중에 가서야 채택이 되었는데, 어떤

경우에는 저항을 목적으로 취한 조처에 지나지 않았다. 따라서 이
란이나 인도 사람들에게는 그리스의 철학과 야만적인 미신 가운데
하나를 억지로 선택해야만 했던 기간은 없었다. 아시아의 사상을
추구하는 학파들은 이미 존재했었고, 다만 아시아적이었다는 이유
때문에 더 추종을 받았을지도 모른다. 그것은 또한 그리스나 로마
의 세계에서 두드러지게 결핍되었던 바를 제공했기 때문에 더 선
호의 대상이 되었을 가능성도 없지 않다.

  그리스가 제공할 만한 자산은 무엇이었던가? 인본주의, 개인주
의, 균형의 감각, 해학의 여유, 발전의 개념, 그리고 그들의 공공생
활에 활력을 불어넣었던 모든 시설, 즉 시장, 아크로폴리스, 원로
원, 체육관, 경기장, 그리고 극장이 되겠다. 로마인들은 그리스의
공공시설들과 사상을 그대로 이어받고 심미적인 면을 덜 강조하면
서 거기에다 기강과 법과 질서라는 새 감각을 첨가했다. 중책을 맡
은 활동적인 사람들을 위해서는, 그러니까 셀레우코스나 프톨레마
이오스 필라델포스 같은 사람들 밑에서 일하는 그리스의 외교관과
의사와 관리들, 그리고 아르키메데스나 에우클레이데스나 에라토
스테네스나 아폴로니오스나 히파르코스처럼 시라쿠사나 알렉산드
리아에서 가르치는 그리스 선생들, 그리고 지방 총독으로부터 백
부장에 이르는 로마의 지휘관들을 위해서는 그레코-로마 사상으로
충분했다. 그들은 여러 민족을 깨우쳐주고, 학생들을 가르치고, 교
량을 건설하고, 연극을 공연해야 했으며, 또한 폭동을 진압하고,
귀감을 보여주고, 목을 베어야 했고, 할 일도 많았다. 삶은 흥미롭
고 다채로웠으며, 숭배는 형식적인 겉치레에 지나지 않았고, 걸핏

하면 잊어버리기도 해서 신들이 맡은 일이란 미미하기 짝이 없었다. 그러나 바쁜 행정관들에게 그토록 많은 것을 제공했던 개인주의와 인본주의는 농부나 포로나 노예들에게는 아무것도 베풀어주지 않았다. 마르쿠스 아우렐리우스는 군대를 이끌고 전쟁터로 나갔을 때 철학에서 위안을 얻으려 했지만, 그의 사상은 짓밟히고 배고픈 사람들에게 안락을 가져다 줄 만한 것은 되지 못했다. 그리스나 로마의 생활방식은 집안일을 돕는 사람의 존재를 당연하게 간주하는 편이었다. 그리스인들 대부분의 경우에는 일손을 두기가 능력에 벅찼다. 기원전 6세기 이후에는 술을 마시고 흥청거리며 불멸성도 약속받는 디오니소스의 제식祭式이 있었다는 기록이 나타난다. 이 제식에 대해서 F. M. 콘포드는 이렇게 썼다. "최상의 은총을 받는 방법이란 고통을 겪고, 죽고, 다시 부활한 신의 본성을 영혼이 먹고, 그렇게 함으로써 재생의 순환에서 궁극적인 구원을 약속받게 되는 성찬식이었다."[2] 헬라스 세계의 보다 불우한 사람들, 특히 여자들을 위해서는 아시아에서 기원한 이런 예식들이 위안을 주었다. 그것은 도피 방법과 삶의 단조로움으로부터의 유예와 궁극적인 행복의 희망을 제공했다.

유럽과 비교해볼 때 아시아에서는 답답할 만큼 한심한 삶을 살아가는 사람들의 비율이 훨씬 높았다. 인도와 중국의 큰 강가에서는 농민들이 마을을 이루고 살면서 쌀을 재배했다.

자급자족 농민에게는 최상의 상태라고 해야 누구에게나 양식이 조금쯤 마련되기는 하지만, 대단한 정도는 아니었다……

아시아에서의 평등은……가난 속의 평등이다. 어디에서나 농사라고 하면 철 따라 자라나는 곡식이나 가축을 지켜보는 것 이외에 따로 할 일이 별로 없는 천직이다. 그러나 곡식이 영그는 과정에 짐승의 성장주기를 중복시킨 서양의 혼합 농업은 농한기를 최소한으로 감소시켰다. 곡식 재배가 지배적으로 많은 아시아에는 완전히 나태하게 보내는 기간이 몇 달이나 되어서 사람들은 결혼식에 가거나, 누워서 빈둥거리거나……지방의 파벌 싸움을 되풀이하는 정도 말고는 할 일이 아무것도 없다.[3]

진킨이 지적한 바로는 자바인의 노동일은 1년에 65일뿐이고, 한국의 농부는 100일만 일을 하고, 일본인은 140일만 일하고, 데칸(1875년 농민반란이 일어났던 인도의 고원지대)에서는 다섯 달의 농한기가 보통이고, 중국의 한 마을 전체가 해야 할 일은 복합 추수기 한 대면 다 해낼 수가 있다.

……아시아에서는 원칙적으로 재산을 모든 아들에게 분배한다. 상속자들의 평등함으로 인해서……동양 사회의 이동성이 극단적으로 적어진다. 부자나 파멸한 집안의 아들은 이사를 하고 나머지는 마을에 남게 마련인데, 상속자들이 분배를 하고 나면 부자거나 파멸할 사람이 거의 없어진다.[4]

이런 상대적인 나태함은 교육을 받았거나 정력적인 사람들에게, 또는 항해나 사냥이나 고기잡이로 여가를 보낼 사람들에게는 도움이 되기도 한다. 그러나 지평선까지 논이 광활하게 펼쳐진 곳에서 살아가는 아시아의 농부들은 흔히 산이나 바다에서 멀리 떨어져 있었다. 더구나 그들은 정치나 운동을 위한 잉여 정력에 필요한 각종 단백질이 불충분한 상태에서 살았다. 인구의 90% 이상이 농민인 땅에서 사는 대다수의 아시아 농민들의 삶은 끔찍할 만큼 지루했다. 검푸른 바다를 멀리 바라보고 내일 열릴 시장을 의식하며 델로스의 산기슭에서 포도나 올리브를 경작하는 것은 인도의 파트나나 하노이 근처의 평원에서 쌀을 재배하는 생활과는 당연히 다르다. 이런 배경의 차이는 정치 및 사회 생활에, 그리고 무엇보다도 종교에 반영이 되었다. 삶이 다채롭고 변화가 많은 곳에서는 종교가 검소하거나 중요하지 않을 가능성이 크다. 삶이 참기 어려울 정도로 단조로운 곳에서는 종교가 감정적이고 극적이고 강렬할 수밖에 없다. 카레가 없다면 밥은 정말로 맛이 없을 것이다.

 동양 민족들이 모두 다 평원의 논에서 살지는 않는다. 인도 북부에는 산악 도시들이 있었고, 펀잡과 인더스 계곡에는 한때 공화국까지도 있었다. 그러나 어떤 종교라도 광범위한 호응을 얻으려면 평원 지역과 쌀을 재배하는 사람들로부터 인정을 받아야 했다. 인도에서 그런 요소를 갖춘 종교는 신분제도와 윤회설을 바탕으로 한 힌두교였다. 힌두 사회는 네 개의 계층으로 분리되었다. 브라만과 군인과 농민과 천민이 그것이다. 승려들은 첫째 계층에서, 그리고 통치자들은 둘째 계층에서 배출했다. 그러나 과거의 역사와 현재의 경제에 바탕을 두었던 이 제도의 기본적인 불평등과 엄격함은 영혼이란 파괴되지 않고, 죽는 순간에 새로 태어난 아기의 육체로 들어가며, 전생의 결과에 따라 태어나는 형태가 결정된다는 신앙으로 잘 설명이 된다. 좋은 행실을 쌓으면 노예계급인 수드라는 보다 높은 계급으로 다시 태어난다. 의무를 다하지 못하면 브라만은 최하층민이나 심지어 짐승으로 태어난다. 선행이라는 개념은 인도에서 도덕적 의미뿐 아니라 금욕과 예식과 정화를 위한 수많은 요소와도 상관이 있다. 전체적인 사회구조는 가족과 상업과 마을에 깊이 뿌리를 박았다. 중국에서도 같은 논리가 적용되겠지만, 그곳에서는 그런 신분제도가 알려져 있지 않다. 대신 그곳에서는 현세에서의 삶이 영원한 세월의 아주 작은 한 조각이고, 죽음은 정신세계를 일시적으로 떠나는 전주곡에 지나지 않는다. 더구나 현세의 행실은 뒤에 올 환생을 좌우하는데, 그들의 경우에는 예식적인 도道보다는 효성이 훨씬 중요했다. 이와 같은 신앙에 젖은 어떤 사회에서나 종교는 영향력이 정점에 달했다. 그리고 개인적인 인격은 파괴되지 않는다는 장점을 가졌지만, 그것은 피상적인 형태에서만 그랬을 뿐이다. 상당히 다양한 인격들의 집단에서 가장 높은 차원의 공통분모는 영혼이기 때문이었다. 인도와 중국 두 곳에서 다 같이 신은 인간보다, 그리고 사회는 개인보다 중요하게 여겨졌다.

여기에서 간단히 고찰해본 바와 같이, 가시적인 세계에 몰입한 그리스인이나 로마인들이 아시아의 동시대인들에 비해서 과학이나 기술 분야에서 우월했으리라는 결론을 우리는 당연히 내릴 수가 있다. 아시아에는 사실상 과학과 기술이라고 할 만한 것이 없었다. 지식이라면 적어도 두 분야에서 인도 사람들이 그들을 앞섰다. 수학에서 인도 사람들은 우리가 '아라비아' 숫자라고 부르는 것과 소수 표기법, 0의 부호를 발명했다고 믿어지며, 이런 장치들에 힘입어 그들은 수학에서 앞장을 섰다. 브라만 천문학자들은 '공空'과 '무한대'와 '원자'의 개념을 개발했으며, 우주의 나이를 추산하려고 시도했다.

> ……화학과 물리 분야에서 쓸 만한 지식은 거의 완전히 무두질과 염색, 표백, 시멘트 합성, 색소 배합, 비누와 유리의 제조, 금속 일을 위한 기술적인 과정에 국한되어 있었으며, 물론 그것은 승려나 철학가들이 아니고 장인들의 손에서 이루어졌다. 염색을 하는 인도 사람들은 불변색을 발명했고 인도 쪽indigo을 발견했으며, 그리고……최초로 강철을 만들어낸 장본인도 인도의 철공들이었을지도 모른다.[5]

의학에서도 그들은 마찬가지로 훨씬 앞섰다. 그곳 의사들은 탈장과 백내장 수술에 익숙했고, 그들의 교본에는 당시에 쓰이던 수술 도구를 121가지나 열거했다. 기술적인 면에서는 중국인들이 더욱 많이 앞섰고, 예술에서는 많은 아시아 민족이 그들 나름대로의 전통을 보유했으며, 아테네 못지않게 훌륭한 기념물들을 탄생시켰다. 알고 보면 아시아의 통치자들은 훌륭한 온갖 재능을 발탁하고 끌어 모으는 솜씨가 탁월했던 듯싶으며, 마을의 단조로운 삶은 흔히 궁정의 부유함이나 세련된 문화와 대조를 이루었다. 인도 사람들에게는 그들대로의 생활방식이 뚜렷했으며 그것이 그리스나 로마 사람들의 삶보다 우수하다고 스스로 생각할 만한 이유도 있었다. 교역을 위한 로마제국과의 접촉은 계속되었고, 동양과 서양의 산물들이 전래되었으며, 동양의 물건이 값을 더 많이 받았다. 서양의 압력에 대해서 동양은 종교적인 방법으로 대응했다. 먼저 바빌론에서 유래했고 한 주일이 7일이라는 근거를 마련한 이른바 점성술의 신비가 등장했다. 다음에는 인도에서 시작된 불교, 페르시아의 미트라교, 이어서 팔레스티나의 기독교도 있었다. 마지막으로 방어가 침투로 바뀌고 나중에는 반격으로 변함에 따라 아라비아에서 이슬람교가 전래되었는데, 이것은 유럽을 거의 침몰시키다시피한 움직임이었다.

서양의 압력에 대한 아시아의 반발을 도모함에 있어서는 불교가 가장 중요한 역할을 했다. 그 이전이나 이후의 어떤 종교들과 달리 불교의 영향력은 아시아 전체로 뻗어나갔다. 그것은 로마인들이 무시하던 바로 그 가치들을 강조했다. 그것은 힌두교에서 가장 매력 있는 모든 요소에 새로운 활력을 불어넣었다. 그것은 결국 아시아의 참된 심장부인 인도와 중국 사이의 산악 중앙 산괴山塊에 정착했다. 그것은 문학과 미술에서 나름대로의 자체적인 전통을 수립했다. 그것은 현재의 인도에서도 신자들이 늘어가는 추세이고 미국에서도 마찬가지다. 불교는 모든 종교 가운데 가장 과학적이라고 일컬어지며, 그것이 사실일지도 모르지만, 불교 사상은 여러 차원에서 수용이 가능하다. 싯다르타 고다마는 기원전 567년경에 네팔의 국경에 있는 카필라성에서 태어난 귀족 출신이었다. 그는 고행의 방랑을 하려고 아내와 가족을 버렸다. 진리를 깨우친 그는 교화를 하고 추종자들을 모으기 시작했다. 그의 교리는 인간의 고통에 대한 얘기로 처음부터 끝까지 관철되었다. 다음 세계로 들어가려는 동기로부터 일어나는 욕망이 고통의 원인이고, 그리하여 인생의 수레바퀴에 묶이게 된다. 실제로는 진실이 아니지만 진실처럼 보이는 현실 세계에 대한 환상에서 욕망이 일어난다. 그것을 이기는 길은 욕망을 초월하고 환생을 피함으로써 니르바나를 얻어 열반하는 것이다. 붓다는 인간의 속성을 지닌 신을 믿지 않았으며, 숭배가 아니라 명상을 통해서 우주와 하나가 된다는 가능성만을 믿었다. 독창적이고 불가지론적인 형태에서 불교는 마음의 내적인 평화를 달성하려는 수련이요 연마였다. 따라서 수행은 은둔적으로 이루어졌으며, 승려들만이 모든 면에서 가르침을 따를 수가 있었다. 승가僧伽에 완전히 투신한 사람들은 세상을 저버리고, 승복과 탁발 그릇과 지팡이 말고는 아무것도 소유하지를 않았다. 이렇게 완전한 극기를 단행할 각오가 아직 덜 된 다른 불교 신자들은 가정 생활을 영위하는 평범한 사람들을 위한 신앙과 수행과 명상의 길인 '중도'(쾌락과 금욕의 양극단에 치우치지 않는 수업법)의 완성을 추구하면 된다. 이런 불교 사상의 일부는 브라만에서 기원을 찾아볼 수 있지만, 붓다는 대대로 물려받는 브라만 계급이 불교에서는 스스로 승려가 된 성직자들로 바뀌기 때문에, 계급제도에서는 힌두교 사상과 뜻을 달리했다. 붓다는 또한 대중적인 신들과, 성직이라는 신분과, 신비와, 제물과, 마술을 부정했다. 그의 가르침이 추종자들에게는 지나치게 심오할지 모른다고 그가 처음 했던 염려는 사실 그럴 만한 근거가 충분했다. 실론, 미얀마, 태국, 캄보디아의 소승 불교는 본디 교리와 비슷한 요소를 그대로 간직했지만, 인도 북서부의 대승 불교는 석가모니가 신격을 지니게 되는 유신론적 종

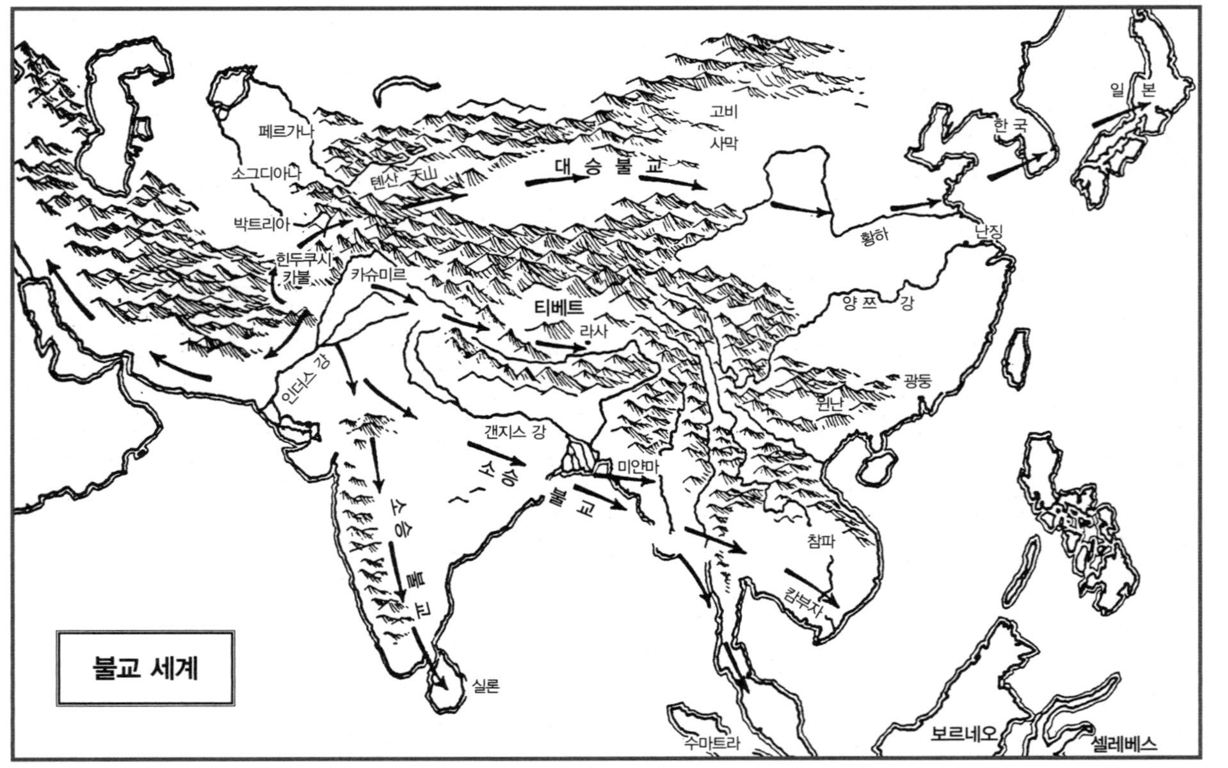
불교 세계
페르가나
소그디아나
박트리아
힌두쿠시
카불
텐산 天山
대 승 불 교
고비
사막
황하
난징
일 본
한 국
카슈미르
티베트
라사
양쯔 강
광둥
윈난
인더스 강
갠지스 강
소 승
불 교
미얀마
참파
캄부자
실론
수마트라
보르네오
셀레베스

교로 발전했다. 그 결과로 대승 불교는 성직자와 경전, 의식, 교리, 행렬, 향, 종, 기도문 통(기도문을 넣은 회전 원통)을 갖춘 사찰을 갖게 되었다. 이런 형태로 그것은 중국, 티베트, 일본으로 전파되었다.

불교가 이렇게 팽창했던 배후에는, 헤라트에서 벵골만까지 뻗친 왕국을 물려받고 남부 인도의 칼링가를 정복해서 41년 동안의 통치에 전환점을 마련한, 마우리아의 왕 아소카의 힘이 무척 큰 작용을 했다. 그의 정벌이 야기한 많은 고통을 인식하게 된 그때 이후로, 그는 정복자보다는 선교사가 되어서 비폭력과 도덕적 의무의 교리를 설파했다. 칼링가 다음에 당연히 목표가 되었던 실론은 그래서 침략은 받지 않았고 개종만 되었다. 아소카는 도덕가이면서 정치가이기도 해서, 신격에 가까운 그의 권위를 이용하여 제국을 하나로 뭉치게 할 윤리적 사상체계를 시행했다고 해도 과언이 아니다. 어쨌든 그가 본보기를 보여서 퍼뜨리려고 했던 소박함, 온화함, 자비, 채식주의, 미물에 대한 너그러움 같은 불교적 미덕은 영원한 가치와 지속적인 영향력을 지닌 가르침이었음은 사실이다. 모든 백성들에게 그는 부모에 대한 복종, 스승에 대한 존경심, 언행의 진실함, 친척들에 대한 예절을 주문했다. 이런 계율들은 대체적으로 받아들여졌고, 다른 면에서는 그의 통치가 참을 만했다. 그가 거의 박해에 가장 가까운 행동을 취했던 경우는 항상 참을 수 없는 사태가 벌어지는 동물의 보호라는 분야에서였다. 포교를 시행한 첫 종교인 불교는 전도자들에 의해서 한쪽으로는 말레이 반도까지, 다른 방향으로는 이집트, 북아프리카, 그리스 같은 먼 곳까지 전파되었다. 개종이 이루어진 다음 실론에서는 아누라다푸라라는 도시를 중심으로 해서 놀랄 만한 문명이 성장했다. 그 까닭은, 예를 들면 원로원 의원 카토의 사상과 비교했을 때 분명해지는 아소카의 윤리적 우월성이 적어도 백성들의 기술적인 능력과 조화를 잘 이루었기 때문이었다. 아누라다푸라에는 인구가 600만 명이었다고 믿어지며, 중심가의 길이는 25킬로미터에 이르렀다. 복잡한 상수도 시설을 갖춘 그곳에는 방이 1,000개인 9층짜리 중앙 수도원이 있었다. 서양에는 규모가 이에 비견할 만한 건물이 없었지만, 아름답기로는 비교가 될 만한 곳이 몇몇 있었을지도 모른다.

다마라크샤法護와 카시야파 마탕가大迦葉摩登伽가 지중해에서 인도에 이르는 육로로 여행을 하다가 바이마白馬 수도원을 건립했다고 믿어지는 해인 65년 이전에는 중국에 도달한 불교 전도자들이 없었다고 생각된다. 이 북쪽 통로의 두드러진 면모는 그것이 페르시아와 그리스와 인도와 중국의 경쟁적인 영향력을 직접 느꼈을 유일한 땅인 박트리아를 통과했다는 것이다. 다른 전도자들은 거의 비슷한 시기에 바다로 중국 남부에 이르렀다. 그때는 인도의 팽창 기간이어서 상인들과 식민주의자들이 캄보디아, 안남, 자바, 수마트라로 진출했으며, 스리비자야가 불교 학문의 남방 중심지였고 후에 광둥이 된 통킹은 중국의 관문 노릇을 했다. 중국의 불교도들은 4세기부터 인도로 성지 순례를 떠나기 시작했고 399년과 414년 사이에 파시안法顯이 그런 여행을 했었다. 7세기쯤 나란다의 인도 대학교에는 중국 학생들이 많았다. 645년에 히난창玄奘이 돌아오자 황제는 예를 갖춰 그를 맞았다. 인도와 중국 사이의 불교적 유대는 8세기 중반까지 끊이지 않았는데 그 후에는 접촉이 거의 없어졌다.

불교는 사실상 중국에서는 사양길로 접어든 종교지만 중국 생활의 모든 분야에 걸쳐 위대한 업적은 아직도 남아 있다. "이런 업적은 아시아의 두 주요 국가인 인도와 중국이 공통된 문명을 일으켜 세우려 했던 위대한 노력을 입증한다."[6] 나중에 불교도들은 오래 전부터 인도에서 중요성을 상실했듯이 중국에서도 그들의 영향력을 대부분 잃었다. 그런 한편으로 불교는 동양에 문화적 그리고 종교적인 통일을 가져다주었다.

불교가 중국에서 더 많은 발전을 하지 못했던 까닭은 먼저 자리를 잡은 유교와 도교道教 때문이었는데, 하나는 지도층이 인정한 윤리관이었고 다른 하나는 일반적인 사람들 사이에 널리 퍼진 종파였다. 중국은 기원전 221년에서 기원전 207년 사이에 중앙군주체제에 의해서 통일이 되었고, 첫 황제는 리쓰李斯의 보좌를 받던 시황제였다. 시황제는 봉건주의와 그에 연관된 학문을 다 파괴하려던 정책을 세웠고, 그 목적을 관철시켰다. 그러나 나중에 유교가 다시 받아들여져서 중국 고전 교육의 기본으로 남게 되었다. 그로부터 몇 차례의 방해를 받기는 했어도, 중국은 주로 정치적 또는 사회적 의무와 관련이 깊은 유교 원칙에 따라 효과적으로 통치되었다. 그와는 대조적으로 도교는 인도의 종파들과 어느 정도 유사하다. 노자는 우주 만물의 상대성과 부조화의 무의미함을 가르쳤다. 도교주의자들은 자연의 섭리를 따르고, 행동보다는 명상을 좋아하고, 정치적인 공직을 피하고, 심지어는 사회활동도 꺼렸다. 도교를 젖혀놓더라도, 일반적으로 중국인들은 조상을 깊이 섬겼으며, 또한 영혼의 윤회를 믿는 사람들이었다. 불교와 도교는 상통하는 바가 많아서 결국은 대립하게 되었다. 그런가 하면 한 사람이 서너 가지 종교를 믿어도 막을 수가 없었고, 사실 그런 일이 흔했다. 모든 사상은 진리의 서로 다른 측면으로 여겨졌다. 결론적으로 그것들 가운데 하나나 모두를 믿는 사람들, 철학적이고 쉽게 체념하고 순종하는 사람들은 유교적 통치자를 위해서는 이상적인 백성이 되었다. 다른 나라들과 비교할 때 중국은 상당히 최근까지도 부러울 만큼 안정된 상태를 유지해왔다.

위대한 문명들 가운데 하나로 간주되면서도 우리들이 메소포타미아나 이집트 문명과 연관을 짓는 그런 고색창연함이 중국 문명에서는 결여되었다. 천문학, 수학, 그리고 의학의 기본적인 지식이 메소포타미아에서 기원하여 중국으로 전래되었다는 추측이 사실상 있었다. 그렇다고 해도, 중국인들은 기원전 1500년에 시작되는 그들의 역사 초기에 그들만의 문자를 발전시켰으며, 이것은 그들의 문화에서 본질적인 양상을 형성한다. 수메르인들의 설형문자는 기원전 3500년경에 빛을 보았고, 수메르가 멸망하기 몇 백 년 전인 기원전 2900년에는 2,000개의 기호가 600개로 줄어들었다. 메소포타미아의 설형 그림 문자는 기원전 3000년에 처음 나타났으며, 아카드어 형식의 글자 600개로 이루어졌었다. 그것들은 기원전 1000년이나 그 비슷한 시기에 22자로 되어 있는 아람어 문자에 밀려나기 시작했으며 기원전 140년경에는 사실상 없어졌다. 이집트의 상형문자도 역시 그림 문자였는데, 기원전 3100년경에 처음 사용되었다가 기원전 500년에 이르러 사실상 폐기되었다. 이것들은 계속해서 성문자聖文字와 민용문자民用文字에게 밀려났고, 이것들도 다시 그리스인과 로마인들이 발전시킨 페니키아 문자에 밀려났다. 따라서 중국인들이 문자를 소유했다는 사실은 별로 대수로운 것이 아니다. 다만 우리가 언급한 다른 지역에서 그림 문자를 완전히 사용하지 않게 된 이후까지 약 2000년 동안이나 그들이 옛 문자를 지켜왔음이 이상할 따름이다. 저마다 다른 언어를 사용하는 여러 지역에서도 같은 문자의 사용을 확산시켰다는 현실적인 가치는 인정해야 한다. 그러나 중국에서 글을 깨우치는 과정은 평생 걸려도 어려울 지경이다.

학자가 약 5만 개의 글자를 배워야 하는 문자가 남긴 결과는 글을 깨우치는 데만도 여러 해의 공부가 필요하다는 어려움이다. 그것뿐 아니라 중국 고전과 문학적 형식과 예술적인 서예를 공개시험에서 겨루는 제도가 또 있다. 공직을 맡으려는 사람들은 따라서 모두가 똑같은 기능을 익히고, 정확한 어휘로 정확하게 감정을 표현하고, 적절한 문필가의 적절한 인용구를 가지고 제대로 표현할 수 있는 사람들이어야 했다. 이 모두가 사실상 다른 요소들을 모두 배제하고 고전 교육의 가치에만 커다란 특혜를 베풀었다. 그러면서도 학자는 그가 그토록 많이 공을 들인 지식을 과소평가할 수도 없었다. 그렇게 오랜 시간을 공연히 낭비했다는 사실을 선뜻 인정하려는 사람은 없다. 그래서 중국에서는 학문에 대한 깊은 존경심이 생겨났으며, 이런 사고방식은 그곳에서 일본으로 파급되었다. 고전 학문의 모든 학파가 그렇듯이 과거의 글은 현재에 대한 어떤 서술보다도 의미가 깊다는 가정이 이루어졌다. 책이나 기록이 인간보다 훨씬 중요했다.

　이런 관점에서 보면 명 왕조(1368년~1644년)의 시조가 사실상 불교 승려였음은 흥미 있는 일이다. 이 사실은 인도와 중국의 문명을 연결하는 또 다른 한 면모가 학문에 대한 숭상이었다고 우리의 관심을 환기시킬지도 모른다. 브라만의 베다吠陀 연구는《논어》에 대한 중국학자의 정성과 비견할 수 있다. 그리고 두 체제를 연결하면서 불교는 나름대로의 새로운 학풍을 첨가했다. 고타마는 자기 자신의 정신적인 수양에만 관심이 있었고 그것을 가능한 한 쉬운 말로 설명했다. 그러나 그의 추종자들은 어마어마한 차원의 신학적인 어휘들을 집대성했고, 그 모든 범어 문학을 중국어로 번역하려면 박식한 사람이 필요했다. 교리를 터득하는 데만도 15년의 공부가 필요했고, 한 사람의 전도자가 500가지의 서적을 섭렵하는 경우도 허다했다. 경전에 대한 주해만 해도 200장章에 걸쳐 계속되기도 했고, 참고 서적의 편찬이라면 정말로 끝이 없는 일이었다. 글에 대한 집념은 인도와 중국에 다 같이 깊숙하게 뿌리를 내렸다. 그와 비교할 때, 그리스 사람들은 거의 책을 읽지 않았고, 로마 사람들은 더욱 적게 읽었을지도 모른다. 하찮은 도구나 연장 따위라면 학자의 안중에는 없었을 터이므로 중국에는 기술의 발전이 빈약했다고 어떤 역사가들이 설명하게 된 이유는 이런 대조적인 면 때문이었다. 우리가 진실을 따져 밝히기는 어렵더라도 이 설명은 우리들에게 납득이 갈 만도 하다. 그러나 조셉 니담은 중국의 기술이 특히 기원전 300년부터 서기 1400년 사이에 유럽보다 훨씬 앞서 있었음을 보여주었다. 따라서 그는 "동양과 서양에 대한 그런 모든 가치 판단은 부정확한 기초 위에 이루어졌다"[7]고 공정하게 결론을 내린다.

기초가 부정확한지 어떤지는 모르겠지만, 어느 한 가지 이론을 부정한다고 해서 우리들이 다른 이론을 찾으려는 노력까지 포기할 필요는 없다. 서양의 동양학자들은 흔히 지식의 무게에 너무나 눌려서 어떤 종류의 보편적인 단정도 내리기를 부담스러워하고 두려워한다. 그러나 몇 가지 단정을 내리기는 확실히 가능하다. 예를 들면 어떤 지역에서는 결혼한 아들이 아버지의 집에 남아서 같이 살며 부모의 지시를 받아야 하는 관습이 동양에 있었다. 그런 집안에서 태어난 아이들은 나이 많은 여러 친척들에게 복종하고 온갖 의견에 귀를 기울이도록 스스로 길이 들고, 그렇지 않으면 그런 대가족 가운데서 살아가기가 불가능하기 때문에 공손함과 예절을 배운다. 그러나 서로 상반되는 점잖은 의견들을 듣고 그것들을 모두 서슴지 않고 받아들인다면, 실질적으로 편한 삶을 유지하는 데 몇 가지 지적인 어려움을 빚어내고 만다. 권위 있는 고전을 계속해서 인용하다 보면 스스로 선택하는 능력을 과소평가함으로써 사고력이 침체하게 된다. 중국은 기술적인 진보가 결여되지는 않았지만 과학을 어느 수준 이상으로 발전시키는 데 실패했다. 그리고 그 실패의 한 양상은 분명히 중국의 사회구조와 단체에 개인이 귀속된다는 현실과 연관성이 있다. 여기에서 우리는 어떤 변화를 보게 되리라고 기대한다. 아시아의 부흥은 학풍의 종말을, 과거에서의 탈피를 의미해야만 한다. 선택하고 거절할 능력이 개발되어야만 중국인들은 곧 아시아 역사의 새로운 시기에 들어설 수 있으며, 그러면 아시아에서 더 많은 발전을 기대해도 좋다. 과거에도 그런 일이 일어났었음을 깨우친다면, 인간의 발전을 추진하는 피스톤이 다시 동양에서 서양으로 움직여야만 한다는 사실이 보다 신빙성을 얻게 된다. 외바퀴 손수레는 유럽에 전파된 중국의 첫 발명품이 아니었다. 그것은 물론 마지막이 되지도 않을 것이다.

승리하는 동양

—

인도는 서양의 영향력에 굴복하기는커녕 그에 대해서 강렬한 반발을 보였다. 그래서 통합과 팽창을 위한 움직임이 나타났으며, 새로운 종교를 육성하고 전도함으로써 인도의 사상을 중국, 이집트, 동남아시아로 퍼뜨렸다. 철학과 윤리에서 불교가 차지하는 우월성과 함께, 인도 사상의 심오함과 함께, 역사가들이 최근에 와서야 겨우 인정하기 시작하게 된 예술 및 기술의 탁월함이 전파되었다. 더구나 인도의 뒤에는, 종교적인 성향이 덜 짙기는 했어도 기술상으로는 훨씬 더 숙련된 사람들이 살았던 중국이 가까운 거리에 있었다. 불교로 연결된 이들 두 나라는 서양에 대한 동양의 저항에서 중심을 이루었다. 그러나 비록 반발을 하기는 했지만, 인도와 중국 사람들은 대부분 유럽의 영향력으로부터 워낙 멀리 떨어진 곳에서 살았다. 로마의 통치를 조금이라도 받았던 사람은 거의 없었다. 그러나 유럽과 훨씬 더 가깝게 접촉했던 아시아 민족들이 있었다. 이란과 이집트 사람들은 그리스와 로마의 정복을 모두 겪었고, 시리아 사람들은 식민지 사회에서 제외되었고, 유대인들은 절대로 주류에 끼어들 길이 없었으며, 아랍인들은 어떤 정복자에게도 그들의 충성을 바치지 않았다. 그렇게 로마에 훨씬 가까운 곳에 위치했던 민족들 사이에서는 동양의 반발이 더욱 강력했다.

유럽에 미치게 될 동양의 영향력에서 첫 파도가 뒤따라 들어올 폭풍우에 비하면 잔잔한 물결에 지나지 않을 첫 물결이 페르시아에서 밀려왔다. 어느 다른 종교와 달리 선과 악의 대결에 깊은 관심을 두었던 조로아스터(자라투스트라의 영어 이름)가 기존의 종교 위에 새로운 종교를 일으켜 세웠던 것은 여기에서였다. 조로아스터의 교리에 따르면, 어둠의 신인 앙그라 마이뉴에게 쉴 새 없이 도전을 받는 이란의 태양신 아후라 마즈다가 세상을 창조했다. 믿는 자의 의무는 통치자에게 복종하고, 노동을 하고, 약속을 지키고, 가난한 자에게 선행을 베푸는 것이었다. 신앙이 깊은 자들의 도움을 얻어서, 빛의 신은 심판의 날에 결국은 악을 물리치게 되는데, 그때부터 죽은 자는 천국으로 들어가거나 지옥으로 쫓겨나게 된다. 한때 페르시아에서 정식으로 승인된 종교이기도 했던 조로아스터교는 본디 형태 그대로 유럽을 파고들었던 때가 전혀 없었다. 그것은 대신에 원래 종파의 변형인 미트라교를 파생시켰다. 그리고 여기에서도 또한 선과 악의 갈등이 등장하지만, 인류의 특별한 친구인 미트라는 이제 미덕의 편에 서게 되었다. 그는 다른 방법으로는 구원하기가 불가능한 영혼을 순수하게 하고 구제하기 위해 마련된 모든 의식이나 성인식을 통해서 숭배를 받았다. 미트라교의 성스러운 의식들은 신성한 소를 미트라가 죽인다는 행위를 중심으로 이루어졌으며, 수행 과정은 금욕과 단식에 대한 규칙들을 포함했다. 안치타 또는 아르테미스라는 여신을 등장시켰던 원래의 배화교 종파와는 달리, 미트라교는 여자들에게 아무것도 제공하지 않았다. 이것은 로마의 군인들 사이에서 미트라교가 신자들을 확보하는 데 전혀 걸림돌이 되지 않았다. 폼페이우스 시대의 포로들로부터 처음 전해 듣게 된 이 종교를 2세기에 많은 로마 병사들이 믿게 되었다. 그것이 기독교를 위해 길을 닦아놓았음은 의심할 여지가 없다.

불교가 어느 정도까지 같은 역할을 했느냐 하는 문제는 더욱 파악하기 어렵다. 라드하크리쉬난이 지적했듯이, "수많은 우화와 전설과 종교적인 신화와 개념들이 인도로부터 시리아, 이집트, 팔레스티나로 전파되었다."[1] 그는 다음과 같이 이야기를 계속한다.

기독교가 발생한 중동 지역에 페르시아와 인도가 끼친 영향은 뚜렷하다. 불교사상은 교역과 전도의 수단을 통해 중간에 위치한 그리스 도시들을 거쳐 지중해 연안으로 전파되었다. 알렉산드리아는 시리아보다 훨씬 더 많이 동양의 사상에 노출되었다. 그리스, 바빌로니아, 불교, 조로아스터, 이렇게 서로 다른 전통에 속하는 사상들의 묘한 혼합이 그리스도 시대보다 100년 앞서서 진행되었다……[2]

이것이 사실임은 페르시아에서 온 마기(Magi, 그리스도를 찾아온 세 명의 '동방박사'는 조로아스터교의 사제 계급이었음), 씨를 뿌리는 사람에 대한 우화(불교), 예수의 유혹(조로아스터), 그리고 그의 가족을 저버린다는(힌두) 기독교 전설의 많은 양상에서 분명해진다. 윤리적인 가르침은 세례 요한을 거쳐서 에세네파(B.C. 2세기경부터 팔레스티나에 있었던 유대인의 비밀 교단으로 금욕, 독신, 유대 법전의 준수가 특징임-옮긴이)로부터 부분적으로 연유하는데, 그들은 더 거슬러 올라가 불교의 사상을 어느 정도 차용했다. 지옥의 불은 조로아스터와 배화교 교리의 일부이고, 예수의 죽음은 미트라에서 이미 선보인다. 나중에 정착된 기독교의 수도생활도 역시 불교에서 연유한다.

지금은 기독교 전설이 담긴 사건들에 대한 서술을 하거나 그런 내용의 진부를 가릴 때가 아니다. 예수가 기원전 4년경에 태어났고 나이 서른쯤에 유대 땅에 선지자가 되어 나타났으며, 그의 생애에서 그 이전에 대해서는 사실상 아무것도 알려지지 않았다는 정도로 충분하다. 유대는 그때 티베리우스의 휘하에 있는 행정장관이 다스리던 로마의 영토였다. 이런 형태의 통치하에서 유대인들은 반항심을 간직하고 있었으며 나중에 그랬듯이 역동적인 지도자가 나타나기만 하면 당장 반란을 일으킬 상태였다. 비록 예수가 남의 마음을 끄는 성품을 지녔고 왕족의 후손이라는 말이 있기는 하지만, 그는 일부러 이런 역할을 마다했다. 그러나 유대인들이 기다려야 한다고 가르침을 받았던 구세주 메시아가 자기 자신이라는 주장까지 부인하지는 않았다. 그러나 그는 자신의 구세주적인 임무가 완전히 종교적일 뿐임을 밝혀두었다. 그가 하느님의 대리인이라고 주장하자, 당시의 승려들은 그런 기능은 자기들의 것이라는 생각에 당연히 그를 싫어했다. 애국자들은 반란 계획에 참여하지 않는다고 해서 그를 싫어했다. 서기 30년 무렵에 대사제와 의회는 그가 신을 모독했다고 재판을 열고는 사형을 시키기로 했으며, 이 형벌을 행정장관이 추인해주기를 바랐다. 그는 추인해주기를 꺼렸지만, 대사제는 다시 그에게 예수가 유대인들의 왕이라고 주장했다는 사실을 통고했다. 반역에 대한 티베리우스의 준엄함이 마음에 걸렸고, 그의 관대함에 대하여 의회가 카이사르에게 불평하리라는 사실을 의식한 행정장관은 그 형을 확인했다. 그래서 예수는 처형을 당했다.

유대교의 이교적인 한 분파로서 예수에 의해 설립된 종교적인 종파는 그 이후 여러 해 동안, 특히 예루살렘에서 수많은 신자들을 얻었다. 헬라스화한 유대인이며 로마의 시민이었던 바울은 소아시아와 그리스에서 포교를 시작했다. 산발적인 박해가 좀 발생하기는 했어도, 기독교는 로마제국 전체로 퍼져나갔고, 300년이 되자 로마에서 가장 중요한 종교가 되었다. 이 과정을 연구하는 동안에 역사가는 우선, 본질적으로 동양의 종파인 이 종교가 어째서 아시아가 아니라 유럽에서 퍼지게 되었는가 묻지 않을 수가 없다. 기독교는 분명히 아르메니아와 페르시아로 전파되었으며, 말라바르에는 소규모의 기독교 종파가 세워졌지만, 그래도 기독교는 전체적으로 대서양을 향해서 이동했다. 왜 그랬을까? 아마도 조로아스터교와 불교가 새로운 움직임을 용납할 여지를 남겨놓지 않았기 때문인지도 모른다. 그들 두 종교는 신비주의와 윤리관의 혼합체가 호소력을 가질 만한 사람들을 이미 모두 흡수해버렸다. 서쪽 방향이라면 경쟁이 덜 심했다. 국교國敎를 선포하는 사람들은 상류층이지만, 무산자들이나 노예들에게는 그런 종교가 호소력이 없었다.

미트라교는 군대에서 널리 알려졌지만 여자들에게는 아무런 쓸모가 없었다. 이집트의 이시스와 오시리스 교파가 남아 있었지만 이것은 기독교만큼도 제공하는 바가 없었다. 기독교인들은 신앙에 대한 보답만으로도 영생을 보장받았고 거기다가 기독교는 적에게 쏟아지는 지옥의 불과, 악에 대한 투쟁과, 비밀단체의 가입과, 성찬식과 우애를 위한 의식까지 갖추었다. 다른 종교들에게서 그토록 많은 요소를 흡수함으로써 기독교는 어느 종교도 단독으로는 제공하기가 불가능한 많은 혜택을 제공할 여유가 있었다.

지중해 지역에서 뿌리가 뽑히고 버림을 받은 무리들로 이루어진 기독교인들은 고통을 신과 동일시했다. 평화나 기쁨이나 보람처럼 현세에서 그들에게 주어지지 않았던 것들을 그들은 대신 내세에서 저마다 누리게 되리라고 주장했다. 기독교 세계가 아닌 다른 문화권에서는, 비록 그토록 통렬하지는 않았어도, 이 감정은 제국주의가 가져온 대중생활의 분열이 이루어진 곳이라면 어디에서나 일어났고, 그것은 구원의 종교를 통해서 표출되었다. 아시아와 유럽에서 초기에 이루어진 지적 발달의 통일은 그들이 만들어낸 구세주 신들에게서 확실한 면모를 갖추었다. 그리스도, 메시아, 미트라, 크리슈나, 아미타불無量光佛은 세상살이의 고뇌에 대한 보상으로서, 신의 자비심에 대한 개인의 신앙을 통해 얻어진다고 이해해야 할 다른 세계를 사람들에게 제공했다.[3]

보다 덜 근본적이기는 하지만, 다른 두 가지 상황이 같은 방향으로 이끌어가는 경향을 보였다. 바울과 초기에 개종한 사람들 가운데 몇 명은 그리스어를 모국어 또는 외국어로 사용했던 헬라스화한 유대인들이었다. 그들은 유프라테스 강 너머에서는 도저히 불가능했을 정도의 설교를 소아시아에서는 할 수가 있었다. 그들과 그들이 개종시킨 사람들은 예루살렘을 중심으로 형성된 유대인 기독교 집단보다는 훨씬 권위를 인정받지 못했음이 틀림없다. 그러나 유대인 반란이 일어났고, 70년에는 예루살렘에 대한 약탈이 뒤따랐다. 유대인들은 어느 때보다도 훨씬 더 분산되었으며, 당분간 예루살렘에서는 교회 활동이 중단되었고, 그래서 이 사건의 영향을 받지 않았던 비유대계 교회들의 중요성이 훨씬 증가했다. 이런 사태 진전의 속도는 시대의 불안정과 로마제국 자체의 부패에서 큰 힘을 얻었다. 군사적 상황이 와해됨에 따라 미래가 제공할 만한 보상이 감소되는 듯했던 까닭에, 그리고 로마의 제신들이 승리를 가져오지 못해서 신뢰감을 잃게 됨에 따라, 사람들은 후세에 대해서 관심을 더 많이 나타냈다. 그들은 세상이 그들에게 거부했던 성공을 영원불멸에서 찾을 수가 있었다. 그들의 세계에서 정치적 중심지였던 로마 대신에 그들은 결국 정신적 제국의 중심지인 새로운 로마를 일으켜 세울 가능성을 보게 되었다. 세상만사가 정말로 나쁜 상태로 지속되었기 때문에 그들의 왕국은 현세의 왕국이 아니라고 결론을 지어야 했다.

동양과 서양 사이의 관계를 연구할 때 우리는 미개함이 아니라 문명에 관심을 둔다. 기독교 시대의 초기 몇 세기 동안에는 유럽과 아시아의 문명을 다 같이 위협했던 야만인 부족들의 이동이 커다란 중요성을 지녔다. 그러나 비록 그들이 빚어낸 결과에 따라 가끔 얘기에 끼어들기는 하지만, 그들은 문명화가 되기까지는 주인공들이라고 간주해서는 안 된다. 그들이 이쪽 편이나 저쪽 편으로 어떻게 합세했느냐 하는 것은 상당히 중요한 일이겠지만, 대부분 그들은 역사적인 우연성이나 그저 지리적 여건에 따라 스스로 뭉치고는 했다. 역사를 연구하는 학자라면 이런 야만인의 거대한 무리들이 어디에서 왔으며 그들이 어떻게 살아왔는지 당연히 궁금하게 생각한다. 그들의 적이 상상했던 만큼 그들은 숫자가 많지 않았으리라는 점은 분명하다. 그들의 위세에 대해서 우리들이 알고 있는 지식은 패배를 당한 장군들이 그들의 군대가 붕괴한 이유를 어떻게 해서라도 변명해야 했던 보고서에서 연유한다. 이들의 붕괴를 초래한 동양의 침투 자체가 부패와 나약함이 원인이었느냐 아니냐 하는 질문을 학자들은 할 수밖에 없다. 쇠망의 기간 동안에 살았던 많은 사람들은 그랬다고 믿기가 쉬웠다. 그러나 역사적인 사실들이 증명하겠지만, 그들의 판단력은 오류를 범했다. 동양적인 요소는 서양의 저항을 결과적으로 증대시켰다. 제국 그 자체의 통치기구가 내포한 복합적 요인이 제국을 침식해 들어갔다. 서양의 저항력을 죽인 것은 과중한 세금이었다.

로마인들은 동양의 악행 때문에 나약해지지는 않았다. 그들은 동양의 힘으로부터 위협을 받았다. 간접적인 원인을 따지자면, 중국에서 한漢 왕조의 능률적인 통치가 이루어져 흉노족을 내몰아서 그들로 하여금 서쪽으로 이동하게 했으며, 직접적인 위협이 되었던 서고트족과 반달족을 흉노족이 앞으로 밀어내는 결과를 초래했다. 어떤 기후의 변화가 그들의 이동을 더욱 촉진시켰을지도 모른다. 그러나 그 이동의 성격이 어떠했던지 간에, 라인과 도나우 강을 따라가면서 압력이 증가했다. 몇몇 부족을 같은 편으로 받아들여 그들을 재훈련하고 재무장해서, 그들로 하여금 나머지 부족들과 싸우도록 하는 정책이 필요해졌다. 아마도 다른 방법이 없었겠지만 어쨌든 결국은 로마의 군대가 아니라 야만족 부대가 제국 안에서 나라를 통제하게 되었다. 직접적으로 로마는 재기하던 페르시아의 세력으로부터 위협을 받았다. 사산 왕들의 휘하에서 이란 사람들은 전진을 개시했다. 226년 아르다시르의 즉위와 더불어 페르시아는 새로운 팽창의 시대로 들어섰다. 샤푸르 왕은 우선 동부 페샤와르로 이동해서 박트리아, 사마르칸트, 그리고 인더스 계곡에서 그의 지반을 굳혔다. 다음에 그는 시리아로 전진해서 안티오키아를 점령하려고 시도했다. 첫 시도는 실패했지만 15년쯤 후에 이루어진 다른 정벌은 에데사의 승리와 안티오키아의 함락(260년)으로 끝났다. 발레리아누스 황제와 7만의 군단은 포로가 되었고, 덕택에 샤푸르는 새 기술자들을 얻게 되었다. 이란의 위협은 현실이 되었다.

발레리아누스의 후계자가 통치하는 로마제국은 이제 북부 브리튼으로부터 카스피해의 연안, 그리고 그곳에서 다시 나일 강 입구까지 뻗친 변방 전체에서 위험에 직면했다. 엄청나게 기나긴 이 변방에서 가장 취약한 지점은 도나우 강의 하류였다. 275년에 강의 북쪽에 위치한 다키아를 빼앗긴 다음에 서고트 사람들은 아드리아해에서 300킬로미터 내에, 그리고 보스포로스에서도 거의 같은 거리에 있었다. 두 곳 가운데 하나라도 붕괴된다면 제국은 두 동강이 날 처지였다. 시리아의 안티오키아를 영원히 잃게 된다면 세 토막이 나고 모든 도로의 왕래가 두절된다. 이런 위험을 막는 길이라고는 다키아와 메소포타미아의 재정복이었지만, 이런 작전을 위해서 다른 편에 소속되지 않은 병력을 충분히 모으기는 불가능했다. 250년에서 265년 사이에 제국을 휩쓸었던 전염병이 틀림없이 그 주요 원인이었다. 1세기에 7,000만에서 7,500만이던 인구는 3세기 말에 5,000만으로 줄었다. 그보다 조금 이른 105년부터 146년 사이에 똑같거나 비슷한 전염병이 중국에 번졌었지만, 결과는 덜 비참했다. 이것이 양쪽 방향으로 이동하는 데 야만족이 성공한 배경이다. 그리고 로마의 관점에서 볼 때 유일한 해결 방법이라고는 디오클레티아누스가 은거했던 장소인 두브로브니크의 북쪽에 있는 현대적인 도시 스팔라토처럼, 가장 취약한 지역에서 적절하게 제국을 나누는 것이었다. 최종적인 분리는 395년에 테오도시우스의 아들들 사이에서 이루어졌다. 그러나 동쪽 수도인 신로마(1년 후에 황제의 이름을 따서 콘스탄티노플로 명칭이 바뀜-옮긴이)는 콘스탄티누스가 이미 324년에 창건했다.

　제국의 동쪽 절반에 새로이 생명을 연장시켜준 것은 콘스탄티누스의 업적이었다. 야만인들을 받아들여서 입대시켜 야만족에 대한 방어를 함이 서쪽의 정책이었듯이, 동양의 힘을 이용해서 동양을 궁지에 몰아넣는다는 것이 콘스탄티누스의 정책이었다. 옛 비잔티움 자리에 선 신로마에로의 이동은 그의 본거지를 가장 위험한 지점 근처의 강력한 위치로 이동한다는 것을 의미했다. 콘스탄티누

스는 임종을 앞두고 기독교인이 되었는데, 기독교를 제국의 국교
로 삼은 사람은 테오도시우스였다. 분리가 된 다음에 더 강한 면모
를 나타낸 쪽은 동양화한 동쪽 절반이었다. 이것은 부분적으로 경
제적인 원인들 때문이었지만 주요 원인은 신성한 군주나 궁정의
찬란함이나 종교의 신비나 예술의 정교함 같은 그곳 삶의 여러 동
양적인 양상이 나름대로의 생명력을 지녔기 때문이었다. 이제는
상당히 뒤섞인 인구 구성에 따른 필요성들을 충족시키면서 기독교
세계는 페르시아의 도래에 강력하게 맞섰다. "군인들에게, 그리고
아마도 황제 자신에게도 영감을 불어넣었던 열정은 그들의 칼날을
예리하게 하는 한편, 그들의 양심 또한 만족시켰다."[4] 그러나 그 과
정을 한탄하면서 기본은 진정한 로마, 공화정체적인 로마에 대해
서 향수를 느끼며 회고한다. 유명하고 의미심장한 대목(17장)에서
그는 목전에 대두한 변화에 대한 자신의 분석을 제시한다.

실질적인 권력에 만족한 로마인들의 남성적인 긍지는 허식적인 위대
함의 형태와 예식을 동부의 허영심에 넘겨주었다. 그러나 자유라는
그들의 옛 관념에서 연유하는 가치들의 허울조차도 상실하게 되자,
로마 예절의 검소함은 아시아 궁중의 엄숙한 겉치레에 밀려 무의미
한 수준으로 퇴락했다. 공화정체에서는 그토록 두드러졌고 군주제
밑에서는 그토록 나약하고 하찮았던 개인적 미덕과 탁월한 차이점의
고귀한 가치는, 직함을 달고 왕좌의 발치에 자리를 잡은 노예로부터
방자한 전제 정권의 가장 미천한 앞잡이에 이르기까지, 계급과 직책
의 가혹한 종속 관계를 그의 방에서 마음대로 뒤바꾸던 황제들의 전

제정치에 의해서 무너졌다. 비열한 하인들의 무리는 그들의 희망을 한꺼번에 무너트리고 그들의 봉사에 대한 대가를 가로챌지도 모를 혁명에 대한 두려움 때문에 현존하는 정부를 지원하려고 했다. 이런 신성한 계급 조직에서는 (흔히 그런 식으로 이루어졌듯이) 모든 계급을 지극히 면밀한 정확성에 의거해서 규정지었고, 그런 계급의 권위는 배우기에는 힘들고 소홀히 했다가는 신성 모독이 되는 사소하고 엄숙한 온갖 예식을 통해서 과시됐다. 라틴어의 순수성은 자존심과 아첨의 관계를 유지하느라고 툴리우스(Marcus Tullius Cicero, 율리우스 카이사르 암살에 가담했으며 시리아에서 지방총독을 지냈음)는 거의 이해도 하지 못했을 터이고 아우구스투스라면 화를 내며 반대했을, 헛된 칭호들의 범람으로 타락했다. 제국의 고위 관리들에게는 통치자 자신까지도 경례를 하면서 성실한 당신이니, 막중하신 당신이니, 빼어난 당신이니, 고명하신 귀하니, 숭고하고 훌륭하시고 너그러운 당신이니, 찬란하고 훌륭하신 당신이니 하는 허황된 명칭을 써야 했다.

그는 계속해서 이렇게 서술했다.

자만심에 부풀거나 불만으로 비꼬인 국민은 그들의 현실적인 상황을 올바르게 판단할 자질을 갖춘 경우가 드물다. 콘스탄티누스의 신하들은 천재성과 남성적 미덕의 붕괴로 인하여, 선조들이 갖추었던 존엄성보다 훨씬 그들의 품위가 추락했음을 인식할 능력이 없었지만, 그들은 폭군의 분노와 해이해진 기강과 늘어나는 세금을 의식하고 한탄할 줄은 알았다.

이런 평가는 훗날 이루어졌음을 우리는 유의해야 한다. 그러나 기본이 동양과 서양의 특성이라고 여겼던 점들을 제시하느라고 여기에서 사용한 어휘들은 중요한 의미를 지닌다. 동양에 대해서 그가 사용한 형용사들은 '헛된, 가식적인, 겉치레적인, 전제적인, 엄숙한, 독재적인, 비열한, 자존심이 강한, 아첨하는, 거짓된, 노예근성의, 그리고 타락한' 이었다. 서양에 대한 형용사들은 '사내다운, 간결한, 고결한, 순수한, 고상한, 그리고 자유로운' 이었다. 콘스탄티노플이 중요한 변화의 무대였음을 우리는 의심할 나위가 없다. 그러나 후대 역사가들의 관점은 그들이 사는 시대의 경험에 따라 좌우되기가 쉽다. 기본과 같은 시대의 사람들에게는 동양이 패배를 당하고 위축된 세계, 몰락과 붕괴의 세계로 알려졌었다. 그런 시각에 따라 그는 비잔티움에서 부패만을 보게 되었다. 그러나 그 인상을 사실들이 정말로 뒷받침하지는 않는다.

그렇다면 실제로는 어떤 일이 일어났던가? 동양의 영향권에서 보다 멀리 떨어져 있던 로마를 중심으로 한 서쪽 제국은 445년에 로마 자체가 공격을 당하자 완전한 혼란과 파괴 속에서 무너졌다. 서양의 로마 체제들 가운데 살아남은 것은 기독교뿐이었다. 처음에는 비잔티움도 별로 나을 바가 없는 운명을 맞을 듯이 여겨졌을지도 모른다. 흉노족은 파괴를 일삼고 전진하며 콘스탄티노플의 성벽까지 공략했다. 그러나 콘스탄티노플은 함락되지 않았다. 동쪽 제국은 살아남았고, 그랬기 때문에 서쪽까지도 유스티니아누스

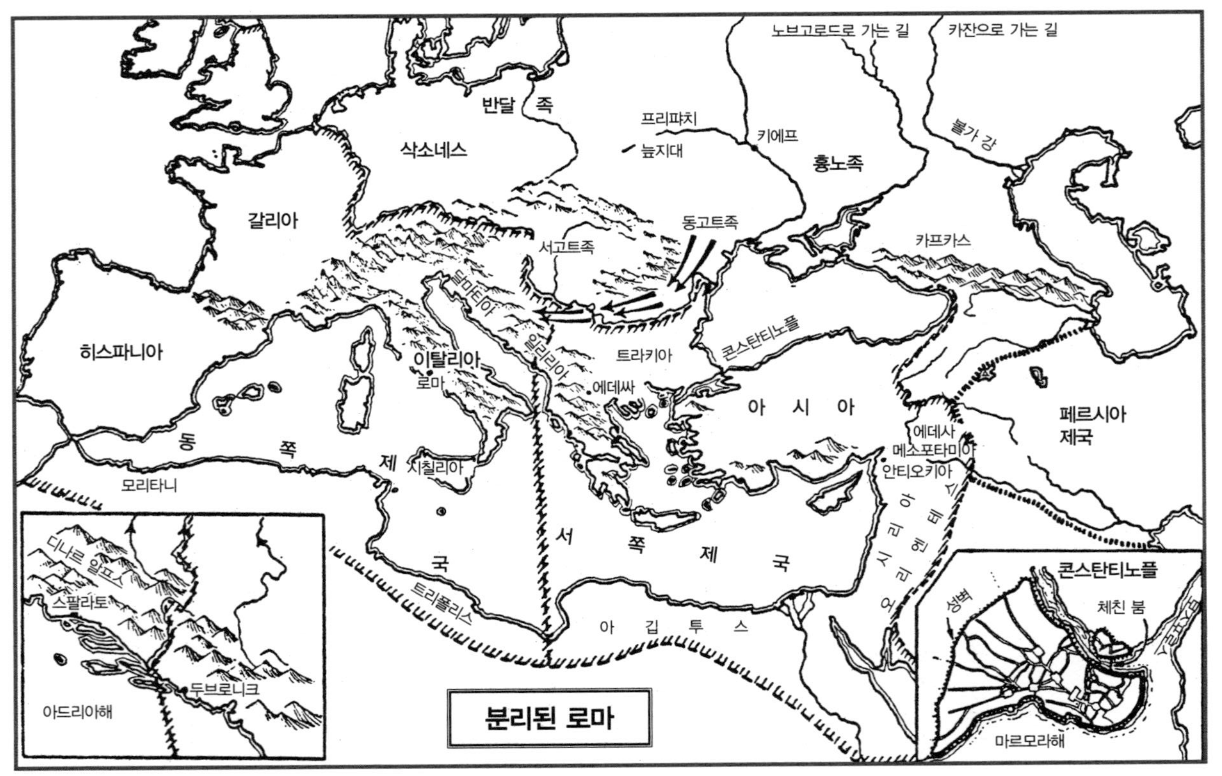
노브고로드로 가는 길
카잔으로 가는 길
반달 족
프리퍄치
늪지대
키에프
볼가 강
훈노족
삭소네스
동고트족
갈리아
서고트족
카프카스
달마티아
일리리아
히스파니아
이탈리아
로마
트라키아
콘스탄티노플
에데싸
아 시 아
동 쪽
제 지칠리아
모리타니
에데사
메소포타미아
안티오키아
시리아 사막
페르시아
제국
서 쪽 제 국
아 라 비 아
트리폴리스
아 깁 투 스
분리된 로마
디나르 알프스
스팔라토
두브로니크
아드리아해
콘스탄티노플
성벽
체친 붐
마르모라해

(527년~565년)가 일시적으로 되찾았다. 페르시아 사람들에게 다시금 공격을 받고, 헤라클레이오스가 통치하던 비잔티움 사람들은 그들의 적을 쫓아버렸을 뿐 아니라 크테시폰도 장악했다. 나중에 기독교는 콘스탄티노플에서 러시아로 전래되었으며 러시아의 노브고로드와 키에프에서 견실하게 자리를 굳혔다. 이것은 그 광활한 지역을 동양이 아니라 서양 쪽으로 끌어넣는 커다란 업적이 되었다. 그러나 전체적으로 볼 때 비잔틴 사람들은 방어적인 편이었다. 그들의 군사 교본은 오만이 말했듯이 대부분 어떻게 패배를 면하느냐 하는 방법을 가르친다.

비잔틴 전략의 주요 목적이 적을 공격하기보다는 제국의 보호였다는 사실은 그들이 지닌 중요한 한계점을 보여준다. 그러나 그것은 중세 초기 동안의 동양과 서양의 군사적 감각에서 나타나는 차이점을 모두 설명하지는 않는다. 비록 비잔틴 사람들이 직업상의 자부심이 대단했으며 종교적인 열성이 무시하지 못할 만큼 가미되기는 했어도, 기사도 정신의 불꽃은 전혀 찾아볼 수가 없었다.[5]

후퇴 훈련을 강조한 이 수비적인 분위기는 당연히 비잔틴의 축성 기술을 발전시켰다. 유스티니아누스 대제는 방어를 위한 건축 및 보수 공사를 무려 700가지나 했다. 시드니 토이는 이렇게 썼다. "당시에 이루어진 동쪽 제국의 건축 활동은 어디에서도 유례를 찾아볼 수가 없다."[6] 당시에는 그런 유례가 없었을지 모르겠지만, 그것은 분명 남들의 모방을 자극했다. 20세기에 우리는 그런 자세를 마지노선과 연관 짓는데, 다른 점이 있다면 비잔틴의 요새들은 적어도 완성은 되었다는 사실이다. 얼마 동안은 그런 처방과 기술로도 충분했다.

한때 로마제국이었다가 분열되고 쇠진한 세계에 이제는 이슬람의 맹렬한 힘이 덮쳤다. 처음에는 조로아스터교와 불교가 왔었지만 그들은 부차적인 영향만 끼쳤다. 다음에는 기독교가 와서 제국 전체를 개종시키고 동양화했다. 마지막 물결은 처음에 아라비아에서 일었으며 온 인류를 다 집어삼킬 듯했다. 지금까지 세계의 밀물과 썰물 운동을 살펴보면서 아랍인을 언급할 기회가 전혀 없었다. 이들은 유목민이나 도시 주민이 모두 아라비아 반도에서 오래 전부터 살았으며, 우리가 서술한 문명의 이동에는 조금도 참여하지 않았었다. 페르시아인, 그리스인, 로마인들은 팔레스티나와 시리아를 점령했고 메소포타미아와 이집트 사이의 육로를 지켰지만, 남쪽이나 동쪽의 사막에는 거의 아무런 관심도 보이지 않았고, 적어도 유대인들이나마 침투했었던 메카나 메디나 같은 도시조차 거들떠보지를 않았다. 아랍의 유목민 베두인족은 거친 종족으로 자기들끼리 많은 싸움을 벌였다. 그들은 또한 그들 종족의 제신들을 믿었으며, 갑작스러운 열정을 폭발시키기도 하고, 자신들의 시에 대해서 집념을 보이며 암송했다. 프레야 스타크는 "아랍인의 우아함"을 "가느다란 베두인의 손가락과 파도가 치는 듯한 동작, 그리고 유목민 땅에서 우러나는 감정, 적어도 아라비아에서 기인하는 감정으로 주름진 얼굴"에서 찾으려고 했다. 그녀는 추상적인 대상에 관한 아랍인의 사랑을 지적했고 "지루한 면을 보이기는 해도 아랍인은 예술가이고, 그에게는 미지의 세계가 현실이다"라고 말한다.[7] 튀니스의 이븐 할둔(1332년~1406년)은 이렇게 적었다. "……그러면서 아랍인들은 진리와 정의의 부름에 가장 빨리 따르는 사람들이었다. 그것은 그들의 천성이 단순했으며, 나쁜 관습이나 악한 행실의 뒤틀린 영향에 때가 묻지 않았기 때문이다!"[8] 그러나 T. E. 로렌스는 베두인의 활동이 도시에서 기원한다고 설명한다. "아랍인의 활동은 사막에서 시작되어 흔히 가장 짧은 길을 거쳐 시리아로 올라가며……모든 예언자들은 사막으로 가지만, 그러면서도 사막에서 태어난 사람은 그들 가운데 하나도 없다. 계시를 받게 되는 사람은 도시나 시골에 거주하는 유대계 사람들이다."[9] 그런 도시인 가운데 한 사람이 570년에 메카에서 태어나, 나이가 마흔이 되도록 조용히 그곳에서 살았던 마호메트였다. 그러다가 그는 환상을 통해서 유일한 신은 알라이고, 마호메트 자신은 신의 선지자로 선택되었다는 계시를 받았다. 그는 이슬람의 교리(즉 순종)를 가르치기 시작했고 때때로 가브리엘 천사가 계시해준 교리들을 더 보태었다. 생전에 당면했던 문제들에 대해서 그가 제시한 해답과 그가 재판해야 했던 사건들의 법적인 결정은 그가 죽은 다음에 결국 코란에 포함되었다. 그의 가르침이 거둔 성공은 상당했지만 적들은 마호메트와 그의 추종자들을 622년에 메카에서 몰아냈다. '성천聖遷'이라고도 하는 '헤지라'는 결국 그가 메디아에서 최고의 권위를 차지하는 결과를 가져왔지만, 그에 앞서서 그는 유대인의 반발을 물리쳐야만 했다. 베두인 신자들이 엄청나게 증가함에 따라 마호메트는 630년에 메카를 함락시켰다. 그는 추종자들로 하여금 아라비아를 사실상 장악하게 해놓고는 2년 후에 사망했다. 새로

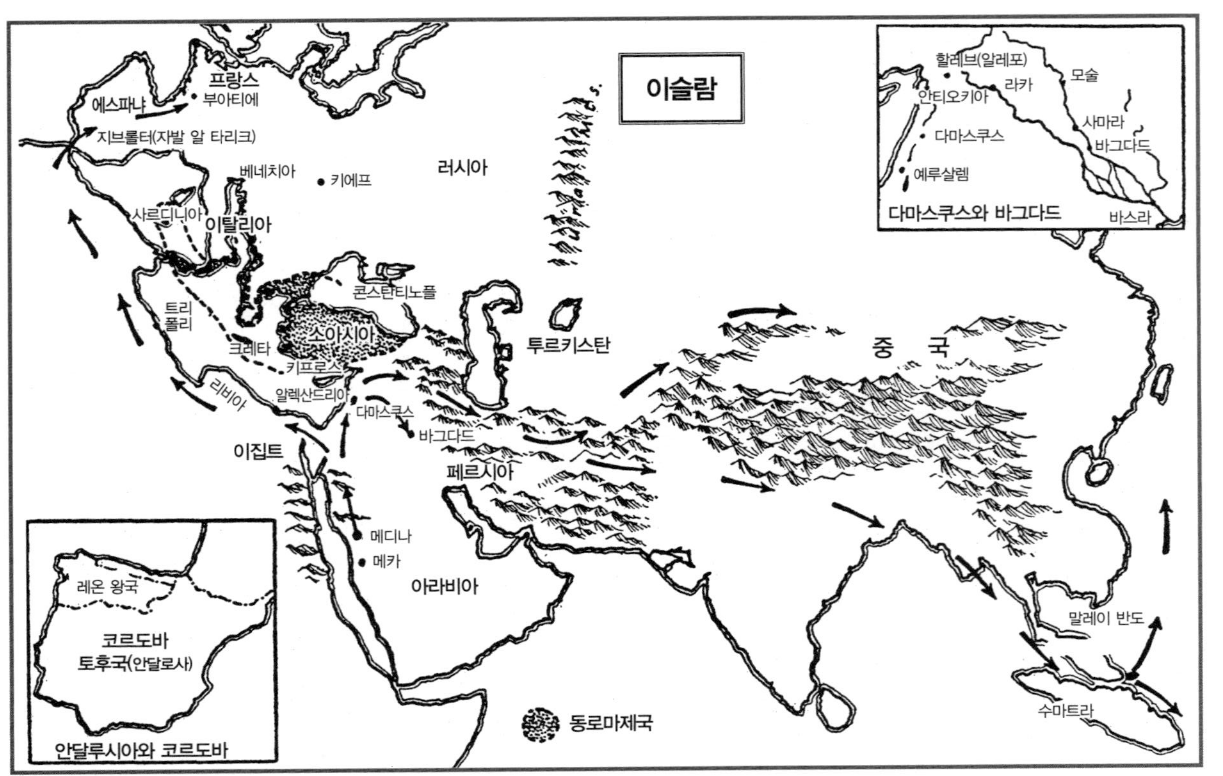

이슬람
프랑스
에스파냐
부아티에
지브롤터(자발 알 타리크)
베네치아
키에프
러시아
사르디니아
이탈리아
소아시아
콘스탄티노플
트리폴리
크레타
키프로스
투르키스탄
알렉산드리아
리비아
다마스쿠스
바그다드
중국
이집트
페르시아
메디나
메카
아라비아
말레이 반도
수마트라
동로마제국
할레브(알레포)
모술
안티오키아
라카
다마스쿠스
사마라
바그다드
예루살렘
바스라
다마스쿠스와 바그다드
레온 왕국
코르도바
토후국(안달로사)
안달루시아와 코르도바

운 지도자(칼리프) 오마르와 아랍인들은 시리아를 향해 북쪽으로 휩쓸고 올라가서 다마스쿠스에 새로운 수도를 세웠다. 그들이 그곳에 세운 우마이야 왕조(661년~750년)는 다른 여러 이유들도 있었지만 서로 분쟁을 계속하느라고 쇠진했던 두 무너져가는 제국, 페르시아와 로마의 사이에서 요충지에 위치하게 되었다. 여기에서 역사상 가장 놀랄 만한 정벌 가운데 하나인 힘의 폭발이 일어나서 이슬람 추종자들이 양쪽으로 퍼져나가기 시작했다. 페르시아는 당장 무너졌으며 이슬람 세력은 인더스 계곡까지 퍼졌고, 그 사이에 바그다드에 새 수도가 섰다(762년). 북쪽에는 동로마제국이 8세기까지 소아시아와 크레타를 차지하고 굳게 버티었고 발칸 제국은 베네치아, 남부 이탈리아, 시칠리아, 그리고 사르디니아까지 차지하고 있었다. 그 방향에서 길이 막힌 무슬림의 물결은 서쪽으로 굽이쳐서 이집트, 리비아, 트리폴리, 그리고 헤라클레스의 기둥(지브롤터 해협 동쪽 끝에 솟아 있는 2개의 바위)까지 이르는 북아프리카 전체를 정복했다. 1711년에 아랍인들은 아프리카의 개종한 베르베르족과 함께 그들이 자발 알 타리크(지브롤터)라고 이름 지은 바위를 빼앗고 계속해서 에스파냐로 나아가 그 나라를 거의 다 정복했다. 그곳에서 그들은 프랑스로 전진했다가 732년에 푸아티에 근처에서 샤를 마르텔에게 패배를 당했다. 그들은 결국 759년에 프랑스에서 물러났으며, 그들의 국경은 피레네 산맥을 따라 굳어졌다.

　아랍인들의 군사적인 성공을 고찰할 때 우리는 그들이 말을 탔다는 사실을 무엇보다도 먼저 염두에 두어야 한다.

모하메드가 탄생하기 바로 앞 세기에 아랍인들이 말을 갖게 되었다
는 사실은 세계사에서 가장 중요한 계기들 가운데 하나가 되었다.
선지자가 나타나기 이전의 오랜 기간 동안에는 서아시아와 이집트
를 지배하려는 투쟁에서 아랍의 부족들은 지도적인 역할을 전혀 하
지 못했으며……아랍인들이 낙타를 타거나 지상에서만 싸우는 한
그들은 인근 지역에 대해서 조금도 위협을 주지 않았다. 모하메드의
모든 열정과 광신적인 신앙도 거의 소용이 없었을 터이고, 모하메드
가 태어나기 직전에 그들의 지도자들이 말을 획득하고 길러서 훌륭
한 기수들이 되지 못했다면 이슬람은 그토록 세계에 막대한 영향을
끼치지는 않았으리라. 코란의 여러 구절에서 드러나듯이 모하메드
자신도 그의 민족에게 말이 지니는 엄청난 중요성을 분명히 인식했
다. 그는 전능한 신이 남풍과 서풍을 응축시켜 말을 창조했다고 선
언했으며, 그는 신의 대변자로서 이 동물을 이렇게 칭송했다. "그대
는 인간에게 행복과 부유함의 원천이 될지니, 그대의 잔등은 명예의
자리이며 그대의 배는 부유함이고, 그대에게 줄 모든 보리 낱알은
죄인에게 면죄부를 사주는 값이 될 것이다!" 다른 글에서 그는 신의
눈앞에서 말을 위해 어떤 사람이 쓰는 돈은 스스로 내는 헌금이 된
다는 듣기 좋은 교리를 역설했다. "말에게 주는 모든 먹이를 신께서
는 선행의 장부에 기록하리라." 역사를 공부하는 독자들은 초기의
칼리프들이 기마병에게 크게 힘입어 놀랄 만한 정복을 이룩했음을
알게 된다.[10]

그렇게 능숙하게 말을 타고 출발한 아랍인들은 서쪽으로 전진하

면서 도중에 더 좋은 말들을 찾아냈다. 리비아에서 새 말을 갈아탄 그들은 힘을 배가하여 밀고 나아갔다. 그러나 그들에게는 기마술과 말 이외에도 다른 유리한 여건이 또 있었다. 그들의 배후에서는 상승하는 아시아의 모든 힘과 기술상의 우월함이 뒷받침을 해주었다. A. C. 에드워스의 말처럼 "이슬람의 힘이 세계를 석권하던 때는 마침 동양의 부흥이 일어나던 무렵이었다."[11] 그러나 물론 그것은 우연이 아니었다. 부흥의 힘이 없었다면 아랍인들은 그토록 놀라운 성공을 거두지는 못했을 것이다.

그러나 아랍인들에게 단순한 광신 이상의 무엇이 있었음을 인정하더라도, 전쟁에서 그들이 보여준 우수성을 설명하기는 여전히 어렵다. 그들의 기마병은 투구와 갑옷, 둥근 방패, 창, 칼을 갖추었다. 그들의 흑인 보병은 활만을 사용했고 기마병은 보통 가벼운 안장을 사용했다. 그들의 전술은 분명히 보병 궁수와 말을 탄 궁수와 기마병을 함께 동원했다. 20세기의 사막 전투에서처럼, 적절히 배치한 보병을 공격하도록 유도한 다음, 방어를 하는 과정에서 말을 잃게 함으로써 적의 무장을 약화시키고, 그런 다음에 적이 균형을 잃으면 적절한 시기가 될 때까지 완전하게 준비해 두었던 자신들의 병력을 동원하여 본격적으로 공격하는 것이 전술의 골자였다. 아랍인들의 기마술이 적보다 뛰어났었다는 증거는 없고, 오히려 부족했다는 얘기가 있다. 그들의 말은 그들이 맞서야 했던 유럽 군사의 말보다 빨랐고 무게의 부담이 적었을 가능성은 있다. 무슬림의 유럽 침공에서 전환점이 되었던 푸아티에의 전투에서 마르텔은 수비로만 일관했으며, 그에 맞서서 싸우던 아랍인들은 스스로 힘이 빠지고 말았다. 이런 사실로 미루어보면 과거에 아랍인들이 거두었던 승리들은 기동적인 작전의 결과이며, 특히 기독교인들의 공격을 유도해서 얻어낸 승리였으리라는 추측이 가능하다.

아랍인들의 성공이 얼마쯤은 사슬 갑옷, 등자鐙子와 가죽을 겹쳐서 만든 안장과 노궁 덕택이었을 수도 있다. 구식 갑옷에 비해서 사슬 갑옷의 사용은 전체적인 무게를 감소시켰으며, 속력을 희생시키지 않으면서도 똑같은 보호를 받게 했다. 등자에 대해서 오만은 "누가 시작했는지 알아낼 수도 없을 만큼 5세기 이후 갑자기 나타난 발명품"이라고 말했다.[12] 같은 문제에 대해서 릿지웨이는 "600년까지는 등자를 언급한 문헌이 없었다"고 썼다.[13] 라틴어나 그리스어에는 등자에 해당하는 말이 없다는 것은 의미 있는 사실이다. 그것이 처음 발명된 곳이 420년에서 430년대 불교의 영향을 받은 중국으로 판명되었음도 또한 의미 있는 일이다. 477년에 이르러서는 널리 사용되었고, 523년에는 그림으로 기록에 남은 등자는 한국과 일본, 투르키스탄과 페르시아에서도 모방했다고 알려져 있다. 아랍인들이 647년에 시작한 위대한 정복의 시대에는 아랍인들에게 등자가 없었음이 상당히 분명한 얘기다. 그랬기 때문에 그들의 첫 사절이 651년에 중국으로 갔을 때 그것을 눈여겨보았을 가능성이 크다. 그런 결과였거나 아니면 그들의 페르시아 정벌 때문이었거나 간에, 아랍인들은 694년에 이르러서는 등자를 사용했다. 특히 등자는 창의 공격이 주는 충격을 기수에게서 말에게로 돌릴 수 있었기 때문에, 등자가 없는 말을 탔던 적군에 비하면 결정적인 이점이 되었다는 것을 의미했다. 전술의 혁명을 완성시키기 위해서 그 이외에 필요했던 것이라고는 무장한 기사가 더 기다란 창을 사용하여 전투지에서 사실상 우월성을 차지하게 도와준 가죽 안장뿐이었다. 새로운 장비를 갖춘 아랍인의 기마병은 710년 에스파냐를 침공했던 때부터 결정적인 효과를 거두었다. 당시의 유럽 군대는 말을 확보하고 키우기에 비용이 너무 많이 들었기 때문에 아직도 주력이 보병으로 이루어졌었다. 그러나 아랍인의 에스파냐 정복을 계기로 완전한 재조직의 필요성이 밝혀졌지만, 그것은 실행하기도 힘들고 자금을 조달하기가 거의 불가능한 과제였다. 비록 내분 때문에 아랍인의 전진이 에스파냐를 통과하는 데 시간이 걸렸고 그래서 프랑크 군대는 20년의 여유를 벌었지만, 그 기간 동안에 거의 아무런 일도 이루어지지 않았다. 샤를 마르텔은 아랍인이 그를 위협하기 직전에야 필요한 개혁을 마침내 시작하게 되었고, 푸아티에 전투는 별로 이루어 놓은 것이 없었던 733년에 벌어졌다. 아랍인들은 완전히 수비에 치우친 전술에만 주력했던 프랑크의 보병에게 패배했으며, 이슬람의 물결은 발목이 잡혔다. 그러나 마르텔의 추종자들은 적의 전투 능력에 대해서 헛된 착각을 하지는 않았다. 그들은 완전히 새로운 장비를 갖추기 전에는 그런 행운을 다시 기대할 수가 없음을 깨달았다. 그때부터 보병을 기마병으로 전환시키는 작업이 시작되었는데, 그것은 대부분 755년에 완성되었다. 병사들을 말에 태우는 것뿐 아니라, 그들은 어릴 적부터 그들의 새롭고 빈틈없고 엄격한 전문적 역할에 익숙해지도록 길을 들이기 위한 봉건적 조직을 모두 일으켜 세우는 일도 필요해졌다. 807년에 이르자 샤를마뉴 대제의 군대는 상당히 봉건화 되었다. 새로 무장한 기마병의 우수성은 그때로부터 일련의 전투에서 증명되었다. 그 가운데 하나가 영국 사람들이 아직도 보병으로 맞섰던 헤이스팅스의 전투였다.

보병에게는 대전차용 무기가 필요했다. 관통력과 속도가 우수한 노궁은 중국에서 오래 전부터 사용했었다. 그것은 이제 사라센 사람들이나 기독교인들이 다 같이 사용하게 되었다.(180쪽과 248쪽 참조) 그것은 훈련이 잘 된 보병에게는 방어의 수단이 되었으며, 장진을 한 채로 매복이 가능하다는 이점까지도 있었다. 그러나 그것을 기마수들도 사용할 수 있음이 곧 밝혀졌다. 이것은 새로운 가능성들을 열어주었다. 노궁으로 무장하고 말을 탄 병사들은 중무장한 적군의 기병에게 위협적인 전술을 구사할 수가 있었다. 질서를 지키면서 훨씬 빨리 후퇴할 수도 있었을 적으로 하여금 억지로 공격을 계속하여 기진맥진하도록 괴롭히게 되었던 것이다. 20세기에도 아랍인들은 그런 전술을 구사하여 상당한 성공을 거두었다. 아랍인들이 처음부터 그들의 적에 비해서 상당히 기술적으로 앞섰었다고 생각한다면 그것은 잘못일지도 모른다. 그러나 십자군 시대에는, 이제는 널리 쓰이게 된 등자 때문이 아니라 그들이 사용하는 철의 질과 전술의 융통성 때문에, 그들이 상당한 이점을 가졌다는 것은 확실하다.

아랍 지상군의 성공 자체만도 대단했지만 더욱 놀라운 것은 그들이 해상에서 이룩한 업적이었다. 300년이나 그 이전부터 일찍이 아랍인 선원들이 활동했었다고 인정되며, 그들은 중국과도 교역을 벌였다. 그리고 광둥에서 활동한 아랍인 상인들 가운데에는 마호메트의 숙부도 끼어 있었다. 그러나 아랍인들은 대부분 뭍사람들이었다. 그럼에도 불구하고 그들만이 가지고 있던 단 한 가지 독특한 기술, 길을 찾는 기술을 새로운 해상 분야에서 발휘했다. 길이 없는 사막의 횡단은, 대상隊商을 이끄는 사람이 별들을 따라갈 때보다 안정된 바닥을 디디고 있다는 사실 말고는, 광활한 바다의 항해와 다를 바가 없었다. 아랍인들은 길 찾기를 제외하고는 모든 항해술을 이집트인, 페르시아인, 그리스인들로부터 닥치는 대로 흡수했으며 기존의 기술들을 종합하고 그들 나름대로의 지식을 거기에 가미했다. 그들이 서쪽으로 진출하는 과정에서 641년 상당한 고생 끝에 이룬 알렉산드리아의 함락은 필수적인 단계였다. 2만 3,000명의 사상자를 내면서 아랍인들은 선착장과 부두 시설, 해운업, 기술자들까지 포함하여 세계에서 가장 큰 항구를 손에 넣었다. 그들은 그곳에서 선박들을 개량했고, 그곳에서 발진하여 크레타와 키프로스를 함락시켰다. 그러나 콘스탄티노플에 대한 그들의 노력은 실패로 돌아갔다. 실패의 가장 큰 원인은 아마도 나프타를 주요 원료로 사용해서 만들어졌음직한 효과적인 화염방사기 '그리스의 불'을 제조하는 비결을 적이 알고 있었기 때문이었던 듯싶다. 그러나 북아프리카의 정벌에서는 함대들이 기마병과 보조를 맞추었고, 그렇게 확보한 해상권은 군사적 추진력을 상실한 다음에도 몇 백 년 동안 그대로 유지되었다.

아랍의 정복이 남긴 우선적이고 가장 당연한 결과는 세계의 주요 교역로에 대한 이슬람의 지배였다. 페르시아, 마케도니아, 그리고 로마 같은 과거의 세력들은 부분적인 통제만 했었다. 페르시아에게는 유럽에 영구한 거점이 없었으며, 마케도니아와 로마는 둘

다 극동과 별로 접촉이 없었다. 그러나 아랍의 세력권에서는 광둥에서 코르도바까지 방해를 받지 않고 교역이 이루어졌다. 그들은 교역로 전체를 끝에서 끝까지 장악했다. 비잔틴 제국은 아직도 흑해를 통해서 동쪽과 교역을 할 수가 있었기 때문에 그것이 유일한 교역로는 아니었다고 해도 옳다. 그러나 카스피해의 북부에서 이루어지는 교역은 힘들고 비용도 많이 들었다. 콘스탄티노플의 부유함을 뒷받침해주기는 했어도, 그것은 그보다 남쪽의 통로를 이용한 교역처럼 광범위해질 수는 절대로 없었다. 이슬람의 세력과 영향력은 중국에서부터 안달루시아까지 뻗어나갔고 기술적인 발전과 물질적인 풍요함을 광활한 영토에서 확보했다. 그들이 물려받은 지적인 유산 또한 그에 못지않게 인상적이다. 10세기에 이르자 이슬람은 서양을 압도하고도 남을 정도의 우월성을 이룩했다. 이슬람 문명이 선봉에 섰지만, 동양권에 포함된 세 문명의 지식을 동시에 흡수하면서, 동양은 세계의 지성과 발전과 힘을 대표하게 되었다.

쫓기는 서양

—

400년경에 이르자 유럽의 역사에서 '고대'가 끝난다. 역사가는 그곳이나 다른 대목에 금을 긋고 책을 한 장 넘기고, '암흑시대'라는 제목을 붙인 새로운 장을 시작한다. 그들에 대해서 우리들이 아는 바가 거의 없다는 뜻에서 '암흑'이기는 했지만, 그것은 학생이나 심지어는 역사가까지도 유럽을 전 세계라고 여기는 습성 때문에 나온 표현이다. 600년쯤 되는 기간 동안 서양 세계는 어둠 속에 파묻혔고, 전에는 로마의 지역들이었으며 폐허가 되고 인구가 감소된 땅은 서서히 중세적 후국侯國과 왕국들로 바뀌었다. 언어와 종교에서는 로마의 전통이 그대로 남았지만, 주민들은 그때까지 문명화되지 않았던 모든 요소들을 흡수하게 되었다. 과거에는 위대했던 흔적이 담긴 폐허들 속에서 무리를 지어 뒤섞여 살던 민족들 사이에서는 동쪽이나 과거로 눈을 돌리는 정신적인 습관이 생겨났다. 동양에는 로마의 방해를 받지 않았던 비잔티움의 문화가 있었다. 과거 속에는 서양의 전성기에 대한 추억거리인 로마 자체의 영광이 있었다. 동양과 서양의 교회들 사이에 있었던 경쟁심 때문에 과거에 대한 향수가 더 강렬한 감정으로 대두되었다. 교황 그레고리 1세 같은, 어떤 성직자들에게 비난을 받기는 했어도, 그런 향수는 기존의 사상을 압도하는 풍조를 확고하게 마련했고, 나중에 다시 부활하게 될 학구적인 어떤 배경을 형성했다. 그때부터 '고전적'이거나 향수에 젖은 학문이 유럽 교육의 특징이 되었다. 그것의 중요성은 고전적 업적을 사람들이 뛰어넘는 순간부터 감소하기 시작했다.

그러나 지속성의 어떤 양상을 교회가 부여해준 로마의 추억에 대해서 사람들이 감탄을 금하지 못했음을 인정하더라도, 그들은 동양으로부터 보다 직접적인 영향을 받았다. 이 영향력에 대해서 그들은 약간의 저항을 느끼면서도 굴복했다. 동양에 대해서 그들은 미신적인 공포라고 할 만한 그런 감정을 느꼈다. 모든 문명세계의 사람들이 그들의 무식한 이웃들에 대해서 그랬듯이 동양인들은 무시무시하고 마술적인 힘을 지녔다고 그들은 믿었으며, 그것은 사실상 우월감으로 작용하기도 했었다. 이런 공포의 자취가 아시아에 대한 서양의 태도에 지금까지도 그대로 남아 있으며, 대중소설이나 싸구려 영화에서 특히 그렇다. 어떤 소설에서는 수상한 중국 사람이 악당으로 등장하고, 최면을 거는 힌두 사람이 어떤 영화에서는 악당으로 등장하기도 있다. '한화'(黃禍, Yellow Peril, 동양인의 세력 신장에 대한 서양인의 공포감-옮긴이)는 중국이 사는 작은 단층집에 집중되고, 이집트인의 무덤을 범한 자에게는 죽음이 찾아온다.

현실을 뒤덮어버린 모든 미신에 대한 분석을 곁들여가면서, 동양에 대한 유럽의 공포를 서술한 책을 누군가는 써야 할지도 모른다. 그런 책이 없으므로 우리는 반쯤만 기억이 나는 소설과 연극과 영화에서 머리에 남은 영상만 간직하고 있다. 그러나 지금 당장은 그런 정신적인 자세는 아시아의 문명이 부정을 못할 만큼 우수했던 시절의 유물이라는 사실을 우리는 고려해야 한다. 동양인들은 흔히 알려졌듯이 그런 마술적인 힘을 지니고 있지 않다. 그들이 지녔던 것은 서양의 모든 이해력을 동원해도 따라가기 어려웠던 과학적 지식이었다.

이 관계를 이해하려면 우리는 암흑시대의 초기가 아시아에서는 암흑의 시대가 아니었음을 상기해야 한다. 그와는 반대로 그곳은 놀라운 찬란함의 시대였다. 조금도 우연의 일치가 아니었지만 유럽이 어둠 속에 빠졌던 시기는 중국 역사의 가장 찬란했던 시대와 병존했다. 어째서 그런지를 이해하고 싶다면 7세기 초를 살펴보라. 이탈리아는 롬바르디아족에게 침공을 받았으며, 로마는 600년경에 기본이 "가장 깊이 침체되었던 시기"라고 표현한 지경에 이르렀다. 로마인들의 비참함을 서술하면서 그는 이렇게 말했다.

……그들은 떨리는 손으로 성문을 열고 닫았으며, 불타는 그들의 집을 성벽에서 내려다보았고, 개처럼 둘씩 짝을 지어 노예가 되려고 먼 곳으로 끌려가는 동족들의 탄식 소리를 들었다.……로마의 전투를 거치면서 땅이 빠른 속도로 황폐했고, 물은 더러워지고, 공기는 질병에 오염되어 끔찍하고 황량한 상태로 바뀌었다.……인구는 계속해

서 눈에 띌 만큼 감소했으며 음울해진 사람들은……다가오는 인류의 종말을 예견하게 되었다. 그러나 시민들의 숫자는 아직도 생계 수단의 한계를 초과했다.[1]

동로마제국에서의 상황 역시 조금이라도 더 좋을 리가 없었다. 그곳에서는 613년에서 619년 사이에 시리아, 이집트, 소아시아 지역이 페르시아 군대에게 정복을 당했고 야만족 아바르인들은 콘스탄티노플의 성문 앞까지 쳐들어왔다. 헤라클레이오스 때문에 간신히 곤경을 벗어나기는 했지만 이슬람의 득세와 더불어 다시 어려움이 닥쳤다. 마호메트는 메디나에서 622년에 통치권을 수립했다. 629년에 이르러서 그는 메카를 점령했으며 얼마 후에는 로마에 선전포고를 했다. 이슬람의 위대한 시대는 비잔티움의 성벽 너머에서 서양이 거의 문명화하지 못했던 때에 시작되었다.

그에 비해 중국에서는 상황이 어떠했는가? 이른바 중국의 황금기는 618년 당 왕조의 수립과 함께 시작되었다. 623년이 되자 분산된 왕국들은 진압되었고, 중국은 통일을 이루었다.

그리하여 당나라 사람들의 대행진은 말 탄 사람들과 함께 시작된다. 기마병들이 대오를 이루며 줄을 지어 장안長安으로 말을 달리고 태양은 전쟁터에서 낡아버린 갑옷 위에서, 지도자들의 보석이 박힌 칼집 위에서, 그리고 펄럭이는 그들의 깃털 장식 위에서 반짝인다. 삼중으로 쌓아올린 수도의 성벽에 이르자 진군하던 그들은 말고삐를 당기고, 질주하던 수천의 말발굽 소리가 박자를 맞추려는 듯 속도를 줄인

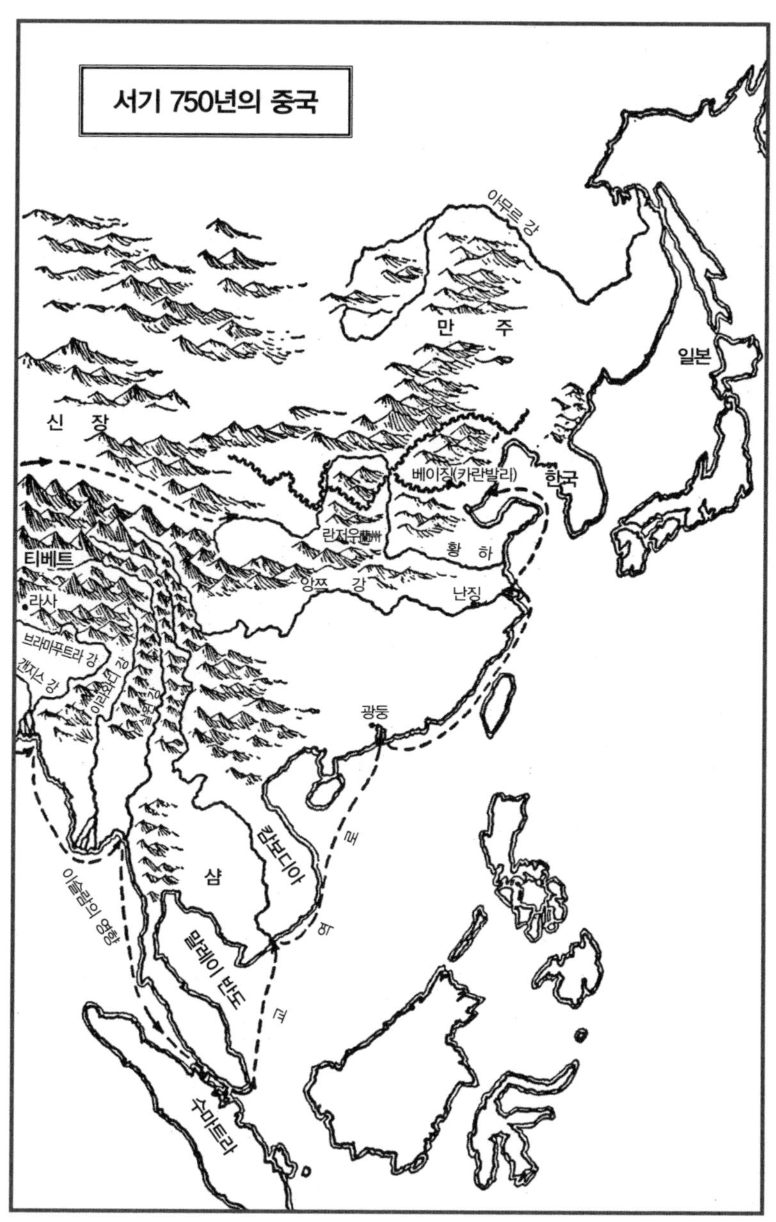

서기 750년의 중국
아무르 강
만주
일본
신장
베이징(카란발리)
한국
란저우
황하
티베트
양쯔 강
난징
라사
브라마푸트라 강
갠지스 강
광둥
이슬람의 영향
캄보디아
샴
말레이 반도
수마트라

다. 그러는 동안 백성들이 속수무책으로 지켜보기만 하던 도시에서
는, 어둠의 세월을 지내고 난 다음 햇빛을 보게 되었다는 환희에 젖
어 승리의 기쁨과 즐거움을 알리느라 탑과 망루마다 북이나 종을 울
리면서, 봇물이 터지듯 함성이 힘차게 쏟아져 나온다. 젊은 불굴의
지도자와 그의 용감한 기수들의 위대한 추진력은, 힘이 쇠진하고 그
들의 숫자가 반역과 매복을 거치며 10분의 1로 줄어들 때까지 300년
동안이나 휘몰아친다. 결국 작은 한 무리의 유령만 남아 중국의 연대
기에서 먼지 속으로 사라지거나 석양 풍경을 수놓은 융단에서 전설
속으로 말을 달려 들어간다.[2]

태종太宗은 627년에 정식으로 통치를 시작해서 906년까지 지속
적인 안정의 시대를 열었다. 중국이 그토록 강력하게 통일되고 번
영을 누렸던 때는 없었다. 그렇게 문명이 발달하고 영향력이 막강
했던 때도 없었다. 황해에서 투르키스탄까지, 시베리아에서 캄보
디아까지, 황제의 통치는 계몽과 평화를 가져다주었다. 이 시기에
대해서 페넬로사Fenellosa는 이렇게 적었다.

……건물들은 굉장히 웅장했고 옷감과 의복은 무척 섬세했으며 음식
도 풍족했고 사람들은 행복했다. 건설 공사는 규모가 더욱 거대했으
니, 중국 역사에서 한漢 왕조나 과거의 어느 시대도 이를 따를 수가
없었다. 동쪽 수도인 낙양洛陽은……이제 200만 명 이상을 수용하는
규모로 재건되었다. 거대한 공원과 박물관들이 사람들로 하여금 여
유를 즐기게 해주었다. 은밀한 궁전의 정원에는 웅장한 벽으로 둘러

싸인 언덕 꼭대기에서 호수와 만을 굽어보도록 정자를 세웠다.……
화강암이나 대리석으로 쌓은 기초 위에 세운 정자들은 층층이 무지
개 빛깔이었으며, 거대한 연회장과 푸른 비단 차양과 금실金絲로 박은
묵직한 휘장은 저마다 느긋한 화려함과 탐미적인 아름다움을 추구하
는 변화를 첨가했다. 당나라 초기의 위대한 시절에 정말로 중국은 사
마르칸트나 다마스쿠스나 바그다드의 어느 칸이나 칼리프가 누렸던
찬란함을 능가하며, 나라 전체가 아시아를 대표하는 대도시적 정원
이 되었다.[3]

예술을 연구하는 어느 역사가도 당나라나 그 이후의 왕조들이
달성한 건축과 예술의 뛰어난 업적을 의심하지 않는다. 세계 역사
를 연구하는 어느 누구도 당나라의 팽창과 발전, 그리고 티베트나
한국, 만주, 신장까지 확장한 중국의 영향력, 그리고 750년에 더 확
대되었던 세력을 소홀히 해서는 안 된다. 수학자들은 3세기의 중국
인들이 피타고라스의 원리와 원의 지름과 둘레의 비율에 대한 계
산, 홀수와 짝수의 구별, 양수 및 음수, 제곱과 세제곱 근수根數의
산출 방법, 그리고 1차, 2차 연립 방정식을 어느 수준까지는 알았
음을 인정한다. 천문학자들은 이 무렵에 그들이 태양까지의 거리
와 태양의 궤도를 계산해냈다고 믿는다. 그러나 조셉 니담 박사는
기술 분야에서 이룩한 중국의 업적을 최근에 와서야 언급했다. 이
점에 대해서 그는 다음과 같이 기록했다.

……기계나 다른 기술의 전파에 대해서 몇 가지 예를 들어본다. 바퀴

가 달린 수레나 권양기卷揚機나 도르래 같은 몇 가지 기초적인 수준의 물건들이 고대 메소포타미아에서 사방으로 보급되었다.……손꼽을 만한 페르시아의 발명품이라고는 풍차뿐이었다.……중국으로부터 1세기에서 18세기에 이르기까지 유럽으로 전래된 다양한 것들은 다음과 같다. (a)4각형 주걱 양수기 (b)수력을 이용한 물레방아 (c)수력으로 조작하는 금속 취제기吹製機 (d)회전하는 부채와 탈곡기 (e)피스톤 식 풀무 (f)(인도에서도 역시 발명되었을지 모르는) 수평 날틀과 베틀 (g)비단 실을 감고, 꼬고, 겹치는 기계 (h)손수레 (i)돛이 달린 마차 (j)연자매 (k)길이 안 든 짐승들을 효과적으로 다루도록 도와주는 마구 두 가지 즉 가슴걸이와 멍에 (l)노궁 (m)연 (n)팽이와 요지경 (o)굴착 기술 (p)주철 기술 (q) '카르단' 식 버팀대 (r)분절分節 형교桁橋 (s)쇠사슬 현수교 (t)운하의 수문 (u)방수 선실이나 풍력을 이용한 효과적인 돛이라던가, 고물과 이물의 색구素具 같은 수많은 조선 기술 (v)선미재船尾材 키 (w)처음에는 흙모래로 점占을 칠 때 사용했다가 나중에 역시 중국인에 의해서 항해에 사용된 자력 나침반 (x)화약과 그에 관련된 다른 제품들 (y)종이, 인쇄, 활자 (z)도자기 등이 있다. 알파벳이 모자라서 그만하겠지만 아직도 더 많은 중요한 발명품들이 남았다.……이 모든 예에서 공통되는 점은 중국에서 사용되었던 그것들이 서양에서 우리가 알았던 것들보다 앞섰으리라는 점과, 세계의 어느 곳에서보다도 먼저 그곳에서 나타났다는 증거가 확고하다는 점이다.[4]

이들 발명품이 모두 같은 시대에 이루어지지는 않았고, 그것들이 모두 중국에서 만들어지지도 않았다고 증명할 수가 있을지는 모르겠지만, 누가 아무리 따지더라도 중국인들은 엄청난 업적을 남겼다. 그것의 대부분은 유럽이 거의 또는 전혀 아무것도 만들어내지 못하던 시기에 이룩되었다는 사실 또한 분명히 증명할 수가 있다. 그러나 중국인들이 숙달되지 못했던 일련의 전문적인 분야도 있는데, 관현악을 우선 꼽겠다. 비록 그들은 도예, 미술, 상아, 비취를 다룰 때에 조화를 구상하는 것에는 성공적이었지만, 조화는 그들과 거리가 멀었다.

중국과 이슬람 사이에는 많은 사람들이 인식했던 것보다 훨씬 밀접한 관계가 있었다. "학문을 탐구하라." 마호메트는 말했다. "비록 저 멀리 중국에 가야 할지라도." 그리고 아랍인들은 특히 그들의 배가 자주 중국의 항구에서 눈에 띄었던 18세기에는 그 가르침대로 했다. 인도라면 그들은 훨씬 익숙한 터였고, 인도와 페르시아를 그들이 정복했었기 때문에 그곳의 이론적이고 실용적인 지식에 더욱 가깝게 접근할 수가 있었다. 훗날 우리들이 '아라비아' 숫자라고 부르게 된 숫자에 기본을 둔 수학을 가져온 땅이 바로 인도였다. 페르시아에서 그들은 체스와 폴로 경기를 가져왔고 비잔티움에서는 축성 기술을 배웠다. 과학과 기술 어느 쪽에서나 아랍인들이 스스로 발명한 것은 거의 없었다. 이들 유목민이 무엇을 발명했다고 하면 오히려 이상하게 여겨질 정도다. 그들의 주요 공헌은 문학과 종교에서 이루어졌다. 아랍인들에게는 그들 나름대로 표현력이 놀랄 만큼 풍부한 언어를 토대로 삼은 수사학과 구전口傳 시의 전통이 있었다. 다른 언어에서는 같은 말이나 소리로 여러 가지 의미를 나타내는 반면에 아랍인들은 거의 똑같은 의미를 나타내는 수십 개의 단어들이 있어서, 영국인들이 시에서 프랑스인들보다 유리한 것과 같은 그런 혜택을 누린다. 아랍 문화의 본질은 기마술과 시, 또는 그 두 가지가 섞인 기사도騎士道 속에 있었다. 기사도라는 개념 속에는 사막의 생활에서 두드러진 양상인 여자와 전쟁에 대한 아랍인의 시각이 담겨 있다. 첫 번째 대상에 관해 서양의 소설을 통해 전달되는 개념들은 진실과 정반대이니, 그에 대해서 C. S. 자르비스는 이렇게 얘기한다.

아랍 세계에서는 여자들이 방해가 되는 경우란 지극히 보기 드문 일인데, 그 까닭은 베두인 남성의 자유분방한 생활방식이 사막에서 여자들이 안전하게 여행할 수 있다는 여건에 전적으로 의존했기 때문이다. 만일 어떤 여자가, 만나는 남자들에게 좋은 의미건 나쁜 의미건 간에 관심의 대상이 된다면, 그녀는 충분한 호위가 없이는 가축도 돌보지 못하고 물을 길러 가거나 땅을 갈지도 못하기 십상이었으므로, 난잡한 성생활을 다스리는 아랍 남성의 법은 무자비했다.……그 결과로 여자들은 마음 놓고 사막에서 돌아다녀도 그들의 도덕성을 상실할 염려가 조금도 없었다…….[5]

한가한 여유, 시, 종교, 그리고 전쟁에 대한 아랍인의 탐닉은 그에 따르는 필연적인 결과를 여자들에게 가져왔다. 여성은 일을 많이 해야 했기 때문에 성적인 매력을 잃기가 십상이다. 그러나 아랍인은 이 어려움을 일부다처제라는 제도로 극복한다. 프레야 스타

크가 관찰한 바와 같이 가장 나이가 어린 아내, 또는 마지막 아내
는 각별한 대우를 받는다.

……이스케룬두르처럼 여러 무슬림들이 섞여 사는 곳에서는 국경을
넘어온 가난한 알라오니트인들까지도 아랍적인 우아함이 돋보였다.
레반트의 여성은 집 안에서만 살았으며 그렇게 함으로써 쾌락을 위
해 더욱 길이 잘 들었다. 그들의 옷과 잘 드러난 몸매의 아름다움은
잠자리에 들기 위한 것이었고, 여자들은 이 나이가 지나면 그들의 용
모를 더 이상 돌보지 않는다. 그리고 사실 다른 어떤 방법으로도 즐
거움을 주려고 애쓰지 않는다. 그러나 한창 때인 시절이면 젊은 여인
의 베일은 고귀한 물건이며, 우상처럼 보호를 받는 그들은 안전하게
벽으로 막힌 세계에서 복종 말고는 아무것도 모르고 은둔하며 살아
간다. 그들은 격리되지만 그래도 그들의 개성은 파괴당하지 않는다.[6]

그렇다면 여기에서 두 가지 별개의 개념이 생겨난다. 여자들은
집 안에 가둬야 하고 젊었을 적에는 특별히 보호해야 한다. 나이가
더 들면 그들은 일을 해야 하고 따라서 그들은 추행을 당하지 않아
야 하며, 그래서 풍습과 법의 상호 합의에 따라 그들을 보호하는
장치가 확보되었다. 결혼한 여자들이나 첩들을 위해 이슬람 세계
가 베일을 만들어냈다고 하면 이치에 맞지가 않으니, 고대 바빌론
에서는 창녀들의 베일 착용을 법으로 금지하기까지 했었다.[7] 그러
나 마호메트는 나중에 '장막'(purdah, 막을 쳐서 귀부인을 남자나 낯선
사람들과 격리하는 제도-옮긴이)으로 발전하게 된 과거의 풍습을 그의

추종자들에게 강제로 시행시켰던 것 같다. 마호메트 자신은 아내를 열한 명이나 맞았고 한꺼번에 아홉을 거느리기도 했지만, 신자들에게는 넷 이상을 취하지 말라고 가르쳤다. 우리들이 '장막'과 연관을 지어 생각하는 온갖 불리한 점들이 존재하기는 했어도, 아랍 여인들은 여러 모로 특권을 누렸다. 그들은 일종의 존경심, 간단히 얘기하면 기사도에 입각한 대접을 받았다.

그러나 기사도에는 다른 면모들도 있었는데, 그들은 하나같이 사막의 생활과 관계가 깊었다. 아랍인들이 기용했던 기마병은 귀족의 한 계층이었음이 틀림없다. 물이 없는 황량한 환경에서는 가장 말을 잘 타는 사람이 그만큼 더 용감하고 더 솜씨가 훌륭하고 가장 부유한 계층이었기 때문에, 사막에서 가장 외딴 곳까지 갈 수 있었던 베두인에게는 특별한 권위가 주어졌다. 그러나 사막 자체가 가장 중요한 친구이며 적인 곳에서는 부족민들 사이에 동지의식이 강해서 선뜻 서로 도와주기를 주저하지 않았고, 조금도 모험을 하지 않으려는 사람을 공통적으로 혐오했다. 이러한 인식의 바탕 위에, 곤경에 처한 낯선 사람에게 식량이나 물을 나눠주는 친절함은 사막의 법이 되었다.

아랍의 여러 부족은 싸움에서 승리를 한 다음에 적에게 놀랄 만큼 자비심을 보여준다는 평을 듣는다.……말이나 무기를 빼앗긴 다음의 적은 인격이 신성하다고 생각했으며, 포로는 노예로 삼지 않았고 인질의 몸값으로는 말 이외에 아무것도 받지 않았다. 소기의 목적은 적에게 부상을 입히거나 말에서 내리게 하면 달성되었다. 적의 무기와 말은 승리자의 소유가 되었고, 그런 다음에 포로 자신은 자유의 몸으로 풀려났다.……칼릴라(부족)의 말살은 아랍인의 양심이 허락하지 않았다.[8]

물론 기사도가 기사들 사이의 행동 규범이기는 했지만, 적의 보병에게까지 꼭 적용이 되지는 않았다는 점은 강조를 해야 한다. 그러나 그것은 아랍인들이 발전시킨 개념이고, 로마인이나 그리스인들에게는 그런 인식이 전혀 없었다. 당시에는 무척 새로운 발상이었고 어떤 측면에서 그들은 신사였다.

종교는 그들 자신의 특성과 결합하여 여러 면에서 그들의 관념을 변천시켰다. 이슬람은 유대교와 기독교로부터 그리고 다시 페르시아에서도 마찬가지로 많은 영향을 받았다. 선과 악 사이에서, 그리고 흑과 백 사이에서 벌어지는 투쟁이라고 하는 기본적인 개념은 아랍인의 성격에 잘 맞았다. "알라 이외의 다른 신은 없으며 마호메트는 알라의 선지자다"라는 무슬림 신앙의 표현, 그리고 신자들 사이에서 생겨나는 형제애의 개념도 마찬가지였다. 이런 형제애는 혈연관계를 초월하여 이론적으로는 피의 반목을 종결지었기 때문에 이슬람 정신은 그런 의미에서 민주적이었다.

(메카의 통치자들은) 그들의 특권의식을 시기했고 서로 상대방의 주장에 대해서 체질적으로 타고난 관심을 보였다. 사막에서 살았던 그들의 선조에게 생존의 대가로 자연이 민주적인 인식을 강요했었기 때문에 그런 성향은 더욱 강했다. 너그럽게 베푸는 친절, 생활수단을

나그네들에게 똑같이 나눠주는 행위뿐만 아니라, 물에 대한 모든 사람의 공통된 권리와 소나 말을 요구함이 없이 필요한 경우에 돕는다는 개념, 그리고 무엇보다도 성소聖所에 대한 만인의 권리라는 개념, 이런 요소들은 그들의 직선적인 예절이나 솔직한 배려와 마찬가지로 사막 생활의 본질에서부터, 죽음과 가까이 살아가는 그들의 삶으로부터 생겨났고, 이슬람의 계시보다 훨씬 오래전부터 존재했었다. 이런 오랜 법을 파기하는 행위가 그들에게는 생존과 자연 자체의 법을 깨뜨리는 행위나 마찬가지였다.[9]

과거의 무슬림 지도자들이 의복, 언어, 주택과 관련해서 강조했던 엄격한 단순성은 오래 계속되지 못했고, 사실은 그들 사이에서 내분의 첫 원인이 되었다. 그러나 종교 자체만큼은 강했고, 열렬한 신자들을 끌어들였다. 돼지고기를 못 먹게 하는 법이나, 술을 못 마시게 하는 법, 미술품에서 인간의 육체를 묘사하지 못하게 하는 법 따위의 어떤 규칙들은 다른 여러 형태의 옛 신앙에서 우발적으로 받아들인 것처럼 보일지도 모른다. 이슬람교의 힘은 교리의 단순함과 신자들 사이의 우애, 믿는 자에게 제공된 구원의 확실성에서 연유한다. 기독교의 삼위일체설 같은 복잡한 요소가 없이, 신이라고는 알라 하나뿐이었다. 모세와 예수를 포함한 다른 선지자들이 있기는 했지만 모든 본질적인 교리는 코란 속에 함축되어 담겼다. 승려 계급이나 제물은 없었다. 기도나 예식, 단식 따위의 무슬림이 지켜야 하는 의무들은 자세히 글로 밝혀놓았다. 중요한 의무 한 가지는 이교도들과 싸워서 그들을 개종시키거나 진압시켜야 하는 성전聖戰이었다. 그러나 일단 무슬림 교리를 받아들이게 되면 포로는 형제로 대우해주었다. 드디어 이슬람이 구원의 대가를 자세하게 정의하기에 이르렀다. 기독교는 신자에게 한없는 요구를 한다. 신자의 믿음과 사랑, 공헌과 행실이 수락할 만한 기준에 이르렀는지 여부를 아는 존재는 하느님뿐이다. 그러나 이슬람에서는 신자의 신앙을 그렇게 질적으로 따지지를 않는다. 구원을 위해서 그가 해야 할 일이라고는 규칙에 따르고, 올바른 기도를 드리고, 구체적으로 열거해놓은 죄악을 피하고, 수입의 정도에 따라 규정된 비율의 헌금을 한다는 것이다. 이런 사항들 가운데 어느 한 가지나 모두를 이루지 못했을 경우라면, 그는 대신 이교도와 전쟁을 하다가 죽음으로써 용서를 받을 수 있다. 순교자의 명예도 거기에서 끝나지 않고, 그는 친척 70명의 용서를 함께 받는다. 그리고 마지막으로 강조해야 할 점은 그들이 이르게 될 천국도 자세하게 서술해놓았다는 사실이다.

구체적인 쾌락과 호화로운 배경의 묘사에서 마호메트의 천국은 다른 모든 천국을 능가한다. 부활은 육체적 및 정신적 양쪽으로 다 이루어진다고 설명하며, 그것은 천사이거나 요정, 인간이거나 동물임을 가리지 않고 모든 피조물에게 다 적용된다. 최후 심판의 날이 되면 천국으로 들어가게 될 자들은 오른쪽에, 지옥에 떨어질 운명인 자들은 왼쪽에 모여 선다.[10]

천국이란 황금으로 만든 안락한 의자들과 잔뜩 쌓인 과일 더미,

검은 눈동자의 처녀들, 서늘한 나무 그늘, 흐르는 물, 여태껏 신자가 참아야만 했던 술을 갖춘 정원들이 줄지어 늘어선 장면을 상상하면 된다. 지옥은 일곱 겹의 테로 이루어졌는데, 세 번째 구역은 기독교인들을 위해서 따로 마련된 곳이고, 전사한 자들은 곧장 이곳으로 끌려온다.

그리고 자신들의 구원에 대해서 확신을 간직했던 무슬림들은 사실 다른 신앙들에 대해서도 상당한 아량을 보였다. 그들이 정복한 땅에서 그들은 적을 억압하지 않고 대신 해방시켰다. 그들은 기독교인이나 유대인을 아라비아 안에는 들여놓지 않았지만, 다른 곳에서는 그들에게 특별세를 붙이는 이상의 아무런 압력도 가하지 않았다. 아람인이나 아랍의 농민들이 적극적으로나 억지로 지원을 하지 않았다면 아랍의 정복은 불가능했으리라고 사람들은 말한다. 그들이 제공한 바는 사실 소중한 것이었다.

아랍인들은 문명세계에 이바지한 바가 막대하여, 새롭고도 훌륭한 종교적 개념을 제공했고, 훗날 기사도로 발전하여 매우 훌륭한 결실을 맺게 된 여성에 대한 이상적인 대우, 그리고 개인적인 행동과 신체적인 청결함, 올바른 예절의 중요성처럼 당시로서는 퍽 생소했던 사상을 소개했는가 하면, 예술의 영역에서는 종교적인 규범으로 제한된 속에서나마 독특하다고 인정을 받게 될 장식적인 미술의 전통을 구축했다. (정통파 기독교의 금욕적인 이상에는 어긋나지만) 명확하게 서술된 어떤 한계 안에서 필요하다고 인정을 받는 자만심의 정당성, 신에 대한 통일된 인식, 그리고 (농민들의 관점을 제외한다면) 일상적인 세상에서 계급과 계층 간에 꼭 필요한 규칙들과 갈등을 일으키는고 하기는 어려운 인간의 본질적인 형제애 등 이러한 아랍인들의 수많은 훌륭한 사상은 중세 초기의 교만하고 병들고 타락한 기독교 세계에 신선한 사막 공기처럼 불어 닥쳤다.[11]

그들의 교리에서 소중하다고 여겨지던 모든 관념에 무슬림들은 배움의 숭상이라는 요소를 가미시켰다. 마호메트 자신도 이것을 강조했으며 아랍의 정복과 때를 같이 해서 학문이 꽃을 피웠다. 대수(代數, algebra), 화학(chemistry), 정점(天頂, zenith), 영(零, zero) 같은 단어들이 아랍어에서 기원했고 카이로 대학교가 세계에서 가장 역사가 길다는 주장에도 상당한 근거가 있다.

이런 얘기를 다 하고 나면, 차변借邊에도 무언가 기록해야 할 사항이 있다. 아랍인들은 경작자가 아니라 유목민이어서, 정신적인 면을 고무시키기도 했지만 농업상으로는 재난도 불러왔다. 이에 대해서 C. S. 자르비스가 설명한다.

아랍인은 가끔 '사막의 아들'이라고 일컬어지지만, 파머Palmer가 지적한 바와 같이 이것은 잘못된 명칭이다. 대부분의 경우에 그는 사막을 스스로 만들어냈기 때문에 '사막의 아버지'라고 불러야 옳겠고, 이해하지 못하는 것이라면 무엇이나 다 파괴해버리는 원숭이와 같은 천성에 맞먹는 그의 무서운 나태함이 빚어낸 직접적인 결과로, 그곳에서는 사실상 아무것도 자라지 못하는 메마른 황폐함 속에 살아간다.……파괴를 위한 그의 활약에서 아랍인을 가장 충성스럽게 도왔

던 동물은 낙타와 염소였으니……. [12]

이것은 영국 관료들의 졸렬한 말이었던가? 그렇다고 하더라도 그것은 튀니스의 이븐 할둔(1332년~1406년)이 《서론 *Prolegomena*》에서 다음과 같이 이미 예견한 바였다.

아랍인들에게 정복을 당하고 지배를 받았던 세계의 모든 나라들에서 어떻게 그들의 문명이 황폐해졌고, 인구가 분산되었고, 그리고 토질까지도 확연하게 달라졌는지를 살펴보라. 그리하여 예멘은 몇몇 지역만을 제외하고는 폐허가 되었으며, 페르시아인들 밑에서 그토록 번영을 누렸던 이라크도 비슷하게 황폐했고, 현재의 시리아도 마찬가지다. 북아프리카와 마그리브(동방에서 서방을 '해가 지는 땅 끝'이라고 부르던 아랍어 명칭-옮긴이)에는……폐허와 황폐함이 아직도 휩쓸고 있다. 그러나 그 이전에는 수단과 지중해 사이에 위치했던 모든 나라는, 마을이나 도시가 남긴 폐허와 조각품과 건물의 잔재에서 확인할 수 있듯이, 찬란한 문화의 중심지였다. ……그렇지만 아랍인들은 대체적으로 진리와 정의의 부름에 가장 빨리 따르는 민족이었다. 그 까닭은 그들의 천성이 비교적 단순했고 나쁜 관습이나 악한 관습의 뒤틀린 영향을 받지 않았기 때문이었다. [13]

9세기에 이슬람의 장점들은 무척 많이 두드러졌고 장기간의 황폐 과정은 아마도 아직 덜 이루어졌을지도 모른다. 수적으로 감소하고 분산이 되고 무식했던 당시의 유럽 사람들에게는 평화 시에 보여준 교양에 못지않게 싸움에서는 무서웠던 무슬림들이 인간 이상의 그 무엇으로 여겨졌을 것이다. 사람들은 발전이나 계몽이라고 할 만한 무엇인가를 찾으려고 할 때마다 상당히 우월한 문명이라고 여겨지던 동양으로 눈을 돌렸다. 다른 쪽으로 저울이 기울었던 몇 백 년이 흘러가는 사이에, 서양이 어느 정도나 침체했는지를 우리가 알아내기는 불가능하다. 회복의 징후들이 보였을지도 모를 일이다. 그러나 현실적으로 유럽은 활력이나 통일성, 모험심이나 예술을 가지고 있지 못했다. "그러나 이런 모든 무질서와 황량함의 뒤에서 우리는 적어도 활동력과 생명만큼은 느낄 수가 있다"라고 판디트(pandit, 학식이 뛰어난 바라문교의 학승에게 붙여주는 존칭어-옮긴이) 네루는 썼다.[14] 지금 우리는 그것을 인식하지만 당시에는 그런 사실을 깨닫기가 어려웠을 것이다. 사람들이 몰려와서 들어가 사는 오두막들을 보고 로마의 폐허들이 아직도 말없이 조롱을 하며 버티었을 터이기 때문이다. 알렉산드로스 시대의 서양과 비교한다면 당시의 서양은 어떠했을까? 프랑스는 기독교 세계로 남아 있었고 에스파냐의 일부도 마찬가지였다. 동로마제국은 아직도 과거의 영토 일부를 보유했다. 그러나 이런 정도로는 모두 합쳐봐야 별로 대단할 게 없었기에 기본이 지적했던 사실은 타당하다. "테베나 바빌론, 카르타고와 마찬가지로 로마라는 이름은 다시 명예와 통치권을 되찾아준 생명의 근본정신으로부터 활력을 얻지 못했다면, 지상에서 사라져 버렸을지도 모른다."[15] 그러나 이 사실을 부정할 수가 없으면서도 우리들은 그 활력 또한 동양에서 왔음을 잊지 말아야 한다.

십자군의 성전

—

한 종교의 공격에 맞서 저항할 세력은 또 다른 종교밖에 없다. 의학에서는 특별히 무서운 병의 경우에, 가벼운 증상을 인위적으로 일으킴으로써 질병을 막는 방법이 쓰인다. 동양에서 한 종교가 다른 종교를 축출하는 방법은 이런 식으로 이루어졌다. 이슬람과 맞서는 방법은 오직 그리스도의 이름을 통해서 뿐이었다. 그러나 서양의 반격이 이와 같은 특수한 종교적인 형태를 취해 방어해야 할 지역을 기독교 세계Christendom라고 일컬었지만, 밑에 깔린 동기에는 보다 깊은 의미가 담겨 있었다. 역사적인 사건들의 동기를 평가하려는 모든 시도에는 학자의 영향을 과장하려는 필연적인 경향이 드러나게 마련이다. 철학자들, 신학자들, 그리고 정치 이론가들은 그들의 견해를 나타내는 기록을 영원히 남길 능력을 갖추었으며, 우리가 연구하려는 정책에 대한 유일한 설명을 사람들은 흔히 그들의 기록에서 찾는다. 통치자들, 군인들, 상인들은 그들의 견해를 종이에 옮겨 놓을 확률이 훨씬 적다. 그러나 그들이 말을 할 줄 모

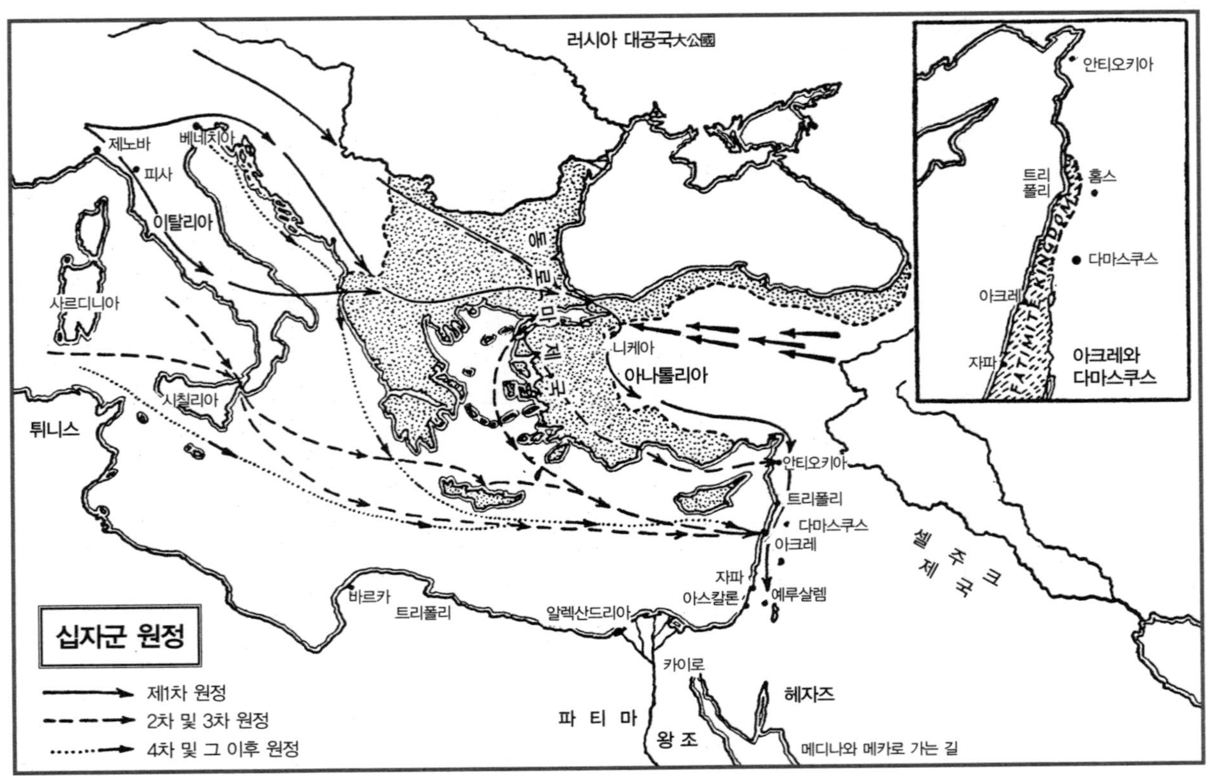

러시아 대공국大公國
제노바
베네치아
피사
이탈리아
사르디니아
시칠리아
튀니스
아나톨리아
니케아
동로마 제국
바르카
트리폴리
알렉산드리아
카이로
파 티 마 왕 조
헤자즈
메디나와 메카로 가는 길
안티오키아
트리폴리
다마스쿠스
아크레
자파
아스칼론
예루살렘
셀 주 크 제 국
안티오키아
트리폴리
홈스
다마스쿠스
아크레
자파
FATIMIT KINGDOM
아크레와 다마스쿠스
십자군 원정
제1차 원정
2차 및 3차 원정
4차 및 그 이후 원정

르거나 그들이 학자들에게서 지도편달을 구했으리라고 결론을 내린다면 그것은 잘못이다. 그들은 오히려 빈틈을 보이지 않았던 이븐 할둔처럼 이렇게 말했을 것이다. "모든 사람들 가운데서 학자들이란 정치와 정치활동에 가장 어울리지 않는 자들이다." 그들의 견해가 어떠했을지 우리들은 상상에 의존할 수밖에 없겠지만, 유럽을 방어한 전쟁에는 종교적인 이유 이외의 다른 동기들이 작용했었음은 틀림없다. 적어도 무슬림들은 기독교 역사가들이 상상했던만큼 광신적이지는 않았음이 분명하다. 그들에게도 또한 세속적인 동기들이 분명히 있었고 그런 동기는 동양에 대한 신념이 뒷받침을 했다. 이제는 그들이 세계를 지배할 차례가 되었고 그래서 그들은 필연성을 실천했을 따름이었다.

서양의 반격은 1000년경에 시작되었다. 무슬림 정복의 물결은 에스파냐에서 1002년 알만조르의 죽음과 더불어 방향이 바뀌었고, 결국은 시칠리아의 재정복으로 발전된 전쟁이 거의 동시에 벌어졌다. 그러나 이슬람의 원동력은 전쟁밖에 모르던 몽골의 부족들이던 셀주크 투르크족을 그리고 나중에는 다시 오스만 투르크족을 이슬람으로 개종시키려던 목적과 더불어 부활했다. 프레야 스타크는 투르크가 아랍인과는 무척이나 달라서, 유능하고 비예술적이고 고지식하고 용감하며, "힘과 자립심이 강하지만 멋이 없다"고 비판한다. 이슬람 신앙에 새 힘을 불어넣고 과거에 이슬람이 자행했던 위협을 덜 매력적인 형태로 재개한 집단은 무슬림 투르크인들이었다. 이슬람 교회들은 결국 1044년에 서로 싸움을 벌여, 기독교와 같은 통일된 양상은 끝났다. 1071년 비잔틴 군대의 패배를 겪고 나서 서양은 군사력을 규합하지 않으면 안 되었다. 벌써부터 그래야 할 필요성은 확실했지만, 계기를 마련한 사람은 1073년에 교황 그레고리오 7세가 된 힐데브란트였다. 교황의 지도하에 기독교 세계를 통일하려는 것이 그의 정책이었다. 그의 계획은 실패로 끝났지만 그가 시행한 교회의 개혁은 교회의 권위를 오랜 기간 동안 높여주었다. 그와 같은 시대의 게르만 왕이었던 하인리히 4세는 세속적인 방면에서 같은 시도를 했지만, 그도 역시 실패했다. 그러나 드디어 1095년에 교황 우르반 2세는 오베르뉴의 끌레르몽에서 종교 회의를 소집했다. 교회의 수련에 대해서 주로 토론하던 회의가 열흘째 되던 날, 교황은 갑자기 예루살렘을 구하자고 호소했다. 예루살렘은 상당히 오랜 기간 동안 무슬림의 손아귀에 들어가 있었고, 그의 호소는 사실 콘스탄티노플 자체에 대한 위협에 근거를 두었다. 아나톨리아를 잃고 안티오키아가 함락되자 그 위협은 무척 현실적인 문제가 되었고, 콘스탄티노플의 황제는 이교도들과 맞서 싸울 도움을 호소했다. 그에 대한 진지한 반응이 이어지며 수많은 군대가 결국 예루살렘을 목표로 전투에 참가했다. 처음에는 무려 30만을 헤아렸던 십자군이 육로로 진군해서 보스포로스를 횡단하고 니케아를 함락시키고, 안티오키아를 함락시키고(1098년), 드디어 예루살렘을 차지했다. 거기에서 그들은 이슬람 세계의 한가운데에다 기독교 왕국을 수립했다. 왕국이 서고 수비 태세가 이루어지고 요새화되는 과정을 지켜본 다음에, 십자군의 대부분 병력은, 무척 당연한 일이었지만, 그들의 고향 유럽으로 돌아갔다.

그들의 업적을 이해할 때 우선 주시해야 할 점은 콘스탄티노플이 전체적인 면에서 결정적인 역할을 맡았었다는 사실이다. 그 도시는 카르타고가 로마에 대해서 그랬듯이 이슬람의 흐름을 지체시켰다. 따라서 전체적인 움직임이 몇 세기 동안 정체되었다. 그것보다도 더 중요한 점은, 유럽의 군대가 발판을 삼아 시리아로 나아가서 견실한 토대 위에 작전을 펼칠 수 있었던 것도 콘스탄티노플 덕택이었다. 두 번째로 관찰할 바는, 예루살렘의 탈환이 정책의 주요 목표였으므로, 메소포타미아와 이집트를 연결하는 육로의 연결 지점을 잘라, 무슬림 세계를 두 토막을 냈다는 사실이다. 세 번째로 강조할 점은, 비록 아시아에 대항하기 위해 유럽이 결집했음을 의미하기는 하지만, 십자군은 단순히 방어만을 위한 집단이었다는 사실이다. 그들은 동양에 대한 대대적인 공격을 목표로 내세우지는 않았다. 제1차, 그리고 뒤따르는 십자군 원정들이 거둔 중요한 결과는 콘스탄티노플의 구제였다. 힘찬 견제력을 동원함으로써 서양의 기사들은 동로마제국에 대한 압력을 제거해서, 제국이 350년 동안 더 지탱할 여건을 마련했다. 그들은 황제가 바라던 바를 상당히 많이 달성했다. 네 번째이며 마지막으로 강조할 점은, 십자군이 기독교 통치자들과 그의 신하들로 하여금 동양의 문명과 긴밀한 접촉을 하게끔 길을 열어주었다는 것이다. 중세의 문화는 대부분 그들이 가지고 돌아온 문화였다.

마지막 말에 설명을 보충하자면, 제1차 십자군 원정이 개시되기 전에도 동양과의 접촉이 상당히 많았으며, 특히 에스파냐나 시칠리아를 통해서, 그리고 베네치아가 가장 중요한 위치를 차지했던 아드리아해의 비잔틴 보호령들을 통해서 교류가 이루어졌었다. 그러나 유럽에는 이런 접촉이 간접적으로만 영향을 주었다. 십자군은 야만인과 다를 바가 없는 프랑스, 독일, 영국의 병사들을 이끌고 벌써부터 문명이 발달된 세계로 갔다. 많은 사람들에게 콘스탄티노플은 그들이 처음 보게 된 진정한 도시였고, 안티오키아는 두세 번째 도시에 불과했다. 예루살렘 왕국은 1187년에 빼앗겼는데, 그것을 되찾으려는 훗날의 작전들은 실패했지만, 유럽 사람들은 기독교였다가 무슬림이었다가 다시 기독교의 영토가 된 땅을 차지했다. 그들은 페르시아와 인도를 아는 사람들, 그리고 중국을 좀 알던 다른 사람들과 날마다 대화를 나누었다. 사라센인(또는 '동방인')들과 싸우는 동안에 그들은 적을 닮아갔다. 그들은 백성들과 적들에게서 다 같이 많은 것을 배워, 보다 지혜롭고 성숙해져서 고향으로 돌아갔다. 그들이 팔레스티나로 가져간 개념은 유럽의 단결이라는 개념이었는데, 그것은 이슬람에 대한 공포에서 생겨난 이상적인 인식으로서, 이슬람의 위협이 현실적으로 계속되는 동안에만 지속되었다. 이 불안정한 단결에 대한 상징은 십자군의 휘장이었다. 우르반 2세는 "주님의 십자가는 그대의 구원을 상징하니, 가슴이나 어깨에 붉은 피의 십자가를 외적인 표식으로 달도록 하라……"고 말했다. 십자군은 그의 말을 따랐고, 봉건사회에서 그들의 소속을 나타냈던 표식들을 없애버렸다. 그러나 십자가들은 빛깔과 모양이 점차 달라져서 서로 차이가 뚜렷해졌고, 마지막 문장紋章은 유럽의 여러 나라에서 국기로 정착했다.

그들의 깃발이 저마다 나중에 달라졌음을 인정하더라도, 중세의 유럽에는 (예를 들면 교회와 수도원과 학교처럼) 공통된 요소들이 상당히 많았다. 제국과 교황권이라는 개념은 국제적으로 통일되었고 기사와 대학과 상인들의 집단도 같은 관습을 따랐다. 그러나 사실상 획일적인 모든 요소는 동양에서 기원했다. 기독교는 동양의 종교이고 그 교리는 유대교의 변형이지만, 예배하는 방식은 메소포타미아와 페르시아에서 왔다. 사막의 은둔자가 실천해야 하는 검소한 생활에서 뚜렷하게 나타나듯 규칙적인 수련생활의 근본은 불교에서 유래한다. 가장 동양적이었던 시대의 비잔티움에서는 법의法衣가 전래했으며 중국의 불교에서는 종鍾이 왔다. 고딕 건축은 분명히 제1차 십자군 원정 때부터 이슬람에서 유래했으며 편자형 반달문도 이슬람 모스크로부터 받아들였다. 축성 기술은 비잔틴 거장들의 기술을 그들 나름대로 약간 발전시킨 사라센인들로부터 배웠다. 이슬람에서는 부인들이 쓰는 베일이, 그리고 중국에서는 무명천을 늘어뜨린 고깔모자가 들어와서 13세기에 유행을 이루었다. 전체적인 동양에서는 모기장을 걸도록 네 개의 기둥을 세운 침대가 왔고, 일부 승려들이 전문으로 삼았던 종교 지도 제작에서 뚜렷하게 나타나듯이, 지도 작성법의 첫 형태가 이슬람에서 유래했다.

사라센인들과 십자군은 결국 비슷한 방법으로 무장을 했으며 조직은 처음부터 상당히 비슷한 형태로 구성되었다. 그리고 유럽 역사가들은 무슬림들이 적들로부터 배운 바가 많다고 믿는 경향을 보인다. 말을 타고, 사슬 갑옷을 입고, 투구와 방패와 창을 갖춘 기마병이 중세 군대에서는 주력을 이루었다. 기사들은 저마다 어릴 적부터 훈련을 받는데다가 짐을 운반하는 말과 예비 장비들이 많아서 조수가 필요했기 때문에 군대는 봉토로 받은 땅에 기사들이 의존하는 장원 제도에 기반을 두었다. 그들의 무슬림 적들도 똑같은 이유로 훨씬 전부터 그와 상당히 비슷한 제도를 시행했다. 이런 방면에서는 그들이 서로 흉내를 낼 필요가 없었다. 그러나 기마술에서는 항상 그랬듯이 동양이 유리했다. 첫 정벌이 시작되었을 때 십자군 가운데 말을 탄 사람이 많았는지도 의심스럽다. 그들이 소유했던 가장 우수한 말들은 나중에 그들이 노획한 것임이 분명하다. 그리고 아랍인들 사이에서 먼저 발전된 기사도가 군마와 함께 전래되었다. 무슬림과 기독교인들 사이에는 자비심이 별로 없었지만, 서로 존경하게 된 적들 사이에서처럼 예절만큼은 지켰다. 전세가 자꾸 뒤바뀜에 따라 그들은 다 같이 패배를 겪었다. 그들은 또한 양쪽 모두 승리를 누리기도 했고 빼앗은 요새와 장비를 연구할 기회를 얻었다. 이런 상황을 잘 알았던 이븐 할둔이 말한다.

패배한 자들은 항상 승리자들의 의상과 계급장, 신앙과 다른 관습이나 생활을 모방하려고 노력한다.……우리들은 옷을 입는 방법이나 무기를 휴대하는 방법, 장비, 모든 생활 방식을 패배한 자들이 항상 모방하는 현상을 보게 된다…….[1]

이렇게 해서 십자군은 곧 가볍고 융통성이 있고 꿰뚫기 힘든 사슬 갑옷을 만드는 기술을 배웠다. 아랍인들은 그것을 이미 수백 년 전부터 사용했고 일찍이 이런 기록도 남겼다. "기사에게는 언제나 번거로웠고 하인에게는 언제나 골칫거리였지만 항상 훌륭한 호신 수단이 되었다."[2] 13세기까지는 구하기가 어려웠던 까닭에 처음에 사슬 갑옷을 착용한 사람은 지도자들뿐이었다. 갑옷을 말에게까지 입힌 것은 하나의 중요한 발전이었지만 그것은 표적을 더 두드러지게 만드는 결과를 빚었다. 중국에서 기원한 무기이며 무슬림들이 말을 타고 사용했던 목제 노궁을 기독교 세계의 기사들은 제1차 십자군 원정 때 처음 보았다. 노궁의 특별한 장점은 궁수가 무기를 미리 장전하고 전투에 임하도록 도와주는 격발 장치였다. 그것은 말이 걷는 속도에 구애를 받지 않고 달리는 말을 타고서도 정확히 쏠 수가 있었다. 그래서 사라센 전술에서는 노궁이 기본적인 요소였다. 12세기에 처음으로 유럽에 소개되자 교황은 그것이 비인간적이라고 해서 사용을 금했다. 단점이라면 화살을 쏜 사람이 다시 장전하는 동안 무방비 상태가 된다는 것이었다. 1370년이 되어서 훨씬 더 강한 무기이며 보병에 새로운 중요성을 부여한 강철로 만든 노궁이 등장했다. 그들이 답습한 또 다른 아랍 관습으로는 깃발과 창기槍旗의 사용이었다. 처음에는 틀림없이 진지나 행군 도중의 안전을 위해서 그랬겠지만, 창의 끝 부분에는 보통 헝겊조각을 달았다. 그것의 새로운 용도가 곧 발견되었다. 이슬람 초기 시절의 아드 다르불 포위 공격 때 한 장수에 대한 이런 얘기가 전해진다. "진을 치게 되자……그는 참호를 팠고, 참호들마다 깃발이 나부끼는 창을 세웠으며, 군사들은 그들의 깃발에 따라 야영을 했다."[3] 여기에서 단위 조직의 기준이 이루어졌고 이것은 결국 '중대기中隊旗'가 되었다. 아랍의 또 다른 관습 한 가지는 금속이 태양에 너무 뜨거워지지 않도록 방지하기 위해 사슬 갑옷 위에 걸치는 헐렁헐렁한 헝겊 옷이었다. 십자군은 이것을 모방해서 병사가 어느 편인지를 분명하게 표시해주는 겉옷을 만들었다. 이러한 여러 가지 사항을 십자군은 사막의 전투에서 배웠다. 보병이 지켜주는 고정된 방어의 범위 안에서 움직이는 무장한 행렬들을 이동시키는 전술을 발전시켰고, 이것은 20세기에도 다시 답습되었다. 후기에 출정했던 군사들은 이 전술을 유럽으로 가지고 왔다. 그러나 그것은 근본적으로 동양에서는 당시에 이미 정착된 전술이었다.

제1차 십자군은 거의 순전히 지상 작전이었으며 나라마다 이동 거리의 기준이 다르기는 했지만 보통 2,500킬로미터에서 4,000킬로미터를 행군했다. 당시에는 아마도 합동작전을 위한 수송방법을 확보하기가 어려웠을 것이다. 동양과 서양의 해상교역은 거의 모두가 무슬림들이 장악했고, 동로마제국은 정기적인 여객수송이 고작이었다. 기독교인들이 보유한 수송수단이 더 많았다면 비잔틴 사람들은 십자군을 비잔티움에 접근하지 못하도록 하기 위해서라도 그것을 틀림없이 제공했을 것이다. 그러나 시리아의 항구들을 함락시킨 다음에 양상이 한꺼번에 달라졌다. 1101년이 되자 십자군의 다음 병력이 해상으로 도착했다. 제노바와 베네치아와 피사에서 확보한 선박들을 이용해서였다. 지원부대와 보급품이 도착하면 그들은 바닥짐만 실어서 배를 돌려보내고 싶지가 않았으리라. 그러는 대신에 트리폴리와 안티오키아에는 곧 상인들이 거점을 마련하고는, 사막을 건너 다마스쿠스나 홈스에 도착한 비단이나 향료, 상아 등 이탈리아로 가져갈 화물을 수집했다. 다른 항구들을 함락시키는 데 도움이 된 사람들은 바로 이 상인들이었다. 지치고 부상당하고 병든 군사들 또한 이들 덕택에 유럽으로 돌아가는 배를 탈 수 있었다. 동양을 접한 십자군의 경험으로 이루어진 문화적 연결은 그 뒤를 따르게 된 교역에 의해서 유지되고 확대되었다. 사라센 사람들은 상품을 팔 다른 길이 없었기 때문에 그들의 적과 교역을 벌여야만 했다. 그런가 하면 이탈리아 사람들도, 훌륭한 기독교인들이었을지는 모르겠지만, 현실적인 손해를 감수하며 일을 할 이유가 없었다.

제1차 십자군 원정은 무슬림들의 분열로부터 상당히 큰 덕을 보아 성공을 거두었지만, 그들의 분열은 이교도에 맞서기 위해 적어도 잠정적으로나마 합의를 이룸으로써 끝이 났다. 따라서 팔레스티나에 거점을 계속 유지하기 위해서는, 시간적으로 간격이 많이 벌어지기는 했지만, 일련의 정벌이 필요했다. 1187년에 예루살렘을 빼앗기자 제3차 원정군의 지도자들은 아크레 점령 이상은 아무것도 성취하지 못했다. 제4차 십자군은 1204년에 드디어 콘스탄티노플로 방향을 바꾸었고, 베네치아인들은 그 과정에서 식민지 제국을 얻었다. 제5차 십자군 원정에서는 프레데릭 2세의 능란한 협상으로 타협에 의해 예루살렘을 확보하는 결과를 보았지만, 15년 후에 다시 빼앗기고 말았다. 1250년에 십자군 원정이 끝났으며, 그와 더불어 유럽 통일의 시도 역시 끝났다. 이슬람의 위협은 뒤에 다시 부활했지만 어느 정도 사라졌고, 십자군은 소기의 목적을 달성한 셈이었다. 적의 기세를 꺾는 공격에서 그들은 성공했다. 그들은 서양이 부활하기 시작했음을 증명했다. 그들은 또한 동양이 아직도 문화적으로 우월함을 증명했다. 안티오키아나 아크레의 점령은 어떤 의미에서 승리자들로 하여금 오히려 기가 죽게 하는 그런 종류의 성공이었다. 그들은 군사적인 능력을 과시하기는 했지만,

다른 한편으로 그들이 점령한 도시의 사람들보다 문화 정도가 훨씬 낮음을 깨닫게 되었다. 결국에는 그들이 패배했다는 사실도 기억해둬야 한다.

십자군 시대에 대해서 관찰해야 할 한 가지 양상은 유럽의 잠재적인 '5열'에 보여준 준엄함이었다. 그들 자신에게서 '서양적' 특성을 발견한 당시의 통치자들은 그들의 후방에서 출몰할 만한 아시아적인 요소를 제거하려고 재빨리 나섰다. 유럽의 유대인들을 우방으로 간주해야 하나? 그렇지 않았다. 그렇다면 적과 같은 편일지도 모르는 이방인들에게 괴롭힘을 당할 위험에 자식들과 아내들을 방치해 두고 병사들이 어떻게 팔레스티나로 싸우러 갈 수가 있었을까? 사전에 그들에게 손을 쓰는 것이 상책이었다. 제1차 십자군 원정에 앞서서 베르됭, 트레베스, 보름스, 그리고 다른 곳에서 첫 학살이 이루어졌다. 제3차 십자군 원정을 앞두고는 1189년에 요크를 중심으로 비슷한 무질서가 선행되었다. 존 왕은 1210년 영국의 유대인들에게 경제적 압력을 부과하여 수많은 사람들이 해외로 떠나도록 유도했다. 제5차 십자군 원정을 앞두고 1215년 제4차 라테라노 종교회의에서는, 유대인들에게 특별한 옷을 입혀 사실상 사회적 천민으로서 배척을 받게 하는 법령이 통과되었다. 본질적으로 힌두교식 해결방법이었던 이 제안을 거부한 에드워드 1세는 1290년에 유대인들을 영국에서 추방했다. 무슬림들이 그들을 조금이라도 더 좋아했다면 유대인들의 입장은 훨씬 편했으리라. 이런 처리방법의 결과로, 그렇지 않아도 처음부터 인기가 없었던 그들의 특성이 더욱 심해졌다. 냉혹한 대우는 사람들을 유아독존적이고, 부패하고,

악하게 만든다고 이븐 할둔은 언급했다. "예를 들어, 그런 대우를
받아서 타락하고, 모든 시대 어느 곳에서나 사악하고 간교하다고
알려진 유대인들을 보라."

적과 한편이라고 여겨졌던 사람들은 유대인뿐만 아니었다. 마니
교는 선지자 마니가 창시했고, 기독교에 의해 로마제국으로부터
밀려난 조로아스터교의 분파였다. 이 종파는 나중에 다시 부활했
으며 그 신도들인 카타리(그리스어로 '순결한 사람들'이라는 뜻임－옮긴
이)와 알비 파의 숫자가 남부 프랑스에서 아주 많아졌다. 여기에서
외국 세력의 또 다른 거점이 후방에 생겨났고, 교황 인노첸시오 3세
는 1208년에 이를 물리치기 위해 다시 십자군 원정을 선언했다. 그
결과 역사상 처음이었으며 20세기 이전에는 최대 규모인 이교도들
에 대한 학살이 벌어졌다. 수십만 명에 달하는 분리파들을 살육해
서 지금까지 아무도 그 기록을 깨뜨리지 못한 인노첸시오 3세는 아
돌프 히틀러의 원형이었다. 그러나 지금 우리가 다루는 주제와 관
련이 있는 사항은 모든 외국인에 대한 이런 통제와 이교도 사냥이
아시아 상승의 후기와 맞물리는 시기였고, 그에 대한 반발로서 발
생했다는 사실이다. 그 운동은 십자군 원정이 보다 수익을 많이 내
는 통상 때문에 밀려난 이탈리아에서 처음 늦추어졌다. 반발이 훨
씬 오래 지속된 에스파냐에서는 이교도에 대한 전쟁으로 중세를
다 보내다시피 했다. 그것은 아시아의 위협이 다시 두드러지거나,
또는 그럴 위험의 기미가 나타나기만 해도 부활되었다.

서기 1000년부터 서양은 부흥기를 맞았지만, 건축과 미술에서
가장 분명하게 확인이 가능하듯이, 아직도 동양의 영향을 받고 있

었다. 그리고 동양의 영향에서 가장 중요한 양상은 인도의 본보기를 따라 이루어진 신분제도에서 나타났다고 할 수 있다. 중세 유럽의 구조를 살펴보면, 독신생활을 하는 성직자와 수도원과 성직자단을 마련하여, 정도의 차이가 나기는 했어도 하나같이 종교적인 목적에 맞춘 학문과 교육, 과학과 예술의 주요 업무를 맡겼다. 이러한 종교적 결집에 서양의 존속이 아주 노골적으로 의존했다. 같은 구조의 비종교적인 측면에서 황제, 군주, 귀족, 기사, 농민이라는 봉건적 계급 조직이 생겨났다. 비종교적인 결집력에 따라 십자군 원정의 성공 여부가 좌우되었다. 서서히 회복기로 들어선 여러 도시에서는 행정장관, 상업 집단의 간부들, 명장들과 도제徒弟들로 이루어진 상인의 계급 조직이 유사한 구조를 형성했다. 그래서 전반적으로 나타난 결과로 각 분야의 능력을 철저히 분업화하여 동원하기가 용이해졌다. 승려들은 유식했지만 상업이나 전쟁에 대해서는 거의 알지 못했다. 귀족들은 학문과 상업을 둘 다 깔보며 오직 무기를 다루는 솜씨만 익혔다. 상인들은 신학이나 전술에 지나친 관심을 보이지 않으면서 상업을 그들의 비밀로 간직했다. 그런식의 분류를 마다하는 사람들이 항상 조금은 생겨나게 마련이어서, 이 분업은 완전히 이루어지지는 않았다. 그러나 계급제도의 요소는 다분히 조성되었다. 나름대로의 안정성뿐 아니라 침체의 위험도 수반한 힌두식의 사회가 부분적으로 재생되었다. 종국적인 결과는 중국에서 발전된 사회형태와도 완전히 다르지는 않았다. 훨씬 더 진보한 그곳 문명에서는 세습하는 봉건적 요소가 제거되었지만, 선비와 군인과 상인의 차이는 마찬가지로 뚜렷했다. 전술적, 과학적, 경제적 능력을 함께 겸비한 신하가 하나도 없는 황제나 왕은 그만큼 더 안정을 느낀다. 그러나 중국에서 이룩된 것과 같은 그런 찬란한 기술적 발전도 이런 형태의 분업화에 의해서는 결국 저해를 받게 된다. 유럽은 전문화에서 스스로 해방이 되어야 했다.

한 가지 동양의 종교를 물리치려는 무기로 동양의 다른 종교를 동원했던 사뭇 동양화한 기독교 세계의 본질을 연구할 때, 우리는 그것이 고전 시대의 상승하는 서양과 얼마나 뚜렷하게 달랐는지를 인식해야만 한다. 그리고 신분제도에서만큼 차이점이 그토록 잘 드러난 것은 없었다. 그리스인들 사이에서는 승려 계급이란 비교적 중요하지 못한 편이었으며, 비슷비슷한 사람들이 계속해서 운동선수·선생·상인·군인이 되었다. 후기에 로마인들은 훨씬 전문화했었지만 그들도 행정가, 법률가, 군인, 그리고 정치가가 서로 별로 다를 바가 없었다. 로마의 장교는 꼭 책벌레라고 하기는 어렵겠지만, 그가 문맹자였을 리는 없으며, 역사를 보면 어느 정도의 학문은 전쟁에도 도움이 되었다. 이런 장벽들을 중세 말기에 무너뜨렸던 과정은 비약적인 발전을 마련했던 고전 시대의 과정과 마찬가지로, 도시와 도시국가의 성장이었다. 이러한 발전의 본질은 도시가 소재하는 위치나 그 도시가 대표하는 지역과는 관계가 없이, 나름대로의 독립된 생명력을 지녀야 한다는 필요성이었다. 도시에서는 대학이 생겼으며 귀족들은 자식들을 그곳에 보냈다. 자신의 도시를 지키기 위해서 상인들은 병사가 되었다. 도시의 길거리에서 성직자는 상업에 대해서, 그리고 학자는 예술을 배웠다. 유

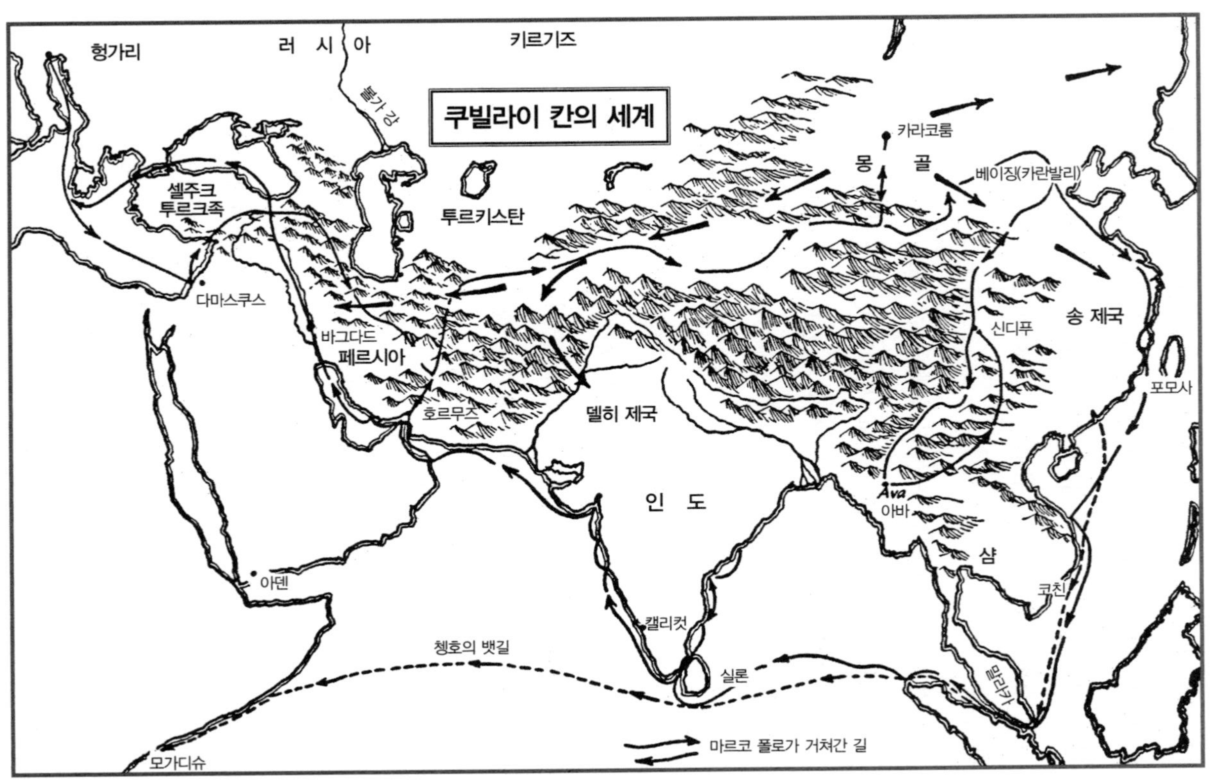

쿠빌라이 칸의 세계
헝가리
러 시 아
키르기즈
볼가 강
셀주크 투르크족
투르키스탄
몽 골
카라코룸
베이징(카란발리)
다마스쿠스
바그다드
페르시아
호르무즈
델히 제국
신디푸
송 제국
포모사
아덴
인 도
Ava
아바
샴
코친
캘리컷
실론
쳉호의 뱃길
모가디슈
마르코 폴로가 거쳐간 길

럽의 부흥은 특히 이탈리아의 여러 도시에서 힘차게 시작되었다. 동양도 아니고 고전시대의 전통에서 답습한 것도 아닌 발명품이 있다. 그것은 중세의 유럽이 이룩한 한 가지 괄목할 만한 발견으로 이성간의 낭만적인 사랑이라는 개념이다. 이성간의 사랑은 인류의 특성이기는커녕 11~13세기까지는 나타나지도 않았다가, 프로방스와 이탈리아 그리고 에스파냐의 음유시인들이 널리 퍼뜨리기 시작했다. 정열적이고 이상적인 사랑의 개념은 물질적이거나 사회적인 여건들에 우선하는 나름대로의 특별한 가치를 지녀서, 그로부터 몇 백 년 동안 서서히 자라나다가 결국은 19세기의 소설과 20세기의 영화에서도 용납이 되었다. 인도에서는 거의 알려지지 않았고, 중국에서는 못마땅하게 생각했던 이런 사랑의 개념은 유럽 개인주의의 중요한 한 가지 면모이다. 그것은 서기 1500년 이래로 강렬한 문학적 표현을 통해서 표출되었으며, 서양 사회의 역동적인 특성에 새로운 요소를 가미했다. 이 관습의 성장은 보다 광범위한 가문이나 가족 관계의 쇠퇴와 밀접한 관계가 있었다. 재산을 모으려고 도시로 가기 위해 시골을 떠난 소년은 친족들의 도움을 잃고, 나중에 그가 결혼하게 될 여자만을 위해 애정을 간직했다. 물질적인 성공을 위한 또 하나의 자극제는 경쟁적인 사회에서라면 가장 유능한 자가 그만큼 더 아름다운 여자를 차지하게 된다는 지식이었다. 실제 생활에 영향을 주는가 하면 현실을 모방하기도 하는 소설의 문학적 주제들은 낭만적인 사랑과 사회적인 진보의 긴밀한 관계를 보여준다. 낭만적인 전통의 성장은 유럽의 부흥에서 중요한 한 가지 양상이 되었으며 11세기 이래로 점점 더 강조되었다.

그러나 서양의 부활이 1000년까지 거슬러 올라갈 수가 있음이 사실인 한편, 아시아의 오름세가 중단되었다는 결론은 무척 그릇된 얘기다. 유럽과 아시아가 달성한 업적의 간격이 감소되고 있었는지는 몰라도 간격은 아직도 존재했으며, 군사적인 의미에서 이슬람은 부흥을 거듭해서, 그 위협이 거듭거듭 새로워졌고 영향력은 다시금 입증되었다. 이슬람의 직접적인 압력은 1250년경 무슬림의 본거지에 대한 몽골의 위협과 더불어 끝났다. 몽골 부족들은 시베리아로부터 와서 우선 중국의 북부를 휩쓸었다. 그들의 지도자 칭기즈 칸이 이끄는 유목민들은 베이징을 함락시키고 중국의 기술을 어느 정도 배웠는데, 화약도 거기에 포함된다. 그리하여 새로운 장비를 갖추고 탁월한 지휘를 받으면서 칭기즈 칸의 후계자들은 우선 몽골리아에서 작전을 펼치며 러시아를 휩쓸고 지나서 헝가리로 진입했다. 다음에는 다시 동쪽으로 이동하여, 쿠빌라이 칸忽必烈汗은 1280년 중국의 황제가 되어 1388년까지 지속될 원 왕조를 수립했다. 다른 군대는 페르시아와 시리아를 진압했으며, 또 다른 군대는 1505년에 인도를 정복했다. 13세기에는 몽골인들이 오스만 투르크인들을 투르키스탄에서 사실상 몰아냈다. 투르크인들의 무리는 소아시아에 자리를 잡고 결국은 1453년에 콘스탄티노플을 빼앗아서 그곳으로부터 발칸 제국, 헝가리, 이집트, 북아프리카를 정복하러 나아갔다. 상당히 최근에 개종을 한 무슬림들인 오스만 투르크인들은 힘과 광신의 마지막 폭발력을 이슬람에 쏟아부었다. 지중해에서 재건한 해군력을 동원해서 현재 우리가 터키라고 부르는 나라가 이룩되자, 기독교 세계는 다시 수세에 몰렸다.

이렇게 되자 대략 1245년부터 1345년까지 계속되었던, 동양과 서양이 평화로운 관계를 유지하던 시대가 끝이 났다. 몽골인들과 타르타르인들은 그들이 정복한 세계를 어찌나 잘 통일시키고 평정했던지, 여행자들은 안전하게 유럽과 중국 사이를 왕래하게 되었다. 어느 같은 시기에는 이탈리아의 대주교가 베이징에, 제노바의 상인들이 인도에, 프란체스코 수도사들이 페르시아에 머물기도 했었다. 당시의 여행자들 중에는 우리에게 그가 본 모든 생생한 얘기를 기록으로 남긴 사람이 적어도 하나는 있었다. 베네치아 출신인 마르코 폴로는 자기가 살았던 도시에 대해서 부끄러워할 이유가 하나도 없었지만, 그는 중국이 훨씬 더 거대함을 알았다. 나중에 광둥을 방문한 어느 수도사가 썼듯이, 그것은 "베네치아를 셋이나 합친 것과 같은 도시였으며 …… 이 한 도시가 축적한 기술은 이탈리아 전체가 보유한 것보다도 많았다." 일본이 전성기에 달했던 14세기의 극동에서는 배울 바가 많았다. 중국에서 상당히 진보했던 항해술도 이 무렵에 서양이 배웠다. 대양에서 펼친 중국인들의 모험은 3세기부터 10세기까지 괄목할 만했지만, 아랍인들이 더 활발하게 활동을 시작하자 상당히 줄어들었다. 12세기 말부터 그것은 재개되었으며, 그로부터 인도양에서의 짧막한 마지막 중국의 지배 기간이 시작되었다. 니담에 의하면, 당시 중국의 선박들은 보르네오, 필리핀, 실론, 말라바르, 그리고 심지어는 동아프리카까지 뻗어나갔다. 이런 모든 활약에는 지도 제작과 수학에서 중국이 이룩한 업적이 크게 뒷받침을 했다. 1세기에서 5세기에 이르기까지 상당한 발전이 이루어졌지만, 중대한 발견들이 이루어진 때는 아랍인들과의 접촉 이후, 송 왕조(960년~1279년)에 이르러서였다. 초기 발명품들 가운데 하나가 10세기의 자력 나침반이었다. 이것은 1116년으로 거슬러 올라가는 어느 문헌에 처음 서술되어 있다. 1137년부터는 바위에 새긴 초기의 지도들이 알려져 있고, 1155년이 되자 지도는 실제로 인쇄가 되었다. 1400년경에는 중국의 지도들이 아라비아, 페르시아, 투르키스탄과의 접촉에서 얻은 자료를 수록했다. 이어서 1405년에 쳉호鄭和의 첫 탐험 항해가 시작되었다. 겉으로 알려진 그의 임무는 난양(南陽, 동남아시아)으로 도망쳤다는 원나라의 마지막 황제를 잡아오는 일이었다. 62척의 배와 3만 7,000명의 부하를 이끌고 쳉호는 자바, 팔렘방, 샴, 실론, 캘리컷, 코친, 호르무즈, 아덴, 그리고 모가디슈를 찾아갔다. 이 항해와 그 이후의 항해들에서 쳉호는 별다른 소득도 없이 병으로 많은 인명을 잃기만 했다. 그의 노력은 거둔 것이 별로 없었다. 더구나 그가 내시였다는 사실에는 상징적인 의미가 있다. 그러나 그의 업적은 1434년과 1451년 사이에 남긴 기록들에 서술되어 있다. 이것을 광둥에 거주하던 아랍인들이 쉽게 손에 넣었고, 습득된 지식은 그들을 통해서 유럽으로 전파되었을지도 모른다.

항해에 관해서라면 아랍인들은 소홀히 다룰 만한 사람들이 아니었으며, 특히 위치를 알아내는 데 천문학을 동원했다는 점에서 더욱 그렇다. 하지만 위대한 발명품들은 중국에서 전래되었다는 고정관념이 유럽에서는 좀처럼 사라지지를 않았다. 《순례기*Pilgrimes*》에서 퍼차스Samuel Purchas, 1577~1626는 이렇게 썼다.

따라서 다른 이들은 태양의 빛과 예술이 우리의 세계로 처음 떠오른 것처럼 여겨지는 동양을 보다 깊이 탐구하게 되었으며, 베네치아인 마르코 폴로는 300년 전에 동양과 (지금 우리가 중국이라고 부르는) 망가를 이탈리아에 알려주었다. 인쇄술이나 총포, 그리고 모레아인들이 하늘과 땅을 다 같이 관찰하는 상한의象限儀와 함께 사용했다고 인도양으로 처음 진입했던 포르투갈 사람들이 증언하는 나침반처럼 가장 고귀한 기술들이 그곳에서 기원했다는 것도 사실이다.

퍼차스의 말이 근본적으로 옳다고 믿을 수밖에 없는 이유를 우리는 알고 있다.

상승하는 유럽

—

앞으로 계속될 동양의 압력에 저항할 수단을 유럽에 제공했던 동양의 영향력은 대부분 베네치아와 제노바를 통해서 들어왔다. 이탈리아의 다른 도시들도 그들대로의 역할을 맡아 했지만, 이 두 도시가 가장 이상적인 곳에 자리하고 있었다. 베네치아는 지중해의 항구치고는 독일에 더할 나위 없이 가까운 곳에 있었고, 제노바는 이탈리아 반도의 다른 쪽에서 베네치아 못지않게 훌륭한 지점에 위치했다. 이들은 아시아와의 교역상 주요 종착점들이었으며, 경쟁이 될 만한 곳이라고는 1284년까지 피사와 1421년 이후는 리보르노를 거쳤지만 피렌체와 마르세유뿐이었다. 베네치아인들은 한때 그들이 그 일부를 구성했던 비잔틴 제국 덕택에 초기에는 번영을 누렸다. 처음 3차에 걸친 십자군 원정으로 그들은 시돈(1102년)과 티레(1123년)에 거점을 얻었으며, 그들이 선박을 제공했던 제4차 십자군 원정의 결과로 그들은 아드리아해, 에게해, 마르모라해, 그리고 흑해에 흩어진 섬들을 차지하게 되었다. 만일 십자군이 모두

오스트리아와 독일에서 왔다면, 베네치아는 동양과의 교역을 독점하다시피 했을지도 모른다. 그러나 많은 십자군들은 툴루즈의 레이몽과 더불어 프랑스에서 왔다. 그가 트리폴리와 시리아를 함락시키도록 제노바 사람들이 도와주었다. 거기에서 그들은 그들대로 거점을 확보했으며 시돈과 티레의 교역에도 베네치아인들과 함께 참여했다. 그에 비하면 북아프리카에서 그들은 거의 경쟁자가 없어서, 튀니스나 트리폴리와 그들대로의 교역을 했다. 그들은 사르디니아를 발판으로 삼아서 바르바리 해안으로 진출했고, 서쪽 지중해의 교역 요충지에서 그들의 위치를 굳혔으며 포르투갈과 에스파냐와는 동맹을 맺었다. 그러나 보다 중요한 교역은 동양과 직접, 특히 이 무렵에는 흑해를 통해서 이루어졌다. 이 교역에 뛰어든 제노바 사람들은 베네치아인들과 직접적인 경쟁을 벌이게 되었다. 그들은 1206년 베네치아인들이 칸디아를 점령했을 때 1회전에서는 패배한 셈이지만, 그래도 갈라타와 카파에 그들만의 무역 장소들을 마련하려고 계속해서 노력했다. 반목이 심해지자 1253년부터 1380년까지 싸움이 거의 그치지를 않았다. 마르코 폴로는 전쟁 포로로 잡혀 제노바로 끌려 왔고, 감옥에서 1298년부터 그의 회고록을 받아쓰게 했다. 그의 회고록과 다른 자료들을 통해서 제노바인들은 중국과의 교역도 가능하리라고 느끼게 되었다. 그들의 무역 경쟁자들을 제거하려는 마지막 시도에서 그들은 베네치아 자체를 공격했다가 1380년에 결정적인 패배를 했다. 이 실패의 결과로 제노바인들은 어느 정도 동양과의 무역에서 후퇴를 해야 했으며, 그들이 전문으로 했던 서방과의 교역에 더욱 집중했는데, 이런 경향

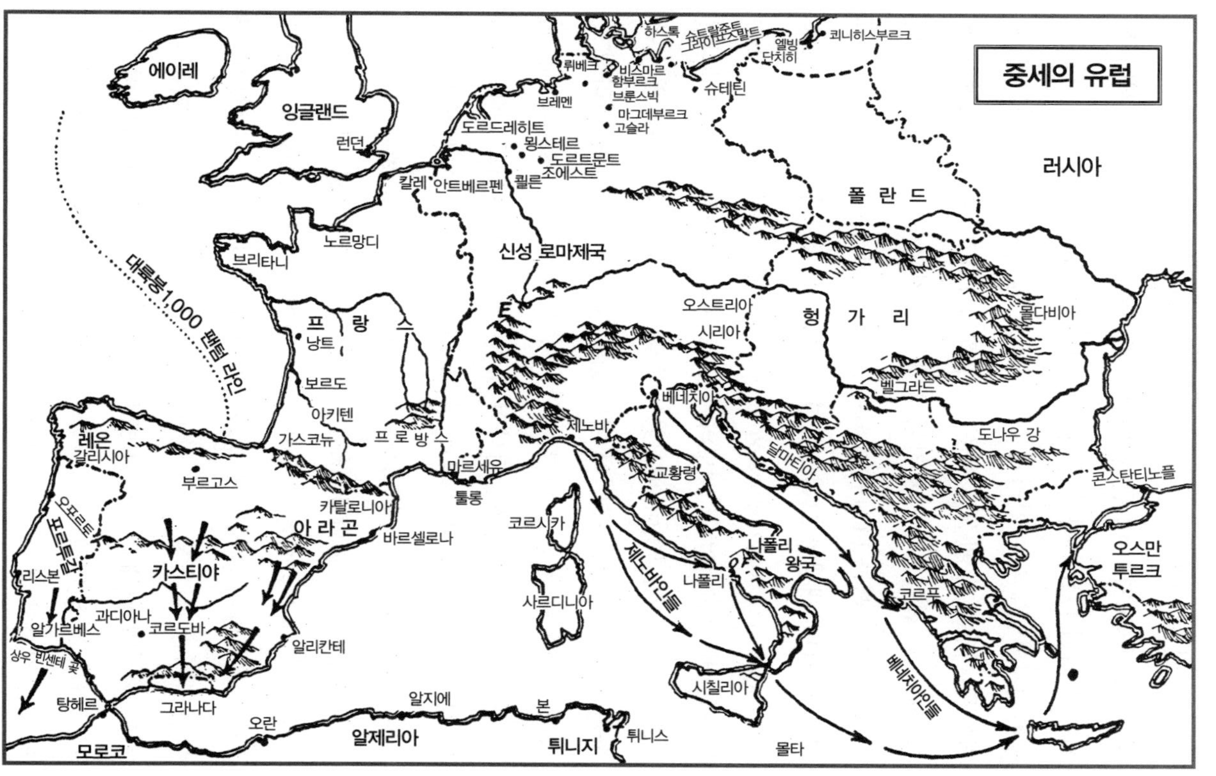
중세의 유럽
에이레
잉글랜드
런던
러시아
하스톡
슈트랄준트
그라이프스발트
쾨니히스부르크
엘빙
단치히
뤼베크
비스마르
함부르크
브룬스빅
슈테틴
브레멘
마그데부르크
고슬라
도르드레히트
뮌스테르
도르트문트
조에스트
쾰른
칼레
안트베르펜
폴 란 드
노르망디
신성 로마제국
브리타니
대륙봉1,000 팬텀 라인
오스트리아
시리아
헝 가 리
몰다비아
프 랑 스
낭트
보르도
아키텐
가스코뉴
프로방스
베네치아
제노바
벨그라드
달마티아
도나우 강
레온
갈리시아
마르세유
교황령
콘스탄티노플
부르고스
카탈로니아
툴롱
코르시카
아 라 곤
바르셀로나
제노바인들
나폴리
왕국
오스만
투르크
포르투갈
카스티야
나폴리
코르프
리스본
사르디니아
과디아나
알가르베스
코르도바
알리칸테
상우 빈센테 곶
탕헤르
그라나다
오란
알지에
본
시칠리아
베네치아인들
알제리아
튀니지
튀니스
몰타
모로코

은 1453년 콘스탄티노플의 함락과 더불어 더욱 분명해졌다. 베네치아인들은 교역의 더 큰 몫을 차지했지만, 투르크족과 맞서야 할 처지가 되어 1716년까지 승산 없는 싸움을 계속했다.

베네치아인들과 마찬가지로 동양에서 항해술을 배운 제노바 사람들은 서양으로 관심을 돌렸다. 일찍이 1317년부터 제노바의 페사니Pessagni 집안은 포르투갈에서 제독의 지위를 차지했다. 안토니오 우소 디 마레는 1454년에 서아프리카 해안 일부를 탐험했다. 그리고 1451년 태생인 크리스토퍼 콜럼부스와 존 캐보트(이탈리아 이름은 Giovanni Caboto이며, caboto는 '바닷가의 뱃사람'이라는 뜻임-옮긴이)도 제노바 출신이었다. 제노바가 그들을 도울 만한 처지가 아니었으므로, 이들 이탈리아 뱃사람들이 에스파냐나 영국 해군에서 복무를 했다는 사실은 우연이 아니었다. 제노바의 영광은 사라졌고, 항해 천문학의 재능은 다른 사람들이 물려받았다. 그들의 재능이란 무엇이었던가? 우선, 피사의 상인이었던 레오나르도 피보나치는 북아프리카에서 십진법과 영을 포함한 인도의 숫자 체계를 배웠다. 그는 이 체계를 1201년에 집필한 그의 저술을 통해 소개했으며, 그때부터 천문학을 포함한 수학이 기술적으로 가능해졌다. 1269년이 되자 중심을 고정시킨 나침반이 사용되었으며, 1300년에는 바늘이 방위 지시반에 첨가되었는데, 이때까지는 나침반의 가치가 대수롭지 않았었다. 나침반이 없는, 둘 다 위치를 확인하기 위한 도구였던 해상 상한의(옛날의 천문 관측의)나 야간 시각 측정기가 정확도는 떨어졌지만, 나중에 보편적으로 널리 쓰이게 되었다. 태양의 경사와 북극성의 고도를 보정補正하는 도표와 함께, 15세기의 항해사는 측정선測程線과 모래시계를 갖추었으니 그만하면 장비가 괜찮았던 셈이다. 거기다가 지중해의 항해사는 쓸 만한 해도를 사용했으며, 1270년에 기록상으로 처음 언급이 되었던 항해지침서는 1350년에 이르자 추정 거리만을 기초로 삼았으면서도 광범위한 약도로서는 정확한 정보를 담고 있었다. 동양에서는 1375년에 사용되었던 유명한 카탈로니아 항해지침서의 정확도가 그와 비슷했다. 이탈리아의 뱃사람들 사이에 항해술이 등장하기 시작했다.

이탈리아의 항해사들은 대서양 연안에서 활동하던 선원들을 포르투갈에서 만났다. 그들은 항해술이 아니라 선박 조종술을 익힌 사람들로서, 전문 분야의 성격이 무척 달랐다. 지중해의 선원은 어느 각도에서나 모든 돌출된 지역의 윤곽을 육안으로 분간하는 데 능숙해서, 해도와 나침반과 천문 관측으로 그들의 지식을 보충하는 한편, 북부의 선원은 목측할 대상이 아무것도 없는 망망대해에서, 원양 항해술로 길을 더듬어 찾아갔다. 그들은 고대 세계에서 전해 내려온, 노를 젓는 갤리선은 별로 탐탁하게 여기지 않았다. 영국이나 화란 사람들이 알고 있는 그런 파도에서 최고 속력이 기껏해야 4.5노트이며, 평균 2노트로 저어 나가는 그런 배가 무슨 소용이 있었겠는가? 6노트의 조류가 흐르는 해역에서라면 선원은 돛으로 항해하는 지식과 지역이 필요했고, 노는 시간 낭비로 여겨졌다. 조류가 급한 해역이건 아니건 간에, 북부의 배는 견고한 목재와 밧줄, 오래 견딜 만한 범포帆布와 단단한 닻들이 필요했다. 배나 선원 모두에게 특별한 자질이 강조되었다. 제노바 사람들이 꿈꾸던 종류의 대양 항해를 위해서는 선박 설계의 두 가지 전통을 병행시킨 배를 타고, 항해 기술도 두 가지 방식을 통합시킬 필요가 있었다. 그것만으로는 충분하지가 않았다. 조선공과 선원들에게는 목적의식과 추진력이, 몇 백 년 동안 억눌렸던 감정의 질풍이, 초조함과 불만의 세계가 촉진제 노릇을 했다. 포르투갈과 에스파냐 사람들이라면 이런 힘의 원천을 제공할 수가 있었다.

먼저 포르투갈을 살펴보자. 포르투갈은 본래 이슬람과의 전쟁에서 군사적 전초 기지였던 항구 오포르토를 중심으로 삼았다. 이 지역 출신의 사람들은 1147년에 무어인들로부터 리스본을 빼앗았고, 다음에는 적들을 몰아대면서 서서히 남쪽으로 밀고 내려갔다. 1250년경이 되어서 그들은 상우 빈센테 곶과 과디아나 사이의 바다에 이르렀다. 그들은 1294년에 영국과 무역 협정을 맺었고 프랑스와 플랑드르와도 비슷한 조약을 체결했다. 1383년에는 혁명으로 새로운 왕조가 들어섰다. 존 오브 아비즈(1383년~1433년)는 강력한 군주국을 세우고, 상업을 권장하고, 존 오브 곤트(랭커스터 백작)의 딸 필리파와 결혼함으로써 영국과의 동맹을 굳혔다. 그래서 그의 이름난 다섯 아들은 영국의 피가 절반이 섞였고, 헨리 5세의 혈족이 되었다. 셋째 아들은 1418년 알가르베의 총독이 된 '항해가 엔리케'였다. 그가 다스린 지역은 유럽의 남서쪽 귀퉁이였고, 사그레스(상우 빈센테 곶)를 본거지로 삼았다. 3면이 대서양으로 둘러싸인 적막한 갑岬에다 그는 교회당과 관측소와 서재를 갖춘 궁전을 지었다. 부근의 라고스에는 조선소와 병기창이 있었다. 독신자에다 금욕주의자, 금주가, 은둔자였던 그는 포르투갈의 조선造船과 지도 제작과 항해술 발전에 전념했다. 그의 지휘 아래 여러 차레 계속된 탐험 항해는 마데이라(1418년), 보야도르 곶(1434년), 베르데 곶(1445년), 그리고 시에라 리온(1455년)까지 이르렀다. 엔리케 자신은 1460년에 사망했지만, 그의 계획은 계속되어서 1486년에 디아즈는 희망봉을 찾아냈다.

포르투갈의 왼쪽에는 무어인들과 전쟁을 벌이던 카스티야 기독교 왕국이 있었다. 카스티야인들은 718년에 첫 성공을 거두고 부르고스를 수도로 정했다. 남쪽으로는 톨레도로 밀고 내려가서 1085년에 점령했다. 그보다 더 왼쪽에 위치한 아라곤 왕국은 결혼을 통해서 카탈로니아를 흡수했고, 1179년에는 알리칸테까지 뻗어나갔다. 레온과 카스티야의 알폰소 2세는 1144년에 코르도바를 빼앗았지만 다시 잃었다. 이슬람에 대한 투쟁은 계속되었고, 카스티야의 왕관은 아라곤의 페르디난드와 결혼한 이사벨라에게로 갔으며, 두 왕국은 어느 정도 통일이 된 셈이었다. 무슬림의 에스파냐는 이즈음에 그라나다 왕국 하나로 줄어들었으며, 에스파냐의 연합군으로부터 공격을 받기 시작했다. 그라나다는 1492년에 항복했다. 같은 해에 모든 유대인이 카스티야와 아라곤에서 축출되었으며, '천주교 군주국'들이 다시금 기세를 올렸고, 교황 알렉산더 6세는 이사벨라와 페르디난드에게 찬사를 보냈다. 150년 동안 포르투갈을 차지했던 기독교 세계를 위한 영토의 재정복을 완수하려고 에스파냐는 800년을 보냈다. 십자군 원정의 활력이 워낙 거세었으므로 에스파냐 사람들은 그들이 새로 확보한 해안 지방에서 그 힘을 멈출 수가 없었다. 제노바의 항해사인 콜럼부스의 도움과 지도력에 힘입어 그들은 대서양이라는 장벽을 뚫고 나가서 1492년에 신세계를 발견했다. 얼마 안 있다가(1497년에) 바스코 다 가마는 희망봉을 돌아서 뱃길로 인도에 도달했다. 이 두 가지 사건과 함께 세계는 역사의 새로운 시대에 들어섰다.

포르투갈과 에스파냐의 업적은 물론 서로 그 종류가 달라서, 전자는 치밀한 계획의 결과였고, 후자는 무턱대고 덤벼들어 거둔 찬란한 결과였다. 그러나 그들은 서로 관련이 깊어서, 콜럼부스는 포르투갈의 본보기에서 힘을 얻었고 바스코 다 가마는 콜럼부스의 선례를 따랐다. 1500년경에야 일반적으로 그 중요성이 인식된 이 발견들을 우리는 편의상 하나의 사건으로 다루어야 한다. 콜럼부스가 다음과 같은 내용의 보고서에서 밝혔듯이, 에스파냐 사람들에게는 그것이 이슬람에 대한 전쟁의 한 사건이었다.

……폐하께서 유럽을 다스리던 무어인들과의 전쟁을 그라나다라는 거대한 도시에서 종결지어 끝낸 다음에, 그곳에서 금년에……소인은 알함브라 탑들마다 휘날리던 폐하의 왕실 깃발들을 보았고……마호메트 종파와 모든 우상숭배와 이교도들의 적으로 삼으신……폐하께서 결심하시고……다른 사람들처럼 동쪽으로 뻗은 육로로 가지 말고, 오늘날까지 어느 누구도 가본 적이 없어 우리로서도 알 길이 없는 서쪽으로 바다를 건너가라고 명령을 내리셨으니…….
따라서 폐하의 왕국들과 영지들로부터 모든 유대인을 몰아낸 다음에……폐하께서 소인에게 명하셨으니…….

콜럼부스에게는 그렇지 않았을지 몰라도 페르디난드와 이사벨라에게는 그것이 모두 십자군 원정의 일부였다.

이런 해석에 대해서 우리는 따질 필요가 없다. 천주교 신앙은 대서양의 선박 조종술과 지중해의 항해술을 동원해서 놀라운 결과를 거두었다. 그러나 우리가 다루는 주제와 관련해서 보다 중요한 두 가지 양상은 항해사의 지위, 그리고 우리가 '부흥' 이라고 서술한 운동의 성격이다. 중세 유럽 신분제도의 성격을 보면 동양적인 요소가 있어서, 정치적 및 군사적 지휘권은 귀족에게 있었고, 학문은 성직자들에게, 그리고 경제적 능력은 상인들에게 부여하는 경향을 보였다. 중세 후기에는 이런 전문화가 무너지기 시작했다. 도시들이 더욱 중요하게 여겨지고 대학이 성직자들의 손에서 조금 벗어나게 되자, 행정과 학구적인 관심뿐 아니라 사업 능력이나 전문 기술을 겸비하는 인간형이 등장하게 되었다. '항해사 엔리케'가 그런 인간형에 가까웠고 콜럼부스는 더욱 그러했다. 양모를 꼬고 짜는 사람으로 자랐지만, 일찍이 바다에서 풍부한 경험을 쌓은 콜럼부스는 해도 제작자가 되었고 카스티야어와 라틴어를 독학으로 배웠으며, 상인으로서 사업에도 손을 댔고, 제노바와 프랑스의 배에서 전투를 경험했고, 포르투갈 사람들에게서 선박 조종술을 배웠고, "교회인처럼 예배식을 거행할 줄 알았다." 그는 결국 에스파냐의 귀족, 제독, 총독, 태수가 되었다. 그러나 그는 어느 모로 보나 절대로 항해 천문학자는 아니었다. 이런 점에서 바스코 다 가마가 더 훌륭한 항해사였으며, 그는 결국 무어인 키잡이를 두어야 했음을 잊으면 안 된다.

선원이 학자나 신사가 되는 과정은 역사학도들이 생각하는 것보다 훨씬 더디었다. 셰익스피어의 《헨리 5세》에 등장하는 웨일스인 주인공처럼, 군인이 학문을 갖추기도 마찬가지였다. 그리고 아마도 기술자나 예술가가 작위를 받거나 사회적 명성을 얻는 일이 가장 오래 걸렸으리라. 그러나 상승의 수단은 있었다. 학문의 언어는 배우기가 불가능할 정도로 난해하지는 않았고, 수학의 내용들은 불가침의 차원은 아니었으며, 특권층으로 들어가는 문은 능력으로 통과하지 못할 정도는 아니었다. 개인이 행하는 모험과 노력에서 배경을 이루는 두 요인은 부유함을 달성하는 수단의 확보, 그리고 부유함을 사회적 권위로 전환하는 기교였다. 유럽의 국가들은 저마다 특별한 존경을 받는 귀족층과 상류 사회가 따로 있어서, 책임과 특권을 대대로 물려받았다. 거기다가 나라마다 귀족이 되는 법적인 과정 또한 따로 마련해두었다. 그런 법칙을 잘 적용하기만 하면 출세의 관문을 통과하기가 쉽지 않아서 특권층의 신분이 계속해서 가치를 잃지 않겠고, 그렇게 해서 발생한 모든 권력은 어떤 압력도 굴복하도록 만드는 데 필요한 힘을 생산한다.

당대의 드레이크나 셰익스피어 같은 인물처럼 두각을 나타내어 영광스러운 작위를 받으려는 야망을 가진 중류층에게 큰 도움이 되는 중간 단계가 특이하게도 유럽에만 존재했다. 부사관(sergeant의 어원인 라틴어 serviens는 본디 '봉사하는 사람'이라는 뜻이어서, 전쟁터에 나간 주인을 따라다니며 시중을 들던 하인을 지칭하는 말이었음-옮긴이)이나 수부장(swain은 하인을 뜻하는 중세영어 swein으로부터 유래하며, boatswain은 배에서 각종 업무를 맡은 선원들을 지휘하는 직책으로서, 육군의 sergeant와 맞먹는 계급임-옮긴이)이라는 직책이 그 중간 단계인데, 기술도 갖추고 글도 깨우친 그들은 장교와 부하들 사이에 다리를 놓는 역할을 맡았다. 학문을 소수의 특권층이 독점하던 다른 나라들에서는 이들과 동격인 계층이 생겨나지 못했다. 지금도 아시아에 그와 똑같은 계층이 정말로 존재하는지도 의심스럽다.

이제는 '부흥' 얘기를 해보자. 콜럼버스의 발견을 가능하게 했던 이유는 존재했었다. 콜럼버스가 일으킨 운동에는 더욱 중요한 뜻이 담겼다. 서기 1500년경은 동양에 대해서 서양이 새로운 상승을 시작했다고 주장하는 시점을 나타내기 때문이다. 그 주장이 전적으로 정당하다고 여길 수 있느냐 하는 문제가 있다. 시기상조였는지는 몰라도 그런 주장은 어쨌든 대두되었다. 그리고 그런 주장을 상징하는 사건은 인도 제도의 발견과 1519년에서 1522년까지의 세계일주 항해였다. 이 항해들은 오늘날 달 착륙 성공과 맞먹을 정도로 서양의 사기를 드높였다. 그들 유럽인들은 어느 아시아 사람도 감히 엄두조차 못 내던 일을 달성했다. 그 정도가 아니라, 그들은 그리스나 로마의 업적을 능가했다. 마지막 사실을 그들이 어느 정도나 인식했었는지는 궁금한 일이지만, 그들은 분명히 자신이 옛날의 영웅들 못지않다고 자신감을 느꼈을 것이다. 고전시대가 어떤 면에서도 동양에 대해서 서양이 우월한 자리를 차지했던 시대였음을 인식하면서, 그들은 그 시대의 문학·과학·예술을 부활시키려고 했다. 라틴어 표현들, 그리스의 기둥, 나상裸像, 그리고 복원된 극장은 하나같이 회복했거나 되돌아온 우월성의 수많은 상징이었다. 여러 가지 이유에서 로마는 그리스보다 모방하기가 용이했고 공화정체의 장점과 제국의 위엄이 크게 강조되었다. 시간이 지남에 따라 예절이나 취향이 로마에서조차 찾아볼 수 없을 정도로 로마적인 사람들이 나타났다. 대부분의 모방이 원형을 따라가지 못하기는 했지만, 지나친 경우도 없지 않았다.

그렇다 하더라도 서양에 대한 동양의 영향은 너무 깊어서 지워버리기가 불가능했다. 고전시대의 궁전들이 중세의 성들을 대치하기는 어렵지 않았지만, 건축은 그것이 틀을 잡고 상징하는 사회보다는 변형시키기가 용이했다. 교회와 수도원, 축제와 단식, 법의와 즉위식의 보기寶器, 성찬식과 예절들은 모두가 중세의 형식을 그대로 유지했다. 왕과 군주의 예식, 기사 계급과 문장紋章, 크고 작은 깃발, 기사도와 봉토도 마찬가지였다. 도시들도 나름대로 중세적인 요소를 간직하고 유지했으며, 대학도 그랬다. 그러나 1500년부터 이 모든 것들로부터 멀어져가는 풍조가 나타났다. 세르반테스는 기사도를 비웃었고, 에라스무스는 교황 정치가 조금쯤은 우스꽝스럽다고 생각했다. 겉옷의 문장은 마차의 문짝에 점잖게 그려넣은 방패무늬로 축소되었다. 대학은 중요성이 줄어들었으며, 수도원은 전혀 가치가 없어졌다. 이교도들에게 맞서기 위해서 기독교 세계를 통일하려고 조직했었던 국제적인 단체들은 보다 민족적이고, 세속적이고, 상업적인 요소들과 대치되었다. 이것이 사실이기는 했지만, 여러 가지 중세의 요소들이 '부흥기'를 거쳐, 18세기를 견디어냈고, 고딕의 부활과 중첩했다. 발전을 소홀히 했던 나태함의 오랜 세월이 흘러간 다음에 그들은 갑자기 전진을 개시했다. 어울리지 않던 것들이 이제는 다시 대유행이 되었다.

이슬람의 위협이 현실적이고 긴박했을 때, 서양은 일종의 통일을 이루었다. 1500년경부터 모든 통일은 개별적인 국가의 관심사로 바뀌었고, 왕들은 저마다 자기 생각만 했다. 안정에 대한 이런 새로운 감각의 한 가지 양상은 우리가 '종교개혁'이라고 부르는 기독교 세계의 와해로 나타났다. 규율이 엄격하고 중앙집권적인 조직이었던 교회는 이슬람에 대항하는 방파제 노릇을 하기 위해 결집했었다. 외적인 위협이 감소되자 내적인 권위가 줄어들었고, 무슬림들에게서 가장 멀리 떨어진 나라들에서는 완전히 없어졌다. 서양의 전체적인 영향력은 그 내적인 분열로 감소되었다고 여겨질지도 모른다. 그러나 이러한 경쟁의식이 공격력의 힘을 증가시켰다. 각 민족은 팽창의 순간을 포착하고는 제국을 세우려고 힘을 기울였다. 그들은 이미 확보한 지역으로 진출해서, 또 다른 목표에 새로운 공격을 개시하고, 다음 전진을 위한 근거지를 다시 마련한다. 이 과정은 전쟁에서는 흔하게 거치는 경험이고 국가들 사이에서와 마찬가지로, 한 쪽이 정복에 실패하는 경우에는 같은 대상을 다른 쪽이 정복하게 되어 새로운 경쟁의식을 자극한다. 과거의 팽창운동에서도 거의 비슷한 과정이 있었다. 다른 한편에서는 과거에 카르타고와 비잔티움이 맡았던 역할이 되풀이되기도 했다. 콘스탄티노플의 방어는 아랍인들이 도나우 강을 따라 올라가는 전진을 막아서, 그들은 아프리카를 통해 측면으로 전개해야 했다. 이번에는 투르크인들의 저항이 페르시아에 대한 어떤 직접적인 공격도 용납하지를 않았다. 그들은 소아시아에서뿐 아니라 북아프리카에도 저지선을 구축했다. 그들은 글자 그대로 카르타고의 전철을 밟았다. 그리고 그들 덕택에 서양의 국가들은 대서양을 건너 서쪽으로, 희망봉을 돌아 동쪽으로 팽창을 했다.

　우리가 지금 다루는 투르크인들의 얘기는 주로 오스만 해군에 관한 것이다. 콘스탄티노플의 함락 후에 투르크인들은 통상의 기존체계를 무너뜨렸고, 흑해를 독차지했다. 아시아와 유럽 사이의 모든 교역을 중단시키는 것이 그들의 목적은 아니었으며, 사실 그 붕괴는 일시적일 뿐이었다. 그들이 바랐던 바는 그들만을 위한 통상의 확보였는데, 그것은 지중해에서의 해상권 확보를 뜻했다. 그러기 위해서 그들은 함대가 필요했다. 마호메트 2세가 아드리아해에서 작전을 시작한 해인 1470년 이전에는 그런 군사력은 존재하지 않았다. 베네치아는 무너졌지만, 투르크인들에게는 로도스 섬에 본부를 두고 거대한 독자적 함대를 보유한 '성 요한의 기사단'이라는 완강한 적이 있었다. 로도스에 대한 1480년의 첫 공격은 실패했지만, 투르크인들은 1522년에 재차 시도했다. 여러 달 동안의 전투 끝에 기사단은 항복을 하고 동쪽 지중해를 투르크인들의 손에 넘겨주었지만, 말타에 새 기지를 마련하고 다시 자리를 잡았다(1530년). 서쪽 지중해에서는 알지에의 또 다른 무슬림 세력이 비슷한 상승 운동을 보여주었다. 에스파냐에서 쫓겨난 무어인들은 그곳에 또 다른 해상 거점을 마련했고, 그곳에서부터 위대한 바르바롯사 제독이 제노바인들과 싸웠다. 튀니스의 해적 기지를 하나 진압하고 나서(1535년) 샤를 5세는 1541년에 알지에를 점령하려고 기도했지만 많은 사상자만 내고 실패했다. 그러나 1565년에 술탄 술레이만이 말타에 대한 원정을 감행했다. 그러나 지원 부대가 도착할 때까지 기사들이 버티어내는 바람에 투르크인들은 패배했다.

이 성공에 뒤이어서 키프로스를 구하기 위해 교황청, 에스파냐, 베네치아, 제노바의 기독교 함대들이 함께 모였다. 이 일에 그들은 실패했지만, 나중에 오스트리아의 돈 후안이 그들을 이끌고 투르크인들과 싸웠다(1571년). 레판토에서 투르크의 함대는 거의 전멸을 당했고, 그 지배력은 끝이 났다. 주로 알지에와 튀니스를 근거지로 삼고 몇 백 년 동안 해적들이 공격을 계속했고, 19세기에도 활동을 했지만, 그들은 위협이라기보다는 골칫거리에 지나지 않았다. 1817년까지도 튀니스의 해적은 시대에 어울리지 않게도 도버 해협에 출몰해서 노략질을 했다. 이런 짓은 프랑스가 1830년에 알지에를 정복한 다음에야 끝났다.

이런 배경을 고려하며 우리는 유럽의 팽창을 관찰해야 한다. 폴란드, 헝가리, 오스트리아, 이탈리아 사람들처럼 동쪽 변경에 위치한 유럽인들은 무슬림의 이 마지막 시도를 억제하느라고 부흥하는 그들의 힘을 사용했다. 그들은 몇 백 년 동안이나 싸웠으며, 빈은 1683년까지도 투르크인들에게 포위공격을 당했다. 그들은 기독교 세계의 다른 나라들로부터 도움을 얻지 못했으며, 프랑스 사람들은 때때로 그들과 맞서기까지 했다. 왜 그랬을까? 투르크인들을 왜 심각하게 생각하지 않았을까? 이슬람과 싸우기 위한 유럽의 통일이 왜 효과적으로 이루어지지 않았을까? 그런 호소가 성공하지 못했던 이유는 두 가지였다. 첫째로, 그들이 싸워서 얻어야 할 대상이 이제는 없어졌다. 승리자의 보상이기도 하면서 전쟁을 수행하는 수단이었던 동양의 교역이 가치를 잃었다. 과거에 일어났던 동양과 서양의 분쟁에서는 교역로가 축이어서, 양쪽은 교역로에서

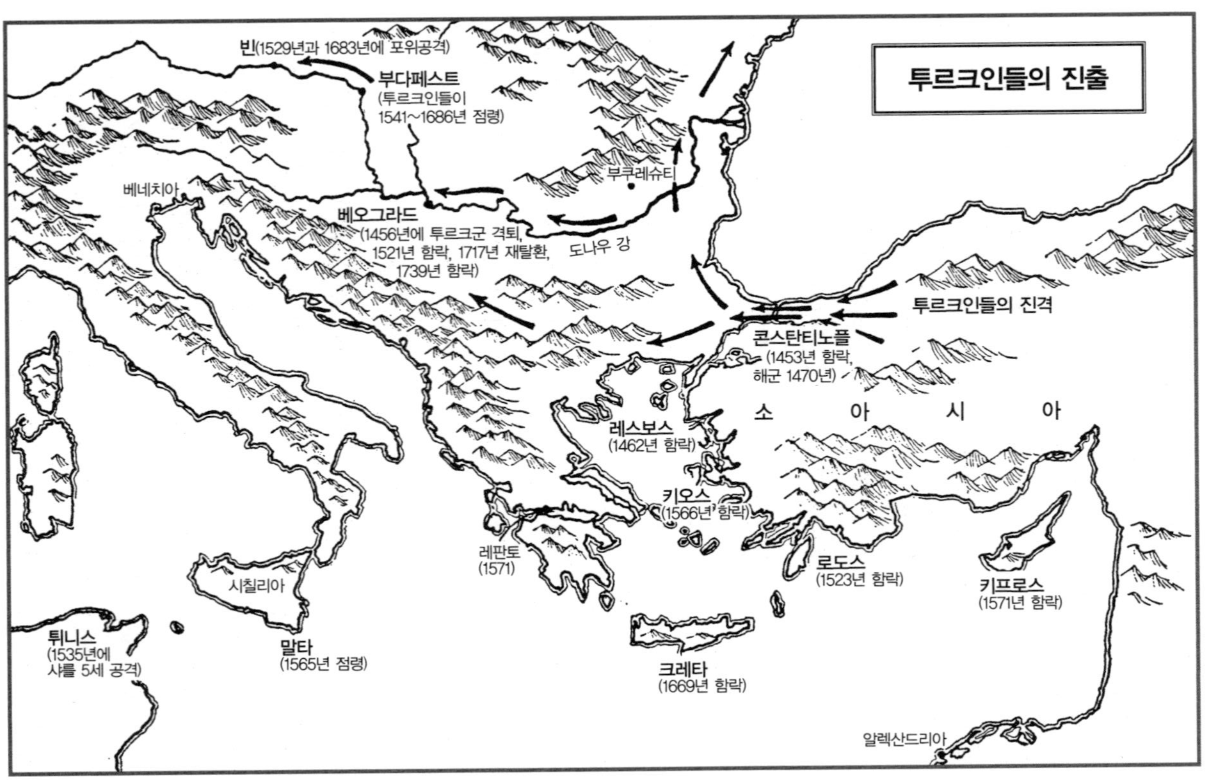

투르크인들의 진출
빈(1529년과 1683년에 포위공격)
부다페스트
(투르크인들이
1541~1686년 점령)
부쿠레슈티
베네치아
베오그라드
(1456년에 투르크군 격퇴,
1521년 함락, 1717년 재탈환,
1739년 함락)
도나우 강
투르크인들의 진격
콘스탄티노플
(1453년 함락,
해군 1470년)
소 아 시 아
레스보스
(1462년 함락)
키오스
(1566년 함락)
로도스
(1523년 함락)
키프로스
(1571년 함락)
레판토
(1571)
시칠리아
튀니스
(1535년에
샤를 5세 공격)
말타
(1565년 점령)
크레타
(1669년 함락)
알렉산드리아

더 큰 몫을 차지하려고 다투었다. 그러나 이 교역로들은, 투르크인들이 용납하지 않았기 때문이 아니라, 포르투갈이 중간에서 흐름을 차단했기 때문에 이제는 중요성이 감소되었다. 과거의 교역로가 콘스탄티노플의 함락과 더불어 없어지게 되자 포르투갈 사람들이 아프리카를 우회해야 했었다는 이론이 대두되었던 적이 있다. 그러나 옛 교역로는 베네치아와 제노바 사람들이 장악했었고, 포르투갈인들은 직접 참여한 적이 없었다. 그것은 전혀 그들의 소유가 아니었었기에, 포르투갈이 그것을 잃었다는 주장은 성립되지 않는다. 사실을 알고 보면 그들은 경제적인 필요성을 느껴서 행동을 취하지는 않았고, 그냥 상업적인 기회를 포착했을 뿐이었다. 희망봉을 경유해서 인도양에 다다르자, 그들은 투르크인들과 이탈리아인들이 쟁탈전을 벌이던 또 다른 교역로를 발견했다. 말라바르에서부터 홍해와 페르시아만에 이르던 교역로는 이집트와 아랍 사람들의 수중에 있었다. 말라바르에서 말라카까지는 인도인들이 장악했다. 말라카로부터 동쪽은 말라야와 중국 사람들의 수중에 있었다. 아폰수 드 알부케르케는 당장 무엇을 해야 할지를 알았다. 그는 오르무즈(1509년), 고아(1510년), 그리고 말라카(1511년)를 점령했다. 아덴을 빼앗는데 그는 실패했고, 사실 그곳을 점령할 필요는 없었다. 나중에 콜롬보와 마카오를 차지하더니 체계가 오히려 더 좋아졌다. 교역은 고아로부터 희망봉을 돌아 리스본으로 우회하며 이루어졌다. 과거와 마찬가지로 교역이 그대로 유지되었던 다른 지점들에서도 이제는 포르투갈의 선박이 주도권을 잡고 통제했다. 원주민 선주들은 파산했고, 많은 선주들과 대부분의 아랍인들이 인도를 떠났다. 그러나 교역로의 서쪽 끝이었던 곳에서는 베네치아인들이 파탄을 맞았고 투르크인들은 해적이 되었다. 16세기 중반기부터 베네치아의 교역이 어느 정도 회복되었음은 사실이지만, 그 당시에는 베네치아인들의 교역이 자취를 감추었다. 그들의 재력은 바닥까지 말라버렸다. 그들의 사업은 사실상 없어졌다.

그러나 그것이 진실의 전부는 아니었다. 지역적인 분쟁을 제외한다면, 동양의 추진력이 사라졌기 때문이다. 오스만 투르크인들의 배후에는 아무것도 없었다. 인도와 페르시아에 수준 높은 문화가 있었음은 사실이다. 중국 문명이 한국, 일본, 그리고 말라야까지 전파된 것은 사실이다. 그러나 인도의 어느 학자는 동양의 문명이 밖으로 드러난 만큼 훌륭하지는 않았고, 1000년경에 이미 기울고 있었음을 지적한다.

다시 한 번 살펴보고, 겉이 아니라 속을 이해하도록 하자. 피상적인 관찰자가 상상하듯이 아시아의 사정이 잘 돌아가고 있지는 않았음을 우리는 알게 된다. 고대 문명의 두 요람인 인도와 중국은 곤경에 처했다. 그들의 곤경은 외부의 침입뿐 아니라, 내적인 생명력과 힘을 고갈시키는 보다 현실적인 문제에서 연유한다. 서쪽의 아랍인들은 위대한 시절의 종말을 맞았다.

……아시아의 모든 곳에서 문화를 꽃피운 옛 종족들은 위축되는 듯싶다. 그들은 자부심을 잃고 수세에 몰렸다. 강력하고 힘이 넘치는 새 민족이 일어나서 아시아의 이런 옛 종족들을 정복하고 유럽을 위협하기까지 한다. 그러나 신흥세력은 문명의 새로운 물결이나 문화

의 새로운 활력을 불러일으키지를 못한다. 옛 종족들은 서서히 그들을 문명화하고, 정복자들을 동화시킨다.

그래서 우리는 거대한 변화가 아시아에서 일어남을 본다. 옛 문명들이 지속되고, 예술이 찬란하게 빛나고 세련된 사치가 존재하는 동안에 문명의 맥박은 힘을 잃고, 삶의 숨결은 점점 나약해진다. 오랫동안 그렇게 계속된다. 몽골인들이 나타났을 때의 아라비아나 중앙아시아를 제외하고는, 그런 쇠락이 끝날 기미가 보이지 않았다. 옛 문명은 풍경화와 같아서 멀리 떨어져서 보면 아름답지만 생명이 없으며, 가까이서 보면 흰개미들이 뜯어먹은 자국이 드러나는데 그와 마찬가지로 중국과 인도에서는 서서히 빛이 사라졌다.[1]

일부러 지적하지는 않으면서도 자와할랄 네루는 이렇게 부패의 단면을 생생하게 묘사한다. 생물학적인 원인들이 기초가 되었는지도 모른다. 보다 직접적인 원인은 물론 과중한 세금이었다. 무굴제국의 황제들은 총생산량의 3분의 1을 받아냈고, 모든 땅은 왕의 소유라는 이론을 내세웠으며, 그 결과로 광활한 지역에서는 경작이 이루어지지 않았다. 그러면 어떤 징후들이 나타났던가? 사상적인 면에서는 많은 반복이 계속되었지만, 독창성은 없었다. 과거의 책들은 많았고, 그들은 옛날 서적을 해석하고 설명하려는 노력을 많이 기울였다. 예술 작품은 모방으로 끝나거나 그로테스크 풍으로 흘러갔다. 결국은 침체가 더욱 심한 침체를 불러오며, 일종의 자아 속박에 가까운 도사림의 양상이 나타났다.

인도의 위대한 시대가 과거지사가 되었다면, 중국의 사정도 마찬가지였다. 중국 문화에서 황혼기인 송 왕조의 황금시대는 1279년에 끝났다. 남부에서는 위대한 화가들과 시인들이 아직도 활동을 계속했지만, 그들은 앞날을 미리 내다보고 있었다.

그러나 인생의 예술에서 해가 질 때마다 버드나무 사이에서 빛나는 석양과 함께, 저녁 종이 울릴 때마다 사라지는 황금기가, 그들과 함께 시작되는 것이 아니라 끝나고 있음을 이 늙은 대가들은 누구보다도 더 잘 알았다. 그것은 어둠 속으로 사라지려는 꽃밭의 찬란함이요, 세상의 파리한 현실을 비웃는 환상이었다.[2]

몽골인들의 통치는 나름대로 웅장함을 자랑했고, 그들은 적어도 나라를 다시 통일시키기는 했다. 그러나 그들은 농민들에게 너무나 과중한 세금을 부과해서 저항운동이 일어났다. 혁명을 거쳐서 농민 지도자는 명 왕조(1368년~1644년)의 첫 황제가 되었다.

……수백 년 동안 남부의 이상주의적인 사상 체계와 북부의 현실적인 사상 사이에서 끊임없는 투쟁이 벌어졌다. 둘 사이의 균형이 유지되는 동안은 중국이 번창했다. 그러나 서기 1421년에 명나라 사람들이 수도를 난징에서 베이징으로 옮겼을 때, 북부의 유교학파가 결국 득세를 하고 부패가 시작되었다……[3]

중국의 위대한 시대는 끝났다.

1500년 이후에 번창한 나라를 꼽는다면 페르시아가 되겠다. 페르시아가 세밀화細密畵와 제본製本으로 명성을 얻기 시작한 것은 1397년이었으며, 1524년에서 1576년 동안 타브리즈에서 극치에 달했다.

16세기의 후반부에는 정교한 서적의 제작이 두드러지게 퇴보했다. 이름난 티무르나 초기 사파위 왕조 시대에 책을 만들기 위해 쏟았던 정력과 협력이 결핍된 듯싶었으며 ……17세기의 미술은 ……무감각한 모방에 그쳤다. 18세기에는 모든 자질이 사라졌다.[4]

비슷한 측면에서 볼 때, 가장 훌륭한 이스파한 양탄자는 1502년부터 생산되었고 1539년 제품이 훨씬 유명하다. 쇠퇴는 1576년에 시작되어, 똑같은 밑그림이 사용되었지만, 공인의 기교는 훨씬 서툴고 엉성했다. 나중에 만들어진 1880년경의 양탄자들은 옛것이라는 눈가림을 하기 위해 나무를 태운 재를 뿌려 가공한 모조품에 지나지 않았다. 따라서 샤 타흐마습의 통치하에 전국적인 부흥이 이루어진 페르시아조차도 1600년이 되기 전에 모든 기력이 고갈되었다. 일본은 14세기에 절정을 이루어서 상당히 늦게 꽃을 피웠던 또 다른 동양 국가이지만, 여기에서도 또한 부패가 발생하여 늦게는 17세기까지도 부패상이 역력했다. 어떤 민족보다도 더욱 강력하게 일본인들은 모든 새로운 사상을 배척하려고 했다. 그리고 이런 종류의 방어는 열등의식을 반영하기 마련이다. 전체적으로 볼 때 아시아의 위대한 세계는 팽창하거나 발전하기를 중단했다. 동양은 서양의 공격을 기다리는 피동적인 목표가 되었다.

동진하는 서양

—

대서양은 단순한 장애물이 아니라 환히 트인 길이라는 인식과 함께 서양은 살아났다. 동인도나 서인도 제도로 가는 길이 초기에는 서로 마찬가지였으며, 출발을 위한 이상적인 항구는 리스본이었다. 포르투갈이 기회를 포착할 계기가 왔으며, 그 기간은 1590년까지 계속되었다. 동양에서 누린 그들의 영광은 계속되는 동안에는 찬란했지만, 그것은 본질적으로 오래 계속될 수가 없었다. 그들은 숫자가 너무 적었으며, 그 숫자나마 곧 줄어들기 시작했고 교역 지역이 늘어남에 따라 파선과 괴혈병으로 사상자의 비율이 엄청나게 높아졌다. 그들은 정복자들이라기보다는 무역상이나 선교사들이었고, 그들의 제국은 처음부터 에스파냐 세력의 그늘에 있었다. 그러나 부흥하는 유럽이 아시아에 던진 첫 충격은 그들에 의해서 이루어졌으며, 실수의 본보기를 보여줌으로써 부분적으로나마 다른 민족들을 위해 길을 마련해준 것도 에스파냐 사람들이 아니라 그들이었다. 대포나 화기를 다룰 줄 모르는 사람들에게 그런 무기를 사용함으로써 큰 힘을 발휘해서 그들은 첫 성공을 거두었다. 그들의 선박 조종술은 그들의 상업적인 야망을 어느 면에서도 따를 수가 없었고, 그들은 선교사로서 가장 깊은 인상을 남겼다. 그러나 여기에서도 그들의 성공은 무척 제한되었다.

독실한 천주교 분위기를 몰고 온 그들의 첫 목적은 무슬림들을 쳐부수고, 힌두교도나 불교도들을 기독교로 개종시킨다는 것이었다. 그들은 두 가지 계획에서 다 성공하지 못했다. 오히려 그들은 유럽에 대한 저항의 상징이라고 할 수 있는 이슬람을 더욱 강하게 만들었다. 예를 들면, 말라야인들은 대부분 포르투갈인들의 접근을 의식하고는 무슬림이 되었다. 그리고 힌두교도들은 흔히 기독교에 대해서 호기심을 나타내기는 했지만, 그들은 천주교와는 천성적으로 어울리지 않았다. 힌두교도에게는 신이란 어디에나 존재했으며, 시바이거나 비슈누이거나 스리 크리슈나거나 간에, 제신들이 지닌 어떤 속성이나 이름을 통해서라도 신에게 접근할 수가 있었다. 그들은 별로 따지지 않고 예수도 그들의 만신전에 함께 모시려고 했지만, 예수회 신부들이 뜻한 바는 그것이 아니었다. 개종을 한 사람들은 거의 없었으나, 포르투갈인들은 고아와 말라카에 정착해서 인도나 말라야나 중국 여자들과 결혼을 했다. 유라시아 천주교 신자들이 태어났고, 고아인 선원들과 원주민 교구 집사들은 아직도 동양의 여러 항구에서 찾아볼 수 있다. 이런 원주민 기독교인들이 어떤 도움을 주었는지는 모르겠지만, 그들의 기본적인 결함은 그들이 본 적도 없었던 포르투갈인에 대한 충성심의 결여였다. 그들의 충성심은 콜롬보나 마카오, 그리고 그들 자신의 사회를 위한 것이었기 때문에 그들을 믿고 주둔병으로 동원할 수가 없었다. 그들이 지역 주민들에게 흡수되는 현상은 알렉산드로스의 위대한 이상주의가 드러냈던 약점(132쪽 참조)을 예증한다. 그리스계 페르시아인들이나 포르투갈계 말라야인들을 번식시키려면 두 인종이 거의 비슷한 숫자로 섞여야 한다. 소수의 침략자들은 그냥 흡수되거나 기껏해야 소수로 남을 뿐이다. 포르투갈인의 동양 침입이 증명한 한 가지 결과는, 천주교가 인도에서는 효과가 없으며 아시아인들과의 혼혈 결혼은 결국 본질적으로는 아시아인 자손만 남긴다는 결론이었다.

또 한 가지 증명된 사실은 일본에서의 선교 기간(1549년~1638년) 동안에 그곳에서도 예수회나 도미니코 수도회가 어떤 한계 이상의 성공을 거두지 못했다는 것이다. 일본인들은 결국 그들을 쫓아내고, 그 이후로 모든 유럽인을 배척했다. 사실상 일본은 그 이후 200년 동안 모든 외국의 영향력을 봉쇄했다. 그 기간 동안에는 H. G. 웰스가 지적했듯이 "일본인들은 다른 혹성에 살기라도 하는 듯이 전 세계에서 완전히 단절되었다." 같은 문제에 대해서 마이클 에드워즈는 다음과 같이 썼다.

문은 닫혔다. 100년 동안 서양과 접촉을 한 일본은 고작 소총과 담배, 카스텔라, 성병, 종교재판에서 따온 새로운 고문방법을 배웠을 뿐이었다. 기독교가 지배하던 세기의 기억은 유럽인들과 관계를 다시 맺지 못하도록 막는 울타리 노릇을 했다. 일본은 서양과의 첫 전투를 벌였던 셈이다.[1]

그러나 우리는 이 고립이 열등의식의 반영이며, 그 직접적인 결과가 엄청났음을 기억해야 한다. 일본인들이 쉽게 차지했을 영토를 이 시기에 러시아가 점령했다.

포르투갈은 1580년에 에스파냐에게 흡수되었고, 나중에 독립을 되찾았다. 그러나 에스파냐 사람들은 동쪽으로 항해를 하거나, 포르투갈의 기지들을 그들의 공격을 위한 발판으로 쓰려는 시도는 하지 않았다. 그들은 구세계에서의 위치를 확고히 하려는 지반을 신세계에서 확보하겠다고 확고하게 결심했다. 그들은 상업에 능한 사람들이 아니었고, 그런 사람들이 되어본 적이 그 이후로도 없었다. 전원적인 농촌을 배경 삼아 살아온 그들은 16세기에 유럽에서 최고 수준의 군사를 키워냈지만, 상업은 대부분 다른 사람들에게 넘겨주었다. 왕족들 간의 결혼을 통해서 오스트리아, 독일, 그리고 네덜란드와 정치적 유대를 맺은 에스파냐 사람들은 산업, 상업, 경제 분야에서의 협조를 이들 다른 나라들로부터 구했다. 그들의 경제활동에서 가장 필수적인 나라는 네덜란드였고, 부르고스에서 실어온 양모를 에스파냐인들이 천으로 짠 곳도 네덜란드의 여러 도시에서였다. 한때나마 에스파냐 제국이 네덜란드와 포르투갈을 다 포함했었다는 사실은 무척 중요하다. 그로 인해서 플랑드르 상인들은 동양의 교역에 대한 통찰력을 얻었기 때문이다. 안트베르펜은 피륙 산업의 항구였고, 향료와 비단과 상아의 공급처가 되기도 했다. 남부 지역의 직물 및 교역 중심지들은 발트해의 한자동맹 도시들에 수송을 의존했지만, 1425년경부터는 한자가 몰락하고 새로운 운수산업이 북부 지역에서 특히 암스테르담, 로테르담과 헤이 그에서 성장했다. 플랑드르의 조선과 선박업은 얼마 동안 에스파냐 체제를 따랐다. 따라서 에스파냐 사람들이 조금이라도 동양에 간섭을 했다면 그것은 결국 네덜란드 사람들을 위해서였다.

대서양 연안의 다른 서양 민족들 사이에서는 쇠퇴하는 포르투갈의 당연한 후계자가 어느 모로 보나 프랑스였다. 프랑스는 에스파냐처럼 대서양뿐 아니라 지중해에도 접해 있다. 그러나 그들에게는 당시 포르투갈이 갖지 못했던 자산들이 많았다. 그들은 에스파냐 제국과 맞섰고, 이슬람과 싸우는 십자군 원정에서는 어떤 역할도 거부했다. 그들은 포르투갈로서는 전혀 따라올 수 없을 만큼 인구가 많았고, 예술과 무기 분야에서도 상당한 위치를 차지했다. 그러나 민족으로서 프랑스가 보인 발전은 중세에 늦게 영국의 침입으로 시작되었으며, 대서양 연안의 항구들은 발전이 더욱 늦었다. 노르망디는 영국이 판을 치던 도버 해협을 마주 보고 있었으며 칼레는 1558년까지 영국의 소유였다. 아브르는 1517년에 와서야 생겨났다. 대서양 연안에 항구들을 가진 브르타뉴는 1491년이 되어서야 프랑스와 통일이 되었고, 1532년까지는 완전히 합병이 되지 않았다. 가스코니와 보르도는 1451년까지 영국의 소유였다가 1500년에야 완전히 흡수되었고, 그 이후에도 '교역'은 영국 선박에 의해서 이루어졌다. 프로방스와 마르세유는 1481년에 프랑스 왕국에 흡수되었고 툴롱은 1494년에야 생겨났다. 브르타뉴 사람들은 퍽 호전적이었지만, 프랑스는 1500년까지 통일이 되지 않았다. 그리고 처음 프랑스가 해상활동을 시작했을 때는 주로 지중해를 무대로 삼았다. 프랑스가 1545년에 처음으로 영국에 효과 없는 공격이나마 시작했던 것은 오직 투르크인들과의 동맹 덕택이었고, 에스파냐에 대한 프랑스의 첫 승리들은 1635년에서 1638년 사이에 이룩되었다. 전반적으로 프랑스는 동양에 손을 뻗을 만한 입장이 아니었다.

대서양에 인접한 주요 국가들 가운데 마지막으로 남은 나라는 잉글랜드다. 그리고 대영제국이 1603년에 등장하기는 했어도, 잉글랜드는 1204년부터 해상 강대국이었다. 그해에 노르망디를 앙주 왕가가 잃게 되자, 잉글랜드는 정치적으로 섬이 되었다. 그에 대한 반발로 존 왕은 포츠머스에 해군 조선소를 세우고 영국 해군을 조직하고(1204년) 도버 해협을 잉글랜드 남해안의 5항Cinque Ports의 관리 아래 두었다. 이러한 조치들은 프랑스의 국경이 해협까지 이동해 올라왔음을 인정하는 방어적인 것들이었지만, 그는 동시에 서쪽으로 그리고 외부로의 이동도 시작했다. 웨일즈와 에이레로 뻗어나갈 힘을 집결시키기 위해서 그는 1207년에 리버풀 항구를 세웠다. 그는 1210년에 대군을 이끌고 에이레로 갔으며, 그 무렵에 맨 섬을 진압했다. 1211년에 이르러서 그는 북부 웨일즈에 대한 조직적인 정복을 개시했는데, 그 일은 1277년 에드워드 1세가 이어받았다. 에드워드는 앵글시를 점령하고, 모두가 에이레를 향한 징검다리로 삼기 위해서였지만 콘웨이와 캐나번, 보마리스에 성과 자치 도시들을 세웠다. 13세기에 이루어진 많은 노력의 결과로 더블린 주위에 잉글랜드의 강력한 교두보가 마련되었고, 교역로는 펨브로크와 브리스톨, 체스터와 리버풀로 뻗어나갔다. 에이레를 장악하려는 노력은 처음에는 무관심 속에서 성공했으며 1601년에야 끝이 났다. 엘리자베스 시대의 에이레 정복은 에스파냐가 그곳

서쪽으로의 이동
스코틀랜드
얼스터
코너트
에 이 레
맨 섬
요크
헐
더블린
콘웨이
앵글시
보마리스
리버풀(1207)
캐나번
체스터
먼스터
코르크
워터포드
웨일스 산맥
펨브로크
런던
브리스톨
포트머스
(1204)
서댐튼
5항
칼레
브뤼제
방어선
플랑드르
엑서터
플리머드
방어선
건지
저지
노르망디
센 강
브르타뉴

을 사용하려는 불상사를 막으려는 수비가 목적이었음은 사실이다. 그러나 그것은 해외로의 팽창을 위한 전초선이었고, 그 목적을 위해서 에이레의 항구와 식량 보급, 인력은 결정적인 중요성을 지녔다. 영국의 팽창이 찰스 1세의 통치하에서 시작되었다는 주장은 완전히 잘못이다. 에이레인들이 억지로 인도 사람들 역을 맡은 가운데, 완벽한 연습이 이미 이루어졌다. 드레이크나 롤리 같은 사람들은 에이레에서 제국주의에 대한 개념을 익혔다. 원주민들을 어떻게 다루느냐 하는 문제가 처음으로 진지하게 이곳에서 토론되었다. 그것은 결코 해결이 되지 않았던 역사의 비극들 가운데 하나였다. 세상에는 에이레 억양처럼 전염성이 심한 것도 없어서, 그곳을 찾는 사람이면 누구나 열흘 안에 그들을 따라하게 된다. 외양이 에이레 사람을 완전히 닮으려면 시간이 더 오래 걸려서, 두 세대나 혹은 세 세대쯤 필요하다. 항상 소수에 지나지 않는 믿을 만한 정착자들을 에이레에 주둔시켰던 잉글랜드는 그들이 중세의 행정가들이 불평했듯이 에이레 사람들보다도 더 에이레 사람처럼 변해가는 과정을 지켜봐야만 하는 운명을 맞았다. 종교개혁이 일어난 다음에야 종교적인 장벽이 주둔군과 백성들을 분리시켰고, 에이레 사람들은 간직해왔거나 새로 받아들인 천주교를 통해서 그들의 억울함을 분출시켰다. 1601년 이후로 신교도 정착자들과 '더블린 너머의' 구교도 농민들 사이에, 잉글랜드 지주와 토착 소작인 사이에, 더블린 성과 에이레 전설 사이에 존재했던 묘한 관계가 자라났다. 그리고 웨슬리 가문에서부터 버나드 쇼에 이르는 신교 지주들이 꼭 잉글랜드인이라고 말하기가 어려운 한편, 그들이 백성 전체와 뜻을 같이했다고도 볼 수가 없다. 그들로부터 잉글랜드인과 스코트인들은 제국주의의 인습을 물려받았고, 신분을 파괴하는 결혼을 부정하는 태도 그리고 동등한 신분을 단호하게 인정해주지 않으면서도 다정한 태도를 보이는 전통을 이어받았다.

앞에서 설명한 이유들 때문에 영국은 대양 팽창의 경쟁에서 에스파냐와 나란히 서게 되었다. 얼마 동안은 네덜란드 사람들이 영국인들보다는 더 유력한 듯싶었지만, 그들의 노력은 오래 가지 않았다. 그들은 숫자가 너무 적었다. 그러나 포르투갈인들의 뒤를 가장 먼저 따랐던 사람들은 네덜란드 사람들이었다. 1595년에 말라야 군도에 다다른 그들은 동인도회사를 1602년에 설립하고 반텐, 몰루카 제도, 자바를 계속해서 병합시켰다. 포르투갈인들이 무역로의 중간 지점을 장악했던 반면에, 그들을 쫓아내면서 네덜란드 사람들은 더 나아가 그 끝을 차지했다. 그들의 동양 정복은 실론과 말라카의 점령과 더불어 끝났고, 교역은 포모사와 일본까지 연장되었다. 포르투갈인들의 실수를 보고 깨우친 바가 있었던 네덜란드 사람들은 기독교를 전파하려는 노력을 전혀 하지 않았다. 그들이 독점하고자 했던 것은 향료의 통상뿐이었다. 그들의 활약이 남긴 한 가지 결과는 잉글랜드의 손길을 '향신료 제도'에서 멀리 인도 쪽으로 굴절시켰다는 점이다. 그들이 성공한 큰 이유 중 하나는 17세기의 영국이 1660년까지도 제대로 끝이 나지 않았던 종교적 및 체질적인 분쟁에 몰두해 있었기 때문이었다. 처음에는 잉글랜드의 동양 진출이 네덜란드를 재빨리 따라잡아서, 1599년에 설립된 동인도회사가 1601년에 첫 항해를 개시했다. 그러나 그 이후 잉글랜드의 노력은 수그러들고, 동양에는 겨우 근거지만 남았다.

　네덜란드와의 본격적인 충돌은 1660년 이후에야 시작되었다. 17세기 말이 되자 네덜란드는 강대국의 위치를 잃고, 드디어 통일된 영국이 그 뒤를 이어받았다. 능률적으로 상승이 이루어지던 기간 동안에 영국은 진출 임무를 동인도회사에 맡겼으며, 회사는 희망봉 너머의 모든 영토들에 걸친 독점권을 1708년에 갱신했다. 독점권 갱신과 거의 동시에 일어난 사건으로는 1707년 잉글랜드와 스코틀랜드의 통합으로서, 그에 따른 대가로 스코트인들은 제국에서 상당한 위치를 차지하게 되었으며, 같은 해에 아우랑제브가 사망함으로써 인도의 무굴 왕조는 쇠망의 길로 들어섰다. 그때부터 원주민의 통치는 무너지기 시작했다. 중앙 정부가 나약해지자 힌두교도들은 무슬림의 통치하에서 저항을 시작했다. 바하두르 샤는 겨우 5년 동안 힘든 통치를 했고, 그의 후계자를 결정하는 일은 알력을 불러일으켰다. 유능한 후보자가 죽자 어린 마호메트 샤(1719년~1748년)가 왕좌에 앉게 되었다. 내란, 혼란, 패배의 시대가 시작되었고, 1739년에는 델리 자체가 약탈을 당했다. 여러 주가 독립했고, 알람기르 2세의 암살(1759년)과 더불어 제국이 사라졌다. 이렇게 무질서가 계속되는 와중에 영국과 프랑스는 교역을 벌이려고 시도했다. 두 나라가 다 코로만델 해안에 공장을 보유했지만 영국은 그 이외에도 포르투갈이 1660년에 양도한 봄베이와 1691년에 세운 윌리엄 요새(캘커타)를 장악하고 있었다. 교역을 가로막는 한 가지 장애는 통상 회담을 벌일 능률적인 정부가 없었다는 점이다. 더욱 난처한 또 다른 하나의 난관은 수출할 상품이 없다는 사실이었다. 인도는 유럽에서 시장을 찾을 수 있는 상품을 많이 생산했다. 직물, 인디고, 초석硝石, 설탕이 그런 제품들이었다. 그러나 영국은 인도 사람들이 원하거나 살 만한 상품들을 거의 생산하지 못했다. 그토록 위험한 시기여서 '공장'들은 불가피하게 요새화하고, 회사가 임금을 지급하는 원주민 병사들은 공장 경비에 투입되었다. 회사의 민간인 간부들은 대학 생활 비슷한 삶을 살았고, 현지 실정을 연구했고, 가능한 여건의 제한을 받으며 사업을 했다.

그곳에 진출한 유럽 사람들이 그들뿐이었다면 영국인들은 상인으로서의 역할을 해냈으리라. 그러나 1670년에 이르러서 프랑스는 해상 강대국이 되었고, 상당히 강한 함대와 (1664년부터) 동인도회사를 갖추었다. 영국과 프랑스 사이의 전쟁이 1742년에 터지자, 분쟁은 필연적으로 인도에 있는 그들의 소유지까지 번졌다. 1748년에 전쟁이 끝나기까지 바다와 육지에서의 작전은 아무런 결정적 결과도 내지 못했다. 그러나 1756년에 전쟁이 다시 벌어졌고, 그 싸움은 영국의 승리로 끝났다. 1759년의 플라시 전투에서 클라이브는 프랑스인들과 인도의 연합군을 물리쳤고, 그리하여 동인도 제도는 인도에서의 주요 군사력이 되었다. 마침내 1765년에 조약이 이루어져서, 동인도회사는 벵골 지역의 납세 징수 청부를 맡았다. 명목상으로는 무굴 정부와 태수들을 위해 세금을 거두는 한편, 회사의 간부들은 행정과 국방을 위한 비용을 부담하고 인도의 수출품을 구입할 자금을 대면서 능률적인 정부를 이루었다. 이런 상황은 회사가 보다 직접적으로 정부의 통제를 받게 된 해인 1773년까지 계속되었다. 동시에 원주민 세금 징수원들과 판사들은 영국인 관리들로 바뀌었다.

영국의 행정이 종속 국가의 절반을 장악하게 될 과정이 시작되었다. 그리하여 유럽의 우월성을 이론적 근거로 삼고 영국 장교가 지휘하는 군대로 힘을 과시하면서 영국령 인도가 본격적인 모습을 갖추었다. 회사는 일방적으로만 인도와 교역을 했고, 실질적인 거래는 그들이 차茶를 수입해 오는 중국과 계속했다. 그들의 권위는 서서히 동양으로 뻗어나갔으며 인도에서는 정지작업으로 들어갔다. 그들의 활동은 영국을 아시아에서 으뜸가는 세력으로 만들었다.

과거에 일어났던 동쪽이나 서쪽으로의 팽창운동과 비교할 때 영국인들이 두드러진 이유는 교역로 전체가 하나의 통제체제하에 들어갔기 때문이었다. 아랍인들은 그들의 제국이 일시적이나마 에스파냐에서 인도까지, 가데스에서 광둥까지 뻗어갔을 때, 나름대로의 이상을 거의 이루었다. 그러나 영국의 세력은 보다 견고했으며, 양쪽으로 더 멀리 뻗어나갔다. 초기에는 교역로가 케이프타운, 봄베이, 마드라스, 캘커타, 페낭을 경유했다. 여기에다 더욱 안정성을 확보하기 위해서 실론, 말라카, 모리셔스, 싱가포르, 그리고 홍콩, 라부안, 북부 보르네오까지도 포함시켰다. 희망봉을 우회하는 교역로는 1869년까지 널리 사용되었고, 그해에 수에즈 운하가 개통되어서 이제는 돛을 달지 않고 다니게 된 선박들을 통행시켰다. 따라서 지브롤터, 말타, 키프로스, 알렉산드리아, 그리고 아덴에 다른 기지들을 개발해서 다른 교역로를 강화해야 할 필요가 생겨났다. 그러려면 이집트와 수단의 장악이 필수적이었다. 그것은 또한 전신과 빠른 배를 이용해서 기강을 강화하고, 식민지의 관리들을 보다 엄격히 통제해야 함을 뜻했다. 인도는 이미 영국의 직접 통치하에 들어갔고, 빅토리아 여왕이 지배한다는 공식 선포가 이루어졌다. 1870년 이후에 제국의 촉수는 말라야, 일본, 심지어는 중국의 심장부까지 뻗었으며, 흰 제복을 입은 수병을 한커우漢口와 위해威海에서 자주 볼 수 있게 되었다. 1900년에 이르자 인도에 세력을 깊이 뿌리박고 인도양에서 해상권을 쥔 영국은 전 세계를 뒤덮은 듯했다.

그러나 유럽의 팽창이 단순히 영국만의 현상이 아니었음을 기억해야 한다. 프랑스 사람들도 그들 나름대로 북아프리카로, 마다가스카르로, 인도차이나로 활동을 펼쳐나갔다. 네덜란드 사람들은 아직도 동인도 제도에서 활동했고, 늦게 경쟁에 뛰어든 이탈리아와 독일은 기회가 보이기만 하면 재빨리 포착했다. 유럽 중에서도 특히 영국이 서쪽으로 진출해서 연장시킨 새로운 세계였던 미국까지도 19세기 중반기에는 영향력을 극동 지역에 심기 시작했다. 거의 아무도 신경을 쓰지 않았었지만 러시아의 팽창 또한 대단히 중요했다. 바다를 통해서 영국인을 끌어들인 아시아의 나약함 때문에 생긴 공백 상태는 육지를 통해서 러시아 사람들도 끌어들였다. 몽골의 붕괴와 시베리아의 텅 빈 공간은 러시아인들을 태평양으로 이끌어갔다. 더욱 괄목할 만한 사실은 그들의 진출이 영국의 진출과 거의 똑같이 병행되어서, 같은 시기에 시작되었으며, 그야말로 같은 해에 끝이 났다는 점이다. 이반 뇌제雷帝의 지원을 받아가며 그레고리 스트로고노프가 아시아에 진입한 해(1558년)는 엘리자베스 1세가 즉위한 해였다. 토볼스크는 무적함대의 패배 직전에, 그리고 톰스크는 제임스 1세의 즉위 직후에 창건되었다. 서부 및 중부 시베리아의 합병은 뉴잉글랜드의 개발 그리고 1640년 마드라스의 창건과 함께 진행되었다. 첫 항해조례(1651년)의 시기는 또한 러시아와 만주의 첫 충돌의 해이기도 했다. 연합조례와 아우랑제브의 죽음이 우연히 일치된 숙명적인 해 1707년은 캄차카의 합병 때문에도 똑같은 중요성을 지닌다. 제임스 브루크가 보르네오에서 공직에 기용되었던 해(1847년)에 러시아인들은 아무르 강에 이르렀다. 동인도회사가 인도국Indian Office으로 대치되던 해(1858년)에는 시베리아 전체가 러시아에 양도되었고, 그 다음 해에 블라디보스토크가 세워졌다. 영국인들처럼 러시아인들은 교역로를 타고 나아갔으며, 희망봉에서 세실 로즈가 수상이 된 직후인 1891년부터 그들은 교역로를 변모시키기 시작했다. 그러나 시베리아 횡단 철도는 러시아와 영국이 팽창의 한계에 봉착한 해인 1905년까지 완성되지 않았다.

모스크바 대공 이반 3세가 콘스탄티노플 마지막 황제의 질녀와 결혼한 1472년부터, 그러니까 콜럼부스가 처음으로 바다로 나갔을 무렵부터, 러시아인들은 그들의 제국을 '제3의 로마'로 만들려고 꿈꾸었다. "그 운동의 중요성은 서양의 연구에서 러시아가 받은 푸대접에 정비례했다."[2] 그러나 그 전에 다른 저자는 같은 문제에 대해서 이렇게 말했다. "해적들이 영국을 위해 한 일을 코사크족은 러시아를 위해서 했다."[3] 그것은 분명히 옳은 얘기이며, 바다에서 영국이 벌인 활동과 때를 같이했던 육지에서의 동쪽 이동은 러시아가 본질적으로는 서양의 세력임을 우리에게 인식시킨다. 러시아인들이 때때로 아시아와의 연관성을 주장할 수는 있겠지만, 그것은 영국인들도 마찬가지였다. 디즈레일리는 1866년에 영국이 "사실은 유럽보다는 아시아의 세력이기 때문에 아시아를 간섭한다"고

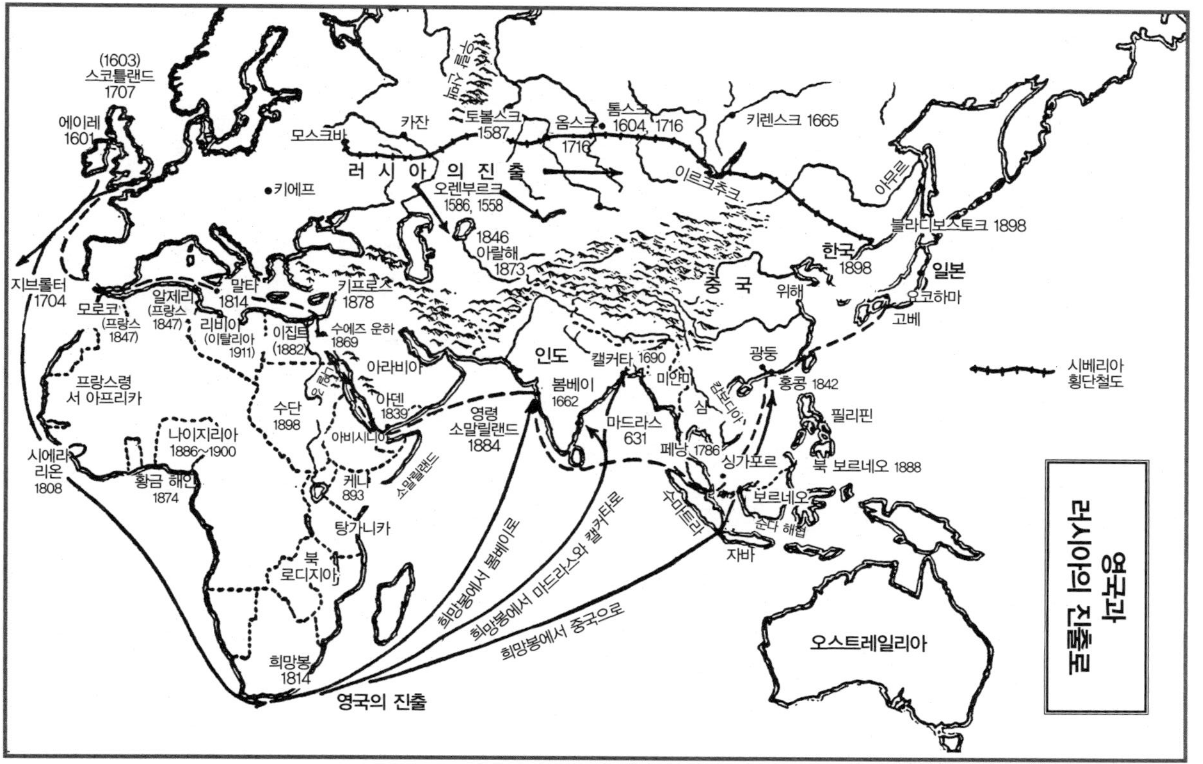

영국과 러시아의 진출로
(1603) 스코틀랜드 1707
에이레 1601
모스크바
카잔
토볼스크 1587
옴스크 1716
톰스크 1604, 1716
키렌스크 1665
아무르
러 시 아 의 진출
키에프
오렌부르크 1586, 1558
이르쿠츠크
블라디보스토크 1898
한국 1898
일본
요코하마
고베
위해
중 국
1846 아랄해 1873
지브롤터 1704
모로코 (프랑스) 1847
알제리 (프랑스) 1847
말타 1814
키프로스 1878
리비아 (이탈리아) 1911
이집트 (1882)
수에즈 운하 1869
아라비아
인도
캘커타 1690
미얀마
광둥
홍콩 1842
필리핀
프랑스령 서 아프리카
수단 1898
아덴 1839
아비시니아
봄베이 1662
영령 소말릴랜드 1884
마드라스 631
페낭 1786
싱가포르
캄보디아
삼
북 보르네오 1888
시에라 리온 1808
황금 해안 1874
케냐 893
소말릴랜드
탕가니카
보르네오
수마트라
순다 해협
자바
북 로디지아
희망봉 1814
희망봉에서 봄베이로
희망봉에서 마드라스와 캘커타로
희망봉에서 중국으로
영국의 진출
오스트레일리아
시베리아 횡단철도

지적했다. 그런 관점에서는 러시아인도 동양인이라고 간주할 수가 있다. 그러나 그들의 문명은 성격과 기원이 서양적이었다. 그들이 좋아했건 싫어했건 간에 그들의 운명은 서양의 흥망성쇠와 분리하기가 어려울 만큼 얽혀 있었다.

마지막으로 할 얘기는 미국의 팽창이다. 콜럼부스는 지구의 둘레에 대한 완전히 그릇된 추측을 근거로 삼아 그의 첫 항해를 계획했다. 학자들은 그의 이론이 틀릴지도 모른다고 미리 얘기했는데, 그것은 사실이었다. 계획했던 대로 중국에 도착하는 대신에 그는 다른 대륙을 하나 발견했을 뿐이다. 나중에 탐험가들은 그를 반대했던 학자들이 옳았었음을 증명했다. 그들과 중국 사이에는 대륙이 통째로 하나 있었고, 그 너머에는 놀랄 만큼 넓은 대양이 기다렸다. 에스파냐 사람들은 태평양을 횡단했고, 1564년에 필리핀에 정착지를 마련하고 그곳에서 그들대로의 동양 교역을 행했다. 아시아와 유럽 사이의 기존 교역로들이 두 개가 더 늘어났으니, 그것은 유럽과 아메리카 사이의 교역로와 아메리카와 아시아 사이의 교역로였다. 에스파냐령 아메리카의 북부에서 영국 식민주의자들은 대륙을 통째로 하나 횡단한 다음에야 태평양을 보게 되었다. 태평양까지 진출하는 데는 200년 이상이 걸렸으며, 캘리포니아는 1850년에 주가 되었다. 페리의 함대는 1853년에서 1854년 사이에 일본의 고립을 무너뜨리고, 일본인들로 하여금 강제로 개항을 하게 했다. 첫 대륙횡단 철도는 1869년에 완성되었고, 미국인들은 중국과 일본을 고객으로 삼거나 개종할 가능성을 그때부터 보기 시작했다. 1898년에 에스파냐와 전쟁을 벌인 결과로 미국은 필리핀을 얻었고, 그래서

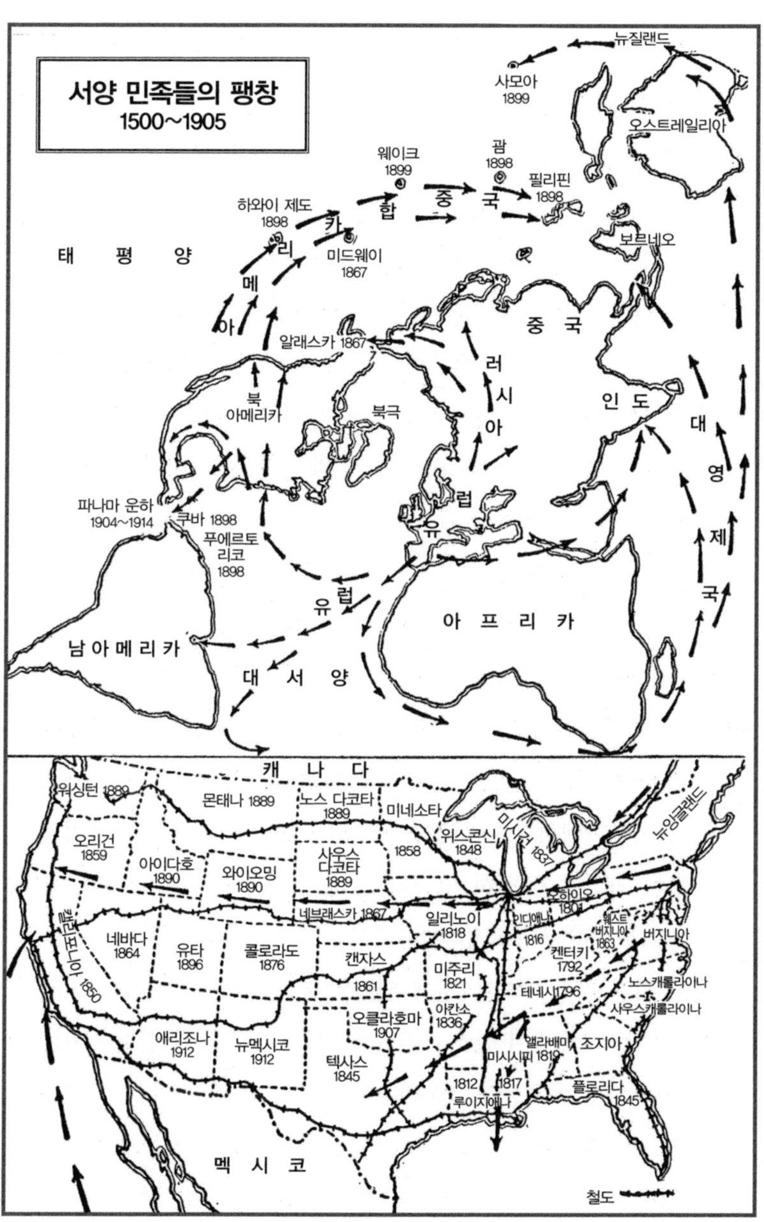

서양 민족들의 팽창
1500~1905
뉴질랜드
사모아 1899
오스트레일리아
웨이크 1899
괌 1898
필리핀 1898
하와이 제도 1898
합 중 국
미드웨이 1867
아메리카
보르네오
태 평 양
메
아
알래스카 1867
중 국
북 아메리카
북극
러시아
인 도
대 영 제 국
파나마 운하 1904~1914
쿠바 1898
푸에르토 리코 1898
유 럽
유 럽
아 프 리 카
남 아 메 리 카
대 서 양
캐 나 다
워싱턴 1889
몬태나 1889
노스 다코타 1889
미네소타
미시간 1837
뉴잉글랜드
오리건 1859
아이다호 1890
와이오밍 1890
사우스 다코타 1889
위스콘신 1848
1858
오하이오 1804
네브래스카 1867
일리노이 1818
인디애나 1816
웨스트 버지니아 1863
버지니아
캘리포니아 1850
네바다 1864
유타 1896
콜로라도 1876
캔자스
미주리 1821
켄터키 1792
노스캐롤라이나
테네시 1796
사우스캐롤라이나
애리조나 1912
뉴멕시코 1912
오클라호마 1907
아칸소 1836
앨라배마
조지아
텍사스 1845
미시시피 1819
1812
1817
루이지애나
플로리다 1845
멕 시 코
철도

미국인들은 극동에 더욱 깊이 뛰어들게 되었다. 미국의 선교사들은 중국에서 교육사업을 많이 했지만, 전반적인 사태의 진전에 따라 미국은 일본과 경쟁관계로 들어갔다. 극동이 겪어야 할 압력을 극동으로 끌어들인 여러 서양 국가들 가운데 미국은 비록 가장 늦게 등장하기는 했어도, 경쟁에서 차지한 비중은 결코 적지 않았다.

태평양을 건너온 새로운 서양의 충격은 1914년 파나마 운하가 개통되고 부수적으로 미국 해군이 강화되자 힘이 더 강해졌다. 미시시피 계곡에서 이루어진 거창한 경제개발은 분출구가 필요했고, 갇혔던 홍수가 지협의 둑을 무너뜨리면서 배가된 힘은 미국을 극동으로 분출시키는 원동력이 되었다. 그러나 진출의 길은 그보다 먼저 준비가 진행되고 있었다. 1867년 미드웨이 섬의 합병으로 시작해서, 섬으로 이루어진 기지들을 획득하는 과정을 차근차근 거쳤던 것이다. 1898년의 필리핀 획득은 하와이 제도와 괌도의 획득과 동시에 이루어졌다. 이 과정은 네덜란드 항구였던 알류샨 제도의 획득과 웨이크 섬을 1900년에 합병시킴으로써 완결되었다. 파나마 운하는 그 무렵 이미 의논을 진행하던 단계였고, 실제 공사는 1904년에 시작되었다. 이런 모든 활동은 상당히 일관된 정책을 드러내는데, 그것은 제1차 세계대전에서 더욱 두드러지게 나타났다. 유럽의 서쪽 팽창은 미국의 대륙 횡단 그리고 그 이후에 태평양으로의 이동으로 연결되었다. 그 운동은 반대쪽에서 같은 지역으로 전진하던 과거의 동쪽 이동과 중국 해안에서 마주쳤다. 1900년에 이르자 유럽의 여러 민족과 유럽에서 온 사람들이 온 세상을 뒤덮었다. 그리고 그 무렵까지 그들은 아시아 민족들에게 그들의 영향력을 최대한으로 발휘했다.

쫓기는 동양

서양 문명의 동양 전파에서는 영국이 주역을 맡았다. 포르투갈과 에스파냐 사람들이 그 과정을 시작했음은 인정해야 한다. 네덜란드, 프랑스, 러시아의 영향도 중요하고 나중에 등장한 미국은 영국이 추진력을 상실한 다음까지도 적극적으로 이루어졌다. 같은 문명을 내세우는 다른 나라들이 여러 면에서 상반되는 이해관계를 추구했기 때문에 이들 몇 갈래의 영향력은 서로 동일하지도 않았다. 그러나 영국의 영향력이 가장 광범위했으며 가장 오랜 기간 동안 지속되었다. 무엇보다도 영국은 가장 순수하게 유럽적이었다. 다른 유럽 국가들은 동양의 영향력으로부터 당시에 자유롭지 못했거나, 과거에 자유로웠던 적이 전혀 없었지만, 영국은 그들의 전성기에 동양의 영향을 가장 적게 받았다. 왜 그랬을까? 우선 그들은 지리적으로 이슬람 세계로부터 멀리 떨어졌다. 그들은 오스트리아, 이탈리아, 에스파냐, 포르투갈이 어쩔 수 없어서 그랬듯이 수세에 몰린 적이 없었다. 둘째로 그들이 가장 팽창했던 시기는 유럽 역사상 가장 유럽적인 시기와 일치했다. 포르투갈과 에스파냐는 부흥의 시대가 아니라 중세에 해외 모험을 시작했다. 그들의 세계는 성자와 무예수도자와 승려들로 이루어졌었다. 그러나 동양에 대한 영국의 공격은 1660년부터 준비가 이루어졌고, 1815년에 절정에 달했다. 따라서 그것은 유럽이 가장 승세에 올랐던 시기였다.

고대와 현대의 역사를 비교한다면 영국은 마케도니아의 역할을 떠맡았다. 그들은 그들이 창안하지 않았던 순수한 그리스 사상을 이어받았고, 그것을 아시아의 심장부로 가지고 갔다. 그들은 로마보다는 알렉산드로스의 역할을 수행함으로써, 그들의 뜻을 전하며 설득하는 데에도 실패하지 않았다. 《미래의 제왕들》에서 에이모리드 리엥코트는 미국이 이제는 얼마쯤 낡아버린 사상을 재탕하면서 로마처럼 행세한다고 밝힌다.

미국인들은 기초적인 발견은 거의 하지 못하면서 유럽의 갖가지 발견을 끝없이 응용하고, 발전시키고, 대량으로 생산한다. 그들은 끝없이 '연구'를 계속하지만 '사고'는 거의 하지 않는다.……유럽은 지극히 적은 경비를 들여 인간의 과학적 지식을 뒷받침할 위대한 사상들을 만들어냈다. 1년에 평균 4조 달러의 경비로, 미국의 연구는 유럽의 기초적인 발견들을 응용하지만, 기본적인 면에서 정말로 그 이상 발전시키지는 못한다. ……공리주의와 민주주의가 방해가 되기 때문이다.[1]

로마와의 이런 비교를 지적했던 사람은 여럿이었다. 로마제국이 둘로 갈라졌었다는 사실을 기억하는 사람은 아마도 그렇게 많지

않을 듯싶다. 따지고 보면 새로운 로마와 비잔티움인 미국과 러시
아가 유럽의 유산을 나누어가졌다.

그리고 영국이 알렉산드로스의 뒤를 따랐다. 더구나 그들은 의
식적으로 그렇게 모방을 했다. 아프가니스탄 정벌 중에 드디어
1838년에 인더스까지 이르렀을 때, 그들은 알렉산드로스 대왕 이
후 최초로 문명국가의 깃발이 그 강가에 나부꼈다고 자랑했다. 전
성기 동안에 영국인들은 고전적인 교육을 받았고 고전적 방법으로
훈련을 받았다. 그들의 마음은 계속해서 아테네와 스파르타로 되
돌아갔고 '문학'이란 그들에게는 라틴어와 그리스어를 뜻했다. 조
지 왕조 시대의 귀족들 사이에서는 '고트식gothic'이라는 어휘가 경
멸의 대상이었고 나중에는 '촌스러운'이나 '기묘한'이라는 뜻으로
변질되었다. 중세 유럽은 암흑과 야만의 시대였다. 아버지 밀(제임
스 밀의 아버지 존 스튜어트 밀, 철학자이며 경제학자)은 '문명'이라는 어
휘를 고대 그리스와 현대 유럽에만 적용시켰다. 에드워드 기본은
공화정체의 미덕과 제국의 부패를 예리하게 대조시키면서, 그가
살던 시대의 사고방식에 영향을 주고 보편화했다. 기본과 그의 친
구들의 관점에서 '의회'는 실제 라틴어로 얘기하지 않더라도 누구
나 라틴어를 이해하는 사람들로 이루어진 '원로원'을 뜻했다. 수염
은 볼 수가 없었고 적어도 기념 동상에는 토가를 입혔다. 18세기가
흘러감에 따라 남자들의 의상은 점점 빛깔이 단조로워졌고, 운동
선수들의 존재가 국민 생활에서 더욱 두드러졌다. 고전시대에서
기원한 운동이었던 경마와 '코린토스' 권투는 의식적으로 부활시
켰다. 공원이라면 그리스 신전을 갖춰야만 완전했고, 건물의 입구

에는 기둥을 받친 현관을 만들었다.

시간이 흐름에 따라 동양에 대한 영국인의 시각은 굳어졌다. 그들은 처음에는 타협을 하고 싶은 마음에서 상인으로 가장하고 나타났다. 다음에는 관료들이 뒤를 이어받고, 동인도회사가 정책을 바꾸었다. 이런 변화는 회사를 정부의 통제하에 두도록 한 1784년 피트William Pitt의 인도통치법India Act과 함께 이루어졌다. 곧 뒤 이어서 콘월리스 경이 총독으로 임명되어(1786년~1793년) 부패를 근절하고, 정직하며 능률적인 통치기구를 구성하라는 임무를 맡게 되었다. 처음부터 1813년에 이르기까지 관리자들은 모든 선교활동을 전적으로 금지시켰다. 이 정도는 그들이 포르투갈의 본보기에서 배운 바가 있었다. 그들은 어떤 유럽인도 인도에 정착하지 못하도록 규제하기도 했다. 그들은 아무도 땅을 소유할 수가 없었으며, 공식적인 허락 없이는 어떤 관리도 결혼을 하지 못했다. 부분적으로는 법에 의해서, 부분적으로는 사회적 압력으로 원주민과의 혼혈 결혼은 모두 저지했다. 인도인 첩들이 생겨나고 유라시아 아이들이 태어났지만, 이들은 공식적인 인정을 받지 못했다. 미혼일 때는 인도로 가서, 적도 지역에서 10년쯤 지낸 다음에 결국은 영국에 정착한다는 것이 영국의 풍습이 되었다. 일시적인 근무가 일관된 정책이었다. 아내들은 영국에서 왔고, 아이들은 영국으로 돌아갔다. 민간인이거나 군인이거나 간에, 영국을 대표하는 관리들은 결코 동양에 동화되지 않았고, 결코 변하지 않는 영원한 외국인이었다. 에이레에서 처음 마련되었던 규정이 혼혈 결혼을 금지하는 법으로 정착하자, 많은 사회적 부작용이 뒤따르게 되었다. 결혼으로 맺어진 친척을 인정하면 안 되었던 사람들은 어느 집안의 가장도 손님으로 정식 초대를 할 수가 없었다. 또한 그들에게는 회관이나 사교 단체나 교회에서도 동등한 자격이 주어지지 않았다. 신분이 높은 원주민들과의 모든 관계에서 영국 관리는 빈틈없는 예절을 갖추며 거리감을 두도록 노력해야 했다.

비록 영국인들이 그런 초연함에 과거부터 익숙하기는 했어도, 그들의 교육은 인도 현지에서 완성되었다. 누가 뭐라고 해도 신분제도는 영국이 아니라 인도의 전통이었기 때문이다. 신분제도에 얽매인 사회에서 그들의 권위를 굳힘으로써 영국인들은 또 다른 하나의 신분을 구성하게 되었다. 브라만의 시각에서는 개념상으로 불가촉천민이었던 영국인들은 그들 나름대로 현지 국민 전체를 불가촉천민으로 분류함으로써 역습을 한 셈이었다. 인도에서 차지했던 높은 위상을 영국인들은 고향으로 가지고 돌아갔으며, 그들이 이미 소속했거나, 보다 많은 경우에 앞으로 그들이 진입하기를 꿈꾸던, 상류 계층에 알맞은 엄격한 경직성과 몸가짐을 강화했다. 주둔지 관리들이 준수하던 기강은 유럽 전체로 퍼졌으며, 총독의 권한은 절대적이었고, 그의 결정에 이의를 제기할 수도 없었다. 영국의 지배 계층은 항상 행진을 벌였고, 언제나 행사를 위한 예복 차림이었고, 교회나 지방 의회에서 항상 올바른 대답을 했고, 항상 폐하를 위한 축배를 들 준비가 되어 있었다. 용기와 예절과 냉정한 성실성을 요구하는 행동 규범이 점차적으로 틀을 갖추었다. 정오의 예포와 식사 예복과 멤사힙(memsahib, 아프리카나 인도의 영국 식민지에서 쓰이던 원주민 말로서 서양 여인에 대한 경칭—옮긴이)과 부관과 풍카(punkah, 야자 잎사귀로 만든 커다란 부채-옮긴이)의 세상, 그리고 명함을 주고받는 세상이 도래했다. 그것은 하나같이 사람들의 기를 죽이고, 겉치레로 기울고, 무척 따분한 세상이기도 했다.

이런 영국의 통치체제를 연구할 때 우리는 무엇보다도 인도가 여러 차례 정복을 당했으며, 항상 침략자들을 어느 정도는 흡수했다는 것을 기억해야 한다. 그곳의 축재가 거의 농업 한 가지에만 의존했으므로, 세금이나 소작료에 기초를 둔 구조가 유지되었다. 모든 왕과 귀족은 토지에서, 그리고 영국의 조직에 의존해서 수입을 올렸다. 영국인들이 나름대로의 새로운 현지 귀족계급을 형성하고, 그리고는 흡수를 당하는 현상을 막아낼 길은 없었다. 그들이 선택한 길은 기존의 모든 관행과 너무나 철저히 모순이어서, 그로부터 연유하는 부자연스러운 양상들은 지극히 부자연스러운 방법으로 이어나가야 했다. 정규 주둔병력은 특수한 방법으로 징병해서 특수하게 훈련을 시키고, 매우 조직적으로 편성하고, 적절히 보수를 주고, 퇴역과 동시에 모든 특권을 즉각 박탈했다. 훈련 과정은 1806년 헤일리베리에 동인도 대학을 설립하면서 시작되었다.

인도의 행정직을 맡은 영국 젊은이들은 이곳에서 인도어를 공부하고, 인도의 역사와 풍습과 법률을 어느 정도 배우고, 뉴턴의 과학을 접하고, '인도와 영국의 정치 및 통상 관계'에 대한 학습을 좀 받고, 페일리William Paley의 《도덕 및 정치 철학》의 연구를 통해서 도덕적 행동규범에 대한 특별 교육을 받았다……

동인도회사는 영국식으로 교육을 받아 '명예와 근면'에 입각해서 처신하는 '문관'을 창조해냈다. 이 문관은 제국의 책임감이라는 인식이 머리에 못이 박히도록 수련을 받았으며 대영제국의 위대함이 몸에 배어 있다. 이들 새로운 관리들은 인도에서 근무하는 동안 사고방식과 정서가 영국적이어야 했다. 과거에 인도를 찾아왔던 사람들처럼 인도에 물들면 안 되었다. 어떤 선임자들처럼 그들이 다스리는 나라에 애착을 많이 느껴서도 안 되었다. 그들은 새로운 제국주의적 정신에 투철했다. 그들은 무기를 다루는 능력과 인격에서 영국의 우수성을 과시했고, 인도와 인도의 문화를 많이 배우더라도 영국의 이념들을 더 좋아해서, 영국의 제도에 입각하여 인도를 통치했다.[2]

헤일리베리는 기숙사 학교라는 체제의 시초였다. 대영제국은 많은 식민지와 관청, 군부대, 선박의 관리가 필요했다. 해외에서 근무하는 부모들은 자식들을 꽤 어린 나이에 고향으로 보냈다. 그 이유는 그때나 지금이나 마찬가지로 세 가지다. 첫째, 영국 아이들은 인도인이거나 중국인이거나 말라야인이거나 하인들을 못 살게 굴고 그러다 버릇이 고약해진다. 둘째, 그들에게 필요한 경쟁력이나 훈련을 배양할 지역 학교가 현지에는 없었다. 셋째, 다음 세대의 관리들을 육성할 필요성 때문이었다. 기숙학교로 보낸 아이는 어떤 특정한 지방에 대해서도 각별한 애착을 느끼지 않는다. 실론이나 자메이카에서 태어나고, 말보로나 톤브릿지에서 교육을 받고, 해변 도시 브로드스테어스나 휴양지 라임 레지스에서 조부모들과 휴가를 보내고, 샌드허스트(육군사관학교 소재지)에서 훈련을 받거나, 옥스퍼드에서 야망을 키운 장교는 아무런 주저함 없이 홍콩이나 몸바사로 떠난다. 그는 어떤 한 사회가 아니라 계층의 구성원이기 때문이다.

어떤 의미에서는 주요 간선을 따라 분포한 사람들에게 특별한 혜택을 부여하는 철도에 의해서 생겨난 공립학교 체제는, 또 다른 의미에서는 1828년부터 1842년까지 명문 럭비의 교장이었던 토마스 아놀드가 만들어낸 작품이기도 하다. 영국에서 전문적인 과목의 학업에 사명감을 불어넣은 사람은 그였다. 그의 아들인 매튜 아놀드는 같은 개념에 시를 통해 신비한 매력을 가미했고, 매튜와 형제간인 W. D. 아놀드는 장교로서 인도로 갔지만 후에 편잡의 문교장관이 되었다. 빅토리아 왕조 중기의 진지한 분위기는 럭비에서부터 많은 다른 학교에 파급되었지만, 대부분의 학교에서 예배시간을 개설한 시기는 1880년경이었다. 공립학교 체제의 본질은 지도력과 경기에 대한 강조였다. 최고 학년에게는 특별한 책임이 주어졌고, 교실 밖에서는 절대적인 권위를 행사했다. 해외의 영국인 사회는 이런 종류의 기강 앞에서 꼼짝도 못했다. 사소한 실수는 동호회의 회장이 알아서 처리했다. "솔직히 얘기하자면, 레지, 이런 식으로는 안 되네. 자넨 당장 부회장한테 사과해야 되겠어." 그러나 정말 못된 행동은 추방으로만 해결이 되었다. 설명이나 서론이 없이 각하께서는 위풍당당하게 한마디 한다. "로브틸 씨, 내일 영국으로 떠나는 배가 있으니 그것을 타시오." 이런 분위기 덕택에 사람들은 예의범절을 제대로 유지했다. 인도의 행정사무를 맡게 된 동인도회사의 근무에서는 성실과 능력의 기준이 무척 높았다. 그리고 1906년 이후의 수단에서는 그 기준이 더욱 높았다고 전해진다. 행정적 재능을 갖춘 자들 가운데서 가장 우수한 사람들이 항상 해외로 나갔으며 런던의 중앙 관청가에는 찌꺼기만 남았다.

공립학교 출신 남자들과 그들의 아내들은 동양에 어떤 영향을 주었을까? 동인도회사 통제부의 첫 회장이던 헨리 던다스는 상당했던 그의 임명권을 스코틀랜드에서 그의 정치적 위치를 유지하는 데 사용했다. 그 결과로 동양에는 스코트인들이 불균형하게 많았으며, 그들의 영향력은 스코트인들의 수를 더욱 증가시켰다. 스코트인들이 산악지대 미개인들에게 온정을 느끼던 때가 이 무렵이었다. 인도에는 그런 종족들이 많았으며, 그들에 대한 공감과 이해심을 스코트인들은 얼마든지 베풀었다. 어떤 스코트인들은 심지어 인도인 전체에 대해서 자비심을 보이기도 했다. 그래서 토마스 먼로 경은 1813년 하원에서 인도가 진보했다는 증언도 했다.

그의 생각에 인도인들은 고차원적인 지식이나, 훌륭한 통치에 대한 이론이나 실천, 그리고 자유스러운 추구와 발전적인 사회개혁을 지향하는 교육제도에서는 유럽인들보다 열등했습니다. 다른 한편으로, 인도는 제조 및 농업 기술, 마을마다 세운 초등학교, 여자에 대한 섬세하고 정성스러운 처우, 자비와 친절의 실행, 그리고 안락한 삶을 위한 일반적인 지식 따위의 많은 관점에서 유럽과 동등했습니다. 만일 문명이 두 나라 사이에 사고 팔 수 있는 상품이라면, "이 나라(영국)가 수입품에서 이득을 보리라고 본인은 확신합니다."[3]

그러면서도 먼로는 인도인들이 "미신과 편견을 대부분 버리고, 스스로 정상적인 정부를 구성할" 미래가 오기를 간절히 바랐다. 다른 사람들은 그보다 덜 낙관적이었고, 그들 자신의 이해관계에 더 관심이 많았다. 웰링턴 공작은 자질이 훌륭한 힌두 사람을 하나도 만난 적이 없다고 말했으며, 무슬림들은 더 나쁘다고 덧붙였다. "유럽을 몽땅 합쳐도 못 당할 만큼…… 캘커타에 거짓이 많았다"고 그는 말했다.[4] 이런 편견들은 젖혀놓더라도, 영국의 정책은 일반적으로 보다 직접적인 목적을 추구했다. 영국 정책의 목적은 크게 두 가지로 나누어서, 전도傳道와 실용성이었다. 관리자들은 이들 두 가지를 다 내세웠는데, 이것들은 인도의 신앙이나 관습을 별로 배려하지 않은 것이다.

제임스 밀은 인도를 전제주의와 무절제, 미신과 나태함의 요람이라고 비난함으로써 공리주의자들의 표본이 되었다. 그는 행정관들의 임명이 경제와 정치 이론에 입각해서 이루어지도록 확실히 해두고 싶었다. 토마스 바빙톤 매콜리가 바로 그런 인물이었는데, 흔히 인용되는 1835년의 의사록을 보면 힌두와 무슬림을 위한 토착인 교육에 대한 그의 견해가 잘 나타난다.

지금 우리 앞에 놓인 문제는 다만 이 언어(영어)를 가르칠 권한이 우리에게 있는데도, 만인이 고백하듯이, 우리의 것과 비교가 될 만한 책들이 어느 분야에서건 하나도 없는 그런 언어들을 가르쳐야 할 것인지, 유럽의 과학을 우리가 가르칠 수 있는데도, 만인이 고백하듯이, 그것들이 유럽의 것과 다른 경우를 보면 하나같이 나쁜 쪽으로 차이가 나는 그런 체제들을 가르쳐야 할 것인지 하는 점이다. 그리고 우리가 사회 철학과 참된 역사를 장려할 수 있는데도 대중을 희생해 가면서, 영국의 수의들조차 모욕을 느낄 만한 그런 의학 이론들과 영국의 기숙사 학교에서 여학생들의 웃음을 자아낼 수준의 천문학과 (키가 30척이고 3,000년 동안이나 통치를 했다는 왕들이 무수히 등장하는 역사와) 버터의 바다와 당밀糖蜜의 바다로 이루어진 지리를 우리가 장려해야 할 것인지 하는 점이다.[5]

매콜리의 배후에는 영국인들의 견해라는 부담이 있었다. 힌두인과 무슬림들은 하나같이 야만인이었다. 〈에딘버러 리뷰〉의 말을 빌어보자.

동양적 정신은 사상의 힘찬 팽창에 우호적이 아니었다. 세계의 모든 시대에 입각해서 보면, 아시아는 자유의 빛이 박탈되었고, 따라서 수공手工이거나 정신적인 문화의 높은 결실을 전혀 맺지 못할 숙명을 초래했다.[6]

만일 공리주의자들이 인도의 문화에서 칭찬할 만한 대상을 거의 찾지 못했다고 한다면, 선교사들은 더욱 그랬다. 찰스 그랜트, 윌리엄 윌버포스, 그리고 '클랩햄 종파'(Clapham Sect, 클랩햄을 중심으로 활동했던 영국 성공회 사회개혁가들의 집단-옮긴이)에게서 힘을 얻어 1813년 처음으로 인도로 진출한 전도 선교사들은 1823년부터 1826년 사망할 때까지 캘커타의 주교였던 레지날드 히버를 지도자로 삼았다. 그는 가장 합리적이고 개방적인 사람들에 속했지만, 그래도 인도의 어떤 풍습들에 대해서는 경악하지 않을 수 없었다. 다른 선교사들은 훨씬 조심성이 적었고 말을 함부로 했다. 그들은 우상숭배와 점잖지 못한 예식들, 크리슈나 신상神像 참배, 여자 유아 살해, 노예제도와 미망인의 순사(殉死, 남편의 시체와 함께 아내를 산 채로 화장하는 풍습-옮긴이)와 신분제도의 폐단에 놀랐다. 동인도회사 자체는 중립을 지킬 의도에서 일부러 종교적인 문제를 멀리했지만, 총독(1827년~1835년)이었던 윌리엄 벤팅크 경은 1829년에 '사티'(sati, 순사)를 폐지하고 어린아이 제물과 유아 살해를 막으려고 노력했다. 그는 그 정도에서 그쳤고, 더 이상의 진전은 경제성장과 기술의 발달이 해결할 것이라고 생각했다. 이런 발전의 준비 작업으로서, 그는 1835년에 페르시아어 대신 영어를 정부, 외교, 법률의 공식 언어로 정했다. 그 후의 총독이었던 달하우지는 보다 구체적으로 철도, 증기선, 전신에 희망을 걸었다.

달하우지 시절에 이루어진 서양화의 결과로, 그가 떠난 지 얼마 안 되어서 1857년, 인도에 반란이 일어났다. 직접적인 원인은 1856년의 군 복무를 시키려는 총동원령이었다. 정서적인 원인으로는 산발적이고도 막연한 불만이었는데, 이런 저항심은 힌두인들이나 무슬림들이 공통으로 가진 감정이었다. 봉기를 지원했던 세력은 보수주의자들이었고, 직접 관련된 사람들의 경우는 신분제도에 대한 불만과 기독교에 대한 두려움이 가장 큰 동기로 작용했다. 전체적인 음모는 없었으며, 저항 운동의 지도자들은 서로 엇갈리는 목적을 내세워서, 일관된 움직임의 경우에도 서로 보완하는 효과를 거두지 못했다. 결과적으로 증오의 무질서한 폭발이 일어났으며, 영국인들은 지극히 강하게 반발할 수밖에 없었다. 반란은 무자비하게 진압되었고, 그에 대한 기억은 다스리는 자와 다스림을 받는 자 사이에 새로운 불신의 장벽을 쌓아올렸다. 영국인들은 인도의 편견과 풍습을 더욱 예민하게 인식하고 앞으로는 보다 조심해야겠다고 판단했다. 그들은 위기가 계속되는 동안 충성을 보였던 원주민 현지 통치자들에게 보다 많은 배려를 해주었다. 결국 책임을 전가할 대상을 찾다가 그들은 동인도회사를 폐쇄하고, 새 국무상이 통솔하는 인도 정부를 만들었다. 디즈레일리는 나중에 빅토리아 여왕에게 인도의 황제로 취임하라고 충고하면서 이 변화를 강조했다. 영국인들은 분명히 머물기 위해 인도로 갔었다.

반란이 일어난 이후 여러 해 동안, 인도에 대한 영국의 영향력은 기술상의 발달뿐 아니라 정치적 이론에서도 강화되었다. 장거리를 항해하는 증기선의 왕래를 뜻하는 수에즈 운하의 개통은 인도로 가는 시간을 단축시켰다. 거의 동시에 이루어진 전신의 설치는 총독과 런던이 매일 연락을 할 수 있도록 했다. 영국의 관리들이 휴가를 받아 고향으로 돌아가고, 인도 사람들이 사업을 하러 영국을 방문하는 일이 훨씬 용이해졌다. 인도의 첩들은 영국의 아내들에게 밀려났고, 이제는 피부 빛깔이 훨씬 균일해진 아이들이 오고갔다. 인도 주둔군의 영국인 병력은 일정한 기간 동안 인도에서 복무하고 교체되는 상비병으로 바뀌었다. 더 많은 유럽 사람들이 인도로 가서 보다 짧은 기간을 보냈고, 인도 내에서 훨씬 빨리 돌아다녔다. 인도의 신문들은 서양의 최근 기사들을 게재하였고, 런던 신문들은 인도의 상황들을 알게 되었다. 1870년부터는 서양의 압력이 여러 면에서 심해졌다. 말라야와 홍콩처럼 먼 곳에까지, 그리고 요코하마와 한커우까지 뻗쳤다. 영국의 제국주의는 커즌 경(1898년~1905년)의 총독 시절에 점강漸强의 단계에 이르렀다. 독단적인 통치가 이루어지던 이 찬란한 시기는 절정과 종말을 동시에 뜻했다.

인도 사람들은 그들대로 서양에 대한 전통적인 반항 방식이 이제는 불가능함을 반란의 경험에서 배웠다. 거의 인식도 못하는 사이에 인도에서는 영어로 배워 익힌 전문적이거나 기술적인 능력을 가진 사람들로 이루어진 중류층이 형성되고 있었다. 많은 사람들은 그들을 보호하고 지원하던 영국인들에게 충성심을 보였다. 다른 사람들은 영국인 선생이나 영국의 서적을 통해 습득한 그들의 지식처럼 서양화한 형태로만 민족주의적 열망을 실현할 수 있으리라 믿게 되었다. 유럽의 사상을 주입받음으로써 그들은 나머지 행동에 대한 면죄부를 받았다. 영국의 정권에 효과적으로 반대하려면, 영국의 법조계에서 자격을 얻은 변호사들이 영어로 얘기를 해야 했다. 영국인들이 놓은 철도를 이용해서 여행하고, 그들의 불만을 공통어로 표현할 줄 아는 대표단들이 구성되어야만 민족주의자들의 회담이 가능했다. 그들의 본디 문화를 저버리지 않으면서, 그리고 기독교로 개화되지 않으면서, 그들은 서양의 특성을 많이 갖추게 되었다. 그들은 크리켓 경기를 하고 테니슨을 읊기도 했다. 가장 서양화된 인도 사람들은 인도 육군과 해군의 장교들이었지만, 그들 못지않은 의사들이나 변호사들도 많았다. 그들이 어느 정도 애착을 느끼게 된 어떤 양상들이 영국인의 삶에 있었다. 영국의 통치가 끝난 다음에도 어떤 사람들은 I. C. S.(인도 문관)의 넥타이를 자랑스럽게 매고 다녔다.

사상의 교류는 한쪽으로만 흐르는 법이 없다. 영국인들은 중국에서도 그랬지만, 인도에서 배운 바가 많았다. 인도에서 부자가 된 영국인nabob들은 고국으로 돌아가면 흔히 캘커타나 마드라스의 치장벽토 저택을 흉내 내어 언덕 꼭대기에다 커다랗고 하얀 집을 지었다. 폴로 놀이를 하거나 침실 셔츠 대신에 파자마를 입는 버릇도 영국인들은 인도에서 배웠다. 그리스의 운동 경기와 인도의 기마술을 훌륭하게 조화시킨 혼성어 '짐카나Gymnkhana'도 인도적인 배경을 지녔다. 몸을 깨끗하게 하는 습관도 영국인들은 인도 사람들에게서 배웠다. 17세기와 18세기의 유럽인들은 세숫비누나 물을 별로 좋아하지 않아서, 무척 풍족하게 사는 사람들까지도 굉장히 더러웠다. 중세의 신학자들은 목욕과 관련된 부도덕성보다는 차라리 때를 더 좋아했으며, 종교개혁은 목욕탕까지 연장되지 못했다. 사실은 개혁의 대상이 될 만한 목욕탕이 아예 없었다. 추운 풍토에서 조금쯤 역겨운 정도였던 관습은 적도 지역에서는 참을 수가 없게 된다. 따라서 인도의 유럽인들은 당연히 찬 물의 훌륭한 가치를 알게 되었다. 그것은 즉석에서 온도를 낮추고 악취를 감소시켰다. 더구나 그들은 청결함을 전통으로 지켜온 나라에서 살았다. 기원전 2500년경 인더스 계곡에 살던 하라파 민족에게는, 우리가 지금 이상하게도 '터키' 탕이라고 부르는, 그런 목욕탕이 있었다. 그들의 도시에서는 사실상 집집마다 옆에 변소가 붙은 목욕탕을 따로 두었다. 1296년부터 1297년까지 캄보디아 앙코르에 살았던 체온 츠 쿠즌은 그곳 주민들이 목욕과 성교를 지나치게 자주 했으며, 목욕이 채 끝내기도 전에 성교를 했기 때문에 자주 병에 걸렸다고 썼다. 그러나 중국인들도 그에 못지않게 깨끗한 사람들이었다. 마르코 폴로는 놀라서 이렇게 기록했다. "모든 사람들은 날마다, 특히 식사에 앞서서 몸을 씻는다." 그보다 더 이후에는, 인도와 말라야의 좋은 집에는 침대만큼이나 욕실이 많았다. 그에 맞먹는 영국의 집들에는 욕실이 전혀 없었다는 사실과 좋은 대조를 이룬다. 이런 상황을 언급하면서 어느 인도 학자는 이렇게 썼다.

> ……다른 문제들도 없지는 않지만, 서양은 날마다 목욕을 함으로써 육체적인 청결함과 건강을 유지해야 한다는 필요성에 최근 동화되었으면서도, 그럴 만한 준비가 이루어지지 않아서 난처한 입장에 처했다. 동양에서는 거의 모든 침실 옆에 욕실이 붙어 있다. 서양에서는 공간의 제한을 받아서, 가난한 사람들은 말할 것도 없고 부유한 사람들조차도 개인 집이나 회관, 숙박시설, 배에서도 욕실을 쓸 형편이 아니었다. 그래서 아침마다 목욕이나 세수를 하는 습관이 몸에 밴 사람들은 상당한 불편을 겪었다. 도로 교통 문제처럼, 목욕탕 문제는 심각한 단계로 접어들었다.[7]

이들 두 가지 문제는 현재도 마찬가지로 심각하다. 그러나 인도의 본보기가 없었더라면 영국이 아직도 상당히 미개한 상태를 벗어나지 못했으리라고 의식하는 사람은 거의 없다. 냉수 목욕의 습관이 열대지방에서 추운 영국으로 전래되었음이 대단한 사건이냐 아니냐는 의견이 엇갈릴 만한 문제였으며, 특히 어린아이들과 나이가 먹어서 현명해졌다고 여겨지는 사람들 사이에는 의견이 더욱 달랐다. 어쨌든 침실마다 옆에 욕실을 마련한다는 것은 아직도 영국의 관습과는 먼 얘기이고, 집집마다 목욕탕을 가진다는 것은 사실이라기보다는 이론에 지나지 않는다.

그렇다고 영국이 인도에서 배운 바가 하나도 없다는 생각은 잘못이다. 사실은 유럽에 대한 동양의 영향은 그치지 않았다. 칠漆은 7세기에 전래되었고, 중국의 벽지가 알려진 것은 윌리엄 3세 때였다. 도자기 제작은 마이센으로부터 우스터까지 전파되었고, 영국 수채화의 전통 역시 마찬가지며, 치펀데일(곡선이 많고 장식적임) 가구는 중국의 영향을 어느 정도 보여준다. 18세기 프랑스에서는 장식적인 '중국풍chinoiserie'이 대유행이었고, 영국의 동양 취향은 브라이튼의 정자 따위를 만들어냈다. 그러나 동양적인 요소라면 의미를 부여하기보다는 일반적으로 기묘하다고 여겨졌으며, 영국인들이 인도의 조선 기술을 배우기는 하지만, 일반적으로 인도 사람들이 배울 대상이 더 많았음은 확실하다. 한쪽은 우월감으로 자신만만했으며, 다른 쪽은 슬픈 무지를 수긍해야만 했다. 양쪽 다 서로 차이점을 의식했다.

동양과 서양이 왜 우호적인 입장에서 서로 만나지 못하는지를 여러 사람들이 여러 가지로 설명한다. 참된 설명이란 동양이 내려갔고 서양은 올라갔으며, 동양이 올라갈 때까지는 서로 또는 어느 한쪽에 피해나 긴장을 야기하지 않고는 만나지를 못한다.……이제 동양은 다시 올라갈 징조를 보이기 시작했다. 동양이 위로 올라가는 동안에 운명의 수레바퀴가 돌아 서양을 밑으로 끌고 내려가서 과거처럼 인류가 슬픔을 맞지 않기를 빌어야 한다…….[8]

빅토리아 왕조의 미덕

인도, 미얀마, 중국, 말라야, 그리고 이집트는 모두 19세기 동안에 어느 정도 서양화되었고, 어떻게 그것이 이루어졌는지에 대해서는 신랄한 비판들이 일었다. 그러나 사실은 동양인들이 스스로 서양화하기를 원했다. 항상 완전히 독립 상태를 유지했던 일본이나 샴 같은 나라도 그랬다. 20세기 중반에는 자발적인 서양화의 상징들이 옷차림, 손목시계, 만년필, 그리고 자전거였다. 만일 이들이 상징이었다면 실체는 무엇이었을까? 유럽인들이 제공했던 사상 체계는 무엇이었나? 아시아인들은 무엇을 받아들이거나 거절했나?

모방의 대상으로 제시되었던 영국의 생활방식은 네 가지 뚜렷한 전통을 보여준다. 다른 유럽 민족이나 미국은 거의 비슷한 개념의 변형된 형태를 제공했다. 이런 전통의 가장 오래된 첫 번째 양상은 그리스의 전통이었다. 그 후의 유럽인들은 그 이전과 마찬가지로 가족이나 친족에서 분리된 개인의 역할을 강조했다. 일부일처제라는 그들의 관습은 개인주의를 여자들에게까지도 연장했다. 결혼이 본질적으로 두 개인 사이의 일이었으므로 그들에게는 한 남자의 아내를 부모가 선택한다는 일은 상상도 못할 일이었다. 영국인들의 경우에는 그들의 성장과정과 기숙사 학교에서의 교육, 식민지 사회에서 숫자가 적었다는 여건, 그리고 주어진 직업이나 직책에서 흔히 드러나는 더욱 심한 고립성 때문에, 그런 가치관은 틀림없이 더욱 강조가 되었을 것이다. 이러한 고립성의 인식은 그들 사이에서 어떤 뚜렷한 신분의 차이도 모두 무너뜨렸다. 위계질서는 엄격했을지 모르겠지만, 주둔지 사회는 같은 한 덩어리였으며, 같은 사람이 행정가나 학자나 군인이나 운동선수나 정치인이기도 해서, 완전한 인간이라는 그리스의 이상으로 단결력은 더욱 강화되었다. 신분이나 계급이 다른 사람들은 학자들의 모임이나 연병장에서 어떤 비공식적인 면에서 동등한 자격으로 만났다. 이런 종류의 단결은 영국인들이 신봉한다고 내세웠던 입법부나 시의회 같은 정치적인 기구의 존재를 가능하게 했다. 이러한 두 가지 차원에서, 그리고 민주주의를 조금쯤 내세우며 영국인들은 여론으로 움직이는 정부를 운영했다. 관리들은 통치할 권한을 부여받았지만 자신이 취하는 행동을 설명해야 할 의무도 부담했다. 투표 절차보다 더 중요했던 점은 상인이라고 해도 행정장관이나 지원병으로서도 할 바를 다 해야 한다는 공공생활에 대한 그리스의 사상이었다.

공공생활에서 (가족이 아니라) 개인의 활동무대라는 아고라廣場와 스토아柱廊의 개념을 영국인들이 전래했다고 해도, 그들은 나아가서 체육관과 경기장도 소개하고 싶어 했다. 체육에 대한 그리스의 개념을 전적으로 지지하면서 영국인들은 그들이 열광하는 축구,

크리켓, 하키, 정구, 골프 같은 단체 경기도 널리 알렸다. 체육관은 요트 모임이나 시내에서 만나는 회관, 사교회관이 되었으며, 지적인 활동은 왕립 아시아 협회로 넘어갔다. 협회의 예술적 취향은 길버트와 설리반의 경가극(William Schwenck Gilbert와 Arthur Seymour Sullivan이 공동 작업을 한 희가극으로서 《미카도》도 포함됨-옮긴이)을 해마다 공연하는 정도로 국한되었다. 그리스인들과 마찬가지로 영국인들은 아시아 사람들을 회관에 손님으로나마 초대하기를 꺼렸고, 그들을 회원으로 받아들일 용의는 더더구나 없었다. 혼혈 결혼이 금지된 사람들과 긴밀한 사교적 관계를 유지한다는 분명한 어려움도 부담스러웠지만, 아시아인들의 끈끈한 가족관계는 더욱 큰 문제였다. 중국 여자와 결혼하는 유럽 사람은 중국의 한 가족과 결혼한 듯싶은 놀라운 경험을 하게 되듯이, 아시아 사람을 가입시킨 친목회는 마치 한 부족部族을 몽땅 받아들이는 셈이 된다. 친목회는 회원들을 개인으로 상대하지만, 아시아의 관습은 친족 집단을 한꺼번에 상대한다. 그래서 일반적인 친목회는 저마다 정도의 차이는 있어도 배타적인 성격을 갖게 되었으며, 아시아나 유라시아 사람들의 어떤 단체들은 그 본보기를 따랐다. 친목회 이외에도 어디에나 경기장이 있었다. 영국인들의 손을 거치면서 이것은 경마장, 축구장, 크리켓 경기장, 폴로 클럽이 되었다. 운동경기 관람은 서로 다른 민족들이 같이 했지만, 관람석까지 같지는 않았다. 유럽 사람들과 아시아 사람들이 대결하여 겨루는 운동경기도 나타났다.

영국인들은 극장을 소개하려는 시도에서 크게 성공을 거둔 적이 없었다. 그런 면에서는 그들이 별로 열성을 보이지 않았으며, 아시아의 백성들은 일반적으로 현대 연극이 효과를 얻기 위해 구사하는 대화를 쉽게 따라갈 만큼 서양화하지를 못했다. 극장이 마련되었던 아시아의 도시들은 많았지만, 그 규모는 항상 대단치가 않았다. 영국인들이 솜씨를 보인 분야는 아리스토파네스에서 시작하여 루키아노스Loukianos를 거쳐 전해진 해학의 전통이었다. 그것은 초서가 16세기에 전개되리라고 예견했었던 현상이지만, 토마스 호비 경Thomas Hoby이 1561년 카스틸리오니Baldassare Castiglione의 작품을 번역하면서 처음 설명했고, 셰익스피어의 손을 통해서 그리고 1613년에는 보몬트와 플레처가 처음으로 선을 보인 기법이었다. 영국인들은 지극히 제국주의적이면서도 약간의 웃음을 곁들이는 여유를 부릴 줄 알았다. 그들은 때때로 무자비하기도 했지만, 그들 나름대로의 그리스 균형감각이라고 할 수 있는 해학 감각은 스스로 생각하기에도 비인간적일 뿐 아니라 비논리적인 잔혹함의 굴레에서 그들을 가끔 구해주었다.

그리스에서 물려받은 그들의 유산에는 영국인들이 로마에서 끌어온 모든 요소들이 첨가되었다. 이 분야에서 첫손을 꼽아야 할 특성은, 그들이 믿었을지도 모르는 어떤 종교적 신념과는 관계가 없는 강렬한 책임의식이다. 애국심, 충성심, 정절에 대한 그들의 기준은 비교적 높았으며 그들은 두뇌보다는 인격을 신뢰했다. 의무감과 더불어 그들은 법을 존중하는 로마의 정신을 이어받았다. 이론적으로 그리고 흔히 실제로 그들은 통치를 법의 시행과 절차의 관점에서 받아들였다. 그들은 군인을 열등하다고 취급해서가 아니라 그들의 책임 한계를 법으로 규정함으로써 군사력을 문민정부

밑에 묶어두는 데 특히 성공적이었다. 영국인들은 그들이 겉으로 드러낸 바와는 달리 훨씬 군사적인 기질이 강했으며, 장교들은 민간인 옷을 더 좋아했어도 군대는 정치에 끼어들지 않았고, 그들이 떠난 자리에는 비정치적인 군대가 남았다. 로마인들처럼 그들은 건설과 위생에 현실적인 관심을 나타냈다. 실질적인 결과를 본다면, 가장 중요한 관리직은 도시 건설이나 보건 담당자들에게로 돌아갔다. 그들은 사망률을 감소시키고 출생률을 높여서, 결국은 세계의 인구에 관한 기본적인 문제를 야기했다. 종교나 정치의 이상에 대해 항상 회의를 느꼈던 영국인들은 그들이 옳다고 확신했던 분야인 위생학이나 하수도 얘기를 더 즐겨 했다.

로마에서 기원했고 미국이 완성한 그들의 마지막 산물은 현대판 격투기장이라고 해야 할 영화였다. 연극의 결점이었던 언어의 어려움이 적었던 영화는 대규모적인 폭력에서 호소력을 찾았다. 따라서 아시아의 극장에서는 지혜와 재치를 최소한으로 동원한 영화라야 장사가 잘 되었다. 처음에는 검투사들과 사자들이 모두 등장하는 투기장 자체를 보여주는 대작 성서물이나 초기의 기독교 공포영화가 인기를 누렸다. 다음에는 사실상 말이라고는 한 마디도 하지 않는 '유인원 타잔'이 등장하는 영화들이 나왔다. 약간 인기가 떨어지기는 했는지 모르겠지만, 최소의 경비로 대량 생산이 된 '서부극'도 나타났다. 서부영화는 정상적인 시각으로 보면 유치한 수준의 오락 형태로서, 인디언들과 싸우는 목동들이 섬기던 서부의 이상들을 제시함으로써, 미국을 반대하는 선전에 이용되기 십상인 내용을 담았다. 이 주제를 변화시켜서 같은 얘기들이 다른 지역을 배경으로 삼아서 또는 다른 시대의 의상을 걸치고 반복된다. 이런 계열의 지적인 잔치에 마지막으로 등장한 것이 폭력배들과 악당들, 강도질과 살인을 다루는 영화다. 폭력영화는 말 대신에 자동차를, 목동 대신에 경찰관을 등장시키고, 턱을 후려갈기거나 가슴에 총알을 박아 주면 한방에 만사가 해결되는 도시판 '서부극'이다. 이렇게 네 가지로 구분되는 영화들은 수단과 방법을 가리지 않는 레슬링처럼 로마 유산의 비문화적인 양상을 보여 준다.

이런 로마의 전통에 영국인들은 중세에 동양에서 배운 모든 것들을 다시 중첩시켰다. 기독교를 통해 그들은 유대인들에게서 '선택된 민족'이라는 개념을 받아들였다. 이 시각은 영국 제국주의의 마지막 단계(1886년~1905년), 즉 조셉 체임벌린과 세실 로즈, 크로머 경, 밀너 경과 커즌 경의 시대에 나타났다. 제국의 운명과 사명이라는 개념은 실리Sir John Robert Seeley에서 시작되어 부칸Sir John Buchan에 이르기까지, 많은 문학작품에 반영되었다. 빅토리아 여왕의 즉위 60년제는 아마도 제국주의의 절정을 상징했을 터이고, 그 선지자의 역할은 1885년 인도에서 문학 활동을 시작한 러디아드 키플링에게 떨어졌다. 그는 얼마 동안 미국에 살면서 민주주의와 무능함이 불가분의 관계라는 결론에 이르렀다. 널리 여행을 하고 계속해서 글을 쓰면서 그는 법과 질서, 의무, 억제, 복종, 기강의 복음을 전파했다. "우리 조상들이 예로부터 섬겼던 하나님, 멀고 끝없는 우리 싸움터의 하느님"이라고 그는 1897년에 썼다. 1899년이 되자 그는 '백인이 짊어져야 할 짐'에 대해서 썼으며, 근본적으로 같은 시각을 지녔던 조셉 체임벌린은 1895년 식민지 총괄 국무장관으로서,

"영국 민족은 여태껏 세상을 다스렸던 종족들 가운데 가장 위대하다"고 주장했다. 타인들의 복지에 대한 책임을 확고하게 떠맡겠다는 그들의 태도 배후에는 그들 나름대로 해석한 신교 형태의 기독교 교리가 뒷받침을 했다. 아시아에서 통치할 권리가 그들에게 있느냐는 어떤 의혹을 제기하더라도 영국인은 한 마디 말로 단호하게 입을 막아버렸다. 원주민들은 누가 뭐라고 해도 '이교도'들이었다.

하나님이 기독교 편에 서야 한다는 것은 물론 동양의 사상이었다. 그와 함께 동양에서 기원한 다른 개념들도 따라왔다. 영국인은 같은 민족의 여성에 대한 도덕성의 이론이 엄격했으며, 풍습이 다른 민족들에 대해서는 못마땅한 태도를 보였다. 그들은 술을 대신하는 마약의 사용을 혐오스런 눈으로 보았다. 그들은 아랍인들에게서 중국인들에게는 알려지지 않았던 기사도를 배웠는데, 그것은 여자를 깍듯이 존중해야 하고 포로에게 예절을 제대로 갖춰야 한다는 개념을 포함했다. 그들이 지극히 깊은 관심을 쏟았던 말에 대한 열성적인 배려도 마찬가지로 같은 근원에서 유래했다. 흔히 고통이나 굶주림을 완화시켜주기 위해서 다른 짐승들을 보살펴주려는 열성은, 그와는 대조적으로, 불교에서 기원한다. 1901년부터 1910년 사이 10년 동안, 굶주림으로부터 아이들을 구했던 까닭에 인도의 인구는 19퍼센트가 증가했다. 이런 종류의 업적은 능률적인 행정과 인간적인 정서가 결합하여 이루어졌다. 기억하겠지만, 그리스 사람들이라면 식량이 모자란다고 주장하면서 아이들이 죽게 내버려두었으리라. 동양에서 기원한 또 다른 것으로는, 불교 수도원에서 원형을 찾아볼 수 있는 중세의 체계를 갖춘 기관인 영국

병원이 있다. 동양의 오름세가 마지막 단계였던 기간은 서양에 깊은 자취를 남겼다. 영국인들은 또한 그들이 다스리려고 했던 사람들에게서 무엇인가 배우기를 잊지 않았다.

그들이 자신했던 권위를 뒷받침하기 위해서 해외의 영국인들은 그들이 에이레에서 처음으로 가치를 인식했던 특성들을 발전시켰다. 이들 특성이란 기강, 충성심, 용기, 위험의 인식, 책임의 감수, 거리감을 둔 우월성, 경제적인 면에서의 엄격한 정직성, 의복이나 언행에서의 명확한 일관성, 그리고 필요할 때 총을 쏠 각오였다. 다른 각도에서 본다면, 똑같은 특성들은 오히려 권위에 대한 아첨, 서슴지 않고 거짓말을 하려는 각오, 어리석은 무모함, 잘난 체하는 행동, 속물근성, 관료적 형식주의, 독창성의 기피, 그리고 사소한 반발을 억누르려는 단순한 잔인성으로 받아들여지기도 한다. 분명히 관점에 따라 다분히 좌우되는 속성들이다. 대영제국이라는 실체의 배후에는 어린아이를 조랑말에 태워 살생을 경험시키기, 졸업반 교실에서 반장이 실행하는 체벌, 럭비 경기장에서 부러진 갈비뼈, 장거리 경마로 갈라진 골반, 집에서 열린 파티에서 익히는 몸가짐, 병영에서 내빈 접대의 밤에 박살이 난 가구, 그리고 시를 읽거나 예술에 관심을 보이는 모든 사람에 대한 경멸이 깔려 있었다.

제국의 사명을 수행하는 영국인들의 배후에서, 그리고 다른 식민지 세력들의 배후에서는 또한 서양의 우월한 기술이 버팀목 노릇을 해주었는데, 그것은 순수하게 현대적 발전이었으며 사람들이 흔히 생각하는 것보다 훨씬 최근에 이루어진 발전이었다. 이 문제에 대해서 모리스 진킨은 이렇게 썼다.

1700년경까지는 서양에 대한 동양의 영향력이 동양에 대한 서양의 영
향력보다 의심할 나위 없이 강했다.……2000년 동안 아시아는 주는
편이었고 유럽은 받는 쪽이었다. 유럽은 줄 것이 없었으므로 그것은
당연한 교역의 형태였다. 그러나 다른 면에서 아시아는 제법 얻은 바
가 많았다. 로마의 통상법, 뉴턴의 물리학, 18세기의 화학은 힌두 대
수와 중국의 정치사상에 적지 않은 보답을 해주었다. 나름대로의 업
적에 대해서 아시아가 당연히 느꼈음직한 자부심은, 그들의 나약함이
19세기에 마침내 한꺼번에 드러나기 훨씬 이전에 개화를 반대하는 집
단이 보여준 교만함의 형태로 변질되었다…….[1]

서양의 지적인 공격이 1700년 이후에야 시작되었다는 주장을 뒷
받침할 예가 많이 있다. 그런 주장과는 달리, 서양의 '팽창'은 17세
기에 이루어진 발명의 결과로 기술적인 우월성에 의존하게 될 때까
지 기다리지를 않고, 1500년경부터 시작되었다. 여기에서 기술상의
발달은 팽창의 원인이라기보다는 결과였음이 드러난다. 항해술에서
이루어진 발견들은 위대한 항해에 앞서지 않았고, 오히려 그 뒤를
따랐다. 만일 이것이 사실이라면 1500년부터 증가된 동양에 대한
유럽의 압력은 기술이 아닌 다른 양상에서의 우월성으로 설명이 된
다. 세간에 떠도는 설명들은 제대로 증명이 이루어진 사실 앞에서
무너지고 만다. 조선과 항법, 선박 조종술과 총포 주조라는 면에서
16세기에는 아시아가 실질적인 우위를 차지했었지만, 그래도 유럽
사람들이 인도를 발견했지 중국인들이 유럽을 발견하지는 않았다.
　이 상황을 설명하려고 시도하기에 앞서, 우리는 우선 과학적 발

견이 그 자체로는 실질적인 가치가 거의 없음을 기억해야 한다. 결과를 얻으려면 어떤 발견이라도 그것의 용도를 찾아낼 능력을 갖춘 조직 사회가 필요하다. 그리고 16세기 유럽의 힘은 기술보다는 조직에 훨씬 더 많이 의존했다. 이것은 서양이 지배력을 키우는 수단이었던 무기인 대포와 소화기의 역사에서 특히 분명해진다. 화포의 기원은 캄덴이 이런 글을 썼을 때와 마찬가지로 지금도 분명치가 않다.

> (존 해링턴 경 같은) 어떤 사람들은 총이라는 발명품을 가져오려고 세상에서 가장 멀리 떨어진 중국까지 머나먼 길을 항해했지만, 우리는 거리가 멀어지면 거짓말도 그만큼 늘어난다는 에스파냐 속담을 알고 있다. ……가장 유식한 저술가들은 승려인 버톨더스 스와트가 총을 만들었다고 생각한다.[2]

이것은 박식한 저술가들까지도 이제는 더 이상 확실하게 단언하기 어려운 문제다. 그러나 어떤 사람들은 화약이 중국에서 발명되었을 가능성이 크고, 1260년에 처음 등장했다는 것에 동의한다. 중국의 초기 대포는 1356년으로 거슬러 올라간다. 그런 반면에 1324년 멧츠의 공방전에서 대포가 등장했으며, 1346년에는 영국인들이 크레시에서 그것을 사용했다. 그에 대한 서술은 1326년 이후의 자료에 나타나며, 소화기小火器는 1331년 이후부터 언급이 되었다. 대포와 소화기는 두 가지 다 1340년의 슬뤼스 전투 이후로 영국인들이 사용했다. 헨리 5세는 (1415년) 아르플뢰르를 공략할 때 40파운드,

30파운드, 15파운드짜리 대포를 사용했으며, 윔블던의 묘한 득점 계산 방법은 거기에서 연유한다.

투르크인들은 1453년 콘스탄티노플에서 효과적으로 대포를 사용했으며, 워릭 백작도 밤보로 성에서 1464년에 비슷한 성공을 거두었다. 페르시아인들은 1471년에 베네치아인들에게 화포에 사용할 화약을 요구했고, 구제라트의 어느 왕도 1511년에서 1512년 사이에 이집트에 비슷한 요청을 했다. 1512년에 베네치아의 사절은 영국의 헨리 8세가 "지옥을 정복하기에도 충분할 만큼의 대포를 보유했다"고 총독에게 보고했다. 1523년에 헤센주의 영주 필립은 란트슈툴 성을 하루 사이에 완전히 잿더미로 만들었다. 무굴 황제 바부르는 1526년에 힌두 포병과 대포를 보유했었다. 이런 사실들로 미루어 보아, 대포는 동양이나 서양 어느 한쪽의 독점물이 아니었다는 결론을 얻게 된다. 그것을 가장 효과적으로 사용한 사람들은 투르크인과 영국인들이었다. 1550년에는 투르크의 화포가 최고였고, 네덜란드와 에스파냐가 가장 우수한 소화기를 만들어내던 기간인 1580년경에는 영국이 앞섰었다고 알려졌다. 발명만 가지고 얘기하자면 베이징에서 울위치까지 수많은 지명이 입에 오르지만, 뚜렷하게 앞섰던 나라는 하나도 없었다.

그렇다면 1700년이 되자 왜 그토록 입장이 달라졌을까? 그리고 역시 관계가 있는 얘기지만, 포르투갈 사람들은 어째서 1509년에 이르자 인도양에서 해상권을 장악하게 되었는가? 그에 대한 해답은 지식을 겸비한 군인들이 등장했다는 발전적인 양상에서 분명히 찾게 된다.

대포나 소화기의 발명 자체만으로는 전투를 미처 절반도 좌우하지 못함은 뻔한 사실이다. 충분한 효과를 거두기 위해서는 대포를 설치하고, 돌보고, 닦고, 윤을 내야 한다. 더러워진 포탄은 긁어내고 다시 칠해야 한다. 화약은 건조한 상태에서 보관해야 하고, 화약통은 정기적으로 뒤집어놓아야 된다. 주퇴색(駐退色, 발포할 때 포의 후퇴를 막는 줄-옮긴이)과 색구素具, 탄약 꽂을대, 고정 쐐기는 검사하고 확인해야 한다. 포수들은 정확하고 꼼꼼하게 훈련을 쌓아서, 모든 사람이 자기가 맡은 일을, 그리고는 다른 모든 사람들의 일을 익혀야 한다. 발사의 정확성뿐 아니라 화기대원들의 안전을 위해서 훈련의 정밀성과 속력이 필요하다. 엄격한 일련의 연쇄동작에서 한 가지 실수를 저지르거나, 꽂을대를 제대로 쑤셔 넣지 못하면 대포와 그 밑에 있는 대원들이 변을 당할지도 모른다. 소화기라고 해서 정밀성의 필요성이 크기만큼 줄어들지는 않는다. 보병의 훈련 요령은 나사우의 마우리츠Maurits Van Nassau가 수립했고, 야콥 데 게인이 지은 첫 교본은 1608년에 나왔다. 구식 보병총musket을 장전하고 발사하려면 32가지의 동작과 명령이 필요했다.

셋. 총은 왼쪽 어깨에 대고, 왼쪽 손은 개머리판 위에 얹고, 엄지손가락은 총목에 놓고……잠금쇠는 약간 바깥쪽으로 돌려야 하고, 그러면 개머리판 끝의 밑 부분은 총신의 중간과 평행을 이루며……기타 등등.

넷. 성냥을 왼손에 들어야 하는데 한쪽 끝은 첫째와 둘째 손가락 사이에, 다른 쪽 끝은 마지막 두 손가락 사이에…… 기타 등등.[3]

이런 수칙이 정말로 필요했던가? 안전을 위해서 그것은 필수적이었고 상당히 필요했다. 그리고 훈련의 정밀성은 교본을 거꾸로도 줄줄 외는 장교나 하사관들에 의존했다. 부사관이나 수부장(292쪽 참조) 이상은 글을 깨우쳐야 했다. 장교는 수학 지식이 필요했고, 고위 장교는 가문과 교육, 업적이 훌륭해야 했다. 사실 대부분은 그랬다.

동양에는 중상류층이나 중하류층에 속하는 이들 두 계층의 장교들이 없었다. 인도의 신분제도와 중국의 한문 공부는 학문과 전쟁을 격리시키는 경향이 심했기 때문에 그런 계층을 새로 창조하기도 쉽지가 않았다. 16세기에만 해도 동양과 서양 사이에는 기술상의 간격이 하찮은 정도였고, 흔히 동양 쪽이 우세했다. 달랐던 점은 사회구조여서, 한쪽은 활동적이었고 다른 쪽은 정체되었다. 이런 사회적 활동력이 가동된 결과로, 기술상의 간격은 넓어졌으며, 19세기의 유럽은 동양을 훨씬 앞서버렸다. 그러자 기술상의 발전이 사회구조를 변모시켜서 기술자에게 사회적인 계급을 부여했고, 하급 장교나 부사관들을 계몽할 필요가 생겨났다. 사용하는 무기가 점점 복잡해지자 정비하고 관리하는 기준이 새로이 높아졌으며, 아무 종교도 없던 사람들에게 새 종교가 생겼다. 포병들에게는 대포가 거룩한 대상이어서, 보병이 깃발에 대해서 그러듯이 신앙심을 나타내며 그것을 다루었다. 우상을 숭배한다고 동양 사람들을 비난하면서도 영국인들은 이런 시에서 나타나듯이 그들대로의 우상 숭배를 키워나갔다.

이교도

눈이 멀어 버린 이교도는
나무와 돌을 경배하나니
타인의 어떤 명령에도 복종하지 않고
개인 화기는 아무렇게나 여기저기 버려두는데
그러다 연대가 나타나 이교도를 몰아내니
더럽기만 하고, 지저분하기만 하고
제대로 하는 일이라고는 없으니······.[4]

그리고 러디아드 키플링의 시구는 훈시로 끝을 맺는다.

무기와 몸가짐을 제대로 할지니!

보병 훈련의 원칙은 처음에 에스파냐, 네덜란드, 그리고 스웨덴에서 개발되었다. 그것을 종교로 만드는 일은 영국인들이 맡았다.

이런 면에서 드러난 동양과 서양의 차이는 1511년에도 분명했다. 그해에 알부케르케가 말라카시를 점령했다. 말라야의 수도는 기술상 특별히 뒤진 점은 없었다. 오히려 그곳에서는 안경이 제작되어 1410년에서 1430년 사이에 중국까지 보내기도 했으며, 이것은 이탈리아에서 안경이 처음 나타났던 1300년경보다 별로 뒤지지 않은 시기였다. 그곳은 인도의 조선술과 중국의 지도 제작법이 다 알려져 있어서 기술상의 실험을 하기에는 이상적인 곳이었다. 대포와 소화기로 말하자면, 여기에서도 그것들이 발명되었다고도 할 수 있다. 입으로 불어서 화살을 쏘는 대롱에 그들은 중국에서 온 화약을 사용했으며, 굳이 따지자면 그것은 일종의 공기총이라고 볼 수 있다. 어쨌든 말라야 사람들은 틀림없이 대포를 만들었으니, 포르투갈인들이 오기 이전에 쓰이던 대포 주조기가 파항에서 발견되었기 때문이다. 더구나 포르투갈인들은 점령한 도시에서 수많은 화기를 찾아냈다고 주장했다. 그렇지만 포르투갈인들은 무엇보다도 불어 쏘는 작살 때문에 더 많은 사상자를 냈다. 이런 모든 근거를 고려하면, 우리는 말라야인들에게 대포가 있었지만, 그것을 사용할 '효과적인' 훈련은 없었다는 결론을 비교적 공평하게 내려도 되겠다. 1871년에서 1872년 사이 셀로고르에서 라자 마흐디가 보유했던 대포는 다음과 같았다.

> ……올려놓는 장치가 없었기 때문에 원하는 방향으로 나란히 깔아 놓은 두 개의 통나무 위에 설치하거나, 수레에 실었을 때는 고정된 위치에 등藤으로 엮어놓았다. 마흐디의 부하들은 대포를 발사하기 전에 주변에 모여 서서, 성공적인 결과를 위해 기도를 드리는 풍습이 있었다…….[5]

하지만 포구砲口를 선회시키거나, 포신을 끌어올리거나 후퇴시키지 못하는 대포로 어떤 성공을 기대하겠는가? 포술이 아니라 기도에 의존한다면 아무리 잘 만든 대포라도 소용이 없다. 20세기에도 별로 놀랄 만한 개선은 이루어지지 않았다. 말라야에서 최근에 벌어진 비상사태에서 싱가포르 경찰은 소총으로 무장이 잘된 상태였었다. 몇 년 후에 찾아간 병기 제조인은 그들의 소총 가운데 75퍼센트가 사용이 불가능하다고 밝혔다. 장교들이 안심해도 좋았던 한 가지 이유는 적이 될 만한 자들이 무기에 대해서 훨씬 더 무관심하다는 사실 때문이었다. 제럴드 템플러 장군은 그의 적들을 보안군으로 입대시키기 시작했을 때, 이렇게 경고했다. "항복한 난동분자들이 우리 편으로 넘어오겠다고 하면, 그들은 무기에 대해서는 거의 전혀 아는 바가 없음을 잊지 말라." 그랬기 때문에 많은 경찰관들이 생명을 부지했다. 훌륭한 무기라도 제대로 간수하고 정확히 취급하지 않으면 쓸모가 없다.

화포와 소화기는, 적어도 그것의 적절한 사용은 아시아에서 유럽의 권위를 확립하는 바탕이 되었다. 그러나 화포를 만들어내고 1851년부터 소총을 대량으로 생산한 바로 그 사회 계층은 과학의 촉진을 위해 동원할 수 있었고, 실제로 점점 더 동원되었다.

중국의 수학과 과학이 어째서 어느 한계 이상으로 발전하지 못했는지를 설명하면서 니담 교수는 서양과 대조되는 점을 지적한다.

그렇다면 르네상스 시대의 유럽에서 수학에 바탕을 둔 과학이 어떻게 해서 생겨났는가? 그리고 중국에서는 왜 그렇게 되지 못했는가? 어째서 현대과학이 한 문명에서만 발달되었는지를 밝히기가 어렵다면, 부재不在의 연구가 존재의 이유를 설명하는 데 도움이 되기도 한다. 수학과 과학의 효과적인 통합이라는 문제를 따져본다면 현대과

학이 어떻게 유럽에서 조금이라도 발전을 했는지를 얘기해주는 한 가지 방법이 된다.[6]

니담의 가설적인 제안에 의하면 중국의 유교적 관료주의가 적어도 1368년이 되기까지는 수학자나 과학자에게 기회를 거의 제공하지 않았다고 했다. 장인匠人들은 학문을 배운 학자들로부터 보이지 않는 벽으로 분리되었다. 기술상의 발견을 했다고 해도 장인은 학식의 보상에 해당하는 높은 사회적 지위가 주어지지 않았다. 인도에서의 어떤 발명도 최고 신분을 쥐어주지 못했다. 이런 면에서는 중세사회도 비슷한 편이었다. 건축가, 기사 또는 항해사는 승려들만을 위한 학문의 세계에서, 귀족들만을 위한 권력의 세계에서 밀려났다. 따라서 "학교 교육은 받지도 못하고 책으로 지식을 익히지도 못한" 기술자들의 집단이 15세기에 형성되었다. 그들 가운데 몇몇은 콜럼부스처럼 귀족의 지위를 얻어냈다. 그러나 종교개혁과 더불어 평민들도 학문을 접하게 되었고, 윌리엄 길버트와 프란시스 베이컨처럼 과학적 사고방식을 지닌 학자들을 배출했으며, 1550년에는 유럽 수학이 인도나 중국을 거의 앞지르지 못했어도, 그로부터 1665년 사이에 데카르트와 파스칼에서 뉴턴과 미적분학을 거쳐, 대수학과 십진법과 대수對數와 계산자의 눈부신 발달을 보게 되었다. 의학 방면에서도 사정은 마찬가지였다. 대학 교육을 받은 내과의사와 도제로서 현장 체험을 쌓은 외과의사가 차별 대우를 받고, 둘 다 사회적으로 상류층 진입의 길이 막혀버린 여건이라면, 그런 직업은 장래성이 거의 없다. 내과의사와 외과의사가 다

같이 작위를 받는 자격을 인정받고 한데 뭉친 다음에야 의학의 발전이 시작되었다. 교육을 받은 상인들이 새로운 발명을 그들의 상업에 응용해서 성공하여, 돈으로 귀족계급을 획득하게 된 다음에야 기존의 장벽을 무너뜨릴 배경이 이루어졌다. 17세기 이후로 동양에서 활동하던 유럽인들은 광범위한 실험적인 과학의 지원을 받았는데, 소화기와 대포가 대표적인 예이기는 했지만, 그밖에도 증기 기관과 철도, 보험회사, 전신電信과 수술을 강의하는 강당, 등대, 키니네, 은행도 다양한 도움을 주었다.

유럽의 영향을 상징하는 물건은 시계와 인쇄기였다. 그 자체로서도 중요한 인쇄기는 또한 다른 어떤 발전의 전조이기도 했다. 루이스 멈포드가 관찰한 바에 의하면 다음과 같다.

인쇄술은 처음부터 완전히 기계로 이룬 업적이었다. 거기에서 그치지 않고, 그것은 장차 온갖 재생산의 도구가 되었으니, 그 이유는 인쇄를 한 종이는 군복보다도 먼저 최초로 완전히 획일적으로 반복적으로 제작된 것이었으며, 활자 또한 완전히 표준화된 첫 사례로서 언제라도 교환이 가능한 부품들이었다……[7]

중국과 한국에서 기원했지만, 인쇄술은 서양의 기계시대가 도래하리라는 예시였다. 그러나 시계가 더욱 중요했다. 중세에 발명된 시계는 1675년에 평형 용수철을 갖추었고 1700년쯤에는 널리 사용되었으며, 1759년에는 존 해리슨의 (제4번) 시진의(時辰儀, chronometer, 천문항해술에 사용하는 정밀도가 높은 항해 계기로 시계처럼 생겼음-옮긴이)

가 나왔다. 그것은 정밀 선반旋盤 같은 다른 여러 기계의 발달을 촉
진했다. 그러나 그 외에도 시계는 사람들에게 새로운 정신적인 자
세와 시간관념, 시간의 소중함에 대한 새로운 인식, 발전의 가능성
에 대한 새로운 신념을 불어넣었다. 시계는 정밀성을 도모하는 첫
도구였고, 그래서 앞으로 등장할 다른 여러 가지 도구의 본보기가
되었다. 빅토리아 시대의 행정가는 시계를 앞에 놓거나 손에 들고
통치를 했다. 그는 시간의 의미를 인식하지 못하는 사람들을 못마땅
하게 여겼다. 그는 시간이 자신의 편이고, 시간이 돈임을 알았다.

　빅토리아 여왕이 사망하자 에드워드 8세의 대관식은 1902년의
어느 날로 결정되었다. 초청을 받은 사람들 가운데에는 처음으로
런던을 보게 된 말라야 군주들도 있었다. 그들 가운데 한 사람은
안내를 맡은 휴 클리포드에게 유럽인들이 왜 시간을 소중히 여기
는지를 처음으로 이해하게 되었다고 말했다.

이 나라에서는 하루가 삶으로 충일해서, 만일 어떤 사람이 15분이라
도 어쩌다 뒤지게 되면, 그는 상실한 몇 분의 시간을 다시는 되찾을
수가 없게 된다. 우리들에게는 삶이 산책과 같지만, 이곳에서는 그것
이 마치 악마에게 쫓기는 듯한 뜀박질 같다!

　영국인이 동양에서 지낼 시간은 짧았으며, 얼른 성취하지 않았
다가는 전혀 일을 끝내지 못할 거라고 조바심하는 영국인의 심정
을 말라야인들이 이해하기는 더욱 어려운 일이었다.

백인의 짐을 이어받아라,
평화라는 야만적인 전쟁을.
굶주린 입을 가득 채워주고
질병이 그치게 하라.
그대의 목표가 가까워지고
타인의 목적이 이루어지면
게으름과 이교도의 거짓이
그대의 희망을 지우지 못하게 하라.[8]

발전의 행진

기독교 세계에서 교회의 종이 울리자, 종소리가 알리는 시간은 경과하는 현재 시간과 영원한 시간의 의미를 다 같이 중요하다고 새로이 강조했다. 시간이 지날 때마다 역사의 기록에는 새로운 무엇이 더 첨가되었다. 시간이 흐름에 따라 개인에게는 속죄를 구할 여유가 자꾸만 줄어들었다. 그리고 유럽의 침략자들이 동양에 제시한 갖가지 사상들 가운데에는 과거, 현재, 그리고 미래라는 시간의 개념이 가장 영향력이 컸을지도 모른다. 그것은 부분적으로 시계와 달력, 역사책으로부터 파생되었고, 그리고 또한 부분적으로는 길어진 유럽인의 평균 수명 때문에 생겨났다. 그리고 현대과학의 영향을 분석하면서 우리가 범하는 가장 흔한 오류는 고고학이나 역사학이 화학이나 물리학 못지않게 중요함을 망각한다는 점이다. 어떤 상황에 부딪쳐 우리가 내리는 결정들은 미래에 어떻게 되리라고 우리가 가정하는 바에 의거하는 한편, 미래에 대한 추측은 과거에 대한 우리의 관념에 의해서 좌우된다. 한때 사람들 사이에서 가장 널리 퍼졌던 신넘들 가운데 하나는, 인간이 황금시대(그리스 신화에서 태고 적에 인류가 지복을 누렸던 시대)를 저버렸기 때문에 가장 뜻 깊은 통찰력의 변화가 이루어졌다는 믿음이었다. 그것은 인도·중국·그리스에서 알려진 공통된 전설이었고, 유대인의 에덴동산 애기도 비슷한 내용이다.

그 전설의 힌두 판은, 인간이 옛적에는 신들과 같아서 완전히 고결하고 행복했으며, 고통과 공포로부터 자유로운 몸이었다고 했다. 사티야 유가(Satya Yuga, 세계를 4기로 나눈 가운데서 첫 번째 시대로서, 진지가 최고의 위치를 차지했음—옮긴이)라고 불리던 이 시대는 인간의 마음이 오류로 상처를 받고, 미덕이 탐욕과 욕심, 분노와 죄악으로 바뀌었을 때 끝이 났다. 중국의 황금시대를 노자(B.C.604년 ~B.C.532년)의 추종자이던 공자는 이렇게 서술했다.

완전한 미덕의 시대에는 사람들은 지혜에 아무런 가치도 결부시키지 않았다.……그들은 그것이 올바름임을 의식하지도 않으면서 올바르고 정확하게 행동했으며, 그것이 자비심임을 의식하지 않으면서 서로 사랑했다…….[1]

공자는 당시의 통치자들이 귀감으로 삼아 따라야 할 전설적인 현군賢君들의 지혜를 근본으로 여겼다. 그리스인들도 역시 똑같은 전제조건의 영향을 받아서, 그들의 옛적 영웅들은 신과 같았고, 호메로스의 주인공들이라면 "오늘날 어떤 두 사람을 합쳐도 못 당할 힘으로" 바윗덩이를 거뜬히 집어 들었다. 이런 믿음이 얼마나 보편적이고 진지했었는지는 따져봐야 알 일이지만, 그것은 '발전'이 아무런 역할도 맡지 못하던 사상 풍토를 드러낸다. 선조들이 적어도 그들의 후손들만큼은 현명했었으리라는 추측은 가능하다. 과거의 미덕과 동등한 수준에 이를 가능성은 충분히 있는 일이었다. 위대한 시절은 분명히 과거 속에 존재했다.

이런 사상으로부터 가장 자유스러웠던 사람들은 인도인이었다. 그들은 미래에 기대를 걸었기 때문이라기보다는, 우주적 시간과 상반되는 역사적 시간성을 통째로 거부했기 때문에 그랬다. 에이모리 드 리엥코트의 얘기처럼 "힌두교 신자에게는 오직 불변의 절대성만이 형이상학적 현실"이었고, 그래서 인도에서는 이슬람이 도래할 때까지 역사가를 한 명도 내지 못했다. 중국인들은 역사의식이 보다 깊었지만, 그들이 추구하던 대상은 전개되는 흐름이 아니라, 취사선택을 위한 본보기를 찾으려는 도덕적 교훈이었다. 미래로 처음 눈을 돌린 사람들은 유대인들이었고, 미트라교도들과 마니교도들, 기독교인들이 그 뒤를 따랐다. 현세의 고난은 인간의 노력에 의해서가 아니라, 신의 때늦은 간섭으로 끝이 난다. 기대하는 구원이 독단적이고 개별적인 사건임은 사실이지만, 그것은 가시적인 세계에서 이루어져야 했다. 그런 한계 안에서 그들은 미래를 전망했고, 적어도 그들 자신만을 위해서나마 사태가 굉장히 좋아질 때를 내다보았다. 그런 범위 안에서 기독교인들과 무슬림교도들의 자세는 혁명적이면서 서로 유사했다. 그러나 중세 기독교인들이 발전에 대한 사상을 많이 전개했다고는 말하기 어렵다. 그들은 교회의 성직자들에게서 가야 할 길에 대한 안내를, 그리고 사도들에게서 영감을 구했다. 그리스도의 재림이라는 사상을 받아들이면서, 그들은 어떤 면에서라도 세상이 개선되리라는 가능성을 어떤 다른 방식으로도 따져보려고 하지 않았다.

14세기부터 중세의 사고방식이 달라지기 시작했다. 초기 교회의 장점을 바탕으로 삼아 발전을 이룩하기는 가능하지 않을 듯싶었지만, 로마와 그리스가 이룩했던 문화의 수준을 되찾기는 아마도 가능했으리라. 그 수준은 분명히 되찾았고, 1500년경에는 어떤 면에서 능가하기까지 했다. 이쯤 되자 역사를 계시의 과정으로 이해하고, 어쩌면 신의 지혜를 전하는 계시로, 또는 인간의 업적을 가늠하는 척도로 파악하기가 가능해졌다. 만일 역사가 그렇게 발전적이어서 과거에 대한 현재의 우월성을 제시했다면, 미래가 다시 현재보다 우월할지도 모른다는 결론은 논리적이었으리라. 그리고 세상이 그렇게 변천하고 있음을 인정한다면, 미래의 변화가 어떠한 형태로 이루어지겠으며, 미래의 변화를 미리 설계하여 보완하거나 촉진시키는 가능성도 있지 않을까 추측한다는 행위는 당연하게 여겨졌으리라. 이러한 사상의 직접적인 결과로, 현대 서양세계의 독특한 문학형태인 《유토피아》나 그와 유사한 저서들이 나타났다. 토마스 모어는 물론 발견의 시대로부터, 그리고 여러 민족이 저마다 아주 다른 방법으로 살아가는지도 모른다는 지식으로부터 자극을 받았다. 그러나 그는 미래에 대한 르네상스 사상을 표본으로 삼으면서 동시에 그 사상에 영향을 주기도 했다. 이제는 역사가 발전을 얘기하는 설화이며, 더 훌륭한 시대가 앞으로 오리라고 믿을 수 있게 되었다.

여기에서는 유토피아 문학의 내용 자체보다 그것이 모두 1516년과 1905년 사이에 출판되었다는 사실이 더 중요하다. 《유토피아》

에 뒤이어서 1627년에는 《그리스도의 도시》와 1637년 캄파넬라의 《태양의 도시》가 발표되었다. 18세기가 남긴 두 가지 중요한 저서로는 루이 세바스티엥 메르시에의 《2500년의 회고록》(1772년)과 토마스 스펜스의 《스펜스나라 탐방》(1795년)이 손꼽힌다. 그러나 미래를 지향하는 책들의 대부분은 19세기에 선을 보였다. 우리는 진보적인 사상의 추이를 F. M. 샤를 푸리에에서 에티엔 카베까지, 제임스 실크 버킹엄에서 E. 불워 리튼까지 추적할 수가 있다. 로버트 펨버튼의 《행복한 나라》(1854년)에 뒤이어, 거의 유일한 독일의 유토피아를 그린 1889년의 《자유의 땅》을 거쳐서, 윌리엄 모리스의 《유토피아에서 온 소식》(1890년)도 나타났다. 20세기에는 에밀 티리온의 《새로운 국토》(1901년), 테오도르 헤르츨의 《알트누랜드》(1903년), 가브리엘 타르드의 《지하 인간》, 그리고 (특집 총서를 완결시키는 듯한) H. G. 웰스의 《현대 유토피아》(1905년)가 세상에 나왔다. 어느 정도나마 실현된 유일한 꿈은 렛치워스 같은 전원도시를 예시한 에버니저 하워드의 《내일의 전원도시》(1902년)뿐이었다. 전체적인 흐름은 H. G. 웰스에서 사실상 끝이 나고, 그 이후에 나타난 미약한 시도는 올더스 헉슬리의 《멋진 신세계》(1932년)와 조지 오웰의 《1984년》(1949년) 정도다.

따라서 유럽 팽창의 모든 기간 동안에 세상을 개선하고, 어떤 유토피아적인 목표로 나아가려는 신념은 허공으로 사라졌다. 발전의 이름으로 무엇이라도 할 수가 있었으며, 사람들은 그렇게 했다. 발전하는 기술의 혜택 이외에도 유럽인은 진보를 추구하는 장점을 갖추었다. 상대적인 무지 이외에도, 동양인은 운명론과 무관심의 잘못을 저질렀다. 그것을 모두 고쳐보려는 일이 영국인의 사명이었다. 그러나 과거에 제국을 건설하던 자들이 짧은 기간의 지배만 기대했던 반면에, 나중의 제국주의자들은 그들의 역할이 사실상 영구하다고 생각했다. 과거의 제국주의를 상징하는 유형의 본보기로 우리는 싱가포르를 건립한 스탬포드 래플스를 들어도 되겠다. 그때까지는 상상도 못했던 영령 말라야의 기초가 된 도시, 최근에 세운 도시를 위해 계획한 대학에 대해서 그는 1822년에 이렇게 말했다.

만일 통상이 우리 해안으로 부를 가져다준다면, 그것을 가장 숭고한 목적에 쓰도록 우리들에게 가르쳐주는 것은 문학과 박애주의 정신이다. 이것이 영국으로 하여금 다른 민족들과 함께 발전하고, 모든 사람들에게 축복을 나누어줄 강한 힘을 얻게 한다. 만일 제국이 사라질 때가 된다면 거두어들인 승리가 공허한 이름밖에 남지 않은 다음에도, 이런 미덕의 기념비들은 그대로 남는다. 빛의 글자로 써놓은 영국이라는 이름이 그때까지도 자랑스럽게 여겨져야 하고, 폐허를 몰고 온 태풍의 궤적으로 영국이 기억되게 하지 말아야 하며, 잠든 지성의 씨앗을 다시 살려 피어나게 하는 봄바람이 되게 하라……[2]

이것은 그가 이제 막 이루어놓은 통치의 종말을 예견한 훌륭한 사람의 말이었다. 이것을 나중에, 세계에서 같은 장소에 업적을 남긴 다른 훌륭한 사람의 말과 비교해보자. 프레더릭 웰드 경은 1880년에 이렇게 썼다.

사람들에게 스스로 다스리도록 가르치려면, 그들에게 그들 자신의 자질을 돌려주어야 한다. 우리는 불가피하게 그와 정반대로 한다. 더구나 나는 아시아인들이 스스로 통치할 능력을 배우게 될 날이 언젠가는 오려는지 그것이 의심스러운데, 그것은 그들 종족의 천재성이나, 그들의 과거 역사에 대해서 우리가 알고 있는 바나, 그들의 종교적 체제가 빚어낸 경향에 역행하기 때문이다. 그들에게는 온화하고 공정한 전체주의가 알맞으며, 우리는 바로 그것을 그들에게 제공할 수가 있다.[3]

이런 대조적인 견해는 성격이 아니라 시대에 기인한다. 19세기가 흘러감에 따라 유럽의 우세함이 연장되었다. 군사, 해상, 기술, 의학, 산업에서 아시아인들은 점점 더 뒤로 처졌다. 래플스는 말라야인들이 스스로 통치하리라는 가능성을 보았으며, 그는 그들이 그렇게 하는 실례를 확인했다. 그리고 그는 그들에 비해서 기술상 크게 앞서지도 못했다고 판단했다. 그와는 대조적으로 웰드의 우월감은 대단했다. 어떤 상황이 벌어졌었는지를 마나트 C. 말리크가 잘 설명한다.

우호적인 유럽 사람들조차도 인도인의 천성과 행동에서 남자다움이 결여되었다고 통탄한다. 수백 년에 걸쳐서 종교적·정신적·정치적 스승들의 강압, 그리고 기를 꺾어놓는 사회적 환경을 겪고 난 다음에도, 아직 남성적인 면모가 사라지지 않았다면 그것이 오히려 이상한 일이었고, 특히 개인들이 그런 기미를 보였다면 부모와, 스승과, 정

신적 지도자들과, 정치적 통치자들이 건방지고 불손하다며 억누르고
말았으리라…….[4]

인도에서 벌어지던 현상은 어디에서나 벌어졌다. 사람들은 외국
의 지배에 적응했다. 그러니까 말라야 사람들이 무기력하게 그냥
꼼짝도 하지 않았다는 결론은 무척 틀린 얘기다. 그들은 와해되어
서, 장사를 못하고 해적질을 했으며, 명예를 잃고 아편이나 피우게
되었다. 인도인이나 중국인들처럼, 그들도 스스로 열등하고 무능
하다고 느꼈다. 그리고 그들의 통치 능력에 대한 웰드의 회의적인
편견은 부분적으로 그의 생각에는 통치 자체가 훨씬 복잡해졌다는
사실에서 기인했다. 이제는 질서만 지킴으로써 끝날 일이 아니었
다. 그것은 농업 분야의 실험과 화폐 개혁, 접안 시설과 위생 규칙
들을 포함했다. 아시아의 통치 능력에 대한 얘기를 할 때 웰드는
그의 세대를 대변한 셈이었다.

거의 같은 세대를 대변한 인물로는 1887년에서 1888년 사이에,
그리고 다시 1892년에서 1893년 사이에 널리 여행을 했으며, 국회
의원이었고 훗날 외교관으로 활동하게 될 은퇴한 총독 조지 나다
니엘 커즌이 있었다. 관찰력이 뛰어나고, 학식이 많고, 지극히 유
능했던 커즌은 남들처럼 서투른 실수는 하지 않았다. 영국의 세력
이 더욱 증가할 것이며, 대영제국은 "은총을 받아 세계에서 가장
위대한 선행을 앞장서서 행하리라"고 믿으면서도, 그는 다음 구절
에서 잘 나타나듯이, 동양을 과소평가하지는 않았다.

아시아에서 우리는 (인간의 이성이 가장 정신적이고 세련된 형태로 표현된) 무슬림의 건축과, 중국의 도자기와, 페르시아와 로도스와 다마스쿠스의 파양스(faience, 고급 채색을 하고 광택이 나는 도자기-옮긴이)와, 무한히 독창적인 일본의 미술을 접했다. 그곳에서 가장 놀라운 도시인 바빌론과, 가장 웅장한 궁전들이 들어선 페르세폴리스와, 가장 거룩한 사찰인 앙코르와트와, 가장 아름다운 무덤인 타지마할이 태어났다……[5]

이런 사실을 모두 인정하고, 아시아의 국가들이 서로 다름을 인정하면서, 커즌은 다른 수많은 저술가들과는 달리 우리가 말하는 '동양적Oriental' 이라는 말을 정의하려고 노력했다. 이것이 그가 터득한 바이다.

……성격에서는 진리에 일반적으로 무관심하고, 성공을 위한 책략에 능하고, 품행은 위엄을 보이고, 사회적으로는 가족의 유대를 엄격히 지키고, 정부에게는 말없이 순종하며 지배를 받고, 행정과 법에서는 행정가들과 재판관들이 공공연히 타락했고, 일상생활에서는 무감각하고 한없는 참을성을 보여, 시간에는 아무런 가치도 부여하지 않고, 서두르는 일이 절대로 없다.

이러한 특성과 습성의 견고한 혼합체 그리고 우리가 문명이라고 일컫는 유연하고 암시적인 힘 사이에서 이루어지는 충격은 필자가 여러 나라에서 검토하기로 결심한 바 있으며, 그리고 필자의 생각에는 다른 어떤 인간의 관심사도 능가하는 현상이다.[6]

무척 흥미 있는 이런 언급들을 검토하면서, 우리는 우선 문명이 커존에게는 특별한 의미를 가진 개념임을 염두에 두어야 한다. 래플스는 중국·인도·말라야 사람들이 문명화했음을 알 수 있었으며, 평범한 의미에서 그들은 사실 그랬다. 그러나 커존은, 현명한 나그네라면 낯선 대상을 보고 열등하거나 저열하다고 여기는 실수를 범하지 말아야 한다고 말하면서도, '문명'이라는 어휘를 서양에만 적용했다. 다음에 우리는 그가 동양의 여러 국가들 사이의 차이점을 잘 이해하면서도, 그들 모두에게 공통되는 어떤 구체적인 특성들을 낱낱이 지적했음을 알게 된다. 그는 동양인들이 가족의 유대로 인하여 덜 개인주의적인 특성을 갖게 되었다고 이해했다. 그러나 그는 거짓, 간사함, 위엄, 부패, 끈기, 그리고 권위에 묵종 따위의 성품들도 열거했다. 하지만 그는 이런 요소들이 동양 특유의 성품이 아니었음을 의식하지 못했다. 이것들은 다만 그들 위에 군림하는 외국 문명에 대한 열등감에서 생겨난 습성들이었다. 빅토리아 시대 영국인들의 오류는 그들의 눈앞에서 벌어지던 동양의 붕괴를 보지 못하면서, 변함없는 동양에 대한 얘기를 했다는 점이다. 인도나 중국 사람들에게서 커존이 발견한 성품들은 중세 유럽에서 흔히 찾아볼 수 있는 특성들과 사뭇 비슷했다. 중세시대의 사람들은 습관적으로 거짓말을 일삼아서, 법정의 증인이 먼저 선서를 한 다음에 증거를 제시하도록 한 우리의 풍습도 거기에서 연유한다. 시골 사람들에게는 가난한 천민의 꾀가 늘 필요했었다. 승려와 법률가들, 의사와 선생들, 그들에게는 모두 우리가 무지와 연결지어 생각하는 그런 방어를 위한 위엄이 필요했다. 영주들과 간신들은 부패했지만, 대부분의 사람들이 보여주는 인내심과 어리석은 복종에서 흔히 덕을 입었다. 이런 속성들은 쇠퇴해가는 문명으로 인해서, 과거가 훨씬 좋았다는 인식에서, 지금도 다른 곳에서는 살기가 훨씬 좋으리라는 신념에서 생겨났다.

우리는 커즌의 관찰이 그의 이해력보다는 훌륭했으리라고 결론을 내려도 되겠지만, 적어도 그의 관찰이 얼마나 훌륭했었는지는 알아둘 필요가 있다. 그는 "이슬람의 집요하고 무자비한 마수"를 "미신과 부패로 찌든 인도의 온순한 신앙"과 대비시키고는, 둘 다 "중국에서 종교라고 일컫는 윤리학과 귀신숭배"와 비슷하다고 비유했다. 그는 또한 "너무 놀라워서 파악을 하기가 힘들고, 너무 사나워서 묵인을 하기가 힘들고, 너무 흡수력이 강해서 피하기가 힘든 고통스러운 사건이 벌어지는 요지경"인 베이징의 도시생활을 "모든 것이 은밀하고, 장막에 가리우고, 밀폐된" 듯한 '금단의 도시'(紫禁城, the Forbidden City)와 비교할 관찰력도 갖추었다. 그는 중국인에 대해서 어느 정도의 존경심을 나타냈다.

검소하고, 강인하고, 굴복할 줄 모르고, 불친절한 인종으로서, 외부로부터의 모든 간섭을 반대하고, 자만심이 강하며 융통성이 없는 국민성으로 인해서 심술궂게 저항하고, 종교적 율법이나 도덕적 규범은 믿어지지 않을 만큼 엄격하고 부담스러우며, 오랜 세월 동안 변함이 없는 통치체제를 지켜왔고, 그러면서도 고고하고 압도적인 오만함으로 체면을 유지한다.[7]

그는 중국의 부패를 이렇게 진단하면서, 무엇이 중국의 회복을 저해했는지를 더욱 구체적으로 따진다.

그 대답은 이스탄불에서부터 베이징에 이르기까지, 동양 국가라면 어디에서나 뱀이 기어간 자국처럼 뚜렷하게 남은, 태고 적부터 전해 내려오는 저주에서 찾아야 하는데, 독단적이고, 이기적이고, 안하무인이고, 부패한 관료체제의 혼탁한 악몽이 원인이었다. 정부는 모든 것이며 개인은 아무것도 아니라고 믿도록 훈련을 받은 마음속에는 개인의 능력에 대한 불신이 뿌리를 내렸다…….[8]

따라서 중국이 가장 자랑스럽게 여기는 체제인 관료주의는, 현실적으로 중국의 거대한 약점의 원천이었다. 오랜 세월 동안 변하지 않은 제도에 따라 교육을 받고, 무의미하고 실용성이 없는 교훈으로만 머릿속이 가득 차고, 그의 직책에 따른 격식을 기계적으로 갖추고 노예 같은 정확성을 보이며 업무를 실행하고, 황당한 미신과 무속의 제물이 되었으면서도, 인간으로서는 상상도 못할 정도의 자부심으로 교만해지고, 부족한 보수를 받고, 그래서 횡령이나 약탈을 해야만 했던 고위 관리계층이 중국의 가장 나쁜 적이었다. 모든 개인의 창의력은 관료의 압력에 밀려나 말살되고, 모든 민중 정신은 관료들의 탐욕 때문에 사라졌다. 어떤 계층에 속해 있거나 간에 관리가 되려는 야망을 누구나 품었고, 또 그것이 가능했으므로, 제대로 항의를 할 만한 마땅한 대상조차 그들에게는 없었다. 백성들 사이에서 뽑은 지배층은 하나같이 현상 유지에만 관심을 쏟았다. 변화의 편에 흔히 가담한 자들은, 그러니까 학자나 학생층은 그들이 짓밟히고 무시를 당하는 러시아에서와는 달리, 그리고 야심을 만족시킬 터전이 부족하다고 불평을 하게 되는 인도에서와도 달리, 이미 그들 수준의 실력에 알맞은 권력의 열쇠를 쥐고 있기에, 중국에서는 어느 다른 계층보다도 더 반동적이다. 그토록 완고하고 그토록 허식적인 사람들이어서, 사회의 하층을 이룬 사람들은 지도자들이 나아가기를 거절하는 곳으로 나아갔으리라는 경향을 조금이나마 보였다고는 생각하기가 어렵다. 그들은 다 같이 정체(停滯)에서 매혹을 느낀다.[9]

커존은 러시아의 투르키스탄에 대한 중국의 침략 가능성을 전혀 보지 못했으므로, 예언자로서의 소질은 그의 관찰력만큼 뛰어나지는 못했다.

……중국이 티베트를 거쳐 전진하고, 히말라야 산맥을 넘어가서 대영제국으로부터 네팔을 되찾으리라는 생각은 그에 못지않게 환상적이다…….

자유분방한 상상력의 마술까지 동원해도 우리가 추측조차 하지 못할 보다 더 막연한 미래에는, 《국민 생활과 국민성, 그 예언*National Life and Character; A Forecast*》의 저자인 C. H. 피어슨이 말했듯이, 중국 신사들이 파리의 살롱과 펠멜 가의 클럽에 몰려다니고, 경마장의 어느 중국인 후원자가 영국 더비의 우승자를 계체량실로 데리고 들어가며, 그리고 남아돌아가는 여성들의 문제는 적절한 중국 배우자를 찾아내어 함께 교회의 제단 앞에 나타나면 해결이 되는 시대가 포

함될지도 모른다…….[10]

여러 면에서 C. H. 피어슨이 얘기하던 막연한 미래는 커존 경의 상상보다는 빨리 도래한 듯 보이기도 한다. 그러나 커존의 역사 감각은 그의 선견지명보다 훌륭하지는 못했으니, 그는 자신의 관찰이 지닌 보다 광범위한 의미를 깨닫지 못했었다. 1893년의 부패한 중국에 대해서 그가 한 얘기는 모두 1707년의 부패한 무굴제국, 그리고 마찬가지로 200년경의 부패한 로마제국에도 똑같이 적용이 되는 내용이었다. 자신의 관찰이 한 마디도 빠짐없이 1963년의 영국에 그리고 1993년의 미국에 적용되리라는 사실을 그는 미리 알 길이 없었다. 우리의 현재 입장에서는 그가 단순히 중국뿐 아니라, 부패 상태에 처한 모든 문명세계를 서술했다고 생각함이 더 용이하다. 고고하고 압도적인 오만함이라는 허울까지 완전하게 갖춘, 관료주의가 한 가지 증상이다. 과중한 세금이 또 하나의 증상이고, 도박이 그에 맞서며, 미신이 그 뒤를 잇는다. 커존의 정확한 비판에 중국인 사상가가 이렇게 대답했다면 이상적이었으리라. "누구를 위하여 만종이 울리냐고 묻지를 말라. 그것은 그대를 위해서 울린다."

인도에서 외교관으로 활동하던 시절(1898년~1905년)의 커존 경은 영국 제국주의의 절정을 보여주었다. 그는 정부의 각 부처를 정비하고 농민을 위해서 많은 일을 했다. 그는 고고학과 미술 분야에서 할 바를 다했으며, (1925년의) 고대 인더스 문명의 발견은 그가 시작한 연구의 간접적인 결과로 얻어진 수확이었다. "커존은 예측이 가능한 장래에 인도인들이 스스로 통치할 날이 오리라는 생각은 하지 못했다." 퍼시발 스피어가 지적했다. "그러나 그는 그들을 위해서 자기가 최대한 노력을 해야 한다고 확신했다." 정말로 그는 노력을 했고, 그러는 사이에 그는 영국의 통치를 반대하는 '의회'를 구성했다. "행정부와 새로운 지식층 사이에는 갈라진 틈이 넓고 깊었다." 이것을 읽으면, 커즌 경이 폭군이었으며, 인도의 폭도들을 그의 군대가 마구 베어 죽이고, 인도의 정치인들을 닥치는 대로 감옥에 잡아넣었을 거라고 당연히 의심할지도 모른다. 그러나 그것은 상당히 어긋나는 얘기다. 그는 가장 유능한 행정가들 가운데 하나였으며, 그러면서도 그는 가장 반발을 많이 받은 사람이었다.

어째서 그랬던가? 인간성에 대해서 그가 범한 죄는 무엇이었나? 그의 존재가 죄였으며, 그것을 우리는 이해해야 한다. 그의 비인간성은 그가 인간성을 초월했기 때문에 생겨났는지도 모른다. 여러 해 동안 외국의 통치를 받은 다음에 그들의 문명은 부패했고, 그래서 인도인들에게는 지도력이 없었다. 그들은 지금도 거의 마찬가지다. 20세기가 시작된 이후로, 그들의 견해를 중요시하는 사람은 아무도 없다. 대신에 그들은, 웰드의 표현을 빌면 "공정하고 온화한 전제주의"의 인자한 통치를 받는다. 인도 반란 때처럼 무서운 폭력의 보기 드문 순간들을 거쳤기 때문에 서로 불신의 흔적을 조금씩 남겼다. 그러나 클라이브 시절에 유럽인이 받았던 뇌물 같은 우발적인 사건은 분노나 탐욕에 굴복하는 인간적인 약점이라고 적어도 이해를 할 수는 있었다. 과거의 인내는 나중에 박애주의가 되었다. "나는 백성들에게 혜택이 돌아가도록 모든 계획을 세웁니다." 그 영국인 통치자는 말했다. "남들이야 제멋대로 얘기를 해도 좋습니다만, 내 생각에는 벵골인(이나, 시크인이나, 파탄인)은 굉장히 멋진 친구들입니다!" 그가 다스리던 백성들에게 그는 덧붙여 말했다. "사실 내가 고려해야 하는 어떤 일들이 약간 복잡하기 때문에, 내가 하는 일을 모두 여러분이 이해하지는 못하겠지만, 여러분을 위해서는 무엇이 최선인지를 내가 알고 있음을 여러분은 인식해야만 합니다. 내가 염두에 두고 있는 것은 여러분의 복지입니다." 영국의 관리들은 그들이 내세웠던 바처럼 박애주의자들은 아니었다고 부인하며 비꼬는 사람들도 있으리라. 그들이 자신의 이해관계, 그리고 조국의 이해관계를 위해 봉사했을 뿐이라고 비판자들은 말할 터이고, 많은 사람들은 분명히 그렇게 행동했다. 그러나 그들이 인도를 진실로 사랑했으며, 그리스도나 제러미 벤담(인생의 목적은 최대 다수의 최대 행복을 실현하는 것이라고 주장한 영국의 법학자-옮긴이)의 교훈을 성실하게 따랐다면 어떨까? 만일 그들이, 적어도 몇몇 사람이 틀림없이 그랬듯이, 정말로 배려를 해주었다면 어떨까? 그런 경우라면 그들의 죄는 용서를 받고도 남는다.

이것을 인도의 관점에서 살펴보자. 철도와 기근, 교육과 위생으로 바쁘게 움직이는 외국인 통치자가 한 사람 있다. 그는 해당 지역의 어느 누구보다도 재정과 관개수리, 통상과 법률을 더 많이 안다. 그는 옥스퍼드의 크리켓 선수였고, 지난번 전쟁에서 무공 훈장을 탔다. 그는 정력가이고, 친절하고, 쾌활하고, 유능하고, 그가 다스려야 할 땅을 구석구석 다 통찰한다. "아, 하지만 그분은 인도인들만큼은 이곳 사람들을 이해하지 못하죠!" 만일 이 말을 반박하기 위해, 그의 할아버지와 아버지도 인도에서 근무를 했었으며, 그는 이곳에서 태어났고, 힌두어와 우르두어를 둘 다 유창하게 할 줄 알며, 시크 종교에 대해서 책까지 썼다는 주장을 내놓았다고 가정하자. 여기에 대해서 인도의 비판자는 이렇게 대답을 할지도 모른다. "다 굉장히 좋습니다만, 그분의 동기가 의심스럽군요. 그 사람은 돈을 위해서 일을 하고, 영국에서라면 그렇게 많은 돈을 받지는 못했겠죠." 그러면 최후의 공방전이 뒤따른다. "돈을 위해서요? 이것 보세요, 그 사람은 돈이 필요가 없습니다. 그 사람은 노포크에 저택이 있죠. 사실은 그래서 돈 많은 집 딸하고 결혼을 했답니다. 그는 일을 할 필요가 조금도 없습니다." 이 마지막 사실을 알고 나면 인도인은 극심한 열등감에 사로잡히게 된다. 그는 자기도 그만큼 유능하다고 주장하지를 못한다. 어찌 그럴 수가 있겠는가? 그는 책임을 질 만한 지위를 차지해본 적이 없다. 그는 자기도 마찬가지로 정력가임을 주장하지 못한다. 제한된 음식밖에는 먹지 못하는 그가 어찌 정력적일 수가 있을까? 그는 이 유럽 사람과 자신을 비교할 때, 단 한 가지 면에서라도, 심지어는 원주민에 대한 지식에 대해서도, 심지어는 백성에 대한 자비에서도, 자신이 동등한 자격을 갖추었다고 생각할 근거가 하나도 없다. 그는 영국인을 윗사람으로 대우해야만 했고, 그래서 그는 자신을 미워하게 된다.

위에 서술한 상황은 전부 상상이며 그와 반대되는 예들도 많다. 인도인들이 마음 놓고 경멸할 만큼 무식하고, 술주정뱅이고, 돈 때문에 움직이는 영국인들도 있었다. 서양에 대해서 많은 인도인이 느꼈던 그런 뼈저린 고통은 그들이 겪었던 개인적인 모욕에서, 특히 영국에서라면 그들보다도 훨씬 열등한 자들에게 하인 취급을 받았을 때의 감정에서 근원을 찾을 수가 있다. 영국인들은 그들이 좋아했던 인도인들까지도, 심지어는 그들이 존경하지 않을 수가 없었던 간디에게까지도, 군림하는 말투를 쓰지 않을 도리가 없었다. 그러나 심각한 피해를 끼친 사람들은 교육을 잘 받았고, 유능하고, 점잖은 유럽 사람들이었다는 사실은 부인할 수가 없으니, 그런 사람들은 동양인들에게 할 일을 아무것도 남겨주지 않음으로써 그들의 자존심을 빼앗아버렸다. 모든 뛰어난 영국인들 가운데는 커즌이 이상형이었고, 그의 통치 방식은 마지막으로 남은 가능성이었다. 인도인들은 그를 증오하지 않았고, 그들이 미워했다고 해도 별로 상관은 없었다. 인도 사람들은 자신을 미워했고, 진짜 문제는 거기에서 시작되었다. 그런 감정을 불러일으킨 자는 그것을 해소할 아무런 능력이 없다. 더 친해보려는 그의 노력은 사태를 더욱 악화시키기만 할 터였다. 그의 죄는 그가 하는 행동 자체가 아니라, 일을 수행하는 유능한 방법에서 연유했다. 그의 죄는 그의 존재 자체였다.

식민주의를 비판하는 어떤 학자들은 이런 해석을 영국에 대한 완곡하고 은밀한 두둔이라고 반박하리라. 그들은 동양에서 영국이 자행한 경제적 착취와, 지역 직물산업의 황폐화와, 아편 재배를 지적하리라. 그들은 이해의 부족과 살육, 억압과 불의와 노략질을 얘기하리라. 그러나 그들이 불평하는 평범한 사실들은 터키나 샴처럼 정복된 적이 없었던 여러 나라에서 더욱 두드러졌다는 분명한 사실이 있다. 그리고 유럽 사람들에 대한 반발은 영국이 다스렸던 곳에서가 아니라, 우방이나 친구로서가 아니고서는 영국인들이 그곳에 나타난 적이 없었던 일본에서 가장 심했다. 말라야를 침공하던 일본 군대에 배부된 책자에는 다음과 같은 구절이 나타난다.

최근 일본에서는 영어를 읽을 줄 모르는 사람은 진학도 할 수가 없으며, 일류 호텔이나 기차나 증기선에서는 영어가 널리 쓰여서, 우리들은 아무 생각도 없이 유럽 사람들을 우월하다고 여겼으며, 중국이나 남방 사람들을 경멸하기에 이르렀다.

이것은 제 얼굴에 침 뱉기다. 우리 일본인들은 동양 국민의 하나로서, 오랫동안 중국인이나 인도인과 마찬가지로 열등한 인종으로 간주되었고, 그런 식으로 취급 받았음을 마음에 새기면서, 최선을 다해서 아시아에서 이 서양인들을 물리치고 굴복시켜서, 그들의 교만하고 건방진 태도를 바꿔놓도록 해야 한다.[11]

그렇다면 영국인들이 일본에 어떤 피해를 직접적으로 끼쳤단 말인가? 그들은 1885년의 《미카도》(343쪽 5행 참조)에서 희화적으로 묘사했던 일본인들을 그저 우습다고만 생각했다. 그들은 일본 목판들을 수집했고, 기독교 선교사들을 그곳으로 보냈다. 그들은 일본 해군을 훈련시켰고, 《나비 부인》 공연을 구경했다. 일본으로 하여금 경제와 군사력을 서양화하라고 주장한 사람들은 영국이 아니었다. 일본인들로 하여금 영어를 배우고 여학생들에게 에드워드 시대 뱃사람들의 제복(한때 우리나라에서 '세라복'이라고 알려졌던 옷은 sailor suit의 일본식 표기임-옮긴이)을 입히도록 한 것은 그들이 아니었다. 이 모든 일을 일본인들은 스스로 좋아서 했다. 간디가 젊었던 시절에 신사복을 입고 높은 비단 모자를 썼듯이, 그들은 중산모를 썼다. 그들은 스스로 열등하다고 생각했고, 그들이 느꼈던 대로 열등한 자로서 반발했다. 그러나 그것은 그들이 선택한 입장이었다. 그리고 오모토교(大元教 또는 大本教)의 영향에 힘입어 세계를 정복해야 한다는 운명을 확신하게 된 다음에 그들이 느낀 감정은 영국인이 아니라 그들 자신에 대한 것이었다. 동양이나 서양의 어떤 민족이라도, 한 민족이 이런 자기 증오를 느끼게 되면, 놀랄 만한 폭력을 행사하게 된다. 그런 사람들은 무척 귀찮은 자들이라는 일시적인 평을 듣게 된다.

전환점

현대 역사에서 물결이 어느 지점에서 서양을 향해 밀어닥치기 시작했는가? 물론 그런 시기, 그런 하나의 계기는 따로 없다. 그러나 아직도 끝나지 않은 어떤 운동의 초기 단계를 뜻하는 두 시기가 드러난다. 그리고 그 첫 시기는 유럽 사람들이 그들의 사명에 대해서 자신감을 잃기 시작했다고 규정지을 수 있는 해인 1845년일지도 모른다. 이런 불안정성은 건축에서 처음 나타났으며, 기존 전통과 양식이 갑자기 무너진다는 면모를 보여준다. 18세기 건축의 고전 형식은 19세기로 이어져서, 조지 왕 시대의 양식이 섭정 시대의 양식으로 자리를 물려주고, 그리고 다시 초기 빅토리아 왕조로 넘어갔다. 중국식 정자나 인위적으로 꾸민 '옛터' 따위의 기묘한 것들이 약간 나타나기는 했지만, 별로 관심의 대상이 되지 않았다. 건축가는 흔히 인정된 기초의 한계 안에서만 그의 재능을 발휘할 수가 있었다. 그러나 1845년경 이후로, 기존의 방법들은 효력을 잃기 시작했다. 영국풍 인도의 영향으로, 그곳에 있지도 않은 풍카 부채(327쪽 23행 참조)

를 위한 공간을 따로 마련해야 했어서, 고전적 비율은 사라지고 천장의 높이도 달라졌다. 공식에서 마술은 없어져 버렸고, 건물들은 평범하고 단조로운 여러 형태를 띠었다. 모든 예술적인 영감을 상실해서, 기존의 이탈리아풍 빅토리아파는 고딕풍의 부활을 앞두고 침몰했다.

　기억하겠지만, 그리스와 로마의 전통은 아시아 세계를 경멸하며 맞선 순수한 서양의 탐미적인 이념을 대변했다. 중세 전통은 지혜가 동양에서 유래한다고 솔직히 인정하면서 무언가 상당히 다른 것을 대변했다. 교회들은 동양을 바라보게 되었다. 그들의 교리와 예식은 동양에서 왔다. 그리고 1840년 이후에는 동양이 마지막으로 지배하는 기간이었던 중세로 돌아가려는 운동이 시작되었다. 오거스터스 웰비 퓌진은 1837년 로마 교회에 들어갔고, 그 후로 300년 동안 영국에 세워질 수도원들의 귀감이 될 첫 수도원인 그의 걸작은 1844년에 봉헌되었다. 1840년에 찰스 배리는 현재의 국회 의사당 건축을 고딕 형식으로 시작했다. 1845년에 천주교가 존 헨리 뉴먼을 받아들였고, 그가 시작한 소책자 운동(영국 국교회의 개혁 운동으로 '옥스퍼드 무브먼트Oxford Movement' 라고도 함-옮긴이)의 추종자들을 일단 천주교로 이끌어갔지만, 그들 대부분은 나중에 다시 등을 돌렸다. 러스킨은 1849년에 《건축의 일곱 원칙》을 펴냈다. 1850년경에는 그런 흐름이 상당히 자리를 굳혀서, 국내 건축의 합리적인 기준을 이루었다. 그것은 또한 당연히 독특한 동양적 양식 건축의 유행을 만들어서 인도와 말라야에는 이슬람식 철도 역사驛숙가, 그리고 영국 본토에는 무어인들의 홍예랑虹霓廊과 장터가 들어섰다. 이 시대의 어수선한 분위기 속에서 관심을 거의 끌지 못하면서 〈공산당 선언〉이 1848년에 발간되었다. 그러나 이것 또한 당시 생활로 파고들어 한 부분을 이루었다.

1845년이나 그 무렵에 유럽이 방향감각을 상실함에 따라, 쉽게 짐작이 가겠지만, 아시아의 반란이 시작되었으며, 과거에 어떤 불만들을 품고 있었던지 간에, 반란의 시작은 1850년 이후부터 시작되었다고 봐야 한다. 그것은 중국에서 태평천국의 난이 시작된 해다. 청 왕조에 항거한 이 반란은 선교사와 외국의 간섭도 적으로 삼았다. 반란은 당시 상당히 영향력이 컸던 전도사 '중국인' 고든(영국군 소장 찰스 조지 고든Charles George Gordon의 별칭)이 진압했다. 이것이 겨우 끝나자마자 인도의 반란이 시작되었다.

그러나 인도의 반란에 앞서서 1853년에서 1854년 사이에 페리 제독이 일본을 방문했으며, 이것은 일본의 놀랄 만한 부흥 과정의 전주곡이 되었다. 1868년 메이지明治 유신 시대로부터 도쿠가와 막부幕府의 전복에 이르기까지, 일본인들은 그들의 나라를 서양화하고 산업화했다. 19세기 말에 일본은 세계적으로 손꼽는 강대국이었으며, 아시아에서 그런 명칭을 들었던 유일한 나라였다. 1900년의 북청사변(北淸事變, The Boxer Rising)은 1894년에서 1895년 사이에 이미 일본 침략의 제물이 되었던 중국에도 서양에 대한 반감이 있었음을 보여 준다. 그러나 일본의 이러한 첫 무력 과시는 러시아와의 충돌을 위한 연습에 지나지 않았다. 러시아의 아시아 진출은 만주까지(318쪽 참조) 손을 뻗었다. 러시아 황제에게는 극동에서의 해상권 수립이 퍽 중요했다. 일본으로서는 러시아의 그런 성공이 치명적이었으리라. 선전포고도 없이 일본인들은 1904년에 포트 아더 旅順港를 공격했다. 러시아인들은 그들의 발트 함대를 극동으로 끌어왔다. 러시아 함대는 쓰시마 해협에 도착하자마자 토고東鄕 제독에게 궤멸을 당했다. 이 치명적인 타격에다 포트 아더의 함락과 묵덴(물이, 심양瀋陽의 만주식 옛 이름-옮긴이)에서 맞은 지상전의 패배로, 러시아인들은 평화조약을 맺고, 만주와 한국을 일본의 수중으로 넘겨주었다. 러시아가 재난을 맞은 해는 1905년이었다.

모리스 팔레올로그가 쓴 흥미 있는 저서《전환점, 결정적인 3년, 1904년~1906년》[1]을 보면, 1905년 6월 테오필 델카세가 해임이 되었을 때 제1차 세계대전이 발발할 가능성은 이미 확실해졌다고 했다. 그는 또한 독일의 황제가 니콜라스 2세에게 "신께서 당신으로 하여금 황인종의 위협으로부터 기독교 문명을 수호하고 구세주 십자가의 승리를 태평양까지 펼치라는 사명을 맡겼다"고 하면서 일본과 전쟁을 벌이라고 충동했다고도 말했다.[2] 니콜라스 2세가 꼭 그런 식으로 사태를 파악했었는지 여부는 분명하지가 않다. 그러나 1904년에서 1906년 동안은 확실히 동양과 서양의 관계에서, 특히 영국의 입장에서는 결정적인 시기였다. 영국을 희생시키면서 러시아와 일본이 타협에 이르는 상황을 막아야 한다는 일차적인 목적을 위해, 그리고 또한 독일인들이 해상 함대를 형성했기 때문에, 1902년 1월에 영국은 일본과 동맹을 맺게 되었다. 1898년에 정식으로 발족한 독일 해군은 1903년에 이미 군사력을 인정받았다. 이런 처지여서 영국은 북해에서 독일과 맞서고 극동에서의 영국의 이해관계를 지켜 나가기 위해 두 개의 함대가 필요했다. 그러나 해상력의 양성은 정치적으로 그리고 기술상으로 가능성이 없어서 이루어지지 않았고, 여기에서는 그 상황을 검토해볼 만한 필요성이 있다.

1894년에 출판되었고 앞에서 인용을 했던 저서에서, 조지 나다니엘 커즌은 극동에서 영국의 영향력이 증가하려면 해상권을 유지해야만 한다고 예언했다. 이 조건을 설명하면서, 그는 다음 글을 덧붙였다.

내가 이 조건을 밝히는 까닭은 극동, 즉 싱가포르와 블라디보스톡 사이의 해상에서 활동하는 영국의 해군력이, 프랑스와 러시아의 연합 함대와 비교할 때 안전을 장담할 수준이라고 주장하기가 힘들기 때문이다. 1894년 4월 현재, 극동의 영국 전대戰隊는 1만 1,150톤에 상당하는 2척의 장갑함, 그리고 7척의 순양함과 포함 7척, 어뢰정 6척, 도합 20척의 비철갑 전함으로 구성되었다……. [3]

극동의 다른 두 함대와 비교할 때 상대가 되지 않을 정도로 우월하지는 않았더라도, 당시 프랑스와 러시아의 도합 4척뿐이었던 장갑함과 순양함을 영국 함대는 9척이나 보유했었다. 간단히 얘기하면, 그들의 해군은 상당한 규모였다. 승리한 일본인들이 러시아인들 대신 앞에 나서고, 자국의 공해에서 새로운 함대가 위협으로 대두하던 1905년경에는 입장이 완전히 달라졌다. 그해에 영국의 극동함대가 철수하자, 영국이 관심을 두었던 대상을 일본이 차지하게 되었다. 영국 함대의 뒤를 이을 교체 세력은 끝까지 돌아오지 않았고, 뒤에 남은 진공 상태는 일본과 미국의 영향력 사이에서 경쟁을 촉발시켰다.

논리적으로는 영국인들이 극동함대를 하나 더 조직하는 움직임을 막을 이유가 없었지만, 그런 일을 해냈을 만한 보수파가 1905년 총선거에서 패배했다. 1906년 초에 정권을 잡은 정부는 자유당과 노동당의 연합세력에 의해서 선출이 되었다. 그들의 지도자인 헨리 캠벨 베너만은 신중한 사람이었지만, 그의 장관들 가운데 한 사람인 데이비드 로이드 조지는 과격한 인물이었다. 그리고 1908년 캠벨 베너만이 죽고 에스퀴드가 그 자리를 물려받자 로이드 조지는 재무장관이 되었다. 1909년 예산안을 상정하는 연설에서, 그는 가난과 비참한 삶에 맞서 무자비한 전쟁을 벌이기 위해 새로운 세금들을 징수해야겠다고 촉구했다. 사실상 새로운 소득세였던 특별 부가세와 그보다 훨씬 부담이 큰 상속세로 구성된 이 세금은 무척 중요한 뜻을 지녔다. 혁명적인 드레드노트 호(영국 역사상 최대 전함으로, 독일 미국 일본과의 본격적인 군비 경쟁을 촉발함. H. M. S. Dreadnought라는 이름은 '아무것도 무섭지 않다'는 뜻임-옮긴이)가 1906년에 진수되고, 영국이 지극히 약간 선두에 섰던 군비 경쟁을 개시했던 터여서, 어느 정도 과세의 증가는 불가피하게 여겨졌을지도 모른다. 그러나 그 돈은 해군을 위해서 쓰여지지 않았다. 세금은 군비보다 더 많은 부분이 노인 연금에 사용되었는데, 꽤 많은 액수가 필요하리라고 예상했던 연금은 실행을 해보니 훨씬 더 많은 돈이 들어갔다. 그리고 이 사회주의적인 입법이 지니는 더 중요한 의미는 지금 우리가 다루는 주제에 입각해서 보면 그것이 과거를 지향했다는 점이다. 교육이나 건강을 위해서 돈을 썼더라면, 자라나는 세대에 어떤 도움이 되었을 것이다. 국방력에 사용했더라면, 제1차 세계대전을 막았거나 적어도 전쟁 기간을 단축시켰을지 모른다. 대신에 돈이 쓰인 목적은 훨씬 감상적이어서, 노인들을 돌보자는 것이었다. 추진력이 이완된 나라에서나 그런 주장이 가능했으리라.

긴 안목에서 볼 때, 세금을 올린다는 부담만으로도 영국 제국을 침체시키기에는 충분했다. 복지국가의 안락한 삶은 평범한 사람들의 해외 진출을 막았으리라. 뛰어난 공적에 대한 보답이 줄어들자 제국을 세우겠다는 사람들이나 자본주의자들의 모험을 좌절시켰다. 그리고 이미 인도의 무굴제국이나 로마제국에서 보았듯이 과중한 세금이 치명적인 결과를 가져오기는 했어도, 그것은 실패의 보다 기본적인 원인이 아니라 증상이었다. 영국은 사회복지에 새로운 관심을 보인 유일한 유럽의 국가는 아니었다. 사회주의를 지향한 풍조는 1906년에 사회주의자가 수상이었던 프랑스에서도 마찬가지로 뚜렷했다. 독일의 사회주의자들은 1903년에 라이히슈타그(Reichstag, 독일 의회)에서 81석을 차지했고, 미국에서도 비슷한 운동이 벌어졌다. 그리고 극동으로부터 영국이 철수한 조처도 단순한 해상활동의 현상만은 아니었다. 그것은 인도에서뿐만이 아니라, 훨씬 중요한 의미가 있는 사실이지만 가장 멀리 떨어진 변경지대에서 최근에 새로이 마련한 영토의 식민 정책에도 영향을 주었다. 그리고 여기에서도 우리는 1905년의 얘기로 되돌아가게 된다.

영국이 통제하던 홍콩 같은 고립된 거점이나 상하이에 존재했던 바와 같은 교역 사회와는 현저하게 성격이 다른 훨씬 광활한 영토들 가운데에서 마지막으로 마련한 곳은 말레이 반도였다. 싱가포르, 페낭, 말라카 같은 해협 연안의 정착지들로 이루어진 최초의 변경 식민지들에 말라야의 커다란 부분이 통합되었다. 영국의 보호를 받게 된 초기의 지역들은 1895년에서 1896년 사이에 말라야 연방으로 재편성되었다. 연방의 북쪽에는 샴의 대군주로부터 어느 정도의 통치를 받는 다른 말라야 지역들이 있었다. 다시 그 너머에는 자연적 변경인 크라지협이 위치했다. 이것은 지쳐버린 로마인들이 영국을 북쪽 국경이라고 결정했던 경계선에 비유할 수가 있다. 하찮은 나라 때문에 더 이상 고생을 할 생각이 없었던 로마인들은 서기 122년에 솔웨이만을 경계선으로 정했다. 그곳은 순찰을 하기에 쉬운 장소였지만, 포드와 클라이드 사이를 잇는 더 짧은 선이 있어서 그들은 나중에 다시 경계선을 옮겼다. 섬 전체를 점령하기 직전에 중단했다면 당시에는 그것이 피로의 증상이었다고 여겨졌을지도 모른다. 그러나 스카보로와 화이트헤이븐 사이에 병력을 배치하고도 사냥을 취소했다면, 그것은 몰락의 증상이었다. 그리고 말라야 반도에서 벌어진 사태는 그와 비슷한 상황이었다. 반도의 목 부분은 테나세림 지역의 남쪽 변경에서 가장 좁은 지역에 다다른다. 아마도 가장 짧은 거리는 북위 10도 선상에 있었겠지만, 보다 자연스러운 선은 팍 찬과 친포훈 두 강을 연결하는 지역이었다. 1874년경에 영국인들은 이 자연적인 경계선을 향해서 이동하기 시작했다.

영국 제국을 건설한 인물들 가운데 최근의 천재는 1871년 이래 팽창을 위한 거의 모든 일에 손을 댔던 프랭크 스웨텐함이 있다.

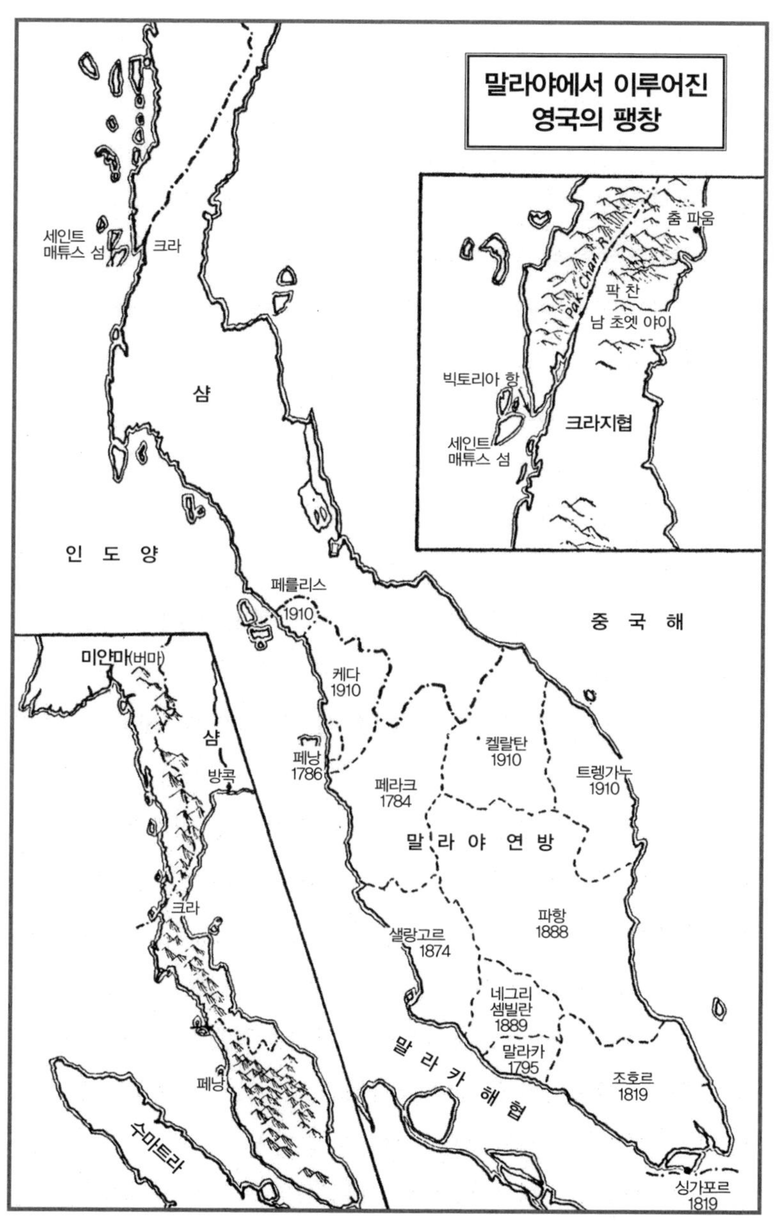

말라야에서 이루어진 영국의 팽창
세인트 매튜스 섬
크라
샴
인 도 양
페를리스 1910
케다 1910
페낭 1786
페라크 1784
켈란탄 1910
트렝가누 1910
중 국 해
말 라 야 연 방
파항 1888
샐랑고르 1874
네그리 셈빌란 1889
말라카 1795
조호르 1819
말 라 카 해 협
싱가포르 1819
춤 파움
Pak Chan R.
팍 찬
남 초엣 야이
빅토리아 항
세인트 매튜스 섬
크라지협
미얀마(버마)
샴
방콕
크라
페낭
수마트라

그는 말라야의 공직생활에서 출세를 빨리 하여 1901년에 고등 판무관 겸 지방 행정장관으로 임명되었다. 그는 야망의 정상과 찬란한 생애의 절정에 다다랐다. 그것보다도 그는 그가 그토록 공헌을 많이 해서 세운 제국을 정돈할 기회를 얻게 되었다. 그의 뒤에서는 영국에서 가장 위대했던 식민지 국무장관 조셉 체임벌린이 식민청에 앉아서 그를 밀어주었다. 그의 앞에는 북부 말라야 지역들과 켈란탄과 트렝가누, 그리고 그 너머에는 자연적 경계선들이 가로막고 있었다. 영국 외교의 결과로 1902년의 조약을 통해 켈란탄과 트렝가누는 영국의 영향권 안으로 들어갔다. 조약은 분명히 불만족스러웠고, 스웨텐함이 더욱 압력을 가할 것이라고 누구나 예상했다. 그러나 그는 일을 마무리 짓지 않고 1903년에 갑자기 사임했다. 그가 물러났던 이유를 우리는 따져볼 필요가 없지만, 어쨌든 그 결과는 그가 관계했던 전진 운동에 재난을 불러온 셈이었다. 1909년에 샴은 켈란탄과 트렝가누뿐 아니라, 케다와 페를리스까지도 영국의 보호령으로 넘겨주었다. 그러나 거기에서 그만이었고, 말라야의 경계선은 표시도 없고, 관측도 안 했고, 경계선도 제멋대로여서 방어하기가 불가능했으며, 위치를 밝히기조차 어려웠다. 이것은 1941년의 정벌 동안에 영국이 겪어야 했던 장애물이었고, 1948년에 시작된 비상사태 동안 계속 부담이 되었다. 그리고 이 경계선이 수정될 때까지 말라야로서도 안전을 확보할 수단이 아무것도 없었다. 1906년에 영국이 중단했던 일은 불가피했었는지도 모르지만, 그들의 노력은 1903년 사실상 끝이 났다.

파리나 베를린에서는 모르고 지나갔을지도 모를 영국의 불안정성을 상하이와 홍콩에서는 즉시 느꼈다. 지배층과 피지배층의 완전한 분리가 한 가지 특성인, 훗날 실적관료주의라고 불리게 될 정부 형태에 의해서 중국 자체는 이미 오래 전부터 통치를 받아왔었다. 그러한 관료주의적 통치하에서, 대부분의 사람들은 별다른 설명이 없는 정부의 정책이 드러내는 증거를 이해하는 데 전문가들이 되었다. 그들은 정부의 발표 자료를 무조건 받아들이지 않고, 관리들이 실제로 무엇을 하는지 조심스럽게 관찰했다. 그렇다고 해서 그들은 영국의 식민주의적 영향이나 통치에 대해서 회의를 덜 느끼지도 않았다. 그들은 연설 내용을 무시하고, 항구의 전함들을 헤아려 보았다. 이렇게 현실 감각이 예민한 사람들은 영국 극동함대가 사라졌다는 사실을 모르고 지나가지도 않았고, 마찬가지로, 그들은 커존이나 스웨텐함 같은 인물의 사임에 침묵을 지키지도 않았다. 더구나 그들은 영국이 마지막으로 일부러 산둥山東반도의 끝에 위치한 위해를 1898년에 점령해서 장악하고도 사실상 요새화한 적이 없다는 사실도 의식했다. 만일 영국인들이 철수를 한다면 어떻게 될 것인가 하고 그들은 서로 묻게 되었다.

영국령 말라야 인구의 절반과 싱가포르 인구의 거의 전체를 구성했던 중국인들은 대부분 직장이나 물이 없어서 광둥이나 푸젠福建성에서 쫓겨나온 사람들이었다. 그들의 이동은 만주의 형법에 따르면 비합법적이었지만, 그들은 영국인들처럼 다시 고향으로 돌아가겠다는 생각으로 왔었다. 그러지 못한다면 가족생활의 연속성에 엄청난 파괴를 야기한다. 그래서 여자들은 남편의 죽은 조상들을 위한 종교의식을 수행한다는 이유와 아직 살아 있는 부모들을 모셔야 한다는 이유로 뒤에 남았다. 그러기 위해서 그들은 해외로 나간 남편들로부터 경제적인 도움을 받았다. 성공한 이주민은 관청의 눈총을 받지 않고 중국으로 돌아갔지만, 별로 돈을 벌지 못한 자들은 죽어서 그가 떠나온 고향으로 돌아갔다. 1880년과 1900년 사이에는 이주의 경향이 달라져서, 이제는 여자들이 남편을 동반하게 되었다. 남자건 여자건 간에, 이들 이주민들 가운데 많은 사람들이 여전히 중국으로 돌아갔다. 그러나 다른 사람들은 그러지 않았고, 말라야에는 점차로 영주하는 중국인 인구가 늘어갔으며, 현지에서 태어난 인구의 비율이 점점 증가하여 균형이 맞게 되었다. 비록 그들 가운데 많은 사람들이 중국과 긴밀한 관계를 유지했지만, 그 외 사람들은 고국에 대해서 어떤 불만을 느꼈다. 본질적으로는 외국이었던 만주의 통치하에서 그들은 말할 수 없이 가난했고, 하급 관리들의 착취에 쫓겨 고향을 떠나야 했지만, 이런 행위는 그 자체가 불법이어서, 그들은 돌아가면 비밀 도피라는 죄목으로 벌을 받을지도 모를 일이었다. 그들은 보호를 받으며 누리게 된 번영 때문에 영국인들에게 고마워할 이유가 충분했다.

말라야 대학교의 왕궁우 박사는 19세기 말과 20세기 초 해협 중국인들의 의식구조를 알아보려는 연구를 1953년에 실시했다. 영국의 교육과 본보기가 그들에게 영향을 주어서, 그들은 보어인들과의 전쟁에서 자발적으로 헌금을 모아 영국을 도왔다고 그는 지적한다. 그 외에도 1900년에는 해협지역에 거주하는 중국인들이 영국 협회를 조직했다. 에드워드 7세의 대관식 당시에 보여주었던 바와 같은 열렬한 충성심에서, 그들의 일부는 싱가포르 지원군에서 중국인 부대를 조직했다. 다른 중국인들은 YMCA에서 활동했다. 1895년 중국의 패배와, 그에 따른 결과로 유럽 강대국들에게 당한 수치심 이후로, 해외의 또는 난양의 중국인들이 존경할 만한 권위가 중국에는 없었다. 어떤 사람들은 찬사를 보냈고 다른 사람들은 비난을 하는 사이에, 황제를 폐위시키려는 시도가 여러 차례 벌어졌으며, 중국인 대다수는 전체적인 상황이 절망적이라고 여겼다. 사실상 해협의 중국인들이 충성심을 영국에 바쳤을 뻔했던 때도 있었다. 그러나 그런 순간은 지나갔고, 1906년 선얏센孫逸仙(손문)의 등장은 사태를 역전시키는 결정적인 사건이었다. 해협의 중국인들은 다시 한 번 중국에 관심을 보이기 시작했고, 1908년 손문의 방문 동안에 이런 움직임은 더욱 강해졌다. 대부분 그의 노력과 화교들의 고마운 협조로 만주 왕조는 1911년 전복되고, 그는 대신 들어선 중화민국의 대총통에 취임했다. 중국의 부흥은 시작되었고 화교들은 조국에 자부심을 느끼게 되었다.

중국인들이 자아를 되찾기로 한 것은 조금도 이상한 일이 아니다. 중요한 점은 이런 태도의 변화가 이루어진 시기다. 고국에 대한 그들의 감정이 어떠했던지 간에, 그들은 지는 편을 도울 마음은 없었다. 그들이 1906년에 영국의 전성기가 끝났다고 내린 결론은 상당히 객관적인 힘의 평가였고, 그런 결론을 정당화시킬 만한 사건들이 있었다. 영국의 철수에 따라 벌어진 결과로는 첫째 1914년 코로넬의 해전(영국 해군이 100년 만에 처음 겪은 패배), 둘째 페가서스 호의 침몰, 그리고 셋째로는 마드라스와 페낭의 공격으로 절정에 달했던 엠덴 호(독일의 경순양함)의 활약이었다. 마지막 사건으로 인해 일어난 당연한 결과는 1915년 2월 싱가포르에서 인도 병사들이 일으킨 반란이었다. 반란을 진압하느라고 상당한 어려움을 겪어야 했는데, 동원이 가능한 경비 병력으로는 싱가포르의 일본 영사관이 출동시킨 190명의 특수 경찰 간부와, 현장에 도착한 두 번째 전함인 일본 순양함 오타에서 상륙한 병력이 포함되었다. 제1차 세계대전 중에는 말라야 해상에 일본의 해군이 한때 영국 병력보다 많았고, 일본군이 통신대를 해안에 배치했던 때도 있었다. 이것은 모두 그들이 나중에 우방이 아닌 입장에서 다시 나타나게 될 전조였다.

로즈는 1902년에 사망했고, 조셉 체임벌린은 1903년에 사임했다. 알프레드 밀너는 1905년에 남아프리카를 떠났고 크로머 경은 1907년에 이집트를 떠남으로써 영국의 식민지에서는 옛 제국주의자들이 사라졌고, 그들 대신에 제국의 의미를 훨씬 경시하는 사람들이 들어섰다. 동시에 아시아는 서양의 가치관을 조직적으로 거부하기 시작했다. 그러나 그들의 거부가 절대적이었던 때가 없었음을 알아둬야 한다. 아시아의 지도자들은 서양의 사상을 배척하려면 서양의 기술이 필수적임을 깨달았다. 뿐만 아니라 어떤 사상을 거부하기 위해서는 나머지 사상을 받아들이는 것이 필요하기도 했다. 손문은 열대지방에서 입는 유럽 양복에 사냥 모자 차림으로 혁명을 부르짖었다. 그가 부르짖던 '민국'은 본질적으로 유럽의 체제였다. 거기다가 그는 유럽의 군복이 전쟁에서 성공하는 열쇠임을 알았다. 원칙적으로 영국 것을 모두 버렸던 사람들도 어디에서나 권위의 상징이었던 샘 브라운 혁대(멜빵이 달린 허리띠)와 십자 멜빵을 버릴 수는 없었다. 서양을 거부하는 움직임에서 가장 앞장을 섰던 일본은, 분명히 불가피한 경우라면, 가장 철저히 서양화한 나라였다. 그들이 승리를 거둔 1905년에 그들은 어디까지 손을 뻗어야 할지 그들이 갈 길을 정확히 알고 있었다. 그리고 그들은 서양의 개인주의를 개인들에게 부여하기를 단호하게 거부했다. 그들은 저마다의 자아가 기독교 교리와 서양의 정치 이론이 부여한 중요성을 지녔다고 생각하지도 않았고, 그렇게 생각할 입장도 아니었다.

1908년에 영국을 방문했던 일본인 수미 미야가와는 그러한 입장을 직설적으로 밝혔다. "이런 생활양식은 동양과 서양의 문명에서 가장 기초적인 차이를 발생시키는 원인이고, 내 생각에는 모든 원인들 가운데 가장 강력한 것이다. 독립된 가정이라는 영국 관습의 이점들을 든다면, 생활하기에 편하여, 취향에 따라 마음대로 하고 싶은 일을 하고, 세상의 어느 곳이라도 마음대로 가정을 옮겨가기가 용이해서, 식민지 정착에 도움이 된다. 그리고 이 관습 때문에 사람들은 좋은 집을 마련하기 위해 일을 하고 돈을 번다. 나는 영국식으로 살려고 해보았지만, 몇 년이 지나자 '난 꼭 이렇게 살고 싶지는 않다' 라는 생각이 들었다. 독립 가정에는 개인주의가 지나치게 용인되고, 이기주의가 너무 심하다. 내 생각에 당신들은 늙은 부모에게 마땅히 보여야 할 존경심을 상실하고, 또한 집안 내에서의 상호 협조가 안 되는 것 같다." 일본인들이 '독립 가정'을 마련하지 않는다면, 그들은 그들이 품고 있는 제국의 꿈을 실현할 희망이 없음을 미야가와는 잊고 있는 것 같다. 참된 진보에 이제는 아무런 도움도 되지 않고 방해가 될 뿐인 제도를 언젠가는 여성의 해방이 뿌리째 뒤흔들 수밖에 없는 운명이었다.

　그 해방은 효도와 충성의 기초를 뒤흔들지 않고는 달성하기가 불가능했다. 개인주의는 자연히 등장할 것이니까…….[4]

　이 흥미 있는 글의 필자는 기독교가 삶의 가치를 가르치는 한편, 불교에서는 인생이 아무런 가치가 없다는 가르침을 강조한다. 그는 동양과 서양 사이의 이해가 부족함을 인식하지 못하고, 여자의 신분에 관계되는 경우처럼 두드러지게 차이가 나는 견해만을 주목한다. 그는 일본인들이 어린 나이에 아이들에게 결혼을 시키고, 첩을 두고 여자들을 노예처럼 취급하며, 마지막으로 어떤 사람들이 딸을 창녀로 팔아버리는 한, 그들은 열등한 인종으로 업신여김을 받을 것이라고 말한다. 그런 반면에 그는 일본인들이 이제는 더 이상 무시를 당하면 안 된다고 초조하게 인식한다.

　아시아는 이제 잠에서 깨어나려고 한다. 베이징으로부터 테헤란에 걸친 광활한 지역에서, 진정한 각성의 시간이 곧 도래하리라는 징조가 뚜렷하다. 그리고 그것은 시간이 흐르면 사라질 그런 각성이 아니다. 그것은 동양이 새로운 시대의 문턱에 섰으며, 세계 지도가 다시 만들어질 날을 목격하게 되리라는 그런 각성이다. 다시 말하자면, 몇 백 년 동안 둔감하게 잠들었던 동양이 이제는 재생의 과정을 거치는 중이다. 그리고 아시아의 이상을 추구하고 서양 국가들과의 동등함을 확인하려는 전진의 대열에서 일본이 앞장을 서고 있다. 일본의 문명은 피상적일지 모르지만, 그것은 본질적으로 투쟁적인 문명이다. 서양의 위험은 무관심한 상태를 지금처럼 방치하다가, 동양 국가들과의 불가피한 충돌이 닥치면 준비가 덜 되어 있음을 깨닫게 될지도 모르는 그런 상황이어서……눈앞에 닥친 위험을 서양이 인식하지 못한다면, 황인종에 대한 백인의 지배는 끝나게 되리라.……앞으로는 첨예한 경제적 투쟁이 대두하리라. 외국의 지도하에서 번영하는 국가들이 자신들의 정부, 그리고 결국은 자치권에 대한 요구를 계속하리라. 그리고 강대국들이 그런 움직임과 싸울 만큼 강하지 못한 지경에 이르면, 그들은 그들의 땅을 하나씩 잃게 된다.……일본은 동양에서 길을 밝혀주는 별이었다. 일본 자체가 참된 문명의 빛 몇 가닥만을 비추는 암흑 속에서 아직도 더듬거리고 있는 실정이어서, 일본이 다른 나라들에게 나누어 줄 지식이 심오하지 못할지도 모른다. 그러나 이 지식은 노력을 불러일으키고 야망을 북돋우기에는 충분하다. 적어도 그것은, 오랜 세월 동안 잠들었다가 방금 깨어나는 민족들에게, 인간 활동의 모든 분야에 걸쳐, 싸우고 정복하겠다는 욕망의 불길을 새로이 지펴줄 수는 있다. 나머지는 시간과 경험이 해결한다.[5]

이것은 일반적인 진리가 분명하게 드러나는 예언적인 말이다. 그 말에서 오류를 찾아본다면, 문명은 하나뿐이며, 제시된 다른 대안들이 모두 피상적이라는 가정이다. 또 하나의 오류는 일본인들이 요구하는 바가 서양과의 동등함뿐이라는 가정이다. 현실적인 관점에서 보면, 반란을 일으킨 인도 토민병들로부터 싱가포르를 구한 1915년에 일본인들은 이미 훨씬 더 많은 요구를 했다.

우리가 목적하는 바는 다만, 신의 세계로부터 옛적 선조들이 물려받

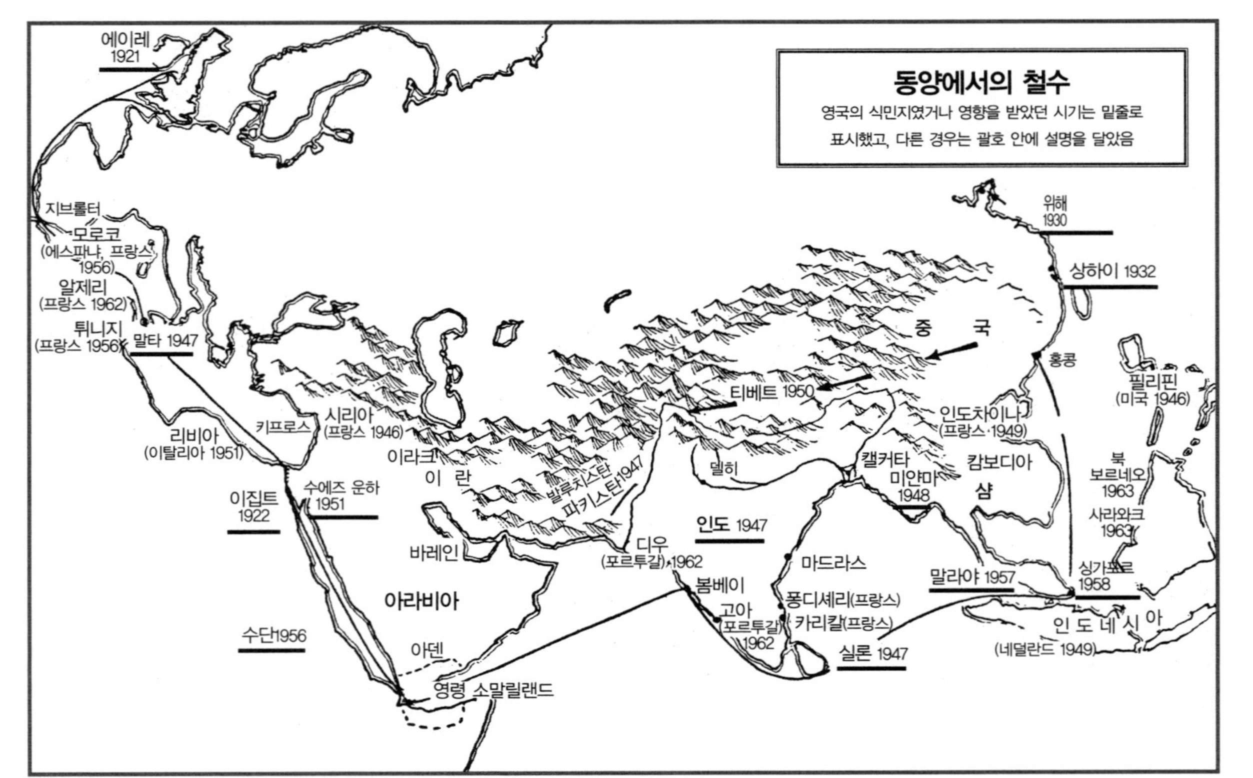

동양에서의 철수
영국의 식민지였거나 영향을 받았던 시기는 밑줄로
표시했고, 다른 경우는 괄호 안에 설명을 달았음
에이레 1921
지브롤터
모로코
(에스파냐, 프랑스 1956)
알제리
(프랑스 1962)
튀니지
(프랑스 1956)
말타 1947
리비아
(이탈리아 1951)
키프로스
시리아
(프랑스 1946)
이집트 1922
수에즈 운하 1951
이라크
이 란
바레인
발루치스탄
파키스탄 1947
수단 1956
아라비아
아덴
영령 소말릴랜드
델히
디우
(포르투갈) 1962
인도 1947
봄베이
고아
(포르투갈) 1962
마드라스
퐁디셰리(프랑스)
카리칼(프랑스)
실론 1947
위해 1930
상하이 1932
중 국
홍콩
티베트 1950
인도차이나
(프랑스 1949)
캘커타
미얀마 1948
캄보디아
샴
필리핀
(미국 1946)
북 보르네오 1963
사라와크 1963
싱가포르 1958
말라야 1957
인 도 네 시 아
(네덜란드 1949)

은 정신적 사명을 안고 있는 세계의 유일한 통치자인, 일본의 천황이 전 세계의 황제요 통치자가 되어야 한다는 것이다.[6]

이런 소심한 주장에서까지도 동등한 자격의 요구는 조금 도를 넘는다. 여자를 푸대접하는 한 일본인들은 열등하게 취급되리라는 로톤의 견해를 말하는 사람은 일본인들이 여자를 제대로 간수하지 못한다는 반대되는 이유로 영국인들을 열등하다고 간주하고 있음을 잊고 있다. 이런 점에서 그들이 미국인들을 어떻게 생각할지를 그는 거의 예측할 길이 없었다. 일본 문화의 깊이로 말하자면, 일본에 대한 미국 영화처럼 난처한 일도 별로 없다. 일본인들과 미국인들의 예절을 비교하는 장면은 구경하기가 너무나 민망스러운데, 그것은 상당히 진보된 집단과 참을 수 없을 만큼 천박한 집단을 대비시키기 때문이다.

전환점에 대해서 이만큼 얘기를 했으니, 우리는 실제로 사태가 진전된 속도를 과장하지 않도록 조심해야 한다. 1905년경 이후로 서양의 상승이 감소되었다는 말은 동양이 동등한 위치에 이르렀다는 얘기가 아니다. 그런 동격은 이루어지지 않았고, 그런 사태의 진전이 곧 올 것 같지도 않았다. 서양을 지배하는 자의 횃불은, 오래 전에 마케도니아에서 로마로 전해졌듯이, 영국에서 미국으로 넘어갔다. 아마도 그것은 과거처럼 순수한 불꽃은 아니었을지도 모른다. 모든 예술에서 우리가 이룩한 가장 위대했던 업적들은 의심할 나위도 없이 과거에 뿌리를 박고 있다. 그러나 여기에서 서양이 이미 끝났다고 결론짓는 동양의 지도자들은 실망하게 된다. 동양이 빨리 발전하는 사이에 서양은 가만히 있지 않는다. 기술상의 차이는 그대로 유지되었고, 앞으로도 오랫동안 마찬가지이리라. 백인을 신격화할 정도였던 서양의 권위는 사라졌다. 6만 일본군의 공격에 12만의 영국 군대가 1941년 싱가포르에서 패배하자, 영국은 영원히 권위를 잃었다. 이어서 1947년의 붕괴가 뒤따랐고, 영국은 터키와 그리스를 포기하고, 카이로에서 철수했으며, 파키스탄과 인도와 실론과 버마에게 속절없이 독립을 승낙했다. 미국은 중국과 싸우다 꼼짝도 못하고 발이 묶인 한국에서 위세를 상실했다. 아직도 강력하기는 하지만, 미국은 그들에게 주어진 지도력을 모두 받아들일 의지가 부족하다. 그들은 영국이 포기한 책임을 이어받기를 주저한다. "지배하는 서양이 점점 자신을 잃어가는 반면에 동양은 천천히 새로운 자부심을 얻고 있는 것을 역사를 보면 분명해진다"고 에이모리 드 리엥코트는 말한다.

제2차 세계대전은 우리 시대의 가장 중요한 사건을 촉진시켰으니, 그 사건이란 유럽의 가치관과 경제적인 지배를 거부하기로 결심한 동양의 점진적인 독립이다.……모든 면에서, 이 발전은 규모와 의미에서, 2000년 전 로마가 고전 세계의 지도력을 장악하게 되었던 시기에, 동양에서 상승하던 파르티아의 세력이 그리스 문화를 거부했던 상황과 비슷하다.[7]

서양에 대한 새로운 거부의 동기와 본질이 무엇인지를 분석해야 할 일이 아직 남았다. 동양이 거부하는 서양의 가치들은 무엇인가?

동양이 내세우는 철학은 무엇인가? 어떤 종교의 이름으로 그들의 공격이 개시될 것인가? 이런 문제들의 해답을 우리는 찾아야 한다. 그러는 사이에 다른 질문들의 해답도 찾아야 한다. "동양은 언제 서양과 같은 수준에 이를까? 동양의 상승은 앞으로 언제 시작되려나?" 미리 추측하는 가정이란 하나같이 정말로 막연하기만 할 따름이니까, 그에 대한 해답은 과거를 살펴야만 확실해진다. 우리는 2000년을 서양 시대의 종말로 봐야 하는가? 이 문제에 대한 한 가지 추리는 슈펭글러 시대보다 훨씬 이전에, 헨리 애덤스가 헨리 오스본에게 쓴 편지에서 나타난다.

1600년 이후에 이루어진 발전의 속도를 미루어 보면, 사상이 뒤바뀌기에는 100년이나 50년까지 필요가 없다. 그런 경우에 법은 이론이나 연역적演繹的 원칙으로 바뀌어 사라지고, 힘에게 자리를 내주게 된다. 도덕은 뒤처리만 담당하리라. 폭발물은 엄청난 수준의 폭력에 이를 것이다. 와해는 통합을 능가하리라.

이 예언은 묘하게도 1905년에 나왔다. 그것은 2000년 이전의 붕괴를 예언했고, 변화의 속도가 빨라졌기 때문에, 아마도 우리는 1984년이 붕괴의 시기라고 인정해야 할지도 모른다. 그리고 조지 오웰이 1905년에 태어났음을 기억하기 바란다.

아시아의 부흥

프란시스 L. K. 주는 그의 훌륭한 저서 《미국인과 중국인》에서 이런 결론을 내린다.

> 서양세계는 오늘날 인류 운명의 조정자이다. 서양의 물리적인 지배에 대한 반발이 결국은 서양문화에 의한 세계정복을 초래했다는 사실은 역설적이지만 진실이다. 나머지 세계는 존속을 위해서 서양을 모방할 수밖에 없었다. 서양의 통제와 싸우기 위해서 서양의 방법과 신념과 목표를 받아들여야만 했기 때문이다.[1]

이것은 완전히 사실이고 완전히 정상적이다. 유럽은 이슬람에 의한 동양의 정복을 피하기 위한 수단으로써 동양의 종교인 기독교를 이용했다. 동양 사람들은 전에 자신을 방어하기 위해서 서양의 개념을 활용했다. 그것은 자기 존속을 위한 우선적이고 불가피한 몸짓이었다. 이렇게 처음에 조심을 한 다음에는, 그 과정을 어디까지 용납해야 할지를 결정하는 일이 필수적이다. 어디에선가 선을 그어야 한다. 어떤 기술과 사상이 방어의 수단으로 용납되어 야만 한다고 해도, 다른 것들은 자신의 문화적 특성을 보존하기 위해서 거부해야 한다. 부흥하는 아시아가 부딪친 첫 문제는 거부의 지점을 결정해야 한다는 것이었다.

인도 부흥의 지도자인 마하트마 간디는 이 문제에 어떻게 대처했던가? 모리스 진킨은 이것을 꽤 상세하게 정의한다.

마하트마 간디는 자서전에서 그가 학생이었을 때 완전한 영국 신사가 되려고 얼마나 노력했는지를 서술하는데, 심지어 그는 서양의 양복을 입고 높은 비단 모자를 썼다. 그러나 영국 신사들은 항상 예의가 바르고 생각이 깊지도 않아서, 위스키도 마시고 쇠고기도 먹었다. 마하트마는 이런 면까지 그들을 흉내 낼 마음은 없었다. 따라서 그는 절충을 했다. 그는 우리의 서양 문명에서 너무나 만연한 나쁜 요소인, 부와 폭력에 대한 의존을 거부했지만 민주주의와, 가난한 자를 고통에서 구제하려는 행동을 취하려는 열의와, 개인적 양심에 대한 존중과, 그리고 선의 큰 부분을 구성하는 각 집단의 독자적인 행동방법을 용납하려는 의지를 받아들였다. 그가 서양문명으로부터 받아들인 관념들을 그는 자신의 전통으로부터 물려받은 어떤 특정한 양상들, 즉 도덕적인 힘을 중요시하는 관습, 세속적인 욕망으로부터의 은둔, 비폭력, 가난한 자가 가장 대표적인 주민이라는 인도의 의식과 결부시켰다. 이런 개념들의 융합으로부터 그는 국민회의 운동을 도출했다.[2]

이것은 사태의 진전에 대해서 간디가 생각한 바를 적절히 서술했고, 필자는 서양 자유주의의 본질을 성공적으로 전달한 영국과 성공적으로 흡수한 인도에 대해 호의적으로 언급한다. 그러나 현실은 이론과 달랐다. 인도와 파키스탄에 대한 영국의 첫 선물은 간디, 네루, 아유브 칸 같은 지도자들을 배출시킨 서양화한 지식층의 육성이었다. 영국의 둘째 선물은 올더샤트(영국군 훈련 기지가 있는 잉글랜드 남부의 도시)와 캠벌리(영국 육군 사관학교 소재지)의 거의 위압적인 분위기 속에서 조직된 인도의 군대였다. 군대로 말하자면 인도와 파키스탄의 군대는 그동안 놀랄 만큼 정치와는 관계없이 유지되어 왔었다. 따라서 영국 군인들은 영국의 정치가들보다 좋은 인상을 주었다. 영국의 세 번째 선물은 국회의원들이 영국에 대한 불만을 의회에서 토로할 수 있는 공통어인 영어였다. 공통된 언어는 실질적인 편의를 제공했지만, 그것은 또한 인도 나름대로의 문학이 생겨나고 인도의 사상이 세계에 전해지도록 도와주었다. K. D. 세트나 같은 작가들 그리고 스리 오로빈도의 추종자들은 이 언어의 장점을 깨달았다. 영어는 인도의 사상에 많은 영향을 끼쳤고 앞으로도 그럴 것이다. 세트나는 말한다. "신비스러운 무한함에서 태어난 우리 독특한 역사의 찬란한 원천과 과정, 그리고 목적을 인도의 천재가 영어를 통해서 멀리 그리고 널리 전파하리라."[3]

이런 것들보다는 아마도 서양 의학의 영향이 더욱 중요했으리라. 사망률을 억지로 감소시킴으로써, 의사들과 위생 관리자들은 인도의 전통적인 경제가 뒷받침하기에 불가능할 정도로 많은 인구를 증가시켰다. 군대의 장비를 조달하기 위해서 필요했던 과학적

산업화는 농업과 직물에도 적용되어야 했었다. 생계를 위한 농사와 집에서 옷감을 짜는 자급자족의 농민을 염두에 둔, 마하트마 간디의 이상은 사태의 진전에 따라 밀려났다. 그의 제안은 실행이 불가능했다. 그리고 산업화는 사회구조와 의복, 식사에 걸친 전반적인 변화를 초래한다. 손목시계와, 자전거와, 만년필이나 볼펜은 발전의 상징으로서, 젊은이들에게는 시간이 삶의 새로운 요인을, 학식은 정상적인 성취감을, 마을의 테두리를 벗어나는 기동성은 독립을 위한 새로운 원천을 뜻한다. 여성의 신분 변화는 더욱 기본적인 요소다. 그들에게 공장이란 결국 사리를 벗어버리고 대신 작업복과 청바지를 걸쳐야 하며, 그리고 준비하는 데 몇 시간씩이나 걸리는 인도 음식을 퇴치해야 함을 뜻한다. 그것은 부모의 권위가 몰락하고 친척들이 이곳저곳으로 흩어지는 분산을 뜻한다.

나름대로 나쁜 점들을 전파하기는 했지만, 공장은 한편 서양인들에게 가장 생경했던 어떤 관습들을 제거하는 경향을 보였다. 여자에 대한 무슬림의 인식은 선교사의 설교를 이겨냈다. 그러나 공장에서 해야 하는 일과 봉급은 이겨내지 못했다. 여직공들은 장막(purdah, 251쪽 22행 참조) 뒤로 숨을 수가 없다. 타자수들은 베일을 쓸 수가 없다. 수술대 위의 여자들은 몸에 아무것도 걸치지 않아야 할지도 모른다. 아내나 첩을 여럿 얻기는 불가능했고, 얻는다고 해도 경제적인 어려움이 뒤따랐다. 그러나 이것이 이슬람의 종말을 뜻하지는 않으니, 이슬람 지도자들도 그들의 종교를 새로운 환경의 변화에 나름대로 적응시키기 때문이다. 일부일처제는 무슬림교도들 사이에서 일반화되었고, 신학자들은 마호메트의 본디 뜻이 그러하지 않았을까 서로 질문을 한다. 베일의 사용을 주장하는 성전의 구절들에 대한 재해석이 이루어지고 있다. 어떤 독창적인 해석을 동원하면 또 다른 뜻이 있음을 증명하기가 가능하고, 격리된 생활은 모든 상황에 다 적용되지는 않는다. 그러나 이슬람교리가 사람들이 살아가야 하는 세상에 맞춰 적용시킬 수가 있다고 전제하더라도, 전체적인 사회구조가 변화의 영향을 받아야 한다. 이미 대학의 학위를 받은 여자에게 격리된 생활을 강요하기는 거의 불가능하다. "너희 집 안에서만 살라"는 명령은 선생이나 간호사에게는 적용하기가 불가능하다. 낭만적 사랑이라는 서양의 개념도 동양에 영향을 끼치기는 했지만, 공장의 영향은 보다 직접적이고 훨씬 효과적이었다. 그것은 수많은 체계들을 파괴할 것이다.[4]

중국의 상황도 많이 다르지는 않았다. 그곳에서도 여자에 대한 처우는 유별했고, 어떤 면에서는 난처하기까지 했다. 상류사회에는 은밀함과 음모의 보편적인 분위기가 곁들인 후궁 체제가 존재했다. 그리고 여자에게 세력이 있는 경우에는 결과가 더욱 나빴다.

공자는 천국과 마찬가지로 여자를 무시했다. 두 가지 다 그에게는 이해의 한계를 넘는 듯했으며, 그래서 그는 그것들에 신경을 쓰지 않았다. 그가 거의 이해하지 못하는 대상들에 대한 그의 조심스러운 남성적 심리를 암시하는 대목을 우리는 간혹 접하게 된다. 공자는 말했다. "여자와 하인은 다루기가 가장 힘든 사람들이다. 가까이하면 버릇이 없어지고, 멀리하면 원망한다."[5]

그가 무엇을 뜻했는지를 우리는 안다. 그러나 여자에 대한 중국인들의 태도가 건전하지 못했음은 객관적으로 사실이다. 그들 전통의 옳고 그름이 어떠했던지 간에, 그것은 산업화한 사회와는 타협이 되지 않았다. 인도에서처럼 의학, 위생, 군사기술, 산업 같은 요인들은 중국에서도 거의 비슷한 결과들을 초래했다. 어느 정도까지는, 특히 여자에 대한 동양인들의 태도에서는, 서양적인 진보가 불가피했고, 그래서 당장 널리 퍼졌다.

어느 정도까지는 필연적이었던 서양화는, 상식적인 일관성을 지나쳐서, 어떤 곳에서는 더욱 진전되었고, 특히 유럽의 통제를 받은 적이 없었던 나라에서 더욱 그랬다. 케말 아타튀르크와 그를 모방한 페르시아나 아프가니스탄 사람들은 어떤 식민지 정부보다도 사람들을 훨씬 더 서양화시켰다. 오직 '서양화한 동양인'만이 실질적으로 중산모자나 재즈댄스 악단을 강요할 수가 있었다. 그러나 자발적이었건 외국의 영향에 의했건 간에, 서양화는 똑같이 종말을 맞게 되었다. L. 크랜머 빙의 말처럼 "서양의 목소리는 사라지기 시작했고", B.B.C. 방송 비평가의 점잖고 음울한 말투는 "당황한 중얼거림과 휴식에 필요한 책들의 잔소리 속으로 자취를 감추었다."[6] 서양을 비평하던 사람들은 서양의 교통지옥과 추악함, 지저분함과 파괴성에 대한 언급을 이미 시작했다. 더불어 지적할 바는, 서양의 학문이 권위를 잃었고, 서양 사상가들은 자신을 잃었다는 점이다. 철학자들은 조직화한 사고의 영향을 과장하지만, 그것은 사람들이 느끼는 감정의 원인이 아니라면 증상이었다. 만일 이것이 사실이라면 서양 사상가들의 동요는 중요한 의미를 갖는다. 그러나 건축과 미술에서 서양의 몰락은 더욱 심각하다. 서양인은 더 이상 자신을 믿지 못하기 때문이다.

서양에서 받아들일 만한 것들은 모두 받아들인 동양의 민족들은 서양 문화단체들 사이에서 벌어지는 혼란을 감지했고, 정지 명령을 내렸다. 그들은 개인주의와, 기독교 사상과, 민주주의와 관련된 서양의 가치관을 이미 거부했거나 거부할 단계에 이르렀다. 서양적 이념에서 그토록 중추를 이루었던 이런 사상들은 모두 동양에서는 용납하기가 어려웠다. 다른 사상들의 모체가 된 개인주의부터 우선 살펴보자. 동양에 널리 퍼진 풍습에 의하면, 결혼한 아들은 분가를 하지 않고 함께 모여서 부모들과 산다. 그래서 사람들은 가족의 구성원으로 남고, 서양적 의미에서의 개인은 절대로 될 수가 없었다. 동양의 지혜란 관계가 불어나고 뒤섞이며, 서로 삶을 나눔으로 해서 이루어지는 자신과 전체의 융화로부터 생성된다. 종국적인 과제는 "내가 아닌 것이 없고, 내가 없이 존재하는 것은 없다"고 주장하는 경지에 이르는 것이다. 불교는 개인성을 부정함으로써 이 주장을 가장 극단적인 형태로 제시한다. 이런 집단생활을 위한 준비는 아이들이 서열에서 최후로 꼽히는 어린 시절에 이루어진다. 그들은 부모들뿐 아니라 모든 어른의 아랫사람이며 가장 무가치한 존재임을 배운다. 저마다 다른 의견을 표현하는 수많은 사람들의 집단 속에서 살아가며 아이는 어느 한 관점에 의한 개인적이거나 배타적인 사상을 선뜻 받아들이지를 못한다. 단체가 지향하는 이상은, 어떤 격렬한 반박도 무례하다고 간주하기 때문에, 조화와 타협의 이상이다. 그리고 비록 사회구조에 변화가 생기더라도, 동양인에게는 개인주의가 여전히 반사회적인 특성으로 여겨진다. 그뿐 아니라, 가장 훌륭한 교육을 받은 동양인들은 개인주의가 서양인들의 약점과 정신병의 근원임을 깨닫게 되었다. 그들은 상당히 완강하게 그것을 거부한다.

기독교 사상은 어떤가? 이것은 1857년 이전의 인도에서 거의 성공을 거두었었다. 그리고 인도의 많은 유럽인들이 스스로 기독교인이었으며, 그들이 진심으로 믿었던 종교로서 그것을 권장하던 때가 있었다. 그러나 19세기가 흘러감에 따라 힌두교가 세력을 회복했으며, 그들은 이제는 더 이상 두려워하지 않게 된 종파에 대해서, 온화하고 너그러운 관심을 보였다. 더욱 너그러웠던 중국인들은 예수 그리스도와 마호메트의 화상을 붓다와 공자의 화상과 나란히 두었으며, 이렇게 여럿을 한데 모아놓고도 이상한 점을 조금도 느끼지 않았다. K. M. 파니카르가 지적하듯이 "진리와 계시의 독점이라는 교리는 아시아의 이성에는 전혀 생소한 개념이다."[7] 인도와 중국에서는 이것이 일반적인 사실이었다. 동양에서는 주로 일본에서 기독교가 두드러지게 성공을 거두었다. 그러나 인도와 중국과 마찬가지로 그곳에서는 그리스도교가 서양의 상승과 필연적인 관련이 있었다. 이것이 중국에서 초래한 결과는 기독교 선교사들에 대한 1900년의 북청사변이었고, 1922년에 형성된 반기독교 협회도 마찬가지였다. 그토록 개인주의적인 종교는 어쨌든 제한된 호소력만 지녔을 뿐이지만, 기독교의 배타성은 정치적인 양상과 얽혀서 동양에서의 영향력이 배제되는 결과를 초래했다.

민주주의는 죽어가는 신조라고 일반적으로 알려졌다. 미국인들이 그들의 이상에 충실하다는 점만 보여준다면, 아시아의 공감을 얻으리라고 많은 미국인들은 확신했다. 오하이오주 클리블랜드에서 '아시아의 해'를 맞아 발표되었던 논문들은 나중에《동양과 서양은 만나야 한다》[8]는 제목으로 출판되었다. 거기에 게재된 논문들 가운데 하나를 존 D. 록펠러 3세가 발표했는데, 그것은 물론 완전한 몰이해에서 파생한 미국적 자부심을 보여준다.

오늘날의 아시아는 우리의 고귀한 인간적 그리고 민주주의적 유산을, 말뿐 아니라 행동을 통해서, 우리들로부터 재확인하고 싶어 한다. 모든 민족들 가운데 최초로 식민주의를 철폐하려는 민족인 우리의 역사는 아시아에 영감을 준다. 그러나 우리의 행동이 우리의 역사를 거역하는 듯 여겨질 때면, 아시아는 당황하고 실망하고 환멸을 느낀다. 우리의 행동이 우리의 역사와 일치하게 되면, 아시아의 마음은 친족의 따스함을 느낀다. 필리핀의 독립을 인정해주었을 때, 우리는 국가적 위상을 충족시켰다고 아시아에서는 파악했다. 대한민국의 독립을 즉각 방어하기 위해서 우리가 국제연합을 이끌고 갔을 때, 아시아는 갈채를 보냈다. 지난해 수에즈 운하의 분쟁이 발발해 우리가 전통적 우방들과 대결하기에 이르자, 아시아는 우리의 입장을 식민주의에 대한 우리의 직선적인 표현으로 간주했다. 이런 행동들은 하나같이 아시아의 희망과 얼을 고취시켰다.

그러나 다른 여러 경우에 아시아는 당황과 혼란을 느낀다. 아시아 사람들은 인도차이나에서 식민지 통치를 옹호하는 듯했던 우리의 입장을 이해하지 못했고, 아시아인들은 알제리의 독립투쟁에 우리가 공감을 충분히 겉으로 나타내지 않자 실망했다. 그들은 우리들이 국내에서 인종차별을 하는 것에 깊은 환멸을 느꼈다. 그들은 금년에 리틀로크에서 아이들을 학교로 호송하기 위해 무장 경관을 동원해야 하는 우리들이 180년 전에 필라델피아에서 모든 인간은 평등하다고 어떻게 선언을 할 수 있었는지 이상하게 생각한다. 아시아인들은 식민주의와 인종차별을 똑같은 개념으로 간주한다는 점을 우리는 이해해야만 한다. 대부분의 아시아인에게 식민주의란 백인에 의한 유색인종의 착취만을 뜻한다.[9]

윗글의 대부분은 학생조차 속이지 못할 만큼 속이 너무 빤히 들여다보이며, 사실적인 오류를 차치하고라도, 중심이 되는 주제가 완전히 잘못되었다. 아시아 사람들은 열성적인 민주주의자들이 아니고, 미국식 민주주의가 엉터리라고 따지지도 않는다. 그것이 가짜라고 생각한다고 하지만, 혹시 진실하다고 해도 그들은 조금도 좋아하지 않는다. 서양적인 형태의 유토피아에 대해서 언급하며 S. K. 마이트라는 분개한다. "서양의 인본주의자들이 그러듯이 그들이 우리에게 제시하는 이상적인 인간사회의 환상에 인간이 어느 때라도 만족하게 되리라는 제안은, 인간성에 대한 모욕이다. 인류가 그것을 궁극적인 목적으로 받아들일 만큼 타락함을 신이 금한다!"[10]

아시아의 민주주의에 대한 잘못된 인식은, 아시아 지도자들이 열등한 취급을 당하기를 싫어하고, 그래서 인간적 평등에 대하여 그럴싸한 말을 많이 한다는 사실에서 기인한다. 그것은 그들이 똑같은 평등을 다른 사람들에게도 부여한다는 뜻은 아니며, 사실 그들은 그러는 일이 별로 없다. 식민 시대의 정책에서, 보호자로서의 온정적인 간섭 정책을 제거한 다음에 뒤따르는 왕성한 팽창의 격동기에는 아메리카의 홍인종들처럼 보다 미개한 민족들은 제대로 대처할 능력이 부족하다. 팽창의 시대에는 평등이 아니라 지배와 진취성을 갈구한다. 그리고 민주주의는 서양 철수의 마지막 단계와 흔히 연관이 되었다. 그리스 사람들의 다른 모든 선물과 마찬가지로, 그것은 파멸의 수단을 내포한 목마木馬처럼 미심쩍은 선물이었다. 예를 들면, 미국의 점령과 더불어 시작된 민주주의가 일본에서 어떻게 존속될 것인가? 그러나 이런 개념들의 연관성과는 꽤 거리가 먼 얘기지만, 민주주의는 어떤 다른 형태의 통치하에서 이미 다져진 바탕이 없이는 실현이 불가능하다. 그것은 이미 확정된 국경과 이미 파악이 된 인구를 전제로 삼는다. 어떤 투표권을 인정하느냐 하는 내용이 알려지기 전에는 득표수를 계산해보아도 비현실적일 따름이다. 카슈미르, 인도차이나, 수마트라, 브루나이, 서인도, 타이완과 관련되어 야기된 문제에서는 민주주의적인 해결이 용납되지 않는다. 나아가서 우리는 민주주의가 이론적으로나마 적용이 가능한 몇몇 지역에서도, 민주주의가 과연 환영을 받을지 따져봐야 한다. 인도의 형이상학자들 사이에서는 양도할 수 없는 권리에 대한 모든 얘기가 대답할 가치조차 거의 없는 어리석은 군소리로 여겨진다. 그리고 현대 인도를 일으켜 세운 간디 자신도 서양의 투표방식을 별로 신임하지 않았다. 투표에 지거나 반대에 부딪치면, 그는 죽을 때까지 단식을 한다는 방법에 의존했다. 그보다 덜 민주적이면서 더 효과적인 길은 없었다. 그러나 그 과정은 사회의 기존 형태들 사이의 기초적인 차이점을 보여 준다. 서양에서는 성자들이 그런 영향력을 발휘하지 못한다.

서양사상의 거부는 동양이 완전히 스스로 자신의 전통으로 되돌아갈 수 있음을 의미하는가? 우리는 이것이 불가능함을 이미 확인했으며, 기술적인 발전의 흐름은 역류시키기가 불가능하다는 사실도 안다. 이것은 무엇보다도 건축과 미술에서 분명하게 나타난다. 이슬람 건축의 찬란한 업적은 상당히 오래전으로 거슬러 올라간다. 아그라 근처에 파테푸르 시크리(무굴제국의 10년 수도)라는 걸작을 남긴 악바르(무굴제국의 제3대 황제, 1542년~1605년)에 대해서 에드몬드 테일러는 이렇게 썼다.

인간의 환경에서 뛰어난 모든 면모가 돌에 새겨졌고, 이곳은 눈에 보이는 생명체이고, 눈에 보이는 차원을 능가하는 생명체여서, 성채들은 격자창을 낸 방들이 바람을 맞아들이고, 수도원에는 침묵이 깃들고, 벽들은 마주 메아리를 치고, 즐거운 시간을 보내는 분수 정원에서는 찰랑이는 소리가 속삭이며, 빛과 그림자가 물 위에서 뛰놀고, 서늘한 지하실에는 복사열이 상쾌하게 느껴지는 대리석 일광욕실이 들어섰는가 하면, 심지어 그곳에는 가시적인 무한성을 불완전하게 가려놓음으로써 평화를 안락함으로, 위엄을 균형으로, 자기반성을 폐쇄된 공간으로, 추상적인 개념을 보다 덜 막연하게, 무척 정교한 건축으로 표현하기도 했다. 대부분 이슬람 미술의 걸작품과 마찬가지로, 대건축물의 구조적인 요소들은 공간과 빛, 그늘, 바람의

온도와 물이었으며, 이런 미술품은 사실상 돌로 엮어낸 조경의 한 형태다……. [11]

그러나 이런 걸작품은 1700년 이후에는 아무도 건축하지를 않았다. 그리고 오스버트 시트웰은 무어나 터키 건축에 대해서, 그것이 흔히 거창하게 시작되기는 하지만, 거의 언제나 1층을 다 짓기도 전에 "어떤 엄청난 잘못을 범한다"고 꼬집었다. 이것은 사실에 가까운 언급이며, 미술은 서양의 영향이 동양에서 몰락시킨 것들 가운데 하나다. 마르코 팔리스는 동양의 거의 모든 미술이 두 세대 사이에 고사했다고 탄식한다. 예를 들면 카슈미르의 어깨 목도리는 화학 염료와 시간 절약을 위한 기술의 발달 때문에 몰락했다.

전에는 실수를 몰랐던 사람들의 빛깔 감각은, 치명적인 논리가 예술가의 잠재의식을 파고들게 되자, 일단 방해를 받은 다음에는 노력하고 생각하는 시간을 절약하기 위해서, 디자인도 바꾸었다. 무늬는 보다 커지고, 보다 자주 되풀이되고, 자신을 선전하려는 노력이 보다 노골적으로 드러났다. 결과는 결국 마찬가지로 끝나서 사라질 운명뿐이었다. 예술적인 이상을 추구하려는 시간의 낭비가 없어진 듯하다. 공예 감각을 되찾기 위해서는 전통적인 방법과 비전통적인 방법이 분리된 지점까지 곧장 되돌아가야 한다……. [12]

그러나 그런 뒷걸음질이 성공을 거두었다는 얘기를 들어본 사람이 있는가? 이제는 사람들이 믿지 않게 된 형이상학적인 개념에 바탕을 둔 예술을 누가 부활시키겠는가? 이와 같은 보편적인 주제에 대해서, 프레야 스타크는 유럽의 지식인들이 그들 자신의 미술품을 선뜻 추천하기를 꺼린다고 말하는데, 그것은 그들이 사라진 옛 것을 아무리 능가하려고 애를 써도 죽어버린 모조품 수준보다 조금이라도 훌륭한 작품을 만들 자신이 없어서라고 한다.

이런 감정은 그들 자신의 현대적인 면모를 서양인들이 못마땅하게 생각한다고 아랍이나 다른 민족들이 끊임없이 느끼는 막연한 선입견에서도 나타난다. 그들은 가능하다면 우리들이 그들의 옛 세계를 사진으로 찍는 것조차 막으려 하고, 또한 답습과 변형의 긴 과정을 거쳐 외국인들을 모방함으로써 얻은 것들이 그들 자신의 전통에 이미 포함되어 있었음을 믿으려고 하지도 않는다. 우리가 제공하는 바가 정말로 그런 희생을 필요로 할 만큼 가치가 있는지 의아할 따름이다……. [13]

값싼 제품이 훌륭한 기술을 축출하며 동양에서 진행되던 이 과정은 되돌리기가 마찬가지로 불가능한 정신적 과정의 상징이었다. 싸구려 물건조차 만들어내지 못하는 상황에서도 옛날의 예술은 부활시킬 수가 없었다. 가장 조잡하고 물질적인 발전, 즉 서양적인 의미에서의 발전이 불가피하게 되었다.

아시아인들은 그들의 전통적인 생활방식으로 되돌아갈 수가 없고 그것이 가능하더라도 그러지 않으리라. 그들은 경제적·정치적·지적·문화적 팽창의 순간이 그들에게 찾아올 거라는 사실을 알기 때문이다. 이러한 지식이 아시아에 존재했던 기존의 모든 통일성을 파괴하려 한다. 외부로부터의 위협은 내부의 통일을 창출하지만, 외부로부터의 기회는 분열만 일으킬 뿐이기 때문이다. 일본의 첫 업적에 대한 아시아의 자부심은 경쟁심으로 바뀌어간다. 서양 세력이 철수하고 나면 어느 민족이 선두에 나설 것인가? 이 질문에 대답하기 전에 우리는 먼저 중국인들에게는 사명감이 있음을 기억해야 한다. 그들은 야만인들을 개화하려는 의지, 그들의 통일천하로 들어오도록 설득할 수 있는 사람들에게 그들 자신이 내부에서 이룩한 평화의 혜택을 베풀려는 어떤 충동을 항상 느껴왔다. 사람이 사는 세계의 한가운데라는 뜻을 지닌, '중국中國' 사람들은 무엇보다도 우선 평화를 제공해야만 했다. 유럽에서 여러 나라들 사이에 벌어졌던 전쟁에 해당하는 중국에서의 싸움들은 기원전 2세기에 끝났고, 그 이후의 분쟁은 내란뿐이었다. 경쟁을 벌인 파벌들은 중앙 정부를 장악하려고 싸우기는 했어도, 정부가 중앙집권적이어야 함을 거부하는 사람들은 오래전부터 거의 없었다. 베이징 쯔진청의 여러 장소에 붙인 이름들만 봐도 중국 이념의 이런 면모가 뚜렷이 보인다. '천상 평화의 문天安門' '지고한 화평의 문太和門' '고귀한 조화의 궁전太和殿' '고요한 세상의 궁전坤寧宮' '웅장한 평화의 궁전雄和宮'에서처럼 말이다. 이런 이름들은 분명히 큰 중요성을 지닌다.

따라서 팽창이라는 개념은 중국의 전통과 부합된다. 그렇지만 그것은 중국의 전통적인 생활방식과는 모순이 된다. 사회 단위로서의 가족은 산업화한 공동체에서 존속할 수가 없기 때문이다. 중국이 세계적인 세력임을 증명할 만한 수단을 갖추게 되면, 그것은 마을과 혈족의 종말을 뜻한다. 군인이나 식민주의자들 같은 유능한 이주민들을 효과적으로 공급하려면 중국은 친족 간의 유대와 지역 또는 교역 단체에 대한 충성심에서는 약화된다. 중국이 옛 사명감을 되살리고, 활력의 새로운 감각을 얻기 위해서는 새로운 동양적 종교가 필요하다. 현대 아시아에서는 오직 새로운 종교만이 이슬람을 대신할 수 있는 팽창운동의 첨병이다. 그리고 그 종교가 갖춰야 할 조건들은 분명하다. 그것은 가족을 대신하여 안정과 친족 의식을 제공하는 조직이어야 한다. 정신적인 면에서는 동양적이면서도 그것은 서양에 대한 방어를 위해 필수적이라고 밝혀진 서양 사상들과 부합되어야만 한다. 그것은 소수 정예 지식층에 의한 통치라는 중국의 전통을 충족시키고, 또한 다른 민족들에 대한 중국의 우월감을 만족시켜야만 한다. 그것은 가능하다면 인도의 극기克己 정신과 선과 악의 투쟁이라는 아랍적 감각을 충족시켜야 한다. 현실적으로 그것은 공산주의여야 한다. 부흥하려는 동양의 손에 날카로운 칼을 쥐어줘야 할 운명을 짊어진 종교는 공산주의다. 이 새로운 이슬람의 표어는 "신은 존재하지 않고 경제적인 결정론만 존재하며, 마르크스가 신을 대변하는 선지자다"[14]라고 내용을 수정한 기도문이다.

서양의 수비

—

세계의 주요 종교는 두 가지로 나뉜다. 저마다 독특한 계시를 받았다고 주장하는 유신론적 종교로는 신도神道, 유대교, 기독교, 그리고 이슬람교 네 가지가 있다. 그와는 대조적으로 광범위한 의미에서의 철학적 또는 탐미적 종교로는 힌두교, 불교, 도교, 유교 네 가지가 있다. 첫 무리에는 이제 마르크스주의를 추가해야 하는데, 다른 종교들과 마찬가지로 폭력의 신조를 섬기는 마르크스주의는 궁극적으로 유대교에서 파생한 종교다. 칼 마르크스는 유대인이었고, 쓰는 언어와 받은 교육만 독일인이었다. 그는 그의 광신狂信에서도 유대인이었고, 격렬함에서도 유대인이었고, 자기만의 구원을 의식했던 점에서도 유대인이었고, 증오심에서도 유대인이었다. 기독교나 이슬람과 마찬가지로, 마르크스주의는 그래서 사막의 언저리에 살던 셈 민족으로부터 유래한다. 그의 선조들이었던 율법 박사들처럼, 그는 세상을 선과 악이 대립하고, 믿는 자들과 저주받은 자들이 대립하는 곳으로 보았다. 그는 생김새까지도 평원의 도시들을 파괴하라고 외치는 구약성서의 예언자와 똑같았다. 그는 선택되고 핍박받는 사람들 가운데 하나였지만, 미래에 언젠가는 구원을 받으리라고 확신했다. 나라 없는 유대인이요, 보직이 없는 교수요, 독자가 없는 저술가였던 마르크스는 그가 지녔던 모든 것을, 평생 닦은 엄청난 학문과 철저한 이기주의와 광신적인 헌신과 인상적인 지성을 단 한 권의 책에 쏟아 부었다. 그래서 탄생한 산물이 《자본론》이었다.

경제학 교과서의 형태를 취한 《자본론》은 사실상 길고도 인상적이며 모호한 성서나 마찬가지여서, 설교자가 인용할 지침의 원천이었고, 가난한 자가 위안을 찾을 원천이었다. 그것은 공공연히 지적한 적에게보다는 이단자에게 더욱 강한 증오를 드러낸, 도덕적 열정과 과학적 말장난이 뒤섞인 책이었다. 1867년에 출판된 《자본론》은 당시에는 그 수와 중요성이 점점 감소되던 유럽의 공산주의자들을 대상으로 삼아서, 거의 관심을 끌지 못했다. 제1차 인터내셔널(코민테른)은 1874년경에는 거의 자취가 없어졌고, 마르크스도 1882년 사망할 때까지 전혀 대수롭지 못한 인물이었다. 그러나 《자본론》은 1872년에 러시아 말로 번역 출판되었고, 알렉산드르 울리야노프의 손에도 한 권이 들어갔다. 황제를 암살하려던 음모 때문에 그가 1887년에 처형되자, 그 책은 동생 블라디미르 울리야노프가 물려받아서, 그것을 러시아 공산주의의 교과서로 삼았다. 레닌이라는 이름으로 블라디미르는 1903년에 스스로 당의 지도자가 되었다. 1917년의 혁명과 더불어 그는 권력을 쥐게 되었고, 마르크스주의를 사상의 정통적인 정전으로 만들었다. 과거의 통치는 독재정치, 민족주의, 정교正敎라는 세 가지 원칙을 기본으로 삼았다. 레닌의 통치도 마찬가지였지만, 새로운 정교를 택했다. 그 정교에서는 마르크스가 첫째, 레닌이 둘째, 레닌이 죽은 다음의 현직 통치자가 셋째로 꼽히는 새로운 삼위일체가 생겨났다.

마르크스주의 이론은 모두가 분명히 구태의연한 몇 가지 경제사상과, 불충분한 증거에 의존한 역사적 진화론과 분명히 침체하고 있는 유토피아적인 미래에 대한 예언으로 이루어졌다. 초보자 당원들에게는 마르크스주의가 변증법적 유물론의 개념에 바탕을 둔 상당히 복잡한 신학으로 여겨진다. 전체적인 민중에게는 그것이 나름대로의 제신들과 성직자, 성서, 문헌, 성찬식, 이단, 종교재판, 우상, 찬송가와 순례할 곳을 제공한다. 그것은 마오쩌둥이 제1회 공산당 전당대회에 대표로 참석했던 1921년에 아주 발전된 형태로 중국에 전파되었다. 비록 마르크스주의를 중국의 노선에 따라 발전시키고 싶어도 마오쩌둥은 언제나 엄격한 정통파였다. 그는 손문이 1925년에 사망할 때까지 이끌었던 민족주의 운동과 절대로 타협할 의사가 없었다. 스탈린과 마찬가지로 그에게는 당원이 된다는 것은 생활이요, 정신적인 경험이요, 신조였다. 그러나 중국의 마르크스주의자들이 러시아인들과 달랐던 점은 한편으로 세금의 감소를, 다른 한편으로는 서양에 대한 확고한 저항을 제시했다는 사실이다. 영국 대사를 윽박지르고, 미국의 총영사에게 창피를 주고, 외국의 전함들을 상하이 항구에서 몰아내면서 그들은 유례없는 인기를 누렸다. 1949년에 이르러 그들은 국민당을 완전히 제압했다. 놀라울 정도였던 미국의 묵인과 공감 속에서, 공산주의자들은 중국

정부를 손에 넣었다.

우리는 지금 공산주의 얘기에는 관심이 없다. 다만 그것은 동양의 한 가지 신념이기에 흥미의 대상이 될 뿐이다. 기본적으로 그것은 반서양反西洋 정서와 부합된다. 거기에다가 그것은 다른 종교들이 제공했던 다른 여러 가지 요소를 제공한다. 마르크스주의자들은 유대인들로부터 선택된 민족이라는 개념을, 그리고 또한 그들의 적에게 재앙이 내릴 것이라는 예언을, 서양이 스스로 키워놓은 내적인 암으로 저절로 죽으리라는 신념을 가져왔다. 기독교인들로부터 그들은 저주에서 영혼을 구하고 선택된 자들을 추려낸다는 사상을 가져왔다. 각성과 안정에 대한 득도得道의 사상은 불교에서 가져왔다. 이슬람으로부터 마르크스주의자들은 성전聖戰과 모든 혈연관계를 능가하는 형제애라는 사상을 가져왔다. 이해도 하지 못하면서, 서양으로부터 그들은 진화론과 그리고 어느 정도의 능률 숭배를 가져왔다. 그들이 가장 심한 반발을 받은 곳은 인도인데, 언제나 그랬듯이 힌두교도들은, 신과의 합치라는 신비한 경험을 믿으면서 유물론과 인본주의를 다 같이 거부한다. 그런 반면에 공산주의는 가족의 유대 대신에 개인의 중요성이란 거의 무시되지만 모두를 포용하는 믿음을 약속하는 보다 넓은 형태의 새로운 관계를 내세우기 때문에, 중국인들에게는 특히 호감을 산다. 당은 가족과, 학교와, 교회와, 병영과도 같아서 다른 모든 것은 파괴하고 다시 세워야 한다고 그들은 말한다.

부흥하는 아시아에게 이슬람보다 마르크스주의가 더 자극적인 영감을 준다는 사실은 의심할 필요가 없다. 《유럽 시대의 아시아》

에서 마이클 에드워즈가 지적했듯이, "마르크스주의는 한때 무슬림 무리들을 이교도와 싸우는 성전의 싸움터로 끌어냈던 그런 흥분을 제공한다."

그리고 서양에 밀어닥칠 위협을 적어도 본능적으로나마 인식했으리라는 사실 또한 의심할 필요가 없다. 이슬람의 위협에 대한 중세 초기의 반응은 정치적 그리고 종교적 통일이라는 운동의 형태로 나타났다. 지금까지는 경쟁관계였던 민족들이, 제국이라는 중세의 개념에 해당하는, 유럽 합중국을 형성하기 위한 길을 모색하고 있다. 지금까지는 경쟁을 벌여왔던 교회들이, 교황권이라는 중세의 개념에 해당하는, 통일된 기독교 세계로의 길을 모색하고 있다. 유대인들은 다시 한 번 학살을 당했다. 외적인 압력이라는 조건하에서는 이단자의 운명이란 언제나 마찬가지일지도 모른다. 매카시는 적어도 방법을 보여주었고, KKK단은 불타는 십자가를 일으켜 세웠다. 그리고 서양에서 이런 전율할 조처들이 방어적인 강박관념을 드러내듯이, 동양의 자부심이 증가하면 그와 정반대인 조처들이 나온다. 공포는 동양 사회들로 하여금 어떤 형태의 잠정적인 동맹을 이루도록 강요할지도 모른다. 후스 박사는 이렇게 말했다. "우리는 간디의 정신적 개혁에 대해서는 관심이 없다. 그러나 우리는 아시아에서 백인의 지배를 어떻게 제거하고 그들의 콧대를 어떻게 꺾을 것인지에 대해서라면 기꺼이 그와 얘기를 나누겠다." 이렇듯 단순한 원한이 그들을 뭉치게 하기도 한다. 그들을 갈라놓았던 원인은 기회 포착에 대한 인식이어서, 중국과 인도, 싱할라인들과 타밀인들(실론의 인종들), 무슬림과 힌두 사람들 사이의 분쟁을 야기한다.

그들이 이루었던 통일은 서양에 대한 두려움에서 기인했다. 이제 그들은 전리품을 어떻게 분배하느냐를 놓고 다툰다.

앞으로도 다시 반복되리라고 예상되는 과거의 공격들은, 싸우느라고 지쳐버린 무리와 아직까지 전투에 참여하지 않았던 무리를 교체하여 추진력을 계속 유지했었다. 결과적으로 어느 한 쪽은 개화하지는 않았지만 활력이 넘치는 예비 병력으로부터 새로운 기운을 얻었다. 흉노족은 헝가리에 그리고 슬라브족은 유고슬라비아에 힘을 보태었고, 몽골인들은 인도에게, 정통 투르크인들은 근동近東의 무슬림들에게 지도권을 쥐어주었다. 외부의 간섭을 받지 않고 동떨어진 야만족이 따로 없는 현재에서는 이에 대한 비교가 비논리적일지도 모른다. 그러나 아프리카에는 권투시합이나 운동경기장에서 증명이 되듯이, 원시적인 정력을 아직 소비하지 않고 간직한 그런 부족들이 정말로 존재한다. 한니발은 아프리카에서 누미디아 병사들을 차출했다. 아랍인들의 보병이 아프리카에서, 그리고 프랑스의 경보병(Jouaves, 알제리인으로 편성하여 아라비아 제복을 입었음-옮긴이)도 아프리카에서 왔다. 아프리카에는 미국 대중음악의 근원 말고도 또 다른 무엇이 남아 있다. 혹시 양쪽 다 피부가 새까만 미국과 중국의 대표자들 사이에 벌어질 지적인 전투의 싸움터, 그리고 뒤따르는 화해의 장을 우리가 보게 될 날이 언젠가는 올지도 모를 일이다.

동양의 위협에 직면한 서양의 강대국들은 충돌을 피하기 위해서 그들의 능력으로 가능한 일을 했다. 그들은 전쟁에 의존하지 않고 분쟁을 해결할 기관인 국제연합을 만들었다. 만일 세계가 우주로부터 미지의 존재에게 위협을 받았다면, 그런 식으로 어떤 일이 이루어졌을 것이다. 그러나 현실적으로 그 노력은 허사였다. 국제적인 우의와 평화를 유지한다는 개념이 본질적으로 현상 유지를 뜻하기 때문이다. 그리고 이것이 몇 백 년 동안 상승이 보장된 자들에게는 만족스럽겠지만, 그것은 이제 막 회복을 시작한 쪽에게는 분명히 아무 도움이 되지 않는다. 기존의 세력 균형을 1900년에 동결시켰다면 현재의 안정이 미국에게 이로운 만큼이나 영국에게는 이득이었으리라. 결과적으로 한쪽이 영원히 위로 올라간 상태에서 저울을 고정시키는 셈이다. 아시아인들과 아프리카인들은 그것이 못마땅하다. 그들이 내세운 목표는 저울을 수평으로 유지하겠다는 것이었지만, 목적이 달성되고 나면 틀림없이 목표가 다시 바뀌게 된다. 만일 경쟁이 더 심해질 만한 상황을 전망해보자면, 그것은 달에 매장된 희귀한 광물을 채취하려고 벌이는 우주 탐험이다. 1492년에는 동양의 지식을 서양식으로 응용해서 신세계를 발견했다. 서양의 지식이 동양의 욕망에 적용될 어느 날엔가는 비슷한 업적이 가능해질지도 모른다.

국제연합이라는 발상은 지도력이라는 점에서도 다시 실패할 수밖에 없는 운명이다. 현재의 상황으로는 동양 국민들은 세계를 지배하기에는 너무 뒤떨어져 있다. 그들의 지도자들이 물정을 안다면, 그것은 그들이 서양화되었기 때문이고, 그들이 서양화되었다면, 그들은 동양인으로서 스스로 내세울 바가 없다. 그러나 지도력이 없는 사람은 그런 사실을 인정하려고 하지 않는다. 그리고 서양이 앞으로 오랫동안 지도력을 발휘하리라는 가능성도 확실치가 않다. 마이클 에드워즈가 지적했듯이 말이다.

마르크스주의의 도전은 제국주의뿐만 아니라, 그것이 연유한 문명에 대한 도전이기도 하다. 식민지 투쟁은 이제 세계적인 투쟁이 되었다. 아시아에서 서양이 겪은 실패는, 오늘날 아프리카에서처럼 영감의 실패이기도 하다. 서양은 스스로 믿었던 참된 대상이 없었기에 제시할 만한 명확한 신념이 없었다.[1]

긍지를 상실한 서양, 그것이 문제의 핵심이다. 많은 저술가들이 지적했듯이, 그것은 서양 미술의 부패에서 가장 명확하게 드러난다. 옛 그림의 값을 보면 현대 미술이 얼마나 가치가 없는지를 확실히 알게 된다. 그리고 어떻게 해서 그렇게 되었는지를 루이스 멈포드가 설명한다.

……현실적인 면에 지나치게 몰두한 나머지 우리는 예술가가 관심을 끌려고 돋보이려 한다거나, 더 심한 경우에는 약간의 인기를 얻기 위해 소란을 떨면, 그런 예술가를 비난한다. 살바도르 달리나 에즈라 파운드와 같은 부류의 사람들은 균형이 잘 잡힌 사회에서 예술가의 정상적인 지위를 다시 찾으려고 어리숙한 수단을 동원한 예술가들의 두드러진 본보기이고, 우리의 세계가 예술가를 반쯤 다가가서 맞아주기를 꺼리기 때문에, 예술가는 그의 비밀을 더욱 깊이 감추면서, 청중이 별로 없음을 숨기기 위해 윌리엄 블레이크나 제임스 조이스처럼 그들만의 언어나 그들만의 신화를 만들어내며, 그것이 거부되

면 그의 사랑은 증오로 바뀐다. 그런 기분에서는……예술가의 독창
적인 자아도취까지도 부정적으로 바뀌고, 자신에 대한 사랑은 자아
거부로, 그리고 더욱 나쁜 일이지만 자기 증오로 표현된다. 그러면
심리적인 상징들은 서슴지 않고 이런 말을 한다. "나는 나를 증오한
다. 나는 세상을 증오한다. 나는 너를 증오한다. 나가 죽어라!"[2]

이런 기분이라면 서양은 건설적인 지도력을 제공할 능력이 없다.
서양이 제공할 수 있는 바가 무엇인지는 국제연합 건물 자체가 잘
보여주는데, 그 건물에 대해서도 루이스 멈포드가 가장 멋진 얘기를
했다. 첫째 중요한 실수는 UN 건물이 뉴욕에 위치한다는 사실이다.
다음 실수는 불편할 정도로 지나치게 높으면서도, 더 높거나 설계가
훨씬 훌륭한 주변의 다른 건물들에게 위축될 정도인 42층으로 건물
을 지었다는 점이다. 세 번째 실수는 본부 자체의 실질적인 기능을
희생시켜가면서, 순전히 사무적인 기능을 상징적으로 돋보이게 했
다는 점이다. 네 번째 실수는 태양과 바람에 대한 방향을 잘못 잡았
다는 것이다. 다섯 번째 잘못은 "목적을 상실한 현대 기술의 공허함
을 반증하는 고착된 기하학적 개념"이라고 해야 마땅할, 공허한 추
상적인 형태로 "강철과 알루미늄과 유리로 만든 거대하고 모난 감
옥"처럼 사무국 건물을 설계했다는 점이다. 마지막으로 여섯 번째
중요한 실수는 이런 금속 궤짝의 대칭적인 균형을 살리기 위해서 실
질적인 편리함을 희생시켜, 어떤 사무실들은 햇빛이 들지 않는 한
편, 여자 화장실의 창문에는 넓은 면적을 할당했다는 점이다.

간단히 얘기하면, 사무국 건물은 고장난 기능주의와 상징적인 의식
상실을 보여준다. 기계라고 생각하면 신품일지는 모르겠지만, 그것
은 건축상으로 그리고 인간적으로 시대와 동떨어진 폐물이다.[3]

멈포드는 동 편잡의 수도가 설계에서는 훨씬 훌륭하다고 덧붙인
다. 조직으로 볼 때, 국제연합은 태어나자마자 죽어버린 셈이었다.
　세계통일의 꿈을 성취하려는 노력의 뒤에는 동양과 서양의 차이
점들을 해소하려고 토론하면서 주고받았던 꿈들이 있다. 이런 주
제를 담은 글은 우리가 살펴보았듯이, 일찍이 알렉산드로스 대왕
시대에서도 찾아볼 수가 있다. 그와 마찬가지로 라드하크리슈난은
"우리는 협조적이고 포괄적인 기독교 사회로 모든 인종과 국민을
통일시키리라"고 희망했다. 회의가 열리고, 논문이 발표되고, 열띤
토론에서 갖가지 이상들이 제시되었고, 이들은 모두 도움이 되었
다. 한 가지 해결은 종교의 통일에 의한 방법이었다.

수많은 종교들 가운데에서 …… 이성을 통해 계시가 이루어졌고, 세
계적인 여러 종교가 예고했으며, 예수 그리스도에 의해서 완전해진
유일한 신을 섬기는 하나의 종교를 찾아내고, 아시아와 유럽이 어느
쪽도 개성을 잃지 않으면서 통일을 이루리라는, 람 모함 로이가 얘기
하던 꿈이 실현될 …… 때가 눈앞에 도래했다. …… 표면적으로는 무
수하게 많다고 여겨지는 종교들의 밑에서, 모든 종교를 하나로 엮는
심장이 고동친다.[4]

그런 사상은 모두 나타나자마자 사라지고 마는데, 모든 종교 사상가들은 위의 경우에는 일신교—神敎지만 그들이 내세우는 종교가 다른 사람들을 개종시킨다는 전제하에 통일을 이루려고 하기 때문이다. 그렇지 않더라도 종교적인 통일은 아무것도 해결하지 못하리라. 관련된 사회들이 같은 종교를 믿는다고 해서 중요한 분쟁이 해결된 적은 없었다.

다른 사상가들은 세계통일이라는 신념에 희망을 걸고, 그 자체를 "인간의 생존을 위한 열쇠"이며 궁극적인 목적이라고 간주한다. 에드몬드 테일러는 이런 이상을 추구하는 사람들의 마음과 머릿속에서 종교적인 '개종'이 이루어져야 할 필요성을 느낀다.

……완전한 효과를 얻기 위해서는, 실현이 가능한 국제정치 기구들의 활동에 개인들의 이러한 도덕적 전환이 반영되어야 하고, 그런 기구들 자체는 그것을 지지하는 개인들의 달라진 특성을 반영할 때만 효력을 발휘한다.[5]

그러나 이미 공산주의로 '개종' 한 사람들에게 그런 '전환'을 어찌 성공적으로 촉구할 수가 있겠는가? 그들에게는 중국에 새로이 여러 나라들을 병합한다는 그들대로의 세계통일이라는 이상이 있기 때문이다. 세계평화라는 개념은 일찍이 기원전 221년에 중국이 이룩한 발견이었고, 그들은 그것을 남들과 나누고 싶어 한다. 서양에서 그와 비견할 무엇을 제공할 수가 있는지는 전혀 확실하지가 않다. 그리고 미국을 사로잡은 불안감은 세계통일을 추구하려는 욕구를 자극하지 못한다. 그것은 오히려 편협성과 폭력, 또는 기껏해야 미키 스필레인의 소설에 대한 중독증 밖에 남기지를 않는다.

동양과 서양 사이의 분쟁을 제거할 가능성이 존재한다고 전제하더라도, 그것이 꼭 바람직하다고 할 수만은 없다. 모리스 콜리스는 중국 해안에 처음 나타난 유럽 사람들이 "세상에서 가장 위대한 행복"을 이룩한 통일천하에 눌러앉아서 살라는 초청을 받았으나, 그들이 조국의 관심사들 때문에 그러지 못했다는 얘기를 우리에게 전해준다. 그는 이제 전 세계를 하나로 뭉친 새로운 통일천하를 주창한다.

> ……여기에 우리는 모두 찬성하고, 우리의 합의는 우리들로 하여금 유교를 신봉하게 만드는 셈이니, 그것은 유교가 범세계적인 정치철학이기 때문이며, 유교의 고전 가운데 하나인 《예기禮記》에서는 문명의 이상적인 상태가 '대통합大通合'으로서, 통일천하는 인종이나 언어나 신조를 가리지 않고 다 같이 공통된 목적에 따라 움직인다고 했다. 그런 이상은 중국 특유의 것이 아니며, 그것은 항상 인류의 꿈이었지만, 지금까지 존속하는 국가들 가운데 실제로 그것을 추구하여 정치 구조에 반영하고 결실을 맺은 나라는 오직 중국뿐이다…….
>
> 그렇다면 만일 중국과 서양세계가 드디어 그들의 꿈이 같음을 발견했으니, 동양과 서양의 통일은 가능하여…….[6]

그러나 가능성의 여부는 차치하고, 그 목적에 우리가 모두 다 같이 찬성하지는 않는다. 이런 대통합론은 정신적인 침체를, 우리가 온갖 이유로 두려워하는 획일성을 초래할 터이기 때문이다. 유럽에서는 개별적인 여러 민족이 그토록 많은 분쟁을 야기했지만, 중국에서는 다수의 나라들을 없애버림으로써 대규모적인 평화가 확보되었다. 그러나 거대한 획일성과 고립성을 갖추게 된 중국은 분쟁의 정신적 자극이 부족해졌다. 예를 들면 중국은 항상 장애가 되어왔던 옛 문자를 존속시켰고 아직도 존속시키고 있다. 중국은 과분수적인 관료조직과 고전 학문에 대한 집념을 존속시켰다. 중국은 외부와의 접촉이 많지 않아서 지금도 그렇지만 항상 고통을 받아왔다. 마찰의 모든 요소를 제거한 세계 국가를 세운다면 그 정부의 우선적인 통치 원칙은 침체되리라. 종족간의 혼혈 결혼이 널리 퍼지면 단조로운 획일성이 이루어지리라. 세계의 가장 찬란한 사상들은 동양과 서양의 마찰에서 대부분 기인했다. 이 책을 읽는 독자들 가운데에는 앞뒤로 움직이는 피스톤 운동이 여러 가지로 유익하며, 저마다 다른 사상들이 뒤섞이고 대립하여 정신력을 긴장시키도록 돕는다는 사실을 의심하는 사람은 없으리라. 움직이는 물이 가장 맑고, 고인 물에 더러운 더껑이가 낀다.

충돌은 계속되어야 하고, 충돌의 주도권은 지금 또는 곧 동양의 차지가 된다. 그러나 만일 동양이 그들의 침체기를 이겨냈다는 사실을 우리가 기쁜 마음으로 받아들인다면, 서양에 대해서도 우리는 똑같은 희망을 가져도 좋으리라. 마지막으로 의지할 수단은 경계선을 지켜내는 일이다. 하지만 어떻게? 역사가에게는 그 대답이 분명하다. 과거에 한 번, 그리고 또 그 이전에도 그랬듯이, 경계선은 지켜내게 되리라. 유럽의 통일을 향한 분명한 움직임 이외에도, 동양

세계가 내줄 만한 것을 모두, 또는 거의 모두 흡수하려는 운동이 일어나야 하는데, 그 운동은 이미 진행 중이다. 서양세계 전체에서는, 그리고 특히 미국에서는 삶이 견디기 어려워지고, 안전과 균형의 감각이 상실되었다는 인식을 사람들이 느끼고 있다. 사람들은 참지 못할 지경에 도달해서, 담배를 피우고, 술을 마시고, 진정제를 복용하고, 마리화나를 피우지 않을 수가 없다고 느낀다. 소년 범죄로부터 정신적인 장애에 이르기까지, 온갖 문제들이 늘어나기만 한다. 조지 버드우드 경은 "속되고, 기쁨이 사라지고, 공허하고, 자기 파괴적인 서양의 현대 문명"에 대한 슬픈 얘기를 했다. 어디론가, 아무 데로나 가고 싶은 충동에 쫓겨 빠르게 몰아대는 차량의 물결 한가운데서, 성미가 급한 운전자들 저마다에게, 지금 그 자리에 서서 명상을 시작하라고 충고하는 동양의 철학자를 많은 사람들이 생각한다. 그들로서는 그의 가르침을 따를 능력이 없지만, 그래도 그들은 동양에는 그들에게 제공할 무엇이, 인생의 쳇바퀴에서 도피할 어떤 길이 있을 것이라고 느낀다.

이런 감정을 느끼는 사람들을 위한 문헌이 점점 많아지고 있다. F. S. C. 노스롭은 "사물의 본질 가운데 심미적인 성분을 직접 파악한" 경험에 바탕을 둔 나름대로의 지식 형태가 동양에는 있다고 지적한다. 아난다 K. 쿠마라스와미는 아시아 사람들은 일터에서 노래를 부르고, 노래가 없는 노동은 영혼을 파괴하는 행위와 마찬가지라고 말한다. "직업의 세계에서는 '좋아하는 일은 한다' 가 아니라, 하는 일을 좋아하는 자세가 중요하다……." "높은 차원의 농업에서부터 높은 차원의 철학에 이르기까지, 우리는 동양에서 배운 바가 많다"고 포츠머드 백작은 말한다. 르네 귀에농은 유럽의 철학 서적들에 대해서 "그 안에 담긴 사상들이란 여덟 살짜리 아이들에게나 도움이 된다"고 한 힌두인의 말을 인용한다. L. 크랜머 빙은 서양의 보통사람들이 "더 빨리 걷고, 더 큰 소리로 말하며, 한계가 좁아지는 자아로부터 도피하려는 그들은 속도와 소음에서 안식처를 찾으려 하고, 비자아非自我의 영원성에서 매혹을 느낀다"고 썼다. 에드몬드 테일러는 서양에서 우리에게 닥친 첫 과제는 "우리의 문화가 우리들 속에서 만들어낸 결핍의 무질서를 수정하는 일"이라고 생각한다. 마르코 팔리스는 "세계를 물질적으로 정복함으로써 우리는 우리의 유산 가운데 위대했거나 소중한 많은 것을 상실한 듯싶다"고 비관적인 결론을 내리면서 밀라 레파의 명시名詩에 나타난 티베트의 이상을 제시한다.

서양에 대한 이런 언급들은 마하트마 간디의 말을 결론으로 삼자.

그대들은 목표를 생각하지도 않으면서 속도를 영광으로 삼는다. 그대들은 제품을 최상품으로 만들기보다는 과정만을 향상시킨다. 그대들은 라디오를 발명했다고 해서 그대들의 영혼이 구제되었다고 생각한다. 들려줄 말이 헛소리뿐이라면 방송 수단이 인간에게 어떤 향상을 가져다주는가? 하룻밤에 120쪽짜리 신문을 만들어도, 대부분이 진부하거나 사실상 사악한 내용뿐이어서, 오려서 두 구절밖에 간직할 가치가 없다면, 그것은 어떤 문명의 상징이란 말인가? 인간의 자기 파멸 이상으로 어떤 보답을 할 만한 공헌을 항공술은 인간에게 해주었나? 그대들은 면도칼을 가지고 장난을 치는 아이들이다.[7]

독서를 거의 또는 전혀 하지 않는 사람들까지도 파도가 어느 쪽으로 밀어닥치는지는 감지한다. 성당으로 유명한 영국의 도시와 미국의 중서부 도시에서 중국 식당들이 눈에 띈다. 유도 도장은 어디에나 널려 있어서, 어린 학생들까지도 일본말을 조금씩은 한다. 건축물을 보면 캘리포니아나 뉴욕에서도 일본식이 눈에 띈다. 선불교禪佛敎는 어디에서나 화제에 오르고, 아시아에 대한 도서가 책장마다 진열되었다. 가장 중요한 것은 남자 의상에 나타난 변화다. 고전적 전통에 따라 빅토리아 시대 사람들은 하나같이 검고 흰 옷을 제복처럼 입어서, 근엄하고, 사내답고, 말끔한 차림이었다. 동양에서는 이것이 백인들만의 제복이 되어서, 백성들이 입었던 울긋불긋한 옷과 대조를 이루며 백인의 권위를 상징하게 되었다. 사회적인 지위 향상을 꿈꾸는 모든 아시아인들이 이 검은 전통을 흉내 내었고, 아직도 널리 모방이 이루어진다. 그러나 장벽이 무너지기 시작했던 1930년경에 변화가 시작되었다. 보다 울긋불긋한 빛깔의 옷들이 처음에는 휴식 공간에서, 그리고 나중에는 식탁에까지 런던에 나타나기 시작했다. 흰빛은 아마도 1955년까지는 식민지의 제복으로 명맥을 유지했고, 그때부터는 딱딱한 무늬를 파스텔 색조가 다채롭게 바꿔놓았다. 이것은 권위의 쇠락을 나타냈고, 결국은 하와이 셔츠와 버뮤다 반바지 같은 몰락의 상징으로 격하되는 종말을 보았다.

중세의 서양세계는 동양의 취향에 맞추기 위해서 무척 밝은 빛깔의 옷을 입었지만, 방어의 수단으로는 비잔티움의 성채에 크게 의존했다. 로마 유산의 서쪽 절반을 이미 상실했을 때에도, 동양의 절반은 꿋꿋하게 버티었다. 어째서 그것이 가능했을까? 비잔틴 군대는 너무나 동양화되어서 동양의 공격에 제물이 되지 않았다는 단순한 이유 때문이었다. 그들은 전통이나 사고방식이 동양적이지는 않았지만 프랑크인들의 눈에는 거의 동양적으로 보일 만큼 그들의 적을 모방했다. 그리고 이슬람의 진출을 몇 백 년 동안이나 막아낸 사람들은 바로 그들이었다. 지금의 현대에서도 똑같은 얘기가 되풀이되었다. 서양의 유산은 다시 나뉘어서 절반은 워싱턴에, 그리고 나머지 비잔틴의 절반은 모스크바에 집중되었다. 그리고 방어의 부담은 주로 불가피하게 러시아에 떨어졌다. 이것은 일찍이 1912년에 이미 파악되었던 현실이었다.

만주, 몽골, 투르키스탄, 페르시아, 아프가니스탄, 그리고 터키에 걸쳐 국경이 비스듬히 전개된 러시아는 자연에 의해서 서양 문명을 보호하는 보루가 되었다. 아시아의 경계선들 역시 술렁이려고 할 때쯤에 러시아의 농민은 깨어나기 시작한다. 개발하지도 않고 사람이 살지도 않는 영토를 유지하기가 어렵다는 사실을 러시아 정부는 깨달았고, 그래서 극동으로 뻗어나간 아무르 철도와 시베리아로의 이주를 실행했다. 그리하여 서양 문명의 전진기지가 장벽으로, 강인한 러시아 농민들로 형성된 장벽으로 전환된 셈이며, 그들의 부지런한 활동, 그리고 그들의 튼튼한 오른팔은, 필요하다면 아시아의 침략이라는 물결을 막아내는 역할을 맡으리라. 어떤 경우에라도 서양은 동양과 동화될 수가 없고, 다만 동양을 막아낼 방파제를 쌓아올려야만 하기 때문이다. 러시아의 발전이 오늘날까지 지연되었고, 그래서 수백

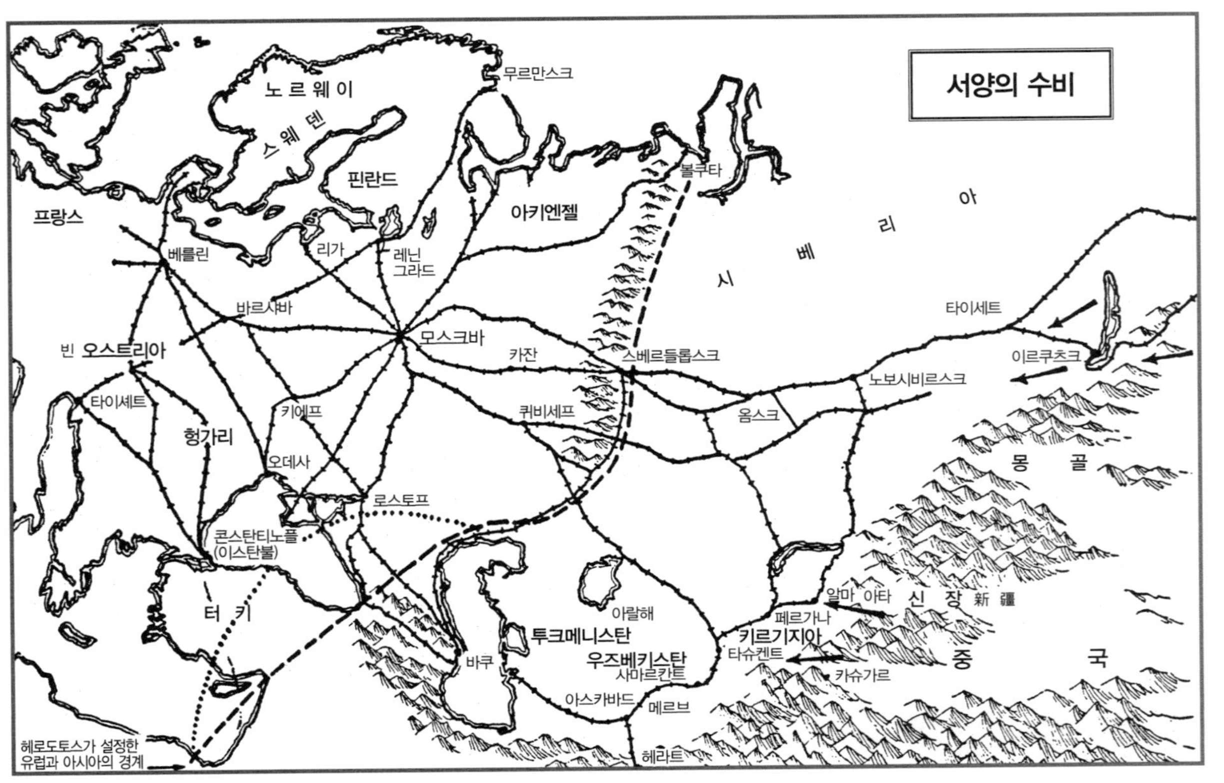

서양의 수비
노르웨이
스웨덴
핀란드
프랑스
베를린
리가
레닌그라드
아키엔젤
무르만스크
볼쿠타
시 베 리 아
타이세트
이르쿠츠크
바르샤바
모스크바
카잔
스베르들롭스크
노보시비르스크
빈 오스트리아
타이셰트
키에프
퀴비셰프
옴스크
헝가리
오데사
몽 골
로스토프
콘스탄티노플
(이스탄불)
터 키
아랄해
알마 아타
신 장 新 疆
페르가나
투크메니스탄
키르기지아
우즈베키스탄
사마르칸트
타슈켄트
중 국
바쿠
카슈가르
아스카바드
메르브
헤라트
헤로도토스가 설정한
유럽과 아시아의 경계

만에 이르는 건장한 흙의 자손들이 아직도 예비 병력으로 남았다는 사실을 우리는 아직도 고마워해야만 할지도 모른다. 남자로서 그리고 군인으로서 다 같이, 러시아의 농민은 타의 추종을 불허하고 …… 열심히 일하는 그들은 전쟁이 벌어지면 그만큼 용감하게 싸울 것이다. 아시아의 경제력에 맞서서 훗날 첨예하게 투쟁하게 될 그들은 진실로 자유를 사랑하는 유럽의 남성상을 대변할 자격이 충분하다.[8]

이 역설적인 예언은 지금도 상당히 맞는 얘기일지도 모른다. 많은 사람들이 그랬듯이, 러시아는 유럽이 아니라 아시아의 강대국이라고 지적하면서 이런 예언을 부정할 사람들도 있기는 하다. 빅토리아 시대의 어떤 사람들은 그렇게 믿었고, 보다 최근의 다른 사람들은 소비에트 러시아가 탈영하여 아시아 진영으로 도망쳤다고 생각했다. 이런 견해를 밝힌 사람들의 대표격인 마이클 에드워즈는 다음과 같이 썼다.

서방 진영으로부터 러시아가 철수하고, 러시아 자체가 제국주의적 과거로부터 단절함에 따라, 서양을 적대시하는 식민지 투쟁을 벌이겠다는 새로운 긍지를 천명하며, 독립한 새로운 '아시아' 민족이 등장했다. 손문은 이 중대한 사건의 중요성을 즉시 인식했다. "지금 러시아는 유럽의 백인들로부터 떨어져 나오려고 시도한다"고 그는 썼다. "이유가 무엇일까? 러시아는 '권리'의 통치를 주창하고, '힘'의 통치를 규탄한다. 러시아는 박애와 정의의 통치를 옹호한다. 최근의 러시아 문명은 우리의 고대 문명과 흡사하다. 따라서 러시아는 서양과 갈라지고 동양에 합류한다."[9]

이 이론을 믿는 사람들은 무스타파 케말에 대한 러시아의 지원
과, 페르시아와 아프가니스탄에 대한 러시아의 정책과, 러시아와
중국 사이의 이념적 유대 같은, 1922년 이후의 소비에트 정책의
몇몇 양상을 지적한다. 그러나 러시아의 정책을 분석해보면 그것
은 대부분이 러시아의 이익을 위한 것임이 밝혀지고, 러시아가 마
음 내키는 대로 편을 바꿀 수 있다는 사실은 실제로 어떤 일을 할
수 있겠느냐는 우리의 모든 경험과 합치하지 않는다. 러시아의 역
사가 1917년에 시작되었다는 듯이 행동하는 편이 러시아의 정책
에 어울렸을 만한 상황도 있었다. 다른 때에는 아시아의 강대국이
라고 선언해야 러시아의 정책에 어울렸을지도 모른다. 디즈레일리
(318쪽 22행과 335쪽 9행 참조)는 한때 영국에 대해서 똑같은 주장을
했었다. 그러나 말이 사실을 바꿀 수는 없고, 이 경우에는 사실이
냉혹하다.

러시아 제국주의 전통의 역사는 동로마제국의 시대로 거슬러 올
라간다. 러시아의 '황제Tsar'라는 명칭은 로마의 '황제Caesar'와 같은
단어이다. 유럽이 그늘에 들어갔을 때, 러시아도 그늘에 들어가 있
었다. 유럽이 되살아나자 러시아도 함께 되살아났다. 러시아의 식
민지 확장 역사는 영국의 역사와 긴밀하게 병행되었다. 극동 침략
에서 러시아는 유럽 강대국들 가운데 가장 적극적이었고, 1900년의
북청사변에서는 최선봉에 섰다. 사변 당시 그리고 그 이후에도, 외
국에 반대하는 어떤 반란에서나, 러시아인은 어느 백인과 마찬가지

로 당장 공격을 받을 처지였다. 1905년 러시아가 일본에게 패배하자, 아시아의 위대한 부활이 시작되었다. 혁명으로 말할 것 같으면, 과거의 혁명이 프랑스에게 그랬듯이, 그것은 러시아가 파멸을 당할 가능성을 열어놓았다. 그것은 러시아의 외교정책에 전혀 변화를 가져오지 않았다. 방법은 달라졌을지 모르지만 목표는 그대로였다. 그럴 수밖에 없지 않은가? 한 나라의 외교정책은 위치, 면적, 거리, 인구, 생산력, 교역로 따위의 완전히 드러난 천연적인 여건들에 바탕을 둔다. 그 기본적인 이해관계는 지도에서 읽어낼 수 있다. 러시아의 관심사는 방어를 위한 공간과 태평양으로의 돌파구를 포함했는데, 러시아는 수백 년 동안 이 목적들을 끊임없이 추구했고 아직도 마찬가지다.

소비에트 러시아에 대한 오해는 지도의 그릇된 이해에서 기인한다. 발트해와 오호츠크해 사이의 광활한 땅덩이를 살펴보면, 우리는 소비에트 영토의 반 이상이 아시아에 위치했음을 깨닫는다. 뿐만 아니라 우리는 보다 멀리 떨어진 지역의 러시아 주민들이 성격상으로는 아시아인이고 종교적으로는 아마도 무슬림일지도 모른다는 사실을 알게 된다. 우리는 그들 자신의 선언에 자극을 받아 러시아인이 아시아인이라는 결론을 쉽게 내린다. 그러나 식민주의 제국은 인접해 있다고 해서 덜 식민주의적이지는 않다. 러시아의 모체는 우랄 산맥의 서쪽이다. 동쪽으로 가면서 러시아의 영토는 식민지 확장에서 흔히 보게 되는 두 가지 범주로 구분되는데, 시베리아 같은 정착지대와 투르키스탄 같은 점령지역이 그들 두 범주이며, 하나는 오스트레일리아에 그리고 다른 하나는 알제리에 비유할 수가 있다. 첫 번째 범주는 사람들을 정착시키지 않으면 잃게 되며, 방어하기가 지극히 어렵다. 두 번째 종류는 동양의 도움을 얻어 언제 반란을 일으킬지 알 수가 없다. 그리고 과거에 영국의 정책이 유럽과 아시아 사이의 남부 교역로에 집중했듯이, 현재 러시아의 정책은 아시아와 유럽 사이의 북부 교역로에 집중했다. 그것은 남부 교역로만큼 훌륭한 교역로는 아니지만, 러시아인들이 소유한 단 하나의 길이다. 하지만 러시아가 어째서 이 교역로의 전부와 그것이 통과하는 영토를 모두 차지해야만 하느냐고 중국인들은 결국 묻게 되리라. 그것은 동쪽 끝에서도 마찬가지로 통제할 수가 있으리라. 그리고 시베리아는 오스트레일리아처럼 중국인들이 정착하기에 좋은 훌륭한 공간을 제공할지도 모른다.

소비에트 러시아는 그냥 하나의 단순한 식민주의 강대국이 아니라, 시대적으로는 영국과 마찬가지인 초기 집단의 하나였다. 그리고 기존의 한계를 넘어 동쪽으로의 팽창을 계속하느라고 영국인들이 포르투갈이나 네덜란드 사람들을 타고 넘었듯이, 러시아인들은 다른 강대국이 그들을 타고 넘을까봐 항상 두려워할 만한 이유가 있었다. 프랑스가 먼저 그런 시도를 했고, 그 이후에도 독일이 두 차례나 그들을 침공했다. 그러나 13세기의 영국인들이 유럽에 자꾸만 간섭을 함으로써 영국의 식민주의 확장에서 경쟁국들의 관심을 다른 곳으로 돌렸듯이, 러시아인들은 똑같은 이유로 항상 간섭을 계속했다. 러시아가 벌인 후방의 교란이나 눈속임 계획들을 다른 유럽 국가들이 눈치를 채기는 했지만, 러시아의 식민지 획득은 인식하지 못했다. 그러나 만일 유럽 사람들이 그들의 국경 근처에서 벌어지는 갖가지 사태에 보다 더 많은 주의를 기울이는 것이 당연하다고 하면, 중국이나 일본도 마찬가지다. 러시아가 그만큼 멀리 진출하기가 용이했던 이유는 200년에 걸친 일본의 중립주의 때문이었다. 그들이나 일본은 그런 실수를 다시 되풀이하지는 않으리라. 러시아에 대해서 동양의 지도자들은 아무런 망상도 가지고 있지 않으며, 만일 공산주의 세력들 사이에 이념적 유대의 어떤 유사점이 생겼다면, 그것은 거의 전적으로 미국의 외교정책 때문이다. 그러나 아무리 어리석어지더라도 국무성은 그들의 동맹을 영원히 부추길 수는 없다.

중국과 비교해보면 소비에트 연방은 새로운 비잔티움이나 마찬가지다. 러시아는 비잔틴 사람들과 마찬가지로 서양을 막아내기 위해 그들 자신을 희생할 이유가 없다. 그러나 그들은 다른 방법이 없지 않은가? 그러지 않았다가는 중국인들이 이르쿠츠크와 크라스노야르스크와 옴스크 또는 마그니토고르스크를 차지하고 만다. 교역로 주변에서 벌어질 그런 움직임에서 우랄 산맥은 주요 방어선을 상징하고, 모스크바는 필연적으로 본부의 역할을 맡으며, 유럽 전체는 기지가 된다. 그런 분쟁에서는 러시아가 지리적으로 좋은 위치를 차지했고, 준비가 잘 되어 있다. 과거의 진출에서 그들은 작전을 할 광활한 전진 기지를 얻었다. 최근까지 농업에 종사한 사람들이어서, 그들은 흙으로부터 인간이 얻는 활력을 보유했다. 부분적으로 국가가 산업화했기 때문에 그들은 현대 무기로 전쟁을 위한 장비를 갖추었다. 마르크스주의를 신봉하는 그들은 적들과 맞먹는 종교적인 열정, 그리고 똑같은 종교를 가지고 있다. 그리고 미국을 선두로 한 서양의 다른 세력들이 러시아를 도우러 달려갈 거라는 것도 의심할 여지가 없다. 십자군은 비잔티움에 원한이 있었을지 모르지만, 그래도 그들은 비잔티움을 위해 싸우러 갔고, 필요한 견제를 함으로써 동양의 추진력이 쇠진할 때까지 저항을 연장시켰다.

핵무기가 새로운 환경을 조성해서 옛 원칙들이 이제는 소용이 없으니까, 이런 전략적 구상이 구태의연하다고 어떤 지도자들은 얘기하리라. 1945년 8월 6일 이후 세상이 달라졌다고 그들은 말하리라. 그럴지도 모른다. 그러나 그런 증거가 없다는 주장을 우리는 제기할 수도 있다. 대신에 우리는 빤히 예견했을 만한 목적을 달성하기 위해 재래식 수단을 동원했던 일련의 전쟁들을 살펴봐야 한다. 핵심적인 사건은 대영제국의 파괴였는데, 그것은 적들의 공격에 의해서, 그리고 내부의 침식에 의해서 더욱 성공적으로 이루어졌다. '제국의 축'이었던 유럽과 아시아 사이의 남부 교역로는 여러 곳에서, 특히 수에즈에서, 절단이 되었다. 케냐와 키프로스, 이집트와 말라야, 쿠웨이트와 브루나이에서 작전이 벌어졌다. 그런 어떤 상황에서도 수소폭탄은 조금도 도움이 되지 않았으리라. 한국이나 인도차이나, 알제리나 네팔 같은 모든 상황에서, 가장 긴급히 필요했던 수단은 대대와 포대, 대검과 군화였다. 수송기나 순양함처럼 항상 우리 장관들이 폐기하자고 협의를 벌였던 무기들이 필요했다. 공상과학 소설에서 현실로 눈을 돌리기만 한다면, 정치가들은 세계가 조금씩 계속해서 파괴되고, 이미 상당히 많이 파괴되었으며, 기껏해야 3인치 박격포에 너도나도 의존하고 있음을 알게 된다.

경험이 우리에게 주는 가르침이 있다면, 그것은 아시아의 공격은 선전, 침투, 파괴, 타협, 은밀한 협조, 그리고 결국은 반란이라는 흔한 수법에 의해서 이루어질 것이라는 사실이다. 그토록 훌륭하게 소기의 목적을 달성했고, 더구나 정식으로 교과서에 밝혀놓은 그런 방법을 왜 누구라도 바꿔야 한다는 말인가? 그리고 이런 준비 행위가 이루어진 다음에는, 중앙아시아로 너무 깊이 뛰어드는 모험을 감행하기 전에, 중국인들은 왼쪽 측면에서 위협이 될지도 모를 인도를 무력화하기 위해 설득을 벌인다는 지극히 정통적인 전략이 뒤따르리라. 그러나 이런 모든 낯익은 작전들의 뒤에는, 그리고 마르크스주의자의 진부한 말장난 뒤에는, 훨씬 거대한 그무엇이, 부흥하는 아시아가 모습을 드러낸다. 이 움직임에서 서양은 많은 교훈을 배워야 하는데, 거기에는 우선 저항의 비결이라는 교훈도 포함된다. 세계의 미래가, 동양과 서양의 미래가 다 같이 매달려야 할 마지막 희망은 바로 이 저항이다. 마하트마 간디는 서양이 "굉장한 재난과 곤경"을 맞으리라고 예언했었다. 어느 미국인에게 그는 말했다.

당신들 가운데 살아남은 자들은 다른 생활방식을 찾아 아시아로 돌아올 것입니다.……만일 내가 지금 서양으로 하여금 그 어린애 같은 자신만만한 난폭성으로, 정치적인 세력과 물질적인 영향력으로, 철저히 상반되는 삶과 이상의 체제를 완전히 말살시키도록 그냥 내버려둔다면, 나는 내 민족에게뿐 아니라 바로 당신들 서양인들에게도 마찬가지로 반역자 노릇을 하는 셈이 아니겠습니까?[10]

이것은 지극히 현명한 관찰이었다. 그러나 어떤 서양의 현인이 똑같은 내용의 얘기를 할 날이 올지도 모른다.

당신들 가운데 살아남은 자들은 다른 생활 방식을 찾아 유럽으로 돌아올 것입니다.……만일 내가 지금 동양으로 하여금 그 독단적인 빅토리아 시대의 편협성으로, 정치적인 파괴와 경제 원조를 통해서, 철저히 상반되는 삶과 이상의 체제를 완전히 말살시키도록 그냥 내버려둔다면, 나는 내 민족에게뿐 아니라 바로 당신들 동양인들에게도 마찬가지로 반역자 노릇을 하는 셈이 아니겠습니까?

아니면 우리는 아마도 이 책이 시작된 말로 끝을 맺어야 할는지도 모른다.

오, 여신이여, 분노를 노래하라, 1만 명의 아카이아 사람들에게 슬픔을 가져오고, 영웅들의 착한 영혼을 하데스로 보냈으며, 그들 스스로 개와 새의 밥이 되게 한 펠레우스의 아들 아킬레우스의 슬픈 분노를 노래하라. 그리고 인간들의 왕인 아트레이데스와 아킬레우스가 처음으로 싸우고 갈라선 그날부터 제우스의 예언이 이루어졌도다. 어느 신이 그들 둘로 하여금 싸우게 했더냐?

역사의 예언

60여 권의 저서를 남긴 영국의 해양역사가 시릴 노스코트 파킨슨 Cyril Northcote Parkinson, 1909~1993의 《동양과 서양 *East and West*》(1963)을 내가 처음 접한 것은 1970년대 말이었다. 당시 우리나라는 전두환 군사정권의 등장을 앞두고 정치적으로 매우 뒤숭숭한 분위기였고, 중국에서는 대조적으로 기존의 경직된 이념으로부터 벗어나면서 덩샤오핑(鄧小平)의 여유 만만한 실용주의 노선이 본격적인 궤도로 진입하던 시기였다. 또한 한국에서는 '적국'이었던 베트남과 민간 차원에서 비공식적인 교역이 비밀리에 공공연하게 이루어지는 모순된 현실을 드러내기도 했었다. 군부독재 진영과 '진보' 지식층의 이념 대립은 아마도 이 무렵이 가장 극렬하지 않았나 싶다.

당시만 해도 언론 탄압과 제한된 정보 때문에 현실 파악이 상당히 혼란스럽던 시기였는데, 파킨슨의 《동양과 서양》은 벌써부터 만연했던 우리 정치 감각의 쌍방향 불균형 때문에 중심을 잃었던 나에게 역사 감각의 균형이 얼마나 소중한지를 조금쯤은 각성시키는 지표 노릇을 했었다.

고대 수메리아에서부터 현대에 이르기까지 인간의 역사와 문명이 거쳐 온 흥망성쇠의 족적을 간결하게 전개하면서 파킨슨은 동양과 서양 사이에서 힘의 역학이 피스톤 운동을 반복하는 과정을 설명한다. 지금으로부터 45년 전에 나타난 이 책이 현재의 중국 '피스톤'을 얼마나 정확하게 '예고'하는지를 보면, 역사는 과거의 복습이 아니라 미래의 예언이라는 생각이 새로워진다.

파킨슨은 트로이전쟁의 신화를 역사적 사실로 제시하고, 종교의 정치성을 지적하며, 영화 〈로마의 휴일〉에서도 언급되었던 유럽 연합의 실현을 전망한다. 뿐만 아니라 그는 일본과 중국의 역할 교체도 예언하고, 아시아에서 민주주의가 실패하는 가능성도 타진하고, 세계통일을 꿈꾸게 될 중국과 맞서기 위해 미국과 러시아가 우방이 되는 가설도 제기하고, 원자탄 이후에 왕성해질 재래전에서 박격포가 주무기로 재활용된다는 경고를 할뿐 아니라, UN 본부의 여자 화장실 창문이 인류의 미래에 어떤 영향을 주게 될 지도 설명한다.

이렇게 때로는 역사가 소설보다도 진진하다.

2011년 봄
龜山洞 寓居
안정효

주

서론

1_《극동의 여러 문제》Rt. Hon. G. N. Curzon, *Problems of the Far East*, London, 1898, 7

1. 고대 동양

1_《이란》, R. Ghirshman, *Iran*, London, Pelican, 1961, p. 133

2. 다리우스 왕

1_ Ghirshman, op. cit., p. 153

2_ 나일 강은 길이가 6,900킬로미터이고, 양쯔 강은 6,300, 인더스는 3,180킬로미터임

3_《과학의 역사》, George Sarton, *History of Science*, Oxford, 1953, p. 19

4_ Ghirshman, op. cit. p. 153

5_ Ibid., p. 152

6_《교통의 발달》, Astley J. H. Goodwin, *Communication Has Been Established*, London, 1937, p. 48

7_《기술의 역사》, C. Singer, E. J. Holmyard, and A. R. Hall, *A History of Technology*, Oxford, 1954~1958, II, 753

3. 트로이 이야기

1_《아르고 원정대의 항해》, Apollonius of Rhodes, *The Voyage of the Argo*, trans, by E. V. Rieu, London, Penguin, 1959, p. 154

2_《위대한 문화의 전통》, Ralph Turner, *The Great Cultural Traditions*, New York, 1941, I, 235

3_《일리아드》, Homer, *The Iliad*, trans. by E. V. Rieu, London, Penguin, 1950, p. 88

4_《일리아드》, *The Iliad*, Book X, p. 190

5_《역사》, Herodotus, *The Histories*, trans, by Aubrey de Selincourt, London, Penguin, 1954, p. 68

6_《중세의 전쟁》, Sir Charles Oman, *The Art of War in the Middle Ages*, London, 1924, I, 25

7_ Herodotus, op. cit., p. 120

8_《이집트의 짐》, John A. Wilson, *The Burden of Egypt*, Chicago, 1951, pp. 195~198

9_《고대 이집트의 인종관계》, S. Davis, *Race Relations in Ancient Egypt*, London, 1951, p. 23

10_ Homer, op. cit., pp. 39, 47, 129, 196

11_ Ibid., p. 114

12_ Herodotus, op. cit., p. 172

4. 페니키아 사람들

1_《고대의 경제생활》, Jules Toutain, *The Economic Life of the Ancient World*, trans. by M. R. Dobie, London, 1930, p. 24

2_ George Sarton, op. cit., p. 107 et seq.

3_《오디세이아》, Homer, *The Odyssey*, trans. by E. V. Rieu, London, Penguin, 1950, pp. 222~223

4_ Ibid., p. 241

5_ Herodotus, op. cit., p. 11

6_ Ibid., p. 14

7_ Ibid., p. 256

8_ George Sarton, op. cit., p. 222

9_ Herodoutus, op. cit., pp. 416~417

10_ Herodotus, op. cit., p. 365

11_ Ibid., p. 584

5. 헬라스 사람들

1_ 영화 〈300〉의 주인공이 된 스파르타의 왕

2_ 앞 장의 끝 부분을 참조

3_ Herodotus, op. cit., p. 115

4_ Ibid., p. 93

5_ Herodotus, op. cit., p. 69

6_《페르시아 정벌》, Xenophon, *The Persian Expedition*, trans. by Rex Warner, London: Penguin, 1961, p. 108

7_ 신명기 20장

8_ 크세노폰의 소아시아 원정기로서, 《1만인의 퇴각》이라고도 함

9_《고대의 동양》, D. G. Hogarth, *The Ancient, East*, London, 1914, p. 183

10_《종마의 기원과 영향》, William Ridgeway, *The Origin and Influence of the*

Thoroughbred Horse, Cambridge, 1905, p. 302

11_ tarpan, 중앙아시아의 대초원 지대에서 나는 작고 빠른 암갈색 야생마

12_ 《아나바시스》, Xenophon, *Anabasis*, p. 124

6. 알렉산드로스를 말하다

1_ 《과거의 유산》, Stewart C. Easton, *The Heritage of the Past*, New York, 1955, p. 272

2_ 《알렉산드로스의 길》, Freya Stark, *Alexander's Path*, London, 1958, p. 113

3_ Turner, op. cit., p. 597

4_ Hogarth, op. cit., p. 231

5_ 《고대 세계의 술》, Charles Seltman, *Wine in the Ancient World*, London, 1957

6_ Herodotus, op. cit., p. 17

7_ Davis, op. cit., p. 106

8_ Stark, op. cit., p. 201

9_ Ibid, p. 209

10_ Stark, op. cit., p. 54

7. 로마와 카르타고

1_ Jules Toutain, op. cit., pp. 90~93

2_ S. Davis, op. cit., p. 54

3_ 《카르타고》, B. H. Warmington, *Carthage*, London, 1960, pp. 131~135

4_ Ralph Turner, op. cit., I, 494

5_ Jules Toutain, op. cit., p. 188

6_ 《고대의 선박》, Cecil Torr, *Ancient Ships*, Cambridge, 1894, pp. 113~114를 참조할 것

7_ 《페니키아 사람들》, Donald Harden, *The Phoenicians*, London, 1962, 사진과 그림을 참조할 것

8_ 《유럽 문명의 여명기》, V. Gordon Childe, *The Dawn of European Civilisation*, 4th ed.; London, 1947, p. 225

9_ V. Gordon Childe, op. cit., p. 245

10_ R. Ghirshman, op. cit., pp. 237~238

11_ Ghirshman, op. cit., p. 248

12_ Ibid., p. 250

13_ Ibid., p. 252

14_ 《고대 중국의 로마 도시》, Homer H. Dubs, *A Roman City in Ancient China*,

London, 1957, p. 23

8. 황제들의 로마

1_ Ghirshman, op. cit., p. 239

2_《헬레니즘 세계의 사회와 경제》, M. Rostovtzeff, *The Social and Economic History of the Hellenistic World*, Oxford, 1941, II, 1218

3_ Astley J. H. Goodwin, op. cit., p. 201

4_ Turner, op. cit., II, 912 et seq.

5_ Freya Stark, op. cit., p. 49

6_《로마제국의 멸망사》, Edward Gibbon, *The History of the Decline and Fall of the Roman Empire*, 1776~1778, Vol. II, Chap. XXIV.

7_ Ibid., Vol. VI, Chap. 53

9. 동양세계

1_ Ghirshman, op. cit., p. 318

2_《케임브리지 고대사》, Bury et al., eds., *Cambridge Ancient History*, Cambridge, 1926, IV, 538

3_《아시아와 서양》, Maurice Zinkin, *Asia and the West*, London, 1951, p. 10

4_ Ibid, p. 22

5_ Turner, op., II, 786

6_《인도와 중국의 문화적 관계 1,000년》, Parabodh Chandra Bagchi, *India and China: a Thousand Years of Cultural Relations*, New York, 2nd ed., 1951, p. 119

7_《중국의 과학과 문명》, Joseph Needham, *Science and Civilisation in China*, Cambridge, 1954, I, 241

10. 승리하는 동양

1_《동양과 서양에 관한 몇 가지 고찰》, Radhakrishnan, *East and West: Some Reflections*, London, 1955, p. 67

2_ Ibid., p. 68

3_ Ralph Turner, op. cit., II, 1276

4_ Gibbon, op. cit., ch. XX

5_ Charles Oman, op. cit., I, 204

6_《축성의 역사》, Sidney Toy, *A History of Fortification*, London, 1955, p. 56

7_ Stark, op. cit., p. 45 et seq.

8_《아랍의 역사철학》, Ibn Khaldun, *An Arab Philosophy of History*, trans. by Charles Issawi, London, 1955, p. 57

9_《동양문집文集》, T. E. Lawrence, *Oriental Assembly*, London, 1939, p. 87

10_《종마의 기원과 영향》, William Ridgeway, *The Origin and Influence of the Thoroughbred Horse*, Cambridge, 1905, p. 213

11_《페르시아의 유산》, A. J. Arberry, *The Legacy of Persia*, Oxford, 1953, p. 293

12_ Oman, op. cit., p. 137

13_ Ridgeway, op. cit., p. 498

11. 쫓기는 서양

1_ Gibbon, op. cit., Chap. XLV.

2_《아시아의 환상》, L. Cranmer-Byng, *The Vision of Asia*, London, 1947, p. 141

3_ Ibid, p. 144

4_《중국의 과학과 문명》, Joseph Needham, *Science and Civilisation in China*, Cambridge, 1954, I, 240

5_《세 곳의 사막》, Jarvis, *Three Deserts*, London, 1936, p. 143

6_ Stark, op. cit., p. 45

7_《바빌론의 위대한 영광》, H. W. F. Saggs, *The Greatness That Was Babylon*, London, 1962, p. 214

8_《정치사상의 진화》, C. Northcote Parkinson, *The Evolution of Political Thought*, London, 1958, pp. 48~49

9_《메카의 통치자들》, Gerald de Gaury, *Rulers of Mecca*, London, 1951, p. 31

10_ L. Crarmer-Byng, op. cit., p. 83

11_《아랍의 양지》, Richard Coke, *The Arab's Place in the Sun*, London, 1929, p. 52

12_ Jarvis, op. cit., p. 150

13_ Ibn Khaldûn, op. cit., p. 57

14_《세계사 편력》, Jawaharlal Nehru, *Gilmpses of World History*, London, 1942, p. 179

15_ Gibbon, op. cit., Chap. XLV.

12. 십자군의 성전

1 Ibn Khaldun, op. cit., p. 53

2《이슬람 국가의 기원》, Ahmad Ibn Yahya, *Origin of the Islamic State*, New York, 1916, I, 439

3 Ibid, II, 217

13. 상승하는 유럽

1_《세계사 편력》, Jawaharlal Nehru, *Glimpses of World History*, London, 1942, p. 179
2_ L. Cranmer-Byng, op. cit., p. 187
3_ Ibid, p. 111
4_ A. J. Arberry, ed., op. cit., quoted from D. Barrett, p. 138

14. 동진하는 서양

1_《유럽시대의 아시아》, Michael Edwardes, *Asia in the European Age: 1498~1955*, London, 1961, p. 44
2_ Michael Edwardes, op. cit., p. 45
3_《극동의 제국》, Lancelot Lawton, *Empires of the Far East*, London, 1912, I, 246

15. 쫓기는 동양

1_《미래의 제왕들》, Amaury de Riencourt, *The Coming Caesars*, London, 1958, p. 278
2_《인도를 보는 영국의 시각》, George D. Bearce, *British Attitudes Towards India: 1784~1858*, Oxford, 1961, p. 39
3_ Bearce, op. cit., pp. 124~125
4_《인도에 관한 기록》, S. J. Owen, *A Selection from the Despatches, Memoranda and other papers relating to India*, of the Marquess Wellesley, K. G., Oxford, 1877, p. 630, p. 773
5_《매콜리 경의 생애와 서한문》, G. O. Trevelyan, *The Life and Letters of Lord Maccaulay*, London, 1931, I, 291
6_ Bearce, op. cit., p. 159
7_《동양과 서양 비교 연구》, Mannath C. Mallik, *Orient and Occident: A Comparative Study*, London, 1913, p. 51
8_ Mallik, op. cit., p. 3

16. 빅토리아 왕조의 미덕

1_ Maurice Zinkin, op. cit., p. 40
2_《잉글랜드의 대포 주조술》, Charles Ffoulkes, *The Gunfounders of England*, Cambridge, 1937. 역시 참조할 자료는 《총기의 역사》, W. Y. Carman, *A History of Firearms*, London, 1955

3_ 1690년의 훈련 수칙

4_《7대양》, Kipling, *The Seven Seas*, 1896

5_《말라야에 대한 영국의 간섭》, C. Northcote Parkinson, *British Intervention in Malaya*, Singapore, 1960, p. 45

6_ Joseph Needham, op. cit., III, 153 et seq.

7_《기술과 문명》, Lewis Mumford, *Technics and Civilization*, London, 1934, p. 133

8_ Rudyard Kipling, 1899

17. 발전의 행진

1_《정치사상의 진화》, C. Northcote Parkinson, *The Evolution of Political Thought*, London, 1958, p. 20

2_《동인도 제도의 래플스》, C. E. Wurtzburg, *Raffles of the Eastern Isles*, London, 1954, p. 634

3_《프레더릭 웰드 경의 생애》, Lovat, *Life of Sir Frederick Weld*, p. 312

4_ Mallik, op. cit., p. 183

5_《극동의 여러 문제》, G. N. Curzon, *Problems of the Far East*, London, 1894, p. 2

6_ Ibid., pp. 2~3

7_ Ibid, p. 221

8_ Ibid., pp. 337~338

9_ Ibid., p. 259

10_ Ibid., p. 406

11_《일본의 시각으로 본 싱가포르》, Masanobu Tsuji, trans. by M. E. Lake, *Singapore: The Japanese Version*, London, 1962, p. 306

18. 전환점

1_ Maurice Paleologue, *The Turning Point*, trans. by F. Appleby Holt, London, 1935

2_ Ibid., p. 36

3_ Curzon, op. cit., p. 426

4_《극동의 제국》, Lancelot Lawton, *Empires of the Far East*, London, 1912, I, 701

5_ Ibid, II, 800

6_ Nehru, op. cit., 835

7_ Amaury de Riencourt, op. cit., pp. 213~296

19. 아시아의 부흥

1_ Francis L. K. Hsu, *Americans and Chinese: Two Ways of Life*, New York, 1953, 441

2_ Zinkin, op. cit., p. 89

3_《인도의 정신과 세계의 미래》, K. D. Sethna, *The Indian Spirit and the World's Future*, Pondicherry, 1953, p. 76

4_《이슬람 세계의 여성》, V. R. and L. Bevan Jones, *Woman in Islam*, Lucknow, 1941, pp. 208~232 참조

5_ L. Cranmer-Byng, op. cit., p. 157

6_ Ibid., p. 23

7_《아시아와 서양의 지배》, K. M. Pannikkar, *Asia and Western Dominance*, London, 1953, p. 445

8_ Benjamin H. Brown, ed., *The East and West Must Meet: A Symposium*, Michigan, 1959

9_ Ibid., p. 89

10_《동양과 서양의 만남에 관한 스리 오리빈도의 사상》, S. K. Maitra, *The Meeting of the East and the West in Sri Auribindo's Philosophy*, Pondicherry, 1956, p. 55

11_《아시아의 향취》, Edmond Taylor, *Richer by Asia*, Boston, 1947, p. 176

12_《산정과 라마승》, Marco Pallis, *Peaks and Lamas*, London, 1940, p. 210

13_ Stark, op. cit., p. 19

14_ L. Cranmer-Byng, op. cit., p. 11

20. 서양의 수비

1_ Edwardes, op. cit., p. 239

2_《예술과 기교》, Lewis Mumford, *Art and Technics*, Oxford, 1952, p. 30

3_ Ibid., p. 128

4_《동양과 서양의 문명》, H. N. Spalding, *Civilization in East and West*, Oxford, 1939, p. 322

5_ Edmond Taylor, op. cit., p. 430

6_《중국의 내면》, Maurice Collis, *The Great Within*, London, 1941, p. 327

7_《아시아의 반란》, Upton Close, *The Revolt of Asia*, New York, 1927, p. 232

8_ Lancelot Lawton, op. cit., p. 810

9_ Edwardes op. cit., p. 235

10_ Upton Close, op. cit., p. 232